本书为国家社科基金项目"中国企业员工知识资本理论与管理研究"研究成果（立项编号：12BGL060；结项编号：20171444）；

本书受到云南省哲学社会科学学术著作出版资助专项经费资助出版；

本书受到红河学院学术著作出版基金资助出版。

中国企业员工知识资本理论与管理研究

孙立新 著

中国社会科学出版社

图书在版编目(CIP)数据

中国企业员工知识资本理论与管理研究 / 孙立新著. —北京：中国社会科学出版社, 2020.4
ISBN 978-7-5203-6080-7

Ⅰ.①中… Ⅱ.①孙… Ⅲ.①企业管理—知识管理—研究—中国 Ⅳ.①F279.23

中国版本图书馆 CIP 数据核字（2020）第 037383 号

出 版 人	赵剑英	
责任编辑	宫京蕾	
责任校对	秦　婵	
责任印制	李寡寡	

出　　版	中国社会科学出版社
社　　址	北京鼓楼西大街甲 158 号
邮　　编	100720
网　　址	http：//www.csspw.cn
发 行 部	010-84083685
门 市 部	010-84029450
经　　销	新华书店及其他书店

印刷装订	北京君升印刷有限公司
版　　次	2020 年 4 月第 1 版
印　　次	2020 年 4 月第 1 次印刷

开　　本	710×1000　1/16
印　　张	20.75
插　　页	2
字　　数	353 千字
定　　价	118.00 元

凡购买中国社会科学出版社图书，如有质量问题请与本社营销中心联系调换
电话：010-84083683
版权所有　侵权必究

祭 师 文
——谨以此书纪念我的博士导师香港大学郑子杰教授

己亥孟春末，愚生孙立新痛闻恩师郑君子杰教授殁于香港之万国殡仪馆，遥奠以文曰：

呜呼哀哉！
春暖花开，寒霜骤降！至今未信，师魂西荡。
吾心泣血，神魄乖张。徬徨四顾，日月无光。
少具慧质，本博跨读。英年饱学，畅行澳港。
遥想当年，澳门城大。翊爽英姿，笑声飞扬。
关闸内外，拱北路上。师生携手，情谊悠长。
我称汝师，汝待我友。声声老孙，入我心肠。
呜呼哀哉！
吾何有幸，得列门墙。又何不幸，痛失师长。
学为人师，行为世范。想来天上，亦缺师长。
师病之时，吾不得闻。师来度我，无需我偿。
师殁之日，吾不在旁。真身示灭，告我无常。
吾幼失母，长成去父。吾身有罪，当自酬偿。
今又及师，万难思量。天公待吾，何故轻狂？
羊有跪乳，鸦亦反哺。四载师恩，粉身难偿。
家无贵物，难表寸肠。师之言教，未敢或忘！
我愿西上，王母相商。借来蟠桃，供养师长。
滇南红园，送师一场。敬献薄品，伏惟尚飨！
呜呼哀哉！
生我父母，知我师长！愿师再来，宽我心伤。
愿师再来，忧我未长！愿师再来，续谱新章！

立新顿首！

2019 年 2 月 26 日

代　序

让凡人做非凡之事

知识资本的数量、质量及其有效利用成为未来一个企业竞争优势的关键因素。1956年，是人类历史上值得关注的一年，在这一年，美国白领人数首次超过蓝领人数，人们称其为知识经济到来的标志。德鲁克先生（1965）预言：知识将取代土地、劳动、资本与机器设备，成为最重要的生产因素。1969年，知识资本概念由加尔布雷思致朋友卡莱茨基的一封信中首次提出。1996年，联合国经合组织（OECD）在一篇报告中把建立在知识的生产、创新、传播、分配、消费和使用基础之上的经济称为"以知识为基础的经济"。1997年，美国前总统克林顿在一次演讲中用"知识经济"取代了"以知识为基础的经济"。此后，知识经济这种称谓得到了理论界和实务界的赞同，开始在各种场合使用。1998年世界银行发布的《世界发展报告》的副标题是"知识促进发展"，该报告从韩国、巴西、澳大利亚等一些国家的发展奇迹，在国家层面首次使用了"知识资本"的概念，并论述了知识资本在发展中国家的重要作用。由此，无论是作为竞争优势的重要来源，还是作为经济增长的新模式，知识、知识经济、知识资本渐已成为当前学术界及管理界最为关注的重要课题之一。

西方的主流思想普遍认为，知识型员工已成为发达国家经济中的员工主体，这些员工具有较高的教育程度，他们把高学历的员工视为知识型员工，把以出售知识为主的企业视为知识型企业，这完全符合西方的现实情况。而中国则不然，目前依然仍有相当多的一些技术含量不高的劳动密集型中小企业，在这些企业里，员工的工作时间长、劳动强度大、报酬相对较低；目前依然存在着大量的低学历的员工，而西方主流思想中的"知识员工""知识型企业"定义将这些员工排除在知识型员工之外，不利于发挥这些员工的知识资本。因此，中国企业员工知识资本的界定、结构构成、管理方法与西方存在较大差异。据此，本书作者孙立新博士独具慧眼、另辟蹊径，提出了"员工知识资本"的概念，重新定义了"知识型员工""知识型企业"。本书作者孙立新博士认为，"员工知识资本"是指一个人的工作是由其智慧驱动的，是由其脑力质量主导的，而不是由其体力和数量决定的。一个员工是否是"知识型员工"应以其在工作中是否使用脑力为标准。根据这个标准，即使一个低学历的员工使用脑力而不是体力工作，他就拥有知识资本，他就是知识型员工，使用这类员工的企业就是知识型企业；相反，即使一个高学历的员工，不是使用脑力工作，他就不是知识型员工，使用这类员工的企业也不是知识型企业。这种定义既有理论支持，也有实践案例。遗憾的是，大多数管理者无视这些，依然以成本和会计的观点看待员工。

有人说，一个企业要想做大做强，应立足于四个方面：一是要像学校一样，富有文化和创造力；二是要像家庭一样，具有关怀和凝聚力；三是要像军队一样，具备拼搏精神和执行力；四是要像宗教一样，拥有信仰和追求意义。而能让一个企业做到这四点的，唯一的载体就是员工，员工是人，不是雇员，不是掘取利润的工具，要给员工以最高的尊严和尊重，才能焕发员工的热情、责任感、忠诚度、潜能和创造力。这是2002年伟大的管理先知德鲁克先生以92岁高龄在《哈佛商业评论》上发出的呼声！是的，根据统计学原理，任何企业都不可能无限制地找到足够多的"优秀人才"保证其发展需要，只能是充分发掘现有员工的智慧才能在未来的发展中立于不败之地。用德鲁克先生的话来说，就是"让凡人做非凡之事"。这在一定程度上道出了员工知识资本管理的原因和结果。是的，正是重视人的知识资本，我们才制造出了震惊世界的原子弹，把长征火箭送上了天……如今，我们要实现中国梦，要变"中国制造"为"中国创造"，依然要重视中国企业员工知识资本。正如华为公司前总裁任正非先生在2016年"科技三会"的汇报发言中所说，"中国13亿人每个人做好一件事，拼起来就是伟大祖国！"如何做好一件事，最根本的一条就是发挥人的知识资本，在企业，就是员工知识资本。中国企业的未来发展，中国经济的未来崛起，所依靠的就是企业员工的知识资本，每一个中国人的知识资本。

进入新时代，我国经济正处于由快速发展转向高质量发展的关键时期，面临着产业结构调整、资源型城市转型、制造业向"智造业"转变等诸多亟待解决的问题。我期待员工知识资本对此将有所贡献。本书作者孙立新博士长期致力于知识资本、社会网络分析方面的研究，在其国家社科基金结项著作付梓之际，作为博士后合作导师，我应孙立新博士的邀请，欣然为序。

于桂兰　教授、博士生导师
2019 年 5 月 10 日于吉林大学

前　言

对知识资本理论与实践的探讨，已成为当今管理学界、经济学界和实务界的热点话题，其他的诸如对知识、知识管理、无形资本、无形资产和知识经济的讨论无非是从不同侧面来认识知识资本而已。如今，知识资本理论所焕发的魅力正显现在管理学的各个学科，如会计学、人力资源管理、战略管理、生产管理等，以及各个行业上，如高新技术企业、制造业、服务业等。

知识资本由"知识"和"资本"两部分构成，但它不是二者的简单相加，而是二者的有机组合。不同的学科对于"资本"的认识是不同的，典型的公式有两个。第一个公式是："生产资料投入=劳务+土地+资本"，这里的"资本"是早期经济学理论中的"物质资本"。作为生产资料投入的一部分，这种物质资本是一种有形的、看得见的生产要素。第二个公式是："资产=资本+其他积累+负债"，这是从会计学、投资角度对资本和资产进行的划分，从中可以看出，资产要大于资本，即资本一定是资产，但资产并不一定是资本。而从知识的角度来看，学者们把企业中的资本又划分为有形资本和无形资本。本研究所要探讨的知识资本就是一种无形资本。

其实，早在竞争理论占据优势的20世纪80年代，野中郁次郎（Ikujiro Nonaka）就注意到了日本各个企业在经营业绩上的差异，他认为这种差异的根源就是企业的无形资产。1986年，斯威比（Sveiby）出版了《知识型公司》，阐述了无形资产的管理方法，在瑞典引发了一场知识资本管理的革命。同年，加州伯克利大学商业学院的蒂斯（Teece）发表了《通过技术创新盈利》一文，文中提出了一系列通过创新获得新价值的必要步骤，以及创新成果实现价值的新方法，而在管理者掌握这些方法后将它们传授给企业的员工。1991年和1992年，斯图尔特（Stewart）在《财富》杂志上发表了两篇关于"脑力"的文章,说明企业员工知识资本与企业的盈利密切相关,该文章在知识资本理论发展史上具有里程碑式的意义,使他成为该领域的带头人,从而拉开了知识资本管理的序幕。1993年,道氏化学公司开始尝试应用以前被公司忽略的一些创新成果,并任命派特拉什(Petrash)为企业的知识资产主任。后来,派特拉什、达文波特(Davenport)和艾得文森(Edvinsson)一起组建了一个运用知识资本创造利润的公司非正式网络,这就是国际知识资本管理大会[①]的前身。

一些具有行业经验的管理者将自己从工业时代对头脑的桎梏中解放出来,把注意力集中在知识的掌握和运用上,他们从知识资本的角度来看待自己的企业和员工,将自己的无形资产当有形资产来使用,认识到知识与传统的资产不同,分享知识能够促进知识的增长,而员工在创造新知识方面有无穷的潜力。1995年1月,包括道氏化学公司、杜邦公司、霍夫曼拉鲁什公司、斯堪迪亚公司、惠普公司在内的8家企业聚会,对知识资本使用的术语进行了讨论。1999年,《首席执行官杂志》和安达信公司联合举办了第一次关于知识资本管理的圆桌会议,有17名来自制造业和服务业的首席执行官参加了会议。所有与会者都对知识资本所带来的潜在商业价值表示了深厚的兴趣。仅在1999年,全世界就召开了十多次关于知识资本管理的类似会议。进入21世纪,对知识资本的研究更是如火如荼,理论构建与实证研究交替出现。

中国学者对企业知识资本的理论探讨大多停留在译介方面,理论构建少,在实证研究上也多是采用数据验证西方的理论。西方的主流思想普遍认为,知识型员工已成为发达经济体中的员工主体,这些员工具有较高的教育程度和技能,这无论是在学术界还是实务界均已达成共识。中国则不然,目前依然还有相当多的技术含量不高的劳动密集型的中小企业,在这些企业里,员工的工作时间长、劳动强度大、报酬相对较低。因此,中国企业的员工知识资本管理与西方截然不同,且任重而道远。但也有一些企业依靠员工的知识资本创造了非凡的业绩。近来,华为前总裁任正非提出,中国13亿人每个人做好一件事,拼起来就是伟大的祖国!如何做好一件事,最根本的一条就是发挥人的知识资本,在企业,就是员工知识资

---

① 国际知识资本管理大会,International Conference on Intellectual Capital Management(IICM),历届会议情况请参考网页http://www.iicm.ir/en/。

本。中国企业的未来发展，中国未来的崛起，所依靠的就是企业员工的知识资本，每一个中国人的知识资本。

如今，知识资本理论的探讨相对形成了比较清晰的4条脉络：一是以创造和扩展企业拥有的知识为核心的道路，本研究称为无形资产道路，以斯图尔特、艾得文森、斯威比为代表；二是以资源为基础的路线，它关注的是从企业对知识和有形资源的独特的组合方式中创造利润，代表人物有蒂斯、沙利文（Sullivan）；三是以日本野中郁次郎和竹内弘高（Hirotaka Takeuchi）为代表的组织知识创造，主要理论为 SECI 螺旋知识模型；四是中国式员工知识资本路线，它关注的是通过企业对员工知识资本的投资，以结构资本促进员工的人力资本，再进而由人力资本催生顾客资本。

关于员工知识资本的理论来源，最早可以追溯到美国管理学家德鲁克（Drucker）的"知识工作者"（Knowledge Worker），他在 1957 年《明日的里程碑》（*Landmarks of Tomorrow*）一书中提出的这一术语，后来发展成为"知识型员工"；在此基础上，价值创造理论专家沙利文从知识资本的角度提出，所有的公司都是知识型公司。从这一点上来看，所有企业员工也都应该是知识型员工。据此，本研究参考邦迪斯（Bontis, 1997）、斯图尔特（Stewart, 1997）、斯威比（Sveiby, 1997）等学者的观点，大胆地提出了员工知识资本这一概念，并把员工知识资本定义为：员工个体所拥有的或能控制的、能为公司带来竞争优势的一切知识、能力的总和，包括人力资本、结构资本和顾客资本三个维度。在知识经济时代，企业的管理重心是对员工及其能力的管理，即员工知识资本的管理，"员工知识资本"概念的提出使得知识资本的研究层次从组织层次延伸到个体层次，扩大和丰富了知识资本的内涵，使学术界特别是知识资本实践者加深了对人力资本的认识。

作为一个新兴概念，员工知识资本还是一个新生婴儿——一个新思想的毛坯。本研究中所论观点和所举案例，虽然大多由文献、调查和访谈所得，但受主客观条件的限制，仍然会出现有失偏颇的地方，望方家不吝指正。

孙立新

2019 年 6 月 28 日

目 录

第一章 绪论 ……………………………………………………（1）
  第一节 研究背景与研究动机 ……………………………（1）
    一 研究背景 …………………………………………（1）
    二 研究动机 …………………………………………（5）
  第二节 研究内容与研究方法 ……………………………（6）
    一 研究内容 …………………………………………（6）
    二 研究方法 …………………………………………（6）
  第三节 研究意义与研究路线 ……………………………（8）
    一 研究意义 …………………………………………（8）
    二 研究路线 …………………………………………（9）
  本章小结 ……………………………………………………（11）
第二章 知识资本的理论来源与研究现状 …………………（12）
  第一节 西方哲学的知识认识论 …………………………（12）
    一 希腊三贤的知识思想 ……………………………（12）
    二 唯理主义与经验主义 ……………………………（15）
  第二节 经济学中的人力资本理论 ………………………（16）
    一 古典经济学中的人的经济价值观 ………………（16）
    二 经济增长理论中的人力资本研究 ………………（17）
    三 新增长理论中的人力资本研究 …………………（21）
  第三节 管理学中的知识管理 ……………………………（23）
    一 知识管理的发展历程 ……………………………（23）
    二 知识管理的内容来源与构成要素 ………………（25）
    三 知识管理的理论模型与实证检验 ………………（27）

第四节 社会学中的社会资本与社会网络理论 …………………（33）
  一 社会资本与知识资本 ………………………………（34）
  二 企业组织网络与知识资本 …………………………（36）
第五节 知识资本的研究现状 ……………………………………（38）
  一 国外研究现状 ………………………………………（38）
  二 国内研究现状 ………………………………………（47）
本章小结 ……………………………………………………………（55）

第三章 知识资本的基础理论与研究进展 ………………………（56）
 第一节 知识资本理论的发展历程与概念辨析 …………………（56）
  一 知识资本理论的发展历程 …………………………（56）
  二 知识的概念溯源 ……………………………………（59）
  三 资本的相关概念辨析 ………………………………（64）
  四 知识资本的概念溯源和界定 ………………………（66）
 第二节 知识资本的理论模型 ……………………………………（74）
  一 斯图尔特的知识资本战略体系 ……………………（74）
  二 野中郁次郎的组织知识创造理论 …………………（78）
  三 邦迪斯的知识资本钻石模型知识资本管理矩阵 …（79）
  四 帕特里克·沙利文的价值萃取理论 ………………（83）
  五 布莱恩·霍尔的价值观链模型 ……………………（84）
 第三节 知识资本的测量模型 ……………………………………（87）
  一 卡尔·斯威比的无形资产理论 ……………………（87）
  二 卡普兰和诺顿的平衡计分卡 ………………………（89）
  三 安悌·帕利克的知识资本增值系数法（VAIC） …（89）
  四 安妮·布鲁金的技术代理测量模型 ………………（90）
 本章小结 ………………………………………………………（91）

第四章 中国企业员工知识资本量表的开发与编制 ……………（92）
 第一节 "员工知识资本"概念的提出 …………………………（92）
  一 重视员工知识资本的必然性 ………………………（92）
  二 学者对员工知识资本的论述 ………………………（94）
 第二节 研究方法 …………………………………………………（95）
  一 访谈过程 ……………………………………………（95）

二　样本特征 …………………………………………………… (96)
　　三　问卷题目的描述性统计 …………………………………… (99)
　第三节　对构造变量的信度、效度分析 ………………………… (102)
　　一　信度分析 …………………………………………………… (102)
　　二　探索性因子分析 …………………………………………… (103)
　　三　验证性因子分析与效度分析 ……………………………… (105)
　　四　中介效应分析与检验 ……………………………………… (107)
　　五　员工知识资本二阶因子测量模型的构建 ………………… (112)
　第四节　员工知识资本的人口统计变量方差分析 ……………… (117)
　　一　不同性别对员工知识资本差异的 T 检验 ………………… (117)
　　二　不同工作年限对员工知识资本差异的单因素方差分析 … (117)
　　三　不同学历对员工知识资本差异的单因素方差分析 ……… (119)
　　四　不同职位对员工知识资本差异的单因素方差分析 ……… (120)
　　五　不同行业对员工知识资本差异的单因素方差分析 ……… (122)
　第五节　讨论与建议 ……………………………………………… (124)
　　一　隐性知识资本与企业竞争优势 …………………………… (124)
　　二　对企业管理者的建议 ……………………………………… (125)
　　三　对企业员工的建议 ………………………………………… (127)
　本章小结 …………………………………………………………… (128)
第五章　员工知识资本形成与运作机制的自我中心网络分析 …… (130)
　第一节　研究架构及假设 ………………………………………… (130)
　　一　研究架构的提出 …………………………………………… (130)
　　二　研究假设 …………………………………………………… (132)
　第二节　构造变量的定义与测量方法 …………………………… (140)
　　一　社会资本的操作性定义和测量 …………………………… (141)
　　二　社会网络的操作性定义和测量 …………………………… (142)
　　三　员工知识资本的操作性定义和测量 ……………………… (143)
　　四　企业绩效的操作性定义和测量 …………………………… (144)
　　五　工作绩效的操作性定义和测量 …………………………… (145)
　　六　组织创新的操作性定义和测量 …………………………… (146)
　　七　人口统计变量 ……………………………………………… (148)

第三节　各变量的构造情况分析 …………………………… (148)
　　一　社会资本变量的构造情况分析 ………………………… (149)
　　二　社会网络变量的构造情况分析 ………………………… (151)
　　三　知识资本变量的构造情况分析 ………………………… (154)
　　四　企业绩效变量的构造情况分析 ………………………… (157)
　　五　工作绩效变量的构造情况分析 ………………………… (161)
　　六　组织创新变量的构造情况分析 ………………………… (163)
第四节　结构方程基础模型分析 ……………………………… (166)
　　一　结构方程基础运行结果分析 …………………………… (166)
　　二　结构方程模型的关系路径修正 ………………………… (167)
　　三　结构方程修正模型运行结果分析 ……………………… (169)
　　四　相关性分析 ……………………………………………… (174)
第五节　中介效应分析与检验 ………………………………… (179)
　　一　中介效应的一般分析 …………………………………… (179)
　　二　社会资本—知识资本—企业绩效中介效应分析 ……… (182)
　　三　社会资本—知识资本—工作绩效中介效应分析 ……… (188)
　　四　社会资本—知识资本—组织创新中介效应分析 ……… (193)
　　五　社会网络—知识资本—企业绩效中介效应分析 ……… (199)
　　六　社会网络—知识资本—工作绩效中介效应分析 ……… (203)
　　七　社会网络—知识资本—组织创新中介效应分析 ……… (208)
第六节　回归模型分析 ………………………………………… (212)
　　一　回归模型一的回归分析 ………………………………… (213)
　　二　回归模型二的回归分析 ………………………………… (215)
　　三　回归模型三的回归分析 ………………………………… (217)
　　四　回归模型四的回归分析 ………………………………… (219)
第七节　讨论 …………………………………………………… (221)
　　一　员工知识资本的形成原因与提升路径分析 …………… (222)
　　二　员工知识资本的提升路径分析 ………………………… (227)
　　三　员工知识资本的运作机制分析 ………………………… (229)
　　四　员工知识资本的中介作用分析 ………………………… (231)
本章小结 ………………………………………………………… (232)

第六章　企业员工知识资本的管理策略 (234)

第一节　基于员工知识资本战略的管理要点与方法 (234)
一　员工知识资本战略的管理要点 (234)
二　员工知识资本三维管理框架的构建 (238)
三　尊重、教育员工是员工知识资本管理的基础 (244)

第二节　基于"师徒制"的员工人力资本管理策略 (249)
一　师徒制对增强员工知识资本的意义 (249)
二　师徒制的理论分析与应用 (251)
三　实行师徒制，传承匠人技艺 (251)
四　落实师徒制的管理方法 (253)

第三节　基于实践社团的员工结构资本管理策略 (254)
一　认识员工结构资本 (254)
二　化人力资本为结构资本 (255)
三　实践社团的相关研究 (255)

第四节　基于反学习情境的员工顾客资本管理策略 (257)
一　顾客资本的再认识 (257)
二　由员工忠诚到顾客忠诚，重视客户—企业关系管理 (258)
三　反学习情境与员工顾客资本管理 (259)

本章小结 (261)

第七章　研究结论与展望 (263)

第一节　研究结论 (263)
一　体：梳理了知识资本的相关理论 (263)
二　术：中国企业员工知识资本的管理策略 (264)
三　用：中国企业员工知识资本的形成与运作机制研究 (265)

第二节　创新之处 (266)
一　研究方法创新 (266)
二　概念创新 (267)
三　应用创新 (267)

第三节　研究限制 (267)
一　研究方法方面的限制 (268)
二　研究过程方面的限制 (268)

第四节 研究展望 …………………………………………（268）
　　一　理论研究展望 ……………………………………（268）
　　二　研究方法展望 ……………………………………（269）
　　三　管理方法展望 ……………………………………（269）
　　四　应用展望 …………………………………………（269）
附　录 ………………………………………………………（270）
参考文献 ……………………………………………………（276）
致　谢 ………………………………………………………（312）

第一章

绪　论

本研究旨在以中国企业员工个体为考察对象，从体（知识资本理论）、术（管理策略）、用（实证研究）三个层次构建中国企业员工知识资本理论和管理框架。体、术、用三者相互融合、相互补充、相互促进。本章主要介绍研究背景、研究动机、研究内容、研究方法、研究意义与研究路线。

第一节　研究背景与研究动机

一　研究背景

（一）社会背景

知识经济的兴起是本研究重要的社会背景。1956年，是人类历史上值得关注的一年，在这一年，美国白领人数首次超过蓝领人数，这被人们称为知识经济到来的标志。1996年，联合国的经合组织（OECD）在一篇报告中把建立在知识的生产、创新、传播、分配、消费和使用基础之上的经济称为"以知识为基础的经济"（The Knowledge-based Economy）。随后第二年，美国前总统威廉·克林顿（William Clinton）在一次演讲中用"知识经济"（The Knowledge Economy）取代了"以知识为基础的经济"的说法。知识经济这种称谓得到了许多理论界和实务界的赞同，开始在各种场合使用。1998年世界银行发布的世界发展报告的副标题是"知识促进发展"，该报告从一些国家的发展奇迹，如韩国、巴西、澳大利亚、新西兰、哥斯达黎加、哥伦比亚、卢旺达等，论述了知识在发展中国家的重要作用。2007年，世界银行K4D项目组在让-艾立克·奥波特（Jean-Eric Aubert）博士的带领下，在《知识促进发展：指标评测与全球战略》

报告中对知识促进经济发展的历史进行了回顾，提出了知识经济的测评体系，并在教育、创新、信息和通信技术、经济和体制制度四个方面提出了发展知识经济的具体政策。

我国著名学者成思危教授将知识经济时代的国家分成两种类型，一种类型是制造知识、输出知识的"头脑国家"，这类国家多是以资本、知识为主导的发达国家；另一种类型是接受知识、运用知识的"躯干国家"，这类国家多是以资源、产品为主导的发展中国家。成思危提出，中国不应满足于做一个以生产资源、产品为主的制造业大国，还应努力发展知识资本和知识经济（成思危，2009）。未来学家阿尔文·托夫勒（Alvin Toffler）在《第三次浪潮》（1980）中，把人类发展史划分为"农业文明""工业文明""信息社会"三次浪潮而广为学者们引用，在其后的《权力的转移》（1990）中，更以恢宏的气势宣告了知识经济的到来，并把知识看作是未来社会权力框架的三角基石之一。12年后，托夫勒又在《财富的革命》一书中，把知识与时间、空间作为掌握未来财富的密码。现代管理大师彼得·德鲁克（Peter Drucker）率先预见了"知识经济时代"的出现。1993年，德鲁克从西方发达国家的历史出发，将人类历史分为四个转折点：第一个转折点是13世纪新城市的兴起，其标志是城市行会、城市新建筑、城市大学的出现。第二个转折点是在200年后的15世纪欧洲文艺复兴，其标志是谷登堡活字印刷术和马丁·路德（Martin Luther）的宗教改革。第三个转折点是发生在1776年的欧洲产业革命，其标志是亚当·斯密（Adam Smith）《国富论》的发表、美国独立战争的爆发和瓦特发明蒸汽机。第四个转折点则发生在200年之后的今天，其标志是信息革命的出现。德鲁克称其为"后资本主义时代"或"知识社会"。第四个转折点已不限于西方，而是全世界。

知识经济对人们生产、生活的影响是多方面的。一是知识同土地、劳动和资本一样，成为生产要素的一部分，甚至是更重要的一部分，对其可以进行生产、加工和买卖。二是企业将从以往的重视物质资本、实物资本和金融资本转而关注知识资本。三是要管理知识资本，要更新思维，采取新的方法和手段。

（二）学术背景

知识资本理论的时间虽然提出只有十几年，但其思想却源远流长。1938年切斯特·巴纳德（Chester Barnard）就表达了对"以心传心"这种隐性知识的关注。20世纪50年代，德鲁克提出了"知识工人"的术语。公认的匈牙利科学家和哲学家迈克尔·波兰尼（Michael Polanyi，1891—1976）在1962年撰写的著作《个人知识：迈向后批判哲学》中首次提出显性知识和隐性知识的分类方法，随后对显性知识和隐性知识的概念和关系作了清晰界定（Michael Polanyi，1962；1966；波兰尼，2000）。这种分类方式对后来影响巨大，如日本学者野中郁次郎（Ikujiro Nonaka）和竹内弘高（Hirotaka Takeuchi）根据显性知识和隐性知识的这种分类提出了"组织知识创造"的概念和知识创造螺旋模型（Nonaka和Takeuchi，1996；竹内弘高、野中郁次郎，2006；野中郁次郎、绀野登，2012）。埃森哲咨询公司（Accenture）战略研究所所长及波士顿大学教授托马斯·达文波特（Thomas Davenport）在《哈佛商业评论》和《斯隆管理评论》上发表了多篇知识管理论文，并在美国CIO杂志上撰写月度专栏[①]。被称为第一个首席知识官的艾得文森及其同事马龙（Malone）在1992年提出了第一份知识资本报告，并在1997年发表了全球第一部关于知识资本管理和评估的专著《智力资本》。

美国《财富》杂志的前主编托马斯·斯图尔特（Thomas Stewart）开创了知识资本的研究领域，其知识资本思想具有里程碑式的意义。斯图尔特特别强调管理思想、管理制度在企业中的重要作用，他引用美国亨氏联合公司的一位首席执行官的话说，一条番茄生产线有时一分钟能够加工出400瓶，但有时却不到350瓶，这不是机器的问题，而是管理的问题、人的问题。托马斯·斯图尔特把知识资本理论称为20世纪末期继全面质量管理、流程再造之后的第三个改变组织运行模式的重要思想。斯图尔特继1991年在《财富》杂志发表第一篇关于知识资本文章以后的一系列论文和著作中，集中阐述了什么是知识资本、知识资本的来源和知识资本的测量方法，并从应用性方面提出了企业知识资本管理的流程。他进一步指出，掌握并运用这种思想的企业必将在未来的竞争中获得有利地位（Stewart，1991；1997；Stewart和Losee，1994；斯图尔特，2003）。

在20世纪的最后20年里，一些国际性杂志，如《管理信息系统》

---

① 美国CIO杂志，CIO于1987年创刊，由全球IT领域的媒体领导者IDG媒体集团出版，是国际性权威的IT管理专业杂志，是全球CIO及IT管理者的科技资讯最佳来源。外文网址：http://www.cio.com；中文网址：http://www.cio.com.tw。

(MIS)、《首席信息官》(CIO)、《知识管理杂志》等也开始大量发表关于知识和知识资本方面的文章。互联网技术的发展更是大量催生了一些诸如门户站点（Portals）、电子分析（E-analysis）、在线学习（E-learning），以及内容管理（Content Management）等，以供人们分享知识。一些大的公司如贺曼公司（Hallmark）、皮尔巴雷公司（Pillsbury）、辉瑞制药（Pfizer），以及巴克曼实验室（Buckman Laboratories International）都乐于分享它们的知识管理实践。随着人类社会从工业经济时代进入知识经济时代，传统的、以泰勒制科学管理为主的工业管理模式与管理理念越来越不能解释和控制许多企业的兴衰起伏，而知识管理、知识资本则为21世纪的知识经济提供了重要的理论基础。

（三）企业背景

竞争优势是企业保持可持续发展的永恒话题，企业组织越来越倾向于寻找竞争优势的真实来源。以往的学者多从行业和战略视角（Porter, 1985; Boar, 2011）、资源基础理论视角（巴尼和克拉克，2011）来研究竞争优势，彼得·德鲁克则从知识和知识资本视角来看待竞争优势，他认为，员工个体所拥有的知识将逐渐取代传统的生产要素，成为企业最重要的资源（Peter Drucker, 1994）。从实践来看，一些企业已使用知识资本为自身创造了实实在在的价值。大多数世界500强企业，如美国微软公司、荷兰皇家壳牌石油公司、瑞典斯堪迪亚保险公司等都设立了仅次于首席执行官（Chief Executive Officer, CEO）地位的首席信息官（Chief Information Officer, CIO）或首席知识官（Chief Knowledge Officer, CKO），从战略、业务上对企业内外的知识进行管理。顺应世界知识经济发展的大潮，中国首席信息官联盟也于2013年12月由中国电子学会、工信部、中国人民大学共同发起成立，由其每年评选百佳首席运营官，有金川集团、潍柴动力、重庆康明斯发动机、平安保险等公司入围。以知识资本管理为核心的企业管理模式和发展战略已成为理论界和企业管理界的共识，也已成为企业、政府、军队以及医院管理的热点和重点。

如今，知识资本在企业里已不再是理论上的事物了，而是清晰可见、触手可摸的。著名的瑞典学者、知识管理之父卡尔·斯威比（Karl Sveiby）最早从实践中发现了知识资本作为无形资产创造财富的奥秘。他首先在上市公司的市账比中发现诸如微软、太阳微系统等高科技类企业的市场价值远远高于其账面价值，继而发现不仅高科技公司如此，一些制造业企业诸如纽科钢铁公司、伯利恒公司，服务业企业如麦当劳、肯德基，以及消费业企业如可口可乐公司、联合利华公司等都普遍存在市场价值高于账面价值的现象。摩根斯坦利（MSCI）曾在20世纪90年代末做过一项调查，结果显示世界范围内公司的平均股票市值与账面价值的比值（即市账比）为2倍，而在发达国家这一比例更高。这里的市场价值与账面价值的差额就是邦迪斯（Bontis，1996）所提出的隐含价值——知识资本。

二 研究动机

与西方国家不同，知识资本在中国的研究现状是理论落后于实践、文献译介多于实证研究、组织层次先于个体层次。本研究从知识资本理论着手，从个体层次入手，探讨员工知识资本的相关理论、管理策略，检验中国企业员工知识资本的因子结构、形成原因与运作机制，为员工知识资本的中国本土化研究"抛砖引玉"。具体而言，是从体、术、用三方面进行研究。"体"是主体，即知识资本理论；"术"是管理策略；"用"是应用，即知识资本的应用。

（一）体：知识资本理论研究部分

所要解答的问题主要有：（1）知识资本的基础理论有哪些？（2）员工知识资本的理论支撑是什么？

（二）术：知识资本管理策略研究部分

所要解答的问题主要有：（1）企业员工知识资本的管理策略有哪些？（2）如何构建企业员工的知识资本管理框架？

（三）用：中国企业员工知识资本的形成与运作机制部分

（1）在中国企业员工知识资本验证的实证研究上，所要解答的问题主要有：中国企业的员工知识资本的因子结构包括哪些？如何测量中国企业的员工知识资本？中国企业员工知识资本的形成与运作机制是怎样的？（2）在实证研究上所要解答的问题主要有：一是中国企业员工知识资本的成因和运作模式是什么？二是中国企业员工知识资本的中介效果如何？三是不同背景的员工知识资本表现有何差异？

第二节　研究内容与研究方法

一　研究内容

基于研究背景和研究动机，本研究将研究内容确定为"中国企业员工知识资本理论与管理研究"。所要探讨的问题包括：

（一）梳理知识资本的基础理论

自20世纪90年代以来，学术界在组织层次上已积累了一定的知识资本理论，近年来又有些与知识资本相关的前沿理论出现，在这些文献中，本研究重点探讨归属于员工知识资本的个体层次因子结构，对员工知识资本个体层次的因子结构进行归纳和界定，为编制中国企业员工知识资本量表提供理论依据，为中国企业员工知识资本的形成原因和运作机制实证研究奠定理论基础。同时，探讨不同背景的员工知识资本表现差异。

（二）提出员工知识资本的管理策略

员工知识资本既具有员工"人"的一面，又具有"资本"物的一面，因此，员工知识资本的管理不同于传统的对物的管理，也不同于对无形资产的管理。本研究首先从基于员工知识资本的战略着手，探讨员工知识资本的总体管理框架，再从员工知识资本的人力、结构和顾客资本三个组成部分归纳其管理方法。

（三）实证检验知识资本的形成与运作模型

为了使理论与实践相结合，本研究对所提出的相关假设进行实证检验。实证检验分为四部分内容：一是编制和检验中国企业员工知识资本量表，验证中国企业员工知识资本的因子结构模型，检验因子结构之间的关系；二是以社会资本和社会网络为前因变量，来研究员工知识资本的形成原因；三是以企业绩效、工作绩效和组织绩效为结果变量，来分析员工知识资本的运作机制；四是以员工知识资本为中介变量，来探讨其在前因变量和结果变量之间的中介效果。

二　研究方法

本研究在总体上采用文献分析法、结构方程模型、社会网络分析方法。具体来说，在理论研究部分，采用文献研究法；在策略研究部分采用文献与具体案例方法；在实证研究自我中心社会网络分析法上，采用探索性、验证性因子分析、中介效应分析，以及结构方程建模 SEM 方法。

（一）结构主义的社会网络分析法

社会网络分析不仅是对关系或结构加以分析的一套技术，还是一种理论方法——结构分析思想。社会网络分析有自我中心社会网络和整体社会网络两种视角，本研究采用个体网络层次从员工个体层次对"节点"（即企业员工）进行分析。社会网络分析方法的一个独特之处在于它对行动者的关注，并表现在它处理跨层次问题的能力上。

（二）案例分析法

由于知识资本是一个新生的领域，对员工个体的知识资本管理更是处于一团"迷雾"之中，在本研究领域还缺乏成熟的理论，因此，本研究以案例归纳的形式来考察一些企业或企业员工的成功模式和经验。案例素材来自公共新闻、报纸、杂志、企业内部刊物、企业网站资料等。

（三）跨学科研究方法

本研究所涉及的学科主要有西方哲学、经济学、管理学和社会学。在文献评论和知识资本理论的理论基础部分，本研究分析了与知识资本相关的西方哲学认识论、经济学的知识资本理论、管理学中的知识管理理论和组织学习理论、社会学中的社会资本理论和社会网络理论。特别是利用社会学中的社会资本和社会网络分析方法对中国企业员工知识资本的形成原因与运作机制进行了实证分析，检验社会资本、社会网络对员工知识资本的影响。

（四）访谈和问卷调查

通过相关文献和对企业管理者及员工进行访谈，编制问卷，进行实证分析，检验相关研究假设。访谈的对象包括管理者、员工和顾客等。问卷调查主要是中国企业员工知识资本量表的编制，基于自我中心社会网络和整体社会网络层次的企业员工知识资本形成原因和运作机制的实证研究。

（五）多种形式的数据分析方法

数据分析采用因子分析、中介效应分析、结构方程建模 SEM 方法。

第三节 研究意义与研究路线

一 研究意义

（一）学术意义

本研究进一步改变了物质资本理论主导的格局，开辟了个体层次的知识资本，特别是关于企业员工的知识资本理论和管理的新领域。

1. 提出和界定了员工知识资本的概念

员工知识资本（Employees' Knowledge Capital）概念的提出使知识资本的研究从组织层次重新回归到个体层次。本研究将员工知识资本定义为员工通过智慧和脑力所获取财富大于由其体力所获取财富的知识、经验和能力的总和。本研究所涉及的员工知识资本不仅仅局限于高新技术企业，也不仅仅是企业中最具创新能力的研发部门，而是普通企业的所有部门。员工知识资本的这一定义，完全不同于现在学者所称的知识型企业、知识型员工的定义，这些知识型企业、知识型员工的定义太狭窄，只关注高学历、高职称的专业员工，而忽略了占有企业大多数的低学历员工，而低学历员工的热情、激情、主动性、知识资本一旦被激发出来，同样具有生产力。

2. 构建并实证检验了中国企业员工知识资本量表

许多学者对个体层次的知识资本进行过探讨，积累了一定的文献，但还停留在理论层次，对其因子结构也是莫衷一是，本研究所建立的中国企业员工知识资本量表各项指标拟合良好，该模型建立了员工知识资本的EHC-ESC-ECC（人力资本—结构资本—顾客资本）三因子结构。

3. 从结构视角解释了员工知识资本的形成原因和运作机制

本研究以员工个体社会资本和社会网络这两个社会结构概念为前因变量，以企业绩效、工作绩效和组织创新为结果变量，建立了结构方程模型，有助于理解社会结构对个体行为的影响。

（二）现实意义

我们国家的一些企业对知识资本还停留在概念的理解阶段，对于如何有效运用员工的知识资本为企业创造价值，形成自身的核心竞争力尚存疑虑，因此，积极开展知识资本理论与实践研究，进而为企业创造利润具有深远的现实意义。

1. 员工知识资本为企业价值提供了一条增值路径

在强调效率与效果的泰勒制科学管理体制之后,人际关系理论开始关注企业中的员工,现在我们也经常可以听到诸如"以人为本"的呼声,但这些都没有从根本上引起企业管理者的重视,本研究则从员工知识资本的"是什么""为什么""怎么做"几个角度,为企业管理者实施员工知识资本管理提供了理论依据。

2. 为企业管理者提供了员工知识资本的测量方式

本研究提出了员工知识资本的两种测量方式,一是可以采用中国企业员工知识资本量表进行定量评价,二是可以采用社会网络分析法中的员工知识资本个体网络中心性分别进行同事互评和领导评价,或者二者结合进行评价。

3. 为企业管理者提供了员工知识资本的管理策略

这些管理策略包括两个层次:一是从战略的高度建立员工知识资本的总体框架,二是分别基于师徒制的员工人力资本管理方法、基于实践社团的员工结构资本管理方法和员工顾客资本管理方法。

4. 中国的本土化研究

毋庸置疑,现在的研究,特别是西方学者的理论,大多是以发达国家为背景,正如德鲁克在其《后资本主义社会》一书第一章中所言:本书研究的重点是类似于欧洲、美国、加拿大、日本的一些发达国家,以及亚洲一些新兴的发达国家,而不是发展中国家。同样,诸如美国的斯图尔特、日本的野中郁次郎、瑞典的斯威比所言的知识型企业、知识型员工,也都是以发达国家为样本的。虽然中国的 GDP 的排名自 2013 年起,至 2014 年、2015 年已连续 3 年位居世界第二,国民经济实力大大增强,但从总体来看,我国依然是发展中国家,西方学者所提出的知识资本理论直接应用于中国实际有一定的困难,本研究提出的员工知识资本理论则为类似于中国的发展中国家提供了一种思路。当然,我国虽然没有跨入发达国家行列,但并不意味着我们不能实施知识资本战略,而是要把这种战略和中国的现实结合起来,本研究迎接了这种挑战并提供了一种机会。

二 研究路线

本研究以社会资本和社会网络为视角,以个体为观测对象,研究员工

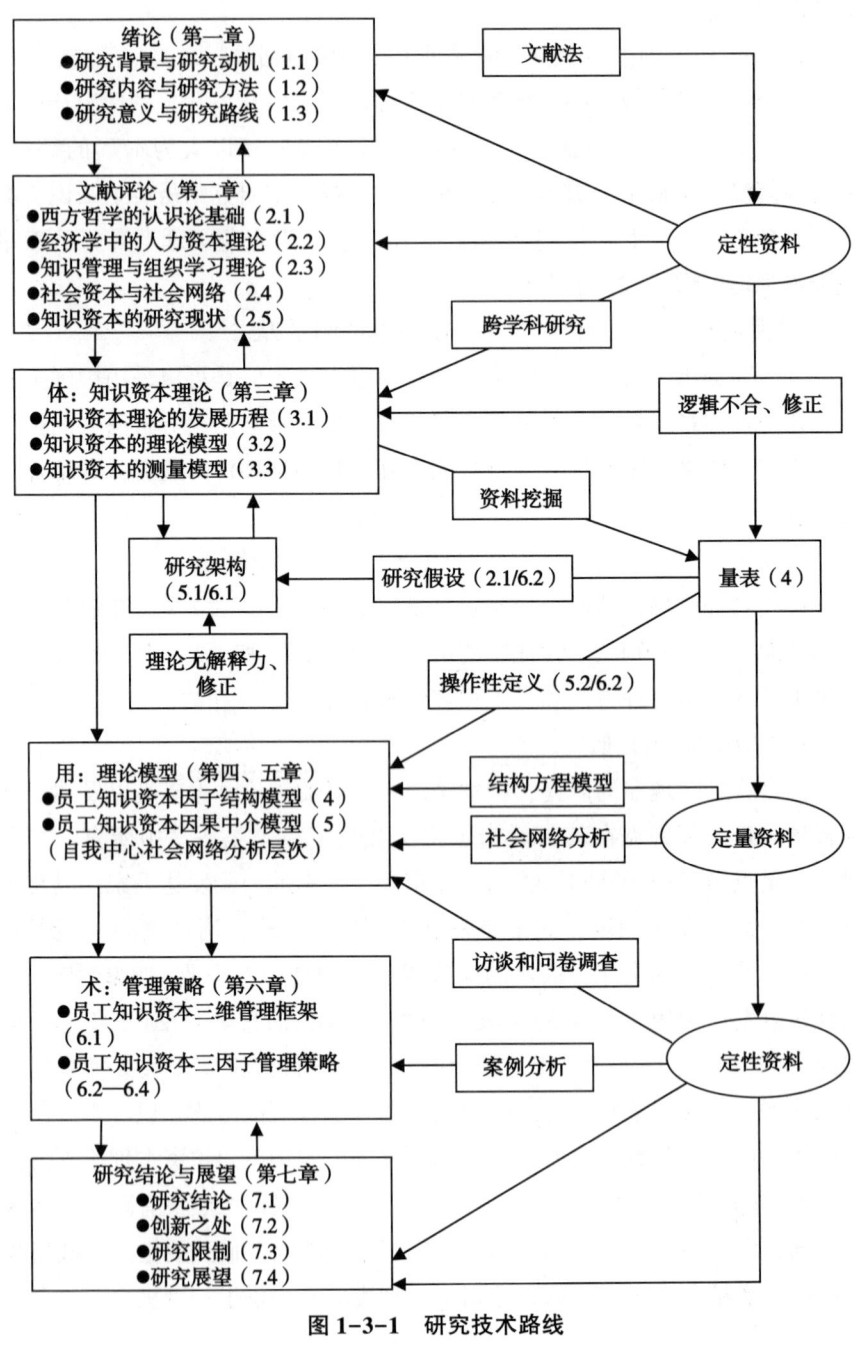

图 1-3-1 研究技术路线

注：图中的数字为章节号。

知识资本在企业管理中的理论与策略应用，具体包括知识资本理论研究

(体)、策略研究（术）与实证研究（用）三部分。体、术、用三者相互融合、相互补充、相互促进。其中理论研究部分包括基础理论研究和前沿进展研究；策略研究部分将结合知识资本的人力—结构—顾客（H-S-C）三要素，具体分析知识资本理论和方法在企业管理中的应用；实证研究部分是以社会网络视角来建构知识资本（KC）的前因变量和结果变量的结构方程因果—中介模型。本研究首先根据相关文献，整理、提炼知识资本的理论及影响因素，再据此在个体网络层次上建立结构方程因果模型，最后提出知识资本理论在企业中的具体应用。本研究建立的研究技术路线如图 1-3-1 所示。

本章小结

本章首先从社会背景、学术背景和企业背景等宏观、中观和微观三个层面上论述了中国企业员工知识资本理论与管理的研究背景。研究动机、研究内容和研究方法围绕员工知识资本的"是什么""为什么"和"怎么做"展开。"是什么"指的是员工知识资本的定义，本研究区别于以往学者的知识型员工的概念界定，对员工知识资本的定义较为宽泛，认为不仅高学历、高职称的员工具有知识资本，低学历的普通员工同样具有知识资本，重要的是要把它们激发出来，这对中国目前劳动力大军能力的发挥具有重要的现实意义。"为什么"指的是员工知识资本的重要作用。本研究将从文献理论、实证分析和企业案例三个视角证实中国企业员工知识资本对于企业价值提升、核心竞争力的形成至关重要。"怎么做"指的是员工知识资本的管理策略，本研究将从战略、因子结构和行业模式提出建议。本研究进一步改变了物质资本理论主导的格局，开辟了个体层次的知识资本研究。

第二章

知识资本的理论来源与研究现状

知识资本是在诸多学科理论的发展基础上催生而形成的，这些理论包括西方哲学的知识认识论、经济学中的经济增长和人力资本理论、管理学中的知识资本理论和组织学习理论、社会学中的社会资本理论和社会网络分析方法等。其中，西方哲学中的认识论是知识资本得以形成的思想基础，经济学理论和管理学理论是知识资本的应用，社会学则是知识资本理论的方法论基础。

第一节 西方哲学的知识认识论

热衷于哲学的人一致认为，哲学就是智慧，智慧即知识资本，从这一意义上来说，西方哲学认识论是知识资本的思想根源，而中国企业员工的知识资本的根源则在于古老的东方哲学。遍览古代先贤与圣哲的著作，你会看到他们无不为追求真理、追求知识而探索，尽管对什么是知识、什么是智慧至今还未达成一致的意见。

一 希腊三贤的知识思想

（一）苏格拉底的知识思想

古希腊思想中包含了许多关于知识和智慧的讨论，在这其中，最为学者广泛引用的是"希腊三贤"：苏格拉底、柏拉图、亚里士多德的相关对话。"希腊三贤"无意阐述什么是知识、什么是智慧，但他们在讨论关于哲学问题时涉及了知识和智慧，这也是早期的知识、智慧观点。苏格拉底（Socrates，前469—前399）一生未留下著作，其知识思想的主要依据是《柏拉图全集·泰阿泰德篇》。苏格拉底是希腊哲学的历史转折点，在其以前，希腊哲学关注的是宇宙的本原、世界的构成等"自然科学"问题；苏格拉底从现实出发，转而研究人类本身的正义与非正义、勇敢与怯懦、诚实与虚伪，以及智慧与知识等"伦理哲学"问题，进而开创了哲学研究的新领域，把哲学"从天上拉回了人间"。而关于什么是知识、知识与智慧的区别等与知识相关的内容则体现在《对话录》《泰阿泰德篇》中。苏格拉底所谓的知识就是把感性的人转变为理性的人，把知识和智慧作为人的本性，这也是知识的重要性所在。有趣的是，苏格拉底把人能认识到"自己无知"定义为知识、智慧的最高点。而现在的所谓的某一领域的专家，仅仅掌握了某一专业的知识，就以为是"全知"，这无疑是非常可笑的。现在的人所具有的知识和智慧，离苏格拉底所认为的知识和智慧越来越远。仅此一点，就可看出古希腊哲学在哲学史上的地位。

苏格拉底是从对知识的对立面"无知"的讨论来认识知识的，他首先承认自己无知，区分了"相"和具体事物的概念，二者的关系从本体论上来说就是普遍和个别之间的关系；从认识论上来说，就是理性认识和感性认识之间的关系。他指出在一切事物都是流动、变化的同时，有一个不变的东西，这个东西就是"知识自身"，也就是知识的普遍定义，这才是真正的知识，而人不是万物的尺度，知识也不是"看或感觉"等。苏格拉底所理解的知识乃是对事物之一般、普遍的本质认识，唯他才是具有确定性、普遍性和必然的知识性。苏格拉底用"智慧产生于个人的体会，我不能给你智慧，只能给你知识"来说明智慧和知识的区别。

苏格拉底建立了一种知识即道德的伦理思想体系，他提倡人们认识做人的道理，过有道德的生活。苏格拉底把追求善作为人类的最高理想和目标。苏格拉底经过长期的教学体验，形成了自己独特的教学方法——助产术。苏格拉底认为自己的母亲是帮人接生的助产婆，而自己则是帮人产生知识的"助产婆"。对于别人的提问，苏格拉底并不直接回答，而是采用"诘问"的方式，揭露对方命题的矛盾，使对方认识到自己的无知，从而引导提问的人产生正确的知识。如在《泰阿泰德篇》中，苏格拉底通过与青年泰阿泰德的对话，以"助产术"的方式论证了知识不是感觉，也不是真信念和真信念加逻各斯[①]。当然，苏格拉底把美德只归结为理论性

---

① 逻各斯，logos，是欧洲古代和中世纪常用的哲学概念。一般指世界的可理解的规律，也有语言或"理性"的意义。

知识，过分贬低感官对事物的反应，忽视情感和性格作用，为后人所诟病。但这些诟病绝不能掩盖苏格拉底作为里程碑式人物的美誉。

（二）柏拉图的知识思想

柏拉图认为知识是与生俱来的东西，它时刻隐藏在人的头脑之中，人们使用知识时，是对已有知识的唤醒，知识的获得即唤醒沉睡的知识可以"反思"和"沉思"两种方式。柏拉图认为，人们日常中所说的"知识"与"意见"相类似，但知识不同于意见，因为有些意见是不正确的，而知识是绝对正确的。人们通过眼睛观察所得来的东西只是事物的形式，是感觉，这不是知识，只有通过理念内省所得到的不变的东西才是知识。

柏拉图的世界是一个"设计师"的世界，它以"理念"（模型，Eidos）为基础，一切都要以"理念"为归依，所以柏拉图的思想和前苏格拉底时期的"自然哲学"是完全对立的。所谓"自然哲学"乃是"生长哲学"，万物（世界）是按自己的方式自行"生长"出来的，而柏拉图认为万物（世界）有一个最初的"设计者"，所以是按照"理念"建构起来的。从柏拉图的眼光来看，"物理学"研究的是变化的东西，是不断生灭的东西，而哲学的智慧，则要求达到一种可靠的、不变的知识，这是柏拉图的理想，"知识"自身不生不灭，所以到了柏拉图晚年，"哲学"的"智慧"回到了毕达哥拉斯的"数学"，因为在古代，人们以为只有"数学"的知识是永恒不变的。柏拉图在否定"自然哲学"的方法时，向毕达哥拉斯靠拢，在他的心目中，"理念"结构的最后根据，或许只在于"数"的关系，而此种关系又支配着"自然生长"的生、灭变化，于是掌握了"理念"的"数"的结构，则可执一而御万，以不变应万变，就是得到了可靠的知识。

（三）亚里士多德的知识思想

"希腊三贤"之一的亚里士多德的知识内容集中体现在《形而上学》中，"形而上学"原意为"在《物理学》以后"（Meta-physics），有探究宇宙万物根本原理之意。而另一个则是黑格尔开始使用、马克思也沿用的术语，指的是与辩证法对立的。形而上学（第一哲学）研究唯一的永恒不动的本体。

在《形而上学》这本著作中，亚里士多德认为实践的和制造的知识的本原存在于知识的认识主体之中，也就是说，这些知识对象的原因是实践者和制造者的意志、选择、理性、技艺或能力；而理论知识的本原

(原因)则在知识自身。前两者涉及的核心问题是善恶问题,而后者涉及的是真假问题。实践的知识主要包括政治学、伦理学;制造的知识主要包括诗学和技艺;而理论的知识则包括数学、物理学和形而上学(亚里士多德称之为第一哲学、神学)。

在理论知识中,自然哲学的根本任务,是认识自然本体的原理、原因和元素,也就是说,它研究那些具有内在运动和变化本原的事物。偶然性和自发性的现象不属于科学研究的范围,它应研究"必然"的东西。

二 唯理主义与经验主义

(一)唯理主义

唯理主义与经验主义是两种互斥而又互补的认识论。唯理主义认为知识可以通过演绎推理而获得;而经验主义认为知识可以通过归纳感觉的经验而获得。

唯理主义以笛卡尔为代表,他认为,认知主体与所认知的客体是截然分开的,即认知者与认知事物、精神与身体或精神与物体之间的二元论。笛卡尔提出了思考的四项准则:第一,决不对自己不清楚的东西信以为真;第二,把要检验的整体分成最小的部分,以便可以用最佳方式解决;第三,从最简单的地方入手;第四,尽可能全部列举并一般性回顾。笛卡尔还采用一种怀疑方法,"我思故我在"是他的经典名言。

(二)经验主义

笛卡尔的二元论遭到经验主义的鼻祖洛克的反击。洛克认为,知识并不像笛卡尔等唯理主义所描述的那样,早已存在于人的头脑之中,而应该是对客观事物的一种反映,由于外界的事物是客观的,而人的精神是空白的,即使对事物的感觉是错误的,是虚幻的,但应该是能感受到的。

(三)唯理主义与经验主义的综合

康德、黑格尔、马克思对唯理主义和经验主义进行了综合。康德接受知识的基础是经验,但不同意经验是知识的唯一源泉。黑格尔认为精神与物质都来源于"绝对精神",是通过动态与辩证的过程实现的;知识始于感官,"绝对精神"的自我意识是知识的最高形式。马克思认为,知觉是知者与被知物之间相互作用的过程,在追求知识的过程中,主体和客体处在一个连续和辩证的相互适应的过程中。

(四)波兰尼的"个人知识"论

迈克尔·波兰尼被公认为20世纪伟大的物理化学家和哲学家,最初从事医学研究，后来逐渐倾向于哲学，他的哲学思想在一定程度上受着康德思想的影响。1946年发表的第一本著作《科学、信仰与社会》奠定了他的哲学认识论基础，随后的《个人知识：迈向后批判哲学》几乎涵盖了自然科学、社会科学和人文科学等多门学科的内容，一经发表即引起了西方学者的广泛关注，并一版再版（Polanyi，1962）。波兰尼所称的"个人知识"是指知识的个人性和客观性的结合，与现在"个体层次"意义上的知识概念不同，他是为了体现知识的动态性和逻辑性而杜撰出来的一个词汇，这种动态性和逻辑性的知识（Knowledge）被波兰尼称为"识知"（Knowing），识知是对被认知事物的一种能动的理解。波兰尼重点论述了知识的客观性、个体性、盖然性、默会性、整体性、工具性，并对科学知识的概念、本质、起源和形成过程进行了多方面阐述。关于知识理论方面的著作，波兰尼的另外两本著作《识知与存在》（Polanyi，1969）和《科学思念与社会现实》（Polanyi，1974）同样影响巨大。

第二节　经济学中的人力资本理论

一　古典经济学中的人的经济价值观

从经济学的角度来看人的货币价值视角和经济价值思想是人力资本理论的早期萌芽。按照人的货币价值理论，衡量一个人在经济中的作用主要从生产人力所需要的货币成本和该人力成本在未来的收益两方面来进行计算。这种方法或用于人身伤害和死亡的法律保险赔偿，或用于评价战争的成本等。当然，使用这种生产成本法来衡量人的价值的局限性显而易见，如没能考虑成本和收益之间，以及未来收益与现今收益之间的比例关系等，也与现代意义上的人力资本理论相去甚远。

初步提出人力资本思想的是英国古典经济学派的代表亚当·斯密（Adam Smith）。斯密在《国富论》（1776）中把人的经验、知识和能力看作是创造财富的生产要素，认为学习所花费的成本应作为利润得到补偿，他把资本分成固定资本和流动资本两部分，并将所有居民获得的有用的能力归入到固定资本中，因为这种能力的获得已付出了现实的成本。斯密的这种观点得到了欧洲大陆的另两位古典经济学家的继承和支持——法国的让·萨伊（Jean Baptiste Say，1767—1832）和德国的海因里希·冯·杜能

(Heinrich von Thunen，1783—1850）。萨伊虽然背离了斯密的主流思想，但在《政治经济学概论》（1803）中所表达的人力资本思想却与斯密基本一致。萨伊把人力资本区分为一般性、专业性和创新性三种类型的人力资本，他还认为教育是一种资本，指出了人才特别是企业家的特殊才能的重要作用。杜能在《孤立国同农业和国民经济的关系》（1826）中也把资本概念与人力联系起来，并强调人力与资本概念联系起来的重要性，同时也认为人力资本是固定资本的一部分。

德国历史学派创始者、经济学家弗利德里希·李斯特（Friedrich List, 1789—1846）则批评斯密只强调物质资本而轻视精神资本，在《政治经济学的国民体系》（1841）中，李斯特论述了物质资本和精神资本的关系，认为生产力因素不仅包括物质资料，还包括精神力量，以及社会状况和天然资源，精神资本包括发现、发明等一切智力发展积累的成果。李斯特提出的"精神资本"概念被认为是现代"人力资本"概念的同义词。

古典经济学家的关于人的经济价值论述都承认人的能力和技能是资本的一部分，劳动是价值的源泉之一，因而对人力资本思想的形成影响意义深远，但他们并没有把人力真正作为资本去使用，其局限性也在所难免。

二 经济增长理论中的人力资本研究

古典经济学时期重视物质资本，对人力资源虽有论述，但并没有真正把人力资源看成是一种资本。进入20世纪后，一些学者开始对人力资本进行系统研究，运用经济学的成本与收益、供给与需求等基本分析工具来研究人力资本生成与发展的过程以及人力资本发展对经济运行过程的影响。货币资本理论的创始人欧文·费雪（Irving Fisher，1867—1947）在《资本的性质和收入》（1906）中初步提出了人力资本的概念，并率先采用计量经济学的方法进行了理论分析。苏联经济学家斯特鲁米林（Strumilin）在《国民教育的经济意义》（1924）中使用教育投资收益率的方法对工人一年的初等教育进行计算。美国哈佛大学沃尔什（Walsh）在《人力资本观》（1935）中，提出了教育的经济效益的计算方法。新制度学派的代表人物约翰·加尔布雷思（John Kenneth Galbraith，1908—2006）在《丰裕社会》（1958）中强调教育投资对改善资本和技术进步的作用。查尔斯·斯科特（Charles Scott）根据10个国家100多年的经济增长资料研究，建立了一个资本投资模型，模型强调知识对劳动质量和劳动效率的影响。新古典学派的创始人、英国经济学家阿尔弗雷德·马歇尔（Alfred Marshall，1842—1924）强调教育和教育投资在开发智力中的作用，其格言"知识是推动生产力发展的最强大的火车头"广为人们所引用。

（一）明塞尔在收入分配领域的人力资本研究

雅各布·明塞尔（Jacob Mincer，1922—2006）在《人力资本投资与个人收入分配》（1957）和《在职培训：成本、收益与某些含义》（1960）中，从收入分配领域建立了人力资本模型，揭示了收入差别的原因在于人力资本投资的不同。明塞尔认为，人力资本是蕴含于人自身中的各种生产知识与技能的存量总和。自1957年完成博士学位论文《人力资本投资与个人收入分配》开始，明塞尔大部分研究集中在人力资本及其在劳动市场的效应上。明塞尔对人力资本的研究主题包括三个方面：第一，人力资本对挣得的影响；第二，人力资本对工资增长、劳动转换和失业的影响；第三，技术对人力资本需求的影响。明塞尔系统阐述了人力资本的分析方法，并把它用于收入结构分析；明塞尔建立了一个分析劳动收入分配的经济选择模型，在人力资本研究的方法论上具有重要影响；明塞尔集中研究了影响人力资本需求的因素，特别是经济增长对人力资本形成与利用的影响。

（二）舒尔茨的人力资本投资研究

如果说明塞尔代表了人力资本在研究方法上的成就，那么舒尔茨则在人力资本的内容和范围上进行了界定。当然，与明塞尔把人力资本理论用于解释收入结构不同，他用人力资本来解释经济增长问题。1960年，西奥多·W. 舒尔茨（Thodore W. Schults，1902—1998）在美国经济协会的年会上以会长的身份作了题为《人力资本投资》的演说，首先明确提出了技术和知识是资本的一种类型，即人力资本，并认为对人力资本的投资可能是西方经济增长中非人力资本无法解释的部分。舒尔茨的人力资本投资包括许多被人们称为消费的事情，如教育、保健和国内移民费用、成年人和在职工人培训放弃的收入等。舒尔茨盛赞了把人力作为资本的观点，他批评了不应把人看作是一个国家的财富、把人看作是可以投资的对象是一种贬低人的看法（如约翰·S. 穆勒），认为把人看作是财富的观点并不妨碍人成为自由人，为此，他列举了少数的几位哲学家和经济家进行说明，如亚当·斯密曾把全体国民后天获取的能力当作资本的一部分；冯屠认为把人看作是资本不仅不会降低人格，还会获得尊严，特别是在战争中，人们可能更会为了保护一门大炮而轻易地牺牲一百个青年的生命，因为制造一门大炮的成本远远高于只需发布一个招兵公告就可得到的无偿的士兵成本；马歇尔从抽象和数学的观点也认为人是资本（舒尔茨，1990）。

舒尔茨通过比较的方式论述了人力资本投资对工资影响的实际例子。比如，因为教育的差别导致的收入差异，从事非农工作农民的收入要明显少于相同种族、年龄和性别的工业工人；有色人种的城市男子要比男性白人收入少得多；美国南部工人的所得要比北部工人的所得少得多。这些差异都是由人力资本投资的多少不同引起的。在此基础上，舒尔茨指出以往的资本—收入比率仅仅是全部资本的一部分，而人力资本是其中被排除在外的另一部分，这可以用来说明经济增长之谜。舒尔茨非常认同霍沃特把知识和技术看作是经济增长的关键变量。

舒尔茨的一个重要贡献是区分了消费和人力资本投资两个概念，把人力资本投资从消费中分离出来。他把支出分成纯粹的消费、纯粹的投资和介于二者之间的活动。如何区分第三类活动中的消费、投资非常具有挑战性，他建议采取从产出角度而不是从成本角度来对人力资本投资进行估算。此外，他还对医疗和保健、在职人员的培训、正式教育、成年人的学习项目、就业机会的迁移等活动的人力资本投资进行了估算说明。舒尔茨特别强调人力资本的作用，特别是从人力资本投资角度对贫困国家的经济增长提出了一些政策建议，他引用威廉姆·福克纳（William Faulkner）在《介入者的困境》中的话说："既无技术又无知识的人是完全无依无靠的。"

（三）丹尼森的残差分析与知识增进研究

在舒尔茨提出以人力资本投资来解释经济增长问题之后，在这个领域中进行着更为严肃的、具体的实证分析的另一个代表人物是美国经济学家爱德华·丹尼森（Edward Denison，1915—）。他在《美国经济增长因素和我们面临的选择》（1962）中以美国 1905—1957 年的经济数据，运用残差分析法，从理论分析和实证分析层面提出了丹尼森残差分析法。丹尼森残差也就是全要素生产率（Total Factor Productivity，TFP），在国内生产总值核算公式中被称为生产效率，是指资本和劳动等投入的生产要素对经济增长无法解释的部分，并与生产要素一起共同影响产出，用公式来表示就是"产出＝F（要素，效率）"。在这个总体经济框架内所公认的生产要素和生产效率共同决定国内生产总值，丹尼森在提出了一些假设条件后选择的函数形式为 Yt=At F（Kt，Lt），式中 Yt 用来表示产出（GDP），At 用来表示全要素生产率 TFP 或技术水平，Kt 和 Lt 分别表示资本和劳动力两项生产要素。对函数 Yt 取对数求导后，产出的增长就可以表示为资本（dK/K）的增长、劳动力（dL/L）的增长和 TFP 的增长（dA/A）三项之和。用公式来表示就是年度产出增长率 dY/Y=αdK/K+（1-α）dL/L+dA/A，式中 α 为加权数。随后，丹尼森利用美国的历史数据对美国 20 世纪上半叶的经济增长进行了解析。

在丹尼森残差中，有资源配置的改善、规模的节约和知识的增进三项，资源配置包括从农业中转移的过多劳动力和非农业转移到大企业中去的劳动力两种人力资源；规模的节约就是规模的扩大对报酬的递增递减影响；知识的增进就是知识的进展和应用的延迟时间缩短。丹尼森重视知识增进对经济增长的影响并对其进行了估算，他把人们受到的良好教育、知识量的扩大和质量的提高、技术知识、管理知识、发明创造、经验知识、采用新技术对设备的有效设计等知识进展都归结为促进经济增长的重要部分。通过对资本存量使用时间的延长减慢了经济的增长率（大约为 -0.02%），以及技术情报的更好传播等因素对"延迟时间"的缩短（大约为+0.03%），丹尼森认为知识的"延迟时间"变化对美国 1929—1957 年的经济增长影响不是很大（大约提高了 0.01%）。丹尼森根据分析得出，对美国当时经济增长最重要的因素虽然依然是劳动，大约占了一半以上，但贡献率位居第二位的"知识增进"也占到了 39%。同时，丹尼森也论证了美国经济在 1929—1957 年的增长中，有 23% 的份额应归功于对教育的投资。这就是丹尼森的残差分析法，丹尼森的残差分析法使人们真正认识到物质资本与人力资本并重的时代已经到来，并开始注重对人力资本进行投资。

丹尼森残差分析法对一个国家经济增长的现实意义表现在：如果劳动和资本的生产要素投入在一个国家的经济增长中占有较大的比重，国家政策的制定就要倾向于物质资本的投资；反之，政策的制定则要围绕技术进步和社会制度进行深入分析以制定相应的增长策略。

（四）贝克尔的人力资本投资一般性分析

与舒尔茨、丹尼森从宏观上分析人力资本在经济增长中的作用不同，加里·贝克尔（Gary S. Becker，1930—2014）则采用微观经济学理论，特别是运用效用最大化、市场均衡和稳定的偏好三个工具，对人力资本投资进行一般性分析，他的《人力资本：特别是关于教育的理论与经验分析》（1964）被称为人力资本理论的经典之作，是人力资本理论研究的起点。

贝克尔是从一些经验现象出发，对人力资本投资理论进行一般性分析的，这些经验现象包括：年龄的增加对收入的影响，无论是增长率还是减少率都与技术水平正相关，而失业率与之呈负相关；企业对雇员的"家长作风"表现上，不发达国家高于发达国家；年轻人较年老人接受更多的教育与培训，更多地变换工作；收入与分配的非对称性在熟练工人中更为突出；能力强的人受到更多的教育与培训等。贝克尔以一般培训和特殊培训两种在职培训形式为例，运用均衡理论，对人力资本投资对收益的影响进行了分析。贝克尔认为，人们所进行的各种费用支出，既考虑了现在的效用满足，也考虑了将来的效用满足；而收益既可以是货币形式的，也可以不是；人们之所以作出人力资本的投资决策，至少是在收益大于或等于支出的情况下才进行的；这是因为在均衡点上的收益率是相等的，即边际收入等于边际成本。

三 新增长理论中的人力资本研究

在借鉴贝克尔、罗伯特·索洛（Robert Merton Solow，1924—）和肯尼思·约瑟夫·阿罗（Kenneth Joseph Ar-row，1921—）等关于人力资本的研究成果基础上，罗默和卢卡斯把人力资本作为经济增长的内生变量纳入模型进行考虑，从而产生了一个新增长理论学派。

（一）罗默的收益递增增长模型

保罗·罗默（Paul M. Romer，1955—）在20世纪80年代后期发表的三篇论文标志着新增长理论发展的两个阶段。

第一个阶段以罗默的《收益递增与长期增长》（1986）为代表，沿袭新古典理论与方法，考察的是完全竞争条件下的经济增长，建立了一个知识溢出模型，以生产的规模递增和知识外部性对经济增长的影响为特征，证明了在人口零增长情况下知识积累对经济增长的促进作用，知识积累过程的连续性保持经济增长的长期性；也证明了知识投资导致的社会收益率不变或递增是由于知识外部性的作用。在罗默模型（1986）中提出了两时期和两部门的两个内生知识增长模型。罗默的知识增长模型强调知识和技术对经济增长的作用，其中特殊的专业化知识就是专业的人力资本。模型认为知识进步是经济增长的源泉,知识进步通过劳动者的熟练程度和设备的技术先进性表现出来。罗默的收益递增增长模型可以表述为产出(Q)与资本(K)、(非熟练)劳动(L)、人力资本及技术进步(H)三项投入与时间(t)之间关系的生产函数形式,即 Q=F(K, L, H, t)。这个模型把人力资本与技术进步完全内生化,充分体现了对知识的重视。

第二个阶段是以《基于由专业化引起收益递增的增长》(1987)和《内生的技术变化》(1990)为代表,摒弃了完全竞争条件而转向垄断竞争假设下的经济增长问题。罗默模型(1987)在专业化和收益递增状况下考察经济的增长,认为专业化提高引起了收益递增,收益递增又引起了经济的持续增长。该模型把经济分成中间产品和最终产品两个部门,在相应假设条件下建立了一个垄断竞争动态均衡模型。为求解此模型,罗默考察并证明了严格凹函数和幂函数形式下存在分散化均衡,认为分散化均衡与社会最优增长率相比要低,为此,建议政府干预的形式是为储蓄提供补贴。罗默模型(1990)则构造了一个包括产出(Q)与技术进步(T)、人力资本(H)、物质资本(K)、劳动(L)四项投入的增长模型。该模型表明,是内生的知识增加引起了经济增长。

罗默的三个增长模型在完全竞争、垄断竞争条件下从知识外部性对经济增长的影响进行了分析,为政府制定相应的政策提供了理论依据。当然,罗默的知识外部性概念类似于马歇尔的经济外部,但没有对其做深入分析,其缺陷也是不言而喻的。

(二) 卢卡斯的知识内生增长模型

罗伯特·卢卡斯(Robert E. Lucas Jr., 1937—)在《论经济发展的机制》(1988)中,提出了两个资本和两个商品所建立的两个经济增长模型。在卢卡斯模型中资本被划分为两种形式:物质资本和人力资本,劳动被划分为"原始劳动"和"专业化的人力资本"两种形式,认为后者可以产生内在效应和外在效应(Lucas and Robert, 2002)。与以往经济增长理论把人力资本视为外生经济增长变量不同,卢卡斯把人力资本作为内生变量,假设人力资本(h)的增长率与积累时间(μ)呈线性关系,与物质资本(k)一起被加入到生产函数中,假设生产函数形式如下:

$$Q = Ak^{\alpha} (\mu h)^{1-\alpha}$$

同时假设个体是同质的,个体获取知识的速度取决于个体的能力和人力资本形成时间,这样的总体生产函数和人力资本函数可以表示为:

$$Q_t = A_t k_t^{\alpha} (\mu_t h_t)^{1-\alpha}$$
$$h_t = B(1 - \mu_t)^{\beta} h_t$$

由此，人力资本开始作为一个促进经济增长的独立变量进行到索洛模型，卢卡斯称其为索洛模型中另一种"技术进步"形式，并认为这种内生的、专业化的人力资本可能通过正规教育和非正规教育，以及"干中学"的方式进行积累，经由劳动技能所形成的人力资本是经济增长的主要动力、决定性因素。卢卡斯区分了由个体影响自身形成的人力资本为内部效应和由平均人力资本形成的外部效应。这种区分有利于形成更多的人力资本，是人力资本形成的另一种路径和方法。比如，穷国可以通过引进富国的新技术、新设备积累经验来提高穷国的人力资本。卢卡斯的人力资本存在外部效应还有利于解释一个有着高生产率的工人，其周围的人也会越来越聪明。卢卡斯还指出了富国与穷国的人力资本差异和个人收益差异是两类国家贫富差距扩大在人力资本上存在的两个重要原因。

第三节 管理学中的知识管理

管理学与知识资本相关的理论主要是知识管理理论。事实上，在有些学者的研究中，知识管理等同于知识资本管理。

一 知识管理的发展历程

在与知识资本相关学者的论文、著作和演讲中，大多数学者把知识或知识管理与知识资本等同起来，这一方面是三者之间确实有交叉之处，有些学者为了行文的方便，在同一情境下使用了不同术语进行表达；另一方面也体现了知识资本的有些理论确实来源于知识或知识管理。本研究认为，为了体现知识资本中"资本"能够创造价值的特性，有必要对三者进行区分。当然，在有些学者的研究中，完全把三者割裂开来，有一定的难度，事实上也没有必要。知识和知识管理是知识资本的重要有机组成部分，对知识和知识管理理论进行研究，有助于更好地理解和管理知识资本。本节主要阐述偏向于知识管理方面的学者研究。目前，知识管理研究主要有三条路线：一是以知识管理的理论建设为主，二是以知识管理的技术、方法为主，三是人工智能。了解知识管理的发展历程，不仅有助于理解历史，还有助于知道什么是知识管理。

（一）知识管理的第一阶段：信息技术

在初始阶段，知识管理主要是由信息技术驱动，通常被描述成"通过互联网获取知识资本"。知识资本的概念在此提供了一些理由、框架、种子和工具。据悉，作为今天广泛使用的术语，知识管理这个词最早出现在咨询行业，后来迅速蔓延到其他学科，也有学者认为知识管理发轫于更传统的学科，如战略管理、组织学习（Wison，2002）。早些时候，一些咨询公司逐渐意识到潜在的内部网与互联网连接在一起，可以使知识扩散到自己所处地理位置以外的组织。在他们的组织内部更有效地共享知识使之避免重新"发明轮子"，成本低于竞争对手并攫取更多的利润。在新背景下第一个使用知识管理术语的似乎是麦肯锡咨询公司（McKinsey）。他们在使用网络分享时很快意识到有一个引人注目的新产品。一旦知道如何利用内部网通过他们的组织与其他组织共享信息而获得专业知识，他们获得的这个专业知识是一个产品，就可以卖给其他组织。知识管理的第一阶段的重点是关于如何部署新技术来完成更有效地利用信息和知识，其标志是1992年，安永咨询公司在美国波士顿组织的知识管理的第一次会议（Prusak，1999）。

（二）知识管理的第二阶段：人力资源和企业文化

当简单应用新技术不足以充分有效地使信息和知识共享时，知识管理就进入了第二阶段——人力资本和文化维度被考虑。很明显，知识管理的实现需要企业文化的变化，在许多情况下是显著变化。这正如医药销售代表的收入主要是根据销售业绩提取的奖金而不是工资。这就是为什么销售代表分享他的新发现后最可能的结果是明年他的奖金将会大大减少的原因。如果人的因素没有被充分考虑进去，知识管理可能面临一些非常尴尬的境地。知识管理远远不仅仅是结构化一些信息和知识并使它更容易获取那样简单，它还需要企业文化的改变以促进和鼓励信息和知识的共享。随着这种认识的深入，第二阶段出现了知识管理的两大主题内容：美国学者彼得·圣吉的学习型组织工作（Peter Senge，1990）与日本学者野中郁次郎和竹内弘高的"隐性"工作知识（Nonaka and Hirotaka，1995）。这两位学者不仅把人力因素引入知识管理，他们还探讨了知识创造、知识共享和交流。从第一阶段进入第二阶段的标志是在1998年的知识管理委员会会议上第一次出现了人力资源部门的参加者，而在1990年的会议上，作为第一位置的 IT 人员已被人力资源参加者所取代。第二阶段的标志词是"实践社区"。

（三）知识管理的第三阶段：企业内容管理和分类

知识管理第三阶段的标志是企业内容管理和分类法的出现。企业内容管理的兴起源于对内容重要性的认识，特别是内容可回收性的重要性以及由此导致的内容安排、描述和结构的重要性。2000 年内容管理首次在知识管理世界大会上出现，2001 年内容管理已经在知识管理世界大会上占据主导地位。分类法的兴起则是 2001 年 10 月首席知识官峰会第一次报道了英国 TFPL 公司的报告《TFPL 2001——企业战略与知识战略》，由此，分类成为这个会议的一个主题。2006 年，知识管理世界大会添加了一个为期两天的分类训练营研讨会，至今仍然存在。

二　知识管理的内容来源与构成要素

（一）知识管理的内容来源

知识管理的内容一方面来源于信息管理实践。信息管理出现于 20 世纪 70 年代、80 年代，通常被理解为信息技术和信息科学的一个子集。信息管理关注于信息本身的管理、方法的独立性，侧重于价值评估、操作技术、治理和激励机制等方面。在这种情况下，"信息"通常意味着文档、数据和结构化的消息。从广义上讲，知识管理分享信息管理的用户的观点——把价值作为用户满意度的函数，而不是关于存储和提供信息的技术效率。如信息技术主要关注于有多少比特电子管可以携带；而信息管理和知识管理更注重内容的质量和有多少知识有利于接收者和组织的工作。信息管理发现，并不是所有的信息都是平等被创造的，不同类型的信息有不同的价值，需要以不同的方式进行处理。这种更接近于真实知识管理的视角成为现在知识管理的核心，如采用适当的技巧和技术分享不同的知识，以及更关注知识的使用，而不仅仅是知识的可获得。另一方面，知识管理的内容来源于质量运动实践。质量运动显著关注内部客户、公开的流程和共享透明的目标；而知识管理尚未实现质量运动声称的可衡量的成功水平，它已经有效地借鉴质量运动的三个目标以达到知识管理的不同目的。质量技术被成功地应用于制造流程，而知识管理有一个更广泛的范围，包括测量流程甚至清晰的定义。然而更多的知识工作是使知识清晰可见，因此建立知识流程和治理结构的方式至关重要。

(二) 知识管理的概念与构成要素

在知识管理的概念上，最广为人引用的是托马斯·达文波特（Davenport Thomas，1994；1998；2000）对知识管理的界定：知识管理是一个获取、分享和有效使用知识的过程。这个定义简单、朴实且直切要点。几年后，格特纳公司（Gartner Group）创建了另一个知识管理的定义，这可能是最常提到的一个：知识管理是这样一门学科，它通过一个集成的方法来识别、采集、评估、检索和共享企业的所有信息资产。这些资产可能包括数据库、文件、政策、程序和以前没有被捕获的员工个人的专业知识和经验（Duhon，1998）。这两个定义的共同之处是都强调组织和公司导向，因此，知识管理，至少在历史上，主要是关于组织的或组织内的知识的管理。在知识管理领域最引人关注的可能莫过于如何捕获并被组织中其他人所利用的存储在人们头脑中的、没有被显现出来的信息和知识。为此，由 IBM 公司的一些咨询顾问开发了一个知识图形来试图描述知识管理的构成，这个图形是根据收集的内容和连接的人之间的区别而制定出来的。如表 2-3-1 所示。

表 2-3-1　　　　　　　　　　IBM 的知识构成

	收集（物）和整理	连接（人）和个性化
指导信息和知识搜索开发	●数据库、外部和内部 ●内容体系 ●信息服务支持（必须的训练） ●数据挖掘最好经验/最佳实践/行动后分析 （收获）	●社区和学习 ●目录、"黄页"（专业定位） ●发现和促进工具，群件 ●反应小组 （利用）
意外和浏览探索	●文化支持 ●当前意识概要文件和数据库 ●用于提示的、可供选择的产品/推动 ●数据挖掘的最佳实践 （搜索）	●文化支持 ●空间——图书馆和休息室（文字和虚拟）、文化支持、群件 ●旅行和会议出席 （假设）

资料来源：Davenport（2000）。

知识管理的构成要素是众多学者关注的主要话题。美国长岛大学教授迈克尔·科恩（Michael Koenig，2012）认为最明显的一点是通过门户网站和内容管理系统把组织的数据和信息提供给组织的成员使用。内容管理有时被称为知识管理中最直接和明显的一部分。此外，知识管理还包括三个典型的基础：（1）经验数据库。经验数据库试图捕捉和获取那些没有被记录在一个固定介质上的知识。其重点是把嵌入于人的知识获取、明确并利用。(2) 专业知识的位置。如果知识存在于人，那么最好的方法之一就是跟着专家学。为此，要找到合适的专家，当然这本身可能就是一个问题。(3) 实践社区 (CoPs)。实践社区是有着共同利益团体的个人聚集在一起讲故事，或分享和讨论问题、机会和最佳实践。

由于对知识管理概念的不同认识，对知识管理的未来发展产生了基于信息、技术和文化的不同观点。基于信息的观点主要关注于可执行信息、数据的分类整理、企业黄页、过滤的信息、自由文本和概念、人员信息档案、容易获得的信息等；基于技术的观点主要关注于数据挖掘、数据仓储化、执行信息系统、专家系统、智能型代理、局域网、多媒体、搜索引擎、智能系统等；基于文化的观点主要关注于集体学习、后续学习、知识产权开发、学习型组织等。如表2-3-2所示。

表 2-3-2　　　　　　　　知识管理的不同观点

基于信息的观点		基于技术的观点		基于文化的观点	
关注问题	管理职能	关注问题	管理职能	关注问题	管理职能
可执行信息、数据的分类整理、企业黄页、过滤的信息、自由文本和概念、人员信息档案、容易获得的信息	将大量的数据以一种可用的格式储存、避免用户负载大量不需要的数据、剔除错误数据和陈旧数据、确保顾客的信任感、保证信息能够流通	数据挖掘、数据仓储化、执行信息系统、专家系统、智能型代理、局域网、多媒体、搜索引擎、智能系统	确定对基础设施的要求、保证技术的更新、互联网上数据的安全性	集体学习、后续学习、知识产权开发、学习型组织	改变管理方式的深远意义、使个人自愿贡献自己的知识、使业务单元共享彼此的知识、证明商业价值、将不同部门的人员组织在一起、确定知识管理所应负的责任

资料来源：本研究根据相关资料整理。

三　知识管理的理论模型与实证检验

（一）Wiig 的知识构造和利用模型

1. 内容与过程的三柱模型

美国知识研究所（Knowledge Research Institute，KRI）主席、香港理工大学教授 Wiig 在知识管理领域建立了多种理论模型，早期的如知识管理三柱模型（Wiig，1993），后来的情境处理模型（Wiig，2003），以及知识管理与知识资本的整合模型（Wiig，1997）。

如图 2-3-1 所示，知识管理的三柱模型把整个知识管理结构内容和流程形容为知识内容分析—价值评估—技术处理三根支柱（Wiig，1993）。

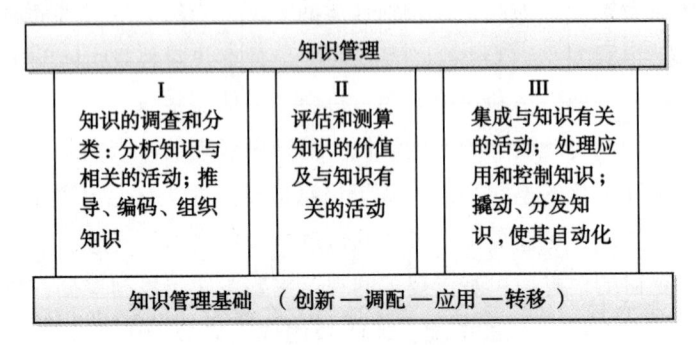

知识管理		
I 知识的调查和分类：分析知识与相关的活动；推导、编码、组织知识	II 评估和测算知识的价值及与知识有关的活动	III 集成与知识有关的活动；处理应用和控制知识；撬动、分发知识，使其自动化
知识管理基础　（创新—调配—应用—转移）		

图 2-3-1　Wiig 的知识管理三柱模型

资料来源：Wiig（1993）。

2. 情境处理的知识模型

情境处理模型则关注知识管理对企业绩效的作用。Wiig（2003）的情境处理模型假设：当一个人收到一种情境信息后，确定它是什么，然后找到一个方法来解决它、处理它，确定它是圆满完成的。然而，在大多数情况下，这种情况是正在进行的，不断重复的或连续的信息收集、意会、决策和实施行动。当处理人们需要做出决定的情况下而导致行动的这个过程，Wiig（2003）称其为情境处理。Wiig 认为，在生活的所有领域，情境处理是很重要的。在一个正常工作日，人们处理成百上千的小个体情境，这些大多数是个人的、无意识的、隐性的和自动的，仅需要几秒钟，而其他人则需要更多的工作和一些大量的团队精神和协作，持续时间较长。Wiig（2003）把情况处理分成四个主要任务：（1）意会；（2）决策制定/解决问题；（3）执行；（4）监测。这四个任务之间的关系如图 2-3-2 所示。这个图也表明组织的功能需要每个基本任务的操作：情境感知、行动空间和创新能力、执行能力和管理能力和愿景。精通这些能力高度依赖于个人所拥有的，或从他人获得的能解决问题的知识范围和质量。如果知识是有限的或能力降低，就会成为障碍而减少整个情境处理的有效性。图 2-3-2 个体情境处理模型显示了一些伴随信息和知识输入过程的连接变量和路径。而企业的情境处理模型取决于企业的管理能力。如图 2-3-3 所示。

3. 知识管理与知识资本管理的整合模型

知识资本管理和知识管理的范围是巨大的，几乎影响所有的企业的功

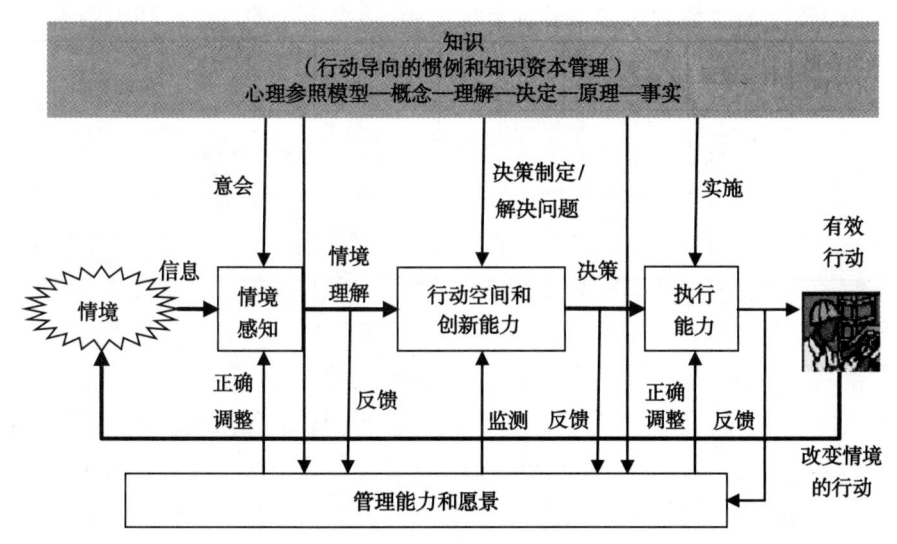

图 2-3-2　Wiig 的个体情境处理模型

资料来源：Wiig（2003）。

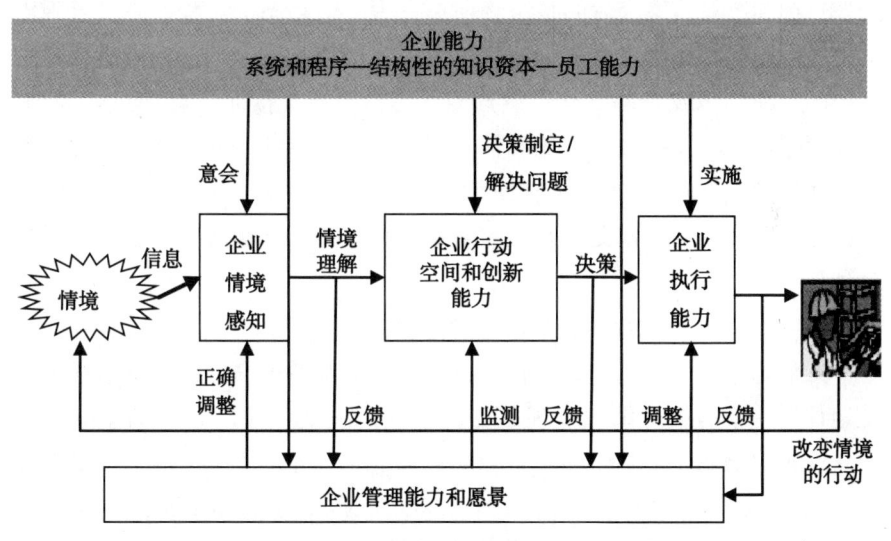

图 2-3-3　Wiig 的组织情境处理模型

资料来源：Wiig（2003）。

能。这就解释了为什么迄今为止没有一个组织能够进行一个全面的知识资本管理和知识管理。相反，通过有限的努力推进企业实现一些改善将导致企业保持持续的生存能力。这些特征涉及从个人知识资本的最大化到诸如企业知识库的基础设施要素。为了说明所涉及的复杂性，图 2-3-4 列出了属于知识资本管理和知识管理范围的40多个选定的特征。知识资本管理从图的左边开始而知识管理从图的右边开始向前推进，二者在中间部分重叠，如"优质的产品和服务"。重叠的精确面积取决于企业的优先级和安排。显然，管理有必要关注特定的活动和那些支持现有政策和企业需求的因素。经验表明，这个模型运转得很好，而且范围逐渐扩大到额外需求的新领域也是可行的。同样重要的是使知识管理活动与有针对性的知识资本结果匹配起来。知识资本管理和知识管理必须在早期阶段整合起来以监控进展，达到理想的业务成果，获得企业管理的支持，设置优先级，激励各个层级的员工在日常工作中实施和使用新功能。

图2-3-4显示了这些特性之间的连接。识别和解释描述因果关系和其他的驱动力之间的连接是至关重要的，这些连接只是那些与知识相关的特征。在实践中还要考虑许多额外的连接，以及更多的与知识相关的重要方面。如现存的或者应该创建的知识流。还有一些概念、心理模式和经验知识需要实施以提供高质量的产品和服务，这需要整合知识资本管理、知识管理目标和愿景。整合后的系统必须被视为一个动态的过程。许多可观测的特性可能是其他潜在因素的表现，不能直接影响。例如，它可能是非常渴望的一种知识友好的文化。但普遍认为，不能直接而只有通过如激励、榜样等间接手段才能改变文化。鉴于系统的动态特性，重要的是要确定哪些特性与知识管理活动需要获得所需的知识资本结果，并决定怎样和以什么传播速度来影响。如交货期通常是几个月时间，可能需要相当大的预先计划。

(二) 基于ANP的知识管理绩效测量模型

人们通常只关注一个组织内部的知识管理绩效度量，但从竞争角度系统地评估一个组织的绩效表现是否优于它的主要竞争对手更为重要。因此，Chen、Huang和Cheng (2009) 整合了网络分析法 (Analytical Network Process, ANP)[1] 与平衡计分卡 (BSC)，从竞争的角度提出了一种知识管理绩效的测量方法。像层次分析法一样，ANP在多级网络结构中通过离散的和连续的成对比较来获得比例尺度。这些比较可能是取自实

---

[1] 网络分析法 (Analytic Network Process, ANP)，与本文中的社会网络分析法 (Social Network Analysis, SNA) 不同，网络分析法 (Analytic Network Process, ANP) 是美国匹兹堡大学的塞蒂 (T. L. Saaty) 于1996年提出的一种适应非独立的递阶层次结构的决策方法，它是在层次分析法 (Analytic Hierarchy Process, AHP) 的基础上发展而形成的一种决策方法。

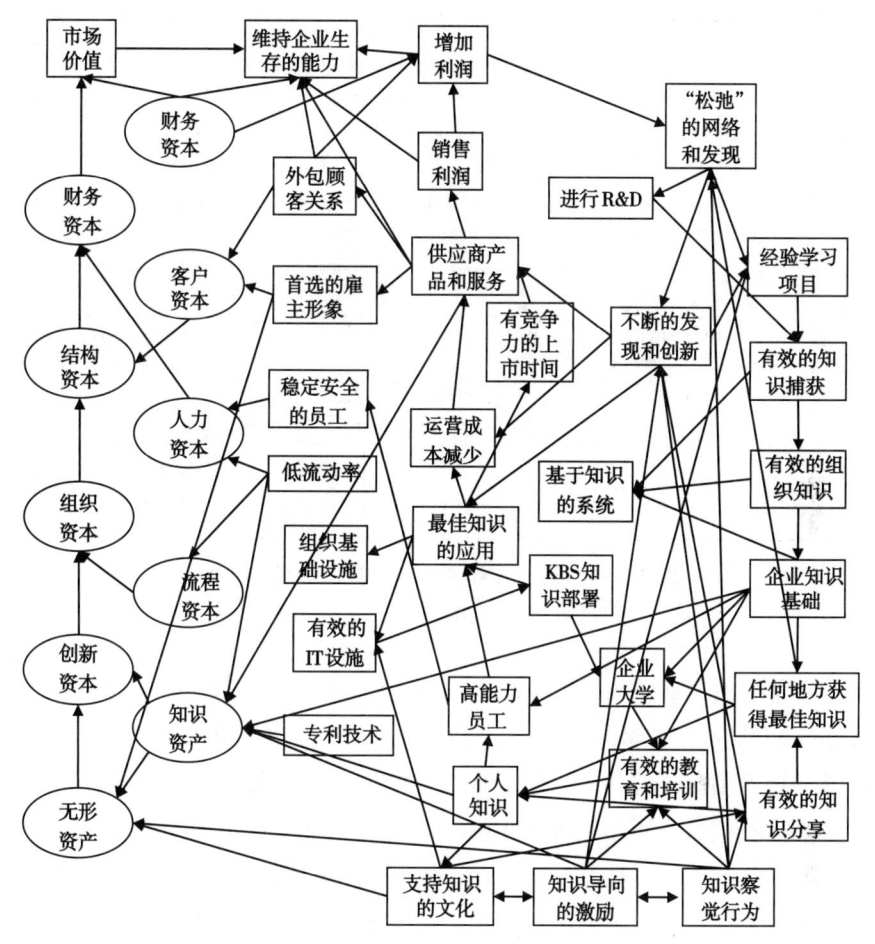

图 2-3-4　Wiig 的知识资本与知识管理整合模型

资料来源：Wiig（2003）。

际测量的或反映偏好相关强度和感受的基本测量。构建基于 ANP 的知识管理绩效测量模型需要遵循一系列步骤：第一步是模型构建和问题结构化；第二步是成对比较矩阵的相互依存的级别；第三步是知识管理绩效的计算；第四步是分析本企业与竞争对手的知识管理绩效。如图 2-3-5 所示。这种测量方法可以把一个组织的知识管理绩效与它的主要竞争对手进行比较，改善知识管理以提供有效的信息，提高决策质量，为一个企业获得竞争优势指出了清晰的努力方向。

（三）Barczyk 和 Duncan 的知识管理过程模型

把学习过程的发展和方法用在 IT 企业中，知识管理咨询公司的影响

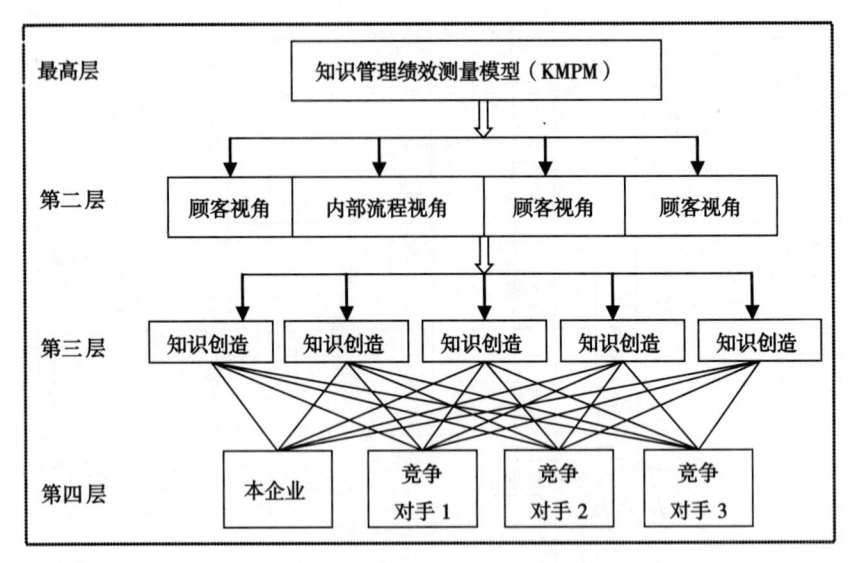

```
最高层          知识管理绩效测量模型（KMPM）

第二层     顾客视角   内部流程视角   顾客视角   顾客视角

第三层    知识创造  知识创造  知识创造  知识创造  知识创造

第四层     本企业   竞争    竞争    竞争
                  对手1   对手2   对手3
```

图 2-3-5　基于 ANP 的知识管理绩效测量模型

资料来源：Chen、Huang 和 Cheng（2009）。

是非常重要的（Mohammad, et al., 2016），各种重大教育强调思维过程和连接的系统（El-Masri, et al., 2015）。一些学者认为，组织学习过程的唯一特点是有效地利用媒体了解构成整个单位的两个个体之间的关系，而不是学习截然不同的领域（Almajali, Masa'deh and Tarhini, 2016）。单环学习是基于组织活动基础之上的，不提供任何创新的意识形态。相反，双环学习意味着组织不同模块的学习技术中杰出人物的批判性思考能力。而 Barczyk 和 Duncan（2011）对组织采用巧妙的方式处理知识似乎并不拥有一个积极的态度。他们考虑组织的局限性和描述有关基础设施的复杂弱点，如复杂的层级、人员的态度和行为、组织文化和不同的程序等。Barczyk 和 Duncan（2011）所建立的知识管理过程模型如图 2-3-6 所示。

（四）知识管理理论的实证检验

Cohen 和 Olsen（2015）以南非接待服务公司为样本，采用竞争理论的普遍模式、权变和互补视角对知识管理能力与企业绩效的比较研究发现：普遍模式没有达到预期效果；互补的观点揭示编码与人力资本知识能力交互影响客户服务；权变的观点也得到了支持，知识管理能力和绩效之间的联系取决于企业战略。

知识和创新是被公认为经济竞争优势的主要来源，企业需要增加关注

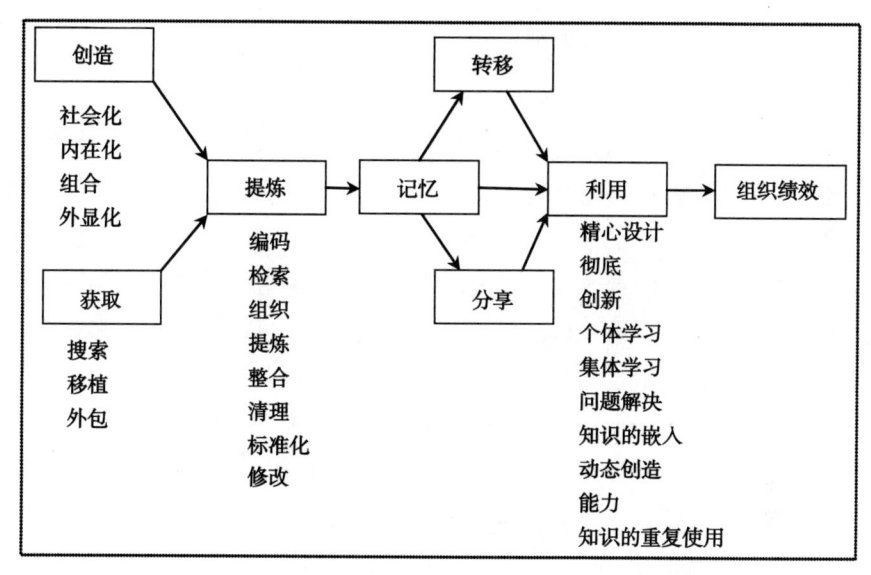

图 2-3-6　Barczyk 和 Duncan 的知识管理过程模型

资料来源：Barczyk 和 Duncan（2011）。

知识管理和创新竞争。Amos、Joice 和 Kibet（2016）研究了知识管理、创新和企业竞争力，样本基于肯尼亚的 252 个中小制造企业经理。研究结果表明，知识管理过程积极影响创新，创新提高了企业竞争力；创新在知识管理与企业竞争力之间起中介作用。研究表明企业应整合知识管理和创新以提高企业的竞争力。

第四节　社会学中的社会资本与社会网络理论

社会学对知识资本从宏观和微观两个角度都有所贡献。最早试图严格定义一个后工业时代、知识型社会的有社会学家丹尼尔·贝尔（Daniel Bell，1999）和经济学家弗里茨·马池利浦（Fritz Machlip）等。在微观层面，社会学的研究兴趣所关注的内部网络和社区的复杂结构与知识管理具有明显的相关性（Prusak，2001）。与知识资本相关的社会学理论主要集中于社会资本和社会网络。社会资本所体现的结构分析视角，在管理学中越来越体现其独特地位，而社会资本凝结在社会网络之中，其所采用的社会网络分析方法正逐渐被引入知识资本研究之中。

一 社会资本与知识资本

(一) 社会资本的概念界定来源

"社会资本"一词最初出现在社区研究中,强调城市社区功能持续性发展的重要性以及社会网络的强大、人际关系的建立等,随着时间的推移开始深入信任和合作的基础和集体行动(Jacobs,1965)。早期的研究还涉及个体社会资本的重要性:一组内生于家庭关系和社区组织中的资源在培养小孩成长中的作用(Loury,1977)。这个概念早期常常被用来解释广泛的社会现象,越来越多地倾向于关注社会资本的作用——不仅影响人力资本的发展(Coleman,1988),而且影响企业的经济绩效(Baker,1990)、地理区域(Putnam,1993;1995)和国家(Fukuyama,1995)。社会资本理论的核心命题是:网络关系是处理社会事务的一种宝贵资源,为其成员提供了"集体拥有的资本"、赋予其成员信任的一种"凭据"(Bourdieu,1986)。更多的资本嵌入于其成员共同认识和认可的网络之中。例如,布迪厄(Bourdieu,1986)确认持久的义务来源于感恩、尊重和友谊的感觉,或者来源于一个家庭、一个阶级、一所学校的成员权利在法律制度上的保证来源。也有一些资源可以通过合同和网络联系获得,例如,通过"弱关系"和"朋友的朋友",网络成员可以拥有一些特权获得信息和机会。最后,作为社会资本的一种重要形式,社会地位或社会声誉来源于特定网络的、受到相对限制的成员关系(D'Aveni and Kesner,1993)。

(二) Nahapie 和 Ghoshal 的社会资本与知识资本的理论模型

Nahapie 和 Ghoshal(1998)把社会资本定义为嵌入于网络中的实际的、潜在的、来源于个体或组织单位所拥有的网络关系的或获得的资源总和。因此社会资本由网络和通过网络动员资产两部分。作为扎根于人际关系中的一组资源,社会资本有很多不同的属性,普特南(Putnam,1995)认为首先研究的重点是明确社会资本的维度。Nahapie 和 Ghoshal(1997;1998)在社会资本推动知识资本创造的作用中,在三个维度上予以构建:结构、关系、认知。这三个方面是社会资本的重要方面,而不是全部,并且在分析上分成三个维度,但这三个方面高度相关。

Nahapie 和 Ghoshal(1998)认为知识资本深深植根于社会关系和这些关系所形成的结构之中。这种观点与相对个人主义和环境的视角形成强烈的对比,它们以更传统的方法来解释公司的存在和贡献。Nahapie 和

Ghoshal 确认了社会资本维度的几个方面，这可以通过节约信息和协调费用来减少交易成本。Nahapie 和 Ghoshal 的理论命题有利于识别那些支撑企业动态效率和增长的因素。这个理论命题与资源基础理论的观点是一致的，它强调了企业的竞争优势建立在其独特的资源基础之上：物质的、人力的和组织的。Nahapie 和 Ghoshal 的理论框架（如图 2-4-1 所示）为进一步检验企业之间的差异提供了一个有用的依据。其理论假设的局限性体现在：首先，关于社会资本的分析主要（虽然不是完全）集中在社会资本如何帮助创造新的知识资本。然而，社会资本也可能有重大的负面效果。例如，某些规范可能是敌对的，而不是支持合作、交流和改变。此外，拥有较高社会资本的组织可能会因为限制其成员获得不同的想法和信息来源而变得僵化。Nahapie 和 Ghoshal 认为组织应促进某些形式的交换和组合但不限制其范围，因此，有效的组织需要不断地平衡潜在的相反力量。此外，一些社会资本维度的创造和维护是昂贵的，特别是关系维度和认知维度。

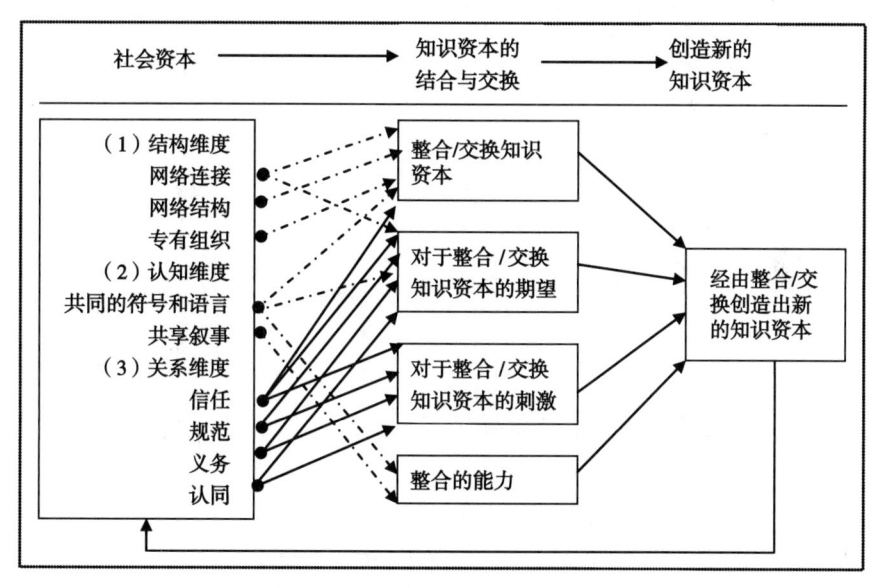

图 2-4-1　社会资本对知识资本的创造

资料来源：Nahapie 和 Ghoshal（1998）。

（三）Tsai 和 Ghoshal（1998）的社会资本价值创造模型

作为一个内含于结构和关系背景中的概念，社会资本可以在不同层次上操作定义和分析，包括个人、组织、组织安排和社会。Tsai 和 Ghoshal（1998）关注于一个多事业部公司的不同业务单位之间的关系，相应地，他们在业务层面上构建和检验了一个社会资本的价值创造模型。这个模型假设：（1）社会资本的三个维度之间是如何互动的；（2）在一个多事业部公司里，它们是如何影响资源的整合和交换的；（3）在新产品的开发创新中，资源整合和交换是如何反过来影响价值创造的。图 2-4-2 以图形方式显示了他们的假设和结果。总的来说，这项研究结果有力支持了在对偶层次和业务单位层次上，社会资本有利于促进价值创造。社会资本的三个维度包括社会互动、信任和共享价值观直接或间接地显著影响资源交换和整合。同时，资源交换和整合的程度与产品创新显著相关。这个分析表明，在一个公司内部对社会资本的创造进行投资最终可以创造价值；非正式的社会关系和隐性社会安排鼓励生产性资源交换和整合，从而促进产品创新。这项研究试图从组织内社会资本的概念观点转移到更具体的定义构造。结果显然是令人鼓舞的：它把社会资本的结构、关系、认知维度连接起来并在一个组织内部显示了它们如何相互作用，这对 Nahapiet 和 Ghoshal（1997）的理论框架进行了实证支持。

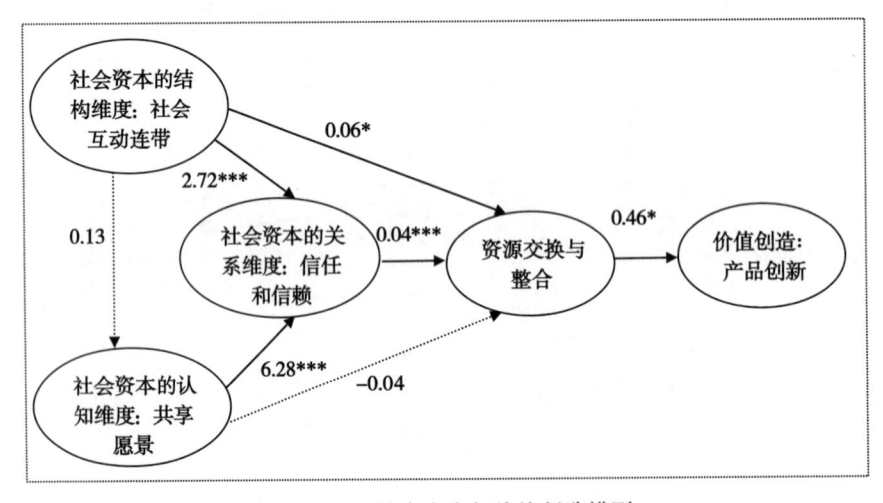

图 2-4-2　社会资本与价值创造模型

资料来源：Tsai 和 Ghoshal（1998）。

二　企业组织网络与知识资本

（一）视组织为网络的观点

在即将进入 21 世纪的前十年里，学术界对把新世纪的组织形式称为"网络组织"表现出了浓厚兴趣（Powell，1990）。这些支持者认为，网络组织将取代官僚机构和它们的后代——多部门形式和矩阵形式。

组织的网络形式既不像它们的前任官僚组织那样的垂直式层级的结构,也不是供需决定的市场结构形式。相反,网络组织形式使用灵活、在多个组织之间呈动态沟通连接,形成了创造产品或提供服务的新实体。这些新形式不断地适应新增的连接而使不正常联系下降。因此,这种不断发展、新兴的网络形式就是组织(Contractor,Wasserman and Faust,2006)。组织形式的巨大变化需要新一代的组织理论和研究支持,这种理论和研究支持来自社会网络学者们的长期关注(Krackhardt and Brass,1994),组织形式的根本性变化表明,从组织内或组织间的学习型网络去处理把网络视为组织的观点已被提上日程。

社会网络由一组行动者和它们之间的一个或多个关系组成。社会网络视角适用于不同类型的行动者和不同种类的关系。"行动者"可以是任何有意义的社会单位,包括个人、集体实体、公司、组织和组织中的部门,以及诸如知识存储库等的非人力代理。"关系"可以是行动者之间的任何一种联系,包括正式的角色关系、友谊和尊重等情感表达,社会互动、工作流、资金与商品等物质资源的转移,知识的出版和检索、信息、建议等非物质资源的流动,以及商业联盟等,不一而足。

(二)企业组织网络的社会理论与理论机理

从理论上来看,越来越多的文献发现正式与非正式组织结构的不相关,使学者们从检验非正式网络转向理解组织网络的出现,开始通过动态建模来聚焦灵活的组织形式。基于实证文献的回顾,Monge 和 Contractor（2001）发现有 9 种理论被用来解释组织网络的创建、维护、解散和重组。这 9 种理论和理论机理是:(1)利己主义理论;(2)互利和集体行动理论;(3)认知理论;(4)认知一致性理论;(5)扩散理论;(6)交换和依赖理论;(7)同质性理论;(8)相似性理论;(9)演化与共同演化网络。

(三)企业网络与知识资本的相关研究

社会网络理论表明,企业通过连接两个没有连接合作伙伴的结构洞而受益于及时获得不同的知识。Liao 和 Phan（2016）从企业的内部能力、外部结构洞的网络位置与知识创造的关系上,检验了在企业间网络中当一个企业处于多个结构洞位置时,多样化的知识库和知识处理能力如何影响知识创造。模型以 191 家高科技行业的公司为样本,因变量知识创造用专利产生的数量来衡量。结果表明，当一个公司处于多个结构洞位置时，其多样化的技术知识可以促进知识创造。然而，当一个公司已经拥有成熟的知识获取能力，结构洞的范围降低了知识创造。这项研究表明，企业内部知识库和知识处理能力确定了外部网络位置对企业知识创造的影响，它暗示一个企业应如何最好地利用其外部网络位置。Ye Hua（2012）回顾了网络、学习、国际化和灵活性方面的文献，界定了一个输入后模型改变，然后提出了一个理论框架。这个框架强调通过网络的学习自主性规则，以及对灵活性和输入后模型改变的影响。

第五节 知识资本的研究现状

一 国外研究现状

为了更全面地了解国外的知识资本相关研究成果，本研究选择了学术界使用最广泛的 Emerald Databases、Ebscohost Research Databases 和 Sciencedirect Databases 三大数据库作为检索数据库。同时，鉴于以前学术界对知识资本的名称还没有统一界定，在英文表述上，多以"Intellectual Capital""Intangible Assets""Knowledge Capital"三个词出现，为此本研究以这三个词为关键词。另外，由于知识资本是近年来新出现的理论，所以对时间范围没有加以限制。

（一）年文献量分析

经检索，剔除重复文献，从1986年到2016年6月30日止共得到1738篇文献，其中以"Intellectual Capital"为关键词的有811篇，占46.7%；以"Intangible Assets"为关键词的有592篇，占34.1%；以"Knowledge Capital"为关键词的有335篇，占19.3%。如表2-5-1、图2-5-1所示。从中我们可以看出，1996年以前的早期文献均以"Intangible Assets"为关键词，以后以"Intellectual Capital"和"Knowledge Capital"为关键词的文献逐年增长，而以"Intellectual Capital"为关键词的文献量远大于以"Knowledge Capital"为关键词的文献量，反映了近年来国外有将"Intellectual Capital"作为统一名称的趋势。而国内与之不同，基本上是知识资本与智力资本的名称各占一半，在港澳台地区则是以智慧资本称之。

表 2-5-1　　　　　　　　三个关键词的历年文献量　　　　　　　单位：年、篇

关键词	1986	1991	1992	1993	1994	1995	1996	1997	1998	合计
以"Intellectual Capital"为关键词的文献量	0	0	0	0	0	0	0	6	4	10
以"Intellectual Capital"为关键词的累积文献量	0	0	0	0	0	0	0	6	10	
以"Intangible Assets"为关键词的文献量	2	2	1	1	2	4	4	13	7	36
以"Intangible Assets"为关键词的累积文献量	2	4	5	6	8	12	16	29	36	
以"Knowledge Capital"为关键词的文献量	0	0	0	0	0	0	0	4	5	9
以"Knowledge Capital"为关键词的累积文献量	0	0	0	0	0	0	0	4	9	
年文献量小计	2	2	1	1	2	4	4	23	16	55

关键词	1999	2000	2001	2002	2003	2004	2005	2006	2007	合计
以"Intellectual Capital"为关键词的文献量	4	30	19	16	39	60	54	55	63	340
以"Intellectual Capital"为关键词的累积文献量	14	44	63	79	118	178	232	287	350	
以"Intangible Assets"为关键词的文献量	6	30	30	25	30	40	42	43	48	294
以"Intangible Assets"为关键词的累积文献量	42	72	102	127	157	197	239	282	330	
以"Knowledge Capital"为关键词的文献量	3	15	5	8	16	31	12	18	22	130
以"Knowledge Capital"为关键词的累积文献量	12	27	32	40	56	87	99	117	139	
年文献量小计	13	75	54	49	85	131	108	116	133	764

关键词	2008	2009	2010	2011	2012	2013	2014	2015	2016	合计
以"Intellectual Capital"为关键词的文献量	53	65	52	54	49	54	45	49	40	461
以"Intellectual Capital"为关键词的累积文献量	403	468	520	574	623	677	722	771	811	
以"Intangible Assets"为关键词的文献量	34	65	42	31	11	20	20	25	14	262
以"Intangible Assets"为关键词的累积文献量	364	429	471	502	513	533	553	578	592	
以"Knowledge Capital"为关键词的文献量	25	16	15	21	29	30	20	21	19	196

续表

关键词	2008	2009	2010	2011	2012	2013	2014	2015	2016	合计
以"Knowledge Capital"为关键词的累积文献量	164	180	195	216	245	275	295	316	335	
年文献量小计	112	146	109	106	89	104	85	95	73	919
合计	127	223	164	156	176	239	197	234	222	1738

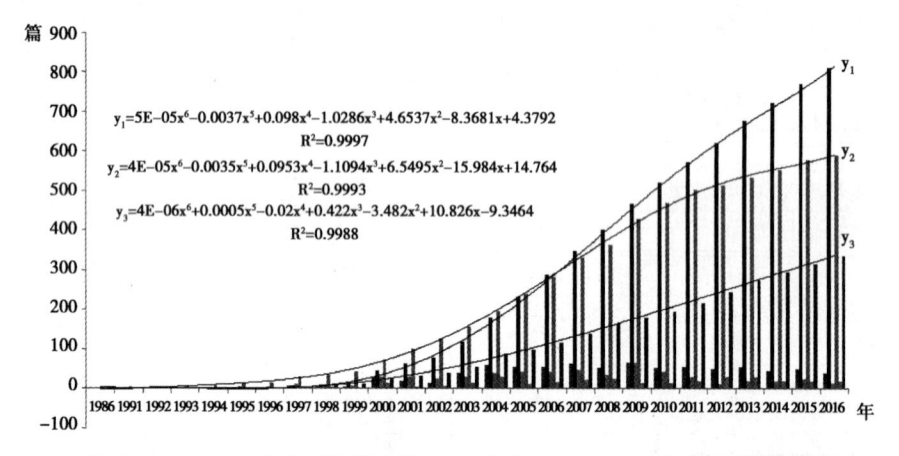

$y_1 = 5E-05x^6 - 0.0037x^5 + 0.098x^4 - 1.0286x^3 + 4.6537x^2 - 8.3681x + 4.3792$
$R^2 = 0.9997$

$y_2 = 4E-05x^6 - 0.0035x^5 + 0.0953x^4 - 1.1094x^3 + 6.5495x^2 - 15.984x + 14.764$
$R^2 = 0.9993$

$y_3 = 4E-06x^6 + 0.0005x^5 - 0.02x^4 + 0.422x^3 - 3.482x^2 + 10.826x - 9.3464$
$R^2 = 0.9988$

图 2-5-1　三个关键词的历年文献量

（二）相关关键词分析

在所搜索到的 1738 篇文献中，与三个关键词"Intellectual Capital""Intangible Assets""Knowledge Capital"相关的关键词还有：Knowledge Management、Human Capital、Disclosure、Innovation、Measurement、Business Performance 等，如表 2-5-2 所示。

表 2-5-2　　　　　　　三个关键词的文献数量

关键词为"Intellectual Capital"	篇数	关键词为"Knowledge Capital"	篇数	关键词为"Intangible Assets"	篇数
Intellectual Capital	773	Intellectual Capital	207	Intangible Assets	306
Knowledge Management	158	Knowledge Management	200	Intellectual Capital	198
Intangible Assets	136	Social Capital	59	Knowledge Management	68
Human Capital	70	Human Capital	49	Balanced Scorecard	23

续表

关键词为"Intellectual Capital"	篇数	关键词为"Knowledge Capital"	篇数	关键词为"Intangible Assets"	篇数
Disclosure	65	Innovation	28	Human Capital	23
Innovation	43	Intangible Assets	28	Accounting	22
Measurement	42	Knowledge Sharing	25	Corporate Strategy	22
Business Performance	28	Knowledge Economy	20	Measurement	22
Australia	24	Knowledge Transfer	20	Financial Reporting	21
Financial Reporting	23	Knowledge Creation	16	Small to Medium-sized Enterprises	19
Strategic Management	22	Knowledge	15	Disclosure	18
Annual Reports	21	Learning	12	Innovation	17
Balanced Scorecard	20	Knowledge Organizations	11	Brand Equity	15
Organizational Performance	20	Social Networks	9	Competitive Advantage	15
Malaysia	18	Competitive Advantage	8	Organizational Performance	15
Taiwan	18	Knowledge Processes	8	Performance Management	15
Accounting	17	Measurement	8	Strategic Management	15
Competitive Advantage	17	Leadership	7	Asset Valuation	14
Corporate Strategy	17	Spain	7	Brands	14
Small to Medium-sized Enterprises	17	Small to Medium-sized Enterprises	7	Communications	13

(三) 期刊文献量分析

在所搜索到的 1738 篇知识资本文献中，发表量最多的期刊是 Journal of Intellectual Capital，其次是 Journal of Knowledge Management，最后是 Measuring Business Excellence。如表 2-5-3 所示。

表 2-5-3　　　　　　三个关键词的期刊文献量

关键词为"Intellectual Capital"	篇数	关键词为"Knowledge Capital"	篇数	关键词为"Intangible Assets"	篇数
Journal of Intellectual Capital	426	Journal of Intellectual Capital	97	Journal of Intellectual Capital	171
Journal of Knowledge Management	51	Journal of Knowledge Management	68	Journal of Knowledge Management	18
Measuring Business Excellence	30	Measuring Business Excellence	4	Measuring Business Excellence	24

续表

关键词为"Intellectual Capital"	篇数	关键词为"Knowledge Capital"	篇数	关键词为"Intangible Assets"	篇数
Management Decision	28	Management Decision	11	Management Decision	23
Review of Behavioral Finance	45	Review of Behavioral Finance	3	Review of Behavioral Finance	17
VINE	16	VINE	11	VINE	16
The Learning Organization	18	Industr Mngmnt & Data Systems	7	Acc Auditing Accountability Journal	18
Acc Auditing Accountability Journal	15	Strategic Direction	7	Journal of Product & Brand Mgt	19
Strategic Direction	14	Leadership & Org Development Journal	6	Strategic Direction	12
Euro Journal of Training and Dev	7	Euro Journal of Training and Dev	5	Journal of Business Strategy	11
Industr Mngmnt & Data Systems	7	Library Management	4	Managerial Finance	10
Leadership & Org Development Journal	7	The Learning Organization	12	Strategy & Leadership	10
Strategy & Leadership	6	Personnel Review	4	Industr Mngmnt & Data Systems	9
Library Management	5	Business Process Mgmt Journal	3	Review of Accounting Finance	9
Management Research Review	5	Foresight	3	Journal of Fin Reg and Compliance	8
Personnel Review	5	Int Journal of Org Analysis	3	Management Research Review	8
Corp Comm: An Int Journal	4	Journal of Ent Info Management	3	Managerial Auditing Journal	8
Journal Applied Accounting Research	4	Journal of Know Inno China	3	European Journal of Marketing	7
Journal of Workplace Learning	4	Journal of Org Change Mgmt	3	Corp Comm: An Int Journal	6
Meditari Accountancy Research	4	Journal of Small Bus Ente Dev	3	Journal of Mgmt Development	6

（四）文献类型分析

如表 2-5-4 所示，在所搜索到的 1738 篇文献中的文献类型排名前几位的有 Research paper、Literature review、Conceptual paper、Case study、Viewpoint、Technical paper、Review、Secondary article、Chapter item 等，

占 90.4%。其中研究性论文（Research paper）的文献有 823 篇，近 50%；其次是文献综述（Literature review）有 226 篇，占 13.1%；再次是概念性论文（Conceptual paper）为 211 篇，占 12.1%；还有案例分析论文（Case study）为 160 篇，占 9.2%。

从文献综述上看，Inkinen（2015）通过对以往文献的回顾，结果表明，知识资本与企业绩效的影响主要是通过相互作用、组合和调解来进行的。此外，有大量的证据表明，知识资本与创新绩效之间关系显著。Houssem 等（2015）采用元分析法，基于发表在 2003—2013 年的 19 篇文献，探讨了知识资本的披露与企业规模、杠杆、盈利能力、经营年限和行业类型五个企业特征之间的关系。研究发现，知识资本信息披露与这五个变量之间呈显著的相关关系。Grimaldi、Battagello 和 Cricelli（2015）从知识资本和战略资本的关系视角，提出了一个确认集群无形资产的理性方法。Castillapolo 和 Gallardovázquez（2016）对 1990—2013 年的无形资产信息披露的相关文献进行了综述，提供了一个整合分析框架。

在概念框架上，Secundo 等（2016）采用集体知识智慧的方法，以高校为样本构建了一个知识资本的管理框架，这个管理框架包括大学的目标、完成目标的集体人力资本、激活过程、激励等几个方面。Mcmillan（2016）基于知识资本和知识的观点，对西蒙的社会学习思想——顺从性进行了阐述。Irene 和 Rongbin（2016）提出了一种基于知识资本战略的创新规划模型，经在一个 IT 企业的两个研发团队验证，该模型可以提高创新的绩效。

表 2-5-4　　　　　　　　三个关键词的文献类型

关键词 文献类型	Intellectual Capital	Knowledge Capital	Intangible Assets	篇数合计	所占比例（%）
Research paper	394	145	284	823	47.4
Literature review	85	46	95	226	13.1
Conceptual paper	96	45	70	211	12.1
Case study	62	49	49	160	9.2
Viewpoint	21	7	17	45	2.6
Technical paper	14	3	16	33	1.9
Review	12	6	8	26	1.5
Secondary article	12	3	14	29	1.7

续表

关键词 文献类型	Intellectual Capital	Knowledge Capital	Intangible Assets	篇数合计	所占比例（%）
Chapter item	1	1	14	16	0.9
合计	697	305	567	1569	90.4

（五）相关主题分析

在所搜索到的1738篇文献中，主题为人力资源与组织行为（HR and organizational behaviour）的最多，达985篇，占57.2%；其次为信息与知识管理（Information and knowledge management）达913篇，占53.0%；再次是知识管理（Knowledge management）有888篇，占51.5%；还有会计与财务（Accounting and finance），有876篇，占50.8%。这四个主题的文献量均超过了一半，即50%以上。还有接近一半的是审计与会计（Accounting/accountancy），有827篇，占48.0%。因为一篇文献有多个关键词，这里的百分比之和要超过100%。如表2-5-5所示。

表2-5-5　　　　　　　　三个关键词的相关主题

关键词 期刊名称	Intellectual Capital	Knowledge Capital	Intangible Assets	篇数合计	所占比例（%）
HR & organizational behaviour	534	209	242	985	57.2
Information & knowledge management	500	194	219	913	53.0
Knowledge management	494	181	213	888	51.5
Accounting & finance	512	101	263	876	50.8
Accounting/accountancy	499	100	228	827	48.0
Behavioural accounting	420	95	170	685	39.8
Management science & operations	44	80	58	182	10.6
Financial management/structure	49	25	45	119	6.9
Organizational structure/dynamics	65	23	31	119	6.9
Management science/operations research	33	14	40	87	5.0
Organizational performance	31	0	31	62	3.6
Management history/theory	28	11	23	62	3.6
Strategy	33	23		56	3.3
Information systems	27	0	28	55	3.2

续表

期刊名称 \ 关键词	Intellectual Capital	Knowledge Capital	Intangible Assets	篇数合计	所占比例（%）
Competitive strategy	20	10	22	52	3.0
Training & development	30	0	17	47	2.7
Corporate strategy	14	0	28	42	2.4
Marketing	0	0	42	42	2.4
Financial management/structure	0	0	36	36	2.1
Organizational learning	18	12	0	30	1.7
Strategic management/planning	17	10	0	27	1.6
Knowledge management systems	16	11	0	27	1.6
Training & development	0	22	0	22	1.3
Brand management/equity	0	0	19	19	1.1
Pricing	0	0	19	19	1.1
Supply chain management	0	11	0	11	0.6
Logistics	0	10	0	10	0.6
Leadership	0	9	0	9	0.5

（六）研究方法分析

在对知识资本的研究方法上，实证研究有：案例分析、结构方程模型、回归分析、Jensen's alpha 单因素模型法、智力资本增值系数法（VA-IC）；非实证研究的有：深度研究、语义分析法、内容分析法。

实证研究中，采用案例分析方法的有：José、Manuel 和 João（2016）以案例分析的形式，通过评估元组织中的集体知识资本和个体知识资本之间的相关性，讨论和分析了知识资本是如何被创造和被破坏的。在结构方程模型上，Stephe（2016）检验了董事会治理和知识资本对企业绩效的影响关系。使用的受访者样本为在坎帕拉的 128 个服务公司的董事或经理。经结构方程模型分析表明，董事会治理和知识资本对公司绩效有显著的贡献。在多元回归分析上，Vincenzo、Federica 和 Francesco（2016）根据一个跨国农业公司在五年的时间观察样本，探讨了知识资本的四个因子结构——人力资本（HC）、关系资本（RC）、创新资本（PrC）和流程资本（InnC），及其与企业绩效的关系。通过相关分析和多元回归分析，实证结果支持了假设，关系资本（RC）和创新资本（PrC）对企业绩效有积极的影响。而流程资本（InnC）与绩效呈负相关。Andreeva 和 Garanina（2016）使用因子分析和回归分析，对包括 240 个俄罗斯制造公司的样本进行了检验，研究结果表明，结构资本和人力资本积极地影响组织绩效，而关系资本则不显著。采用 Jensen's alpha 单因素模型法的有：Iuliia 等（2015）探讨了一个基金管理者的个人知识资本是否比共同基金更能跑赢市场。样本包括 2013 年 85 个俄罗斯股票型基金。首先，采用 Jensen's alpha 单因素模型计算每个基金，然后横截面回归分析，结果表明，具有经济教育背景的管理者表现得要比其他人更好；基金绩效衡量与管理者的经验之间的关系呈倒"U"形；Jensen's alpha 达到了 9 年来的最高水平。在智力资本增值系数法（VAIC）上，Gianpaolo 和 Domenico（2016）采用智力资本增值系数法（VAIC），利用意大利 10 个行业的 1000 个企业数据分析了基于知识战略的价值创造和持续性问题。结果发现：传统行业的员工成本要小于人力资本密集型企业，这些行业的价值创造策略主要是基于"死的知识""嵌入式机器（物质资本）"；在咨询、广告、研究等非传统行业创造的经济价值主要是基于"活的知识""嵌入式人力资源"。Sukhdev 等（2016）采用智力资本增值系数法（VAIC）分别检验了 10 个国有银行和 10 个私人银行的资产回报率（ROA），这项研究显示，私营部门已经进行了相对较好的知识资本系数的创建。然而，总资产收益率仍低于百分之一的国际标准，其原因主要是不相称的资本运用和日益增加的不良资产在印度银行业的增加。

  非实证研究中，在深度研究上，Marzo 和 Scarpino（2016）对印度的一个中小企业进行了深度研究，旨在弄清两个问题：中小企业如何获取或开发知识和无形资源，以及它们如何管理和利用知识资本。在语义分析法上，Pierluigi 和 Inge（2016）对德国和意大利的无形资产披露进行了评论。在内容分析法上，Janet 和 Alton（2016）在全球范围内调查了 200 家银行的高级管理人员以确定动机驱动的知识资本沟通。研究发现，知识资本沟通有利益相关者管理责任、集体行为、企业责任和遵从性四个动机；通过对银行年度报告的内容分析发现，与之最相关的是资本结构信息，其次是人力资本和关系资本信息。Qianyu、Umesh 和 Howard（2016）采用内容分析法，分别对中国和印度的 20 个 IT 上市公司的自愿性知识资本披露的程度和质量进行了比较分析。结果发现，印度 IT 公司的知识资本披露程度和质量上要好于中国 IT 公司；这两个国家的企业知识资本披露程度高度相关，在知识资本类型上最相关的是外部资本，最小的是人力资本；在中国，外部资本是最经常披露的类别，而内部资本则是最少的。Albertini（2016）对2008—2012年世界500强的122家公司的首席执行官给股东的信件进行了内容分析，结果表明，知识资本的三个因子相互作用，关系资本和结构资本互动较大，关系资本与人力资本的互动较小。Bindu和Rao（2016）基于资源基础理论、以知识为基础的观点和动态能力观点作为一个出发点，开发了一个知识资本和动态能力相联系的框架。样本来自于印度国有银行的241名管理人员，建立了结构方程模型分析了知识资本对动态能力的影响。结果表明，人力资本和社会资本对学习、整合、重构和联盟管理能力产生了最深刻的影响。

二 国内研究现状

国内学者对知识资本的文献以CSSCI所列的管理类期刊为典型，本研究采用CNKI中国知网数据库，以"知识""知识资本""知识资产""智力资本""智慧资本"为关键词对其进行检索，因为知识资本研究正处于起步阶段，所以并未限定起始时间，截止时间为2016年6月30日。剔除重复文献，检索结果发现共有文献628篇。

（一）知识资本文献发表的趋势分析

通过对628篇关于知识资本研究数量的统计，可以看出，总体上来说，国内从1994年发表第一篇文献以来，以后逐年呈递增形势，到2005年达到顶点（51篇），以后又逐年回落，呈下降趋势。如图2-5-2所示。应该说，相对来说，国内对知识资本的关注较晚，但一经关注，就显示出了强大的后发优势，1999年及以前，所有的文献加起来是48篇（1+1+3+6+11+26），而在2000年一年内，就发表了44篇，而且连续5年，未低于每年40篇的水平。2006年虽然略有下降，但也超过了20篇，2007年更达到了48篇，从总体上来说，此后逐渐减少，至2016年降至最低点。从期刊分布来看，《科技进步与对策》《科技管理研究》二者之和为200多篇，达总数的四分之一。总体来看，国内发文的数量虽然很多，但质量却相对落后，在业界普遍认定的国外顶级期刊上发文数量不多。知识资本文献在CSSCI索引管理类期刊中的年度分布如表2-5-6、图2-5-2、图2-5-3所示。

表 2-5-6　知识资本文献在 CSSCI 索引管理类期刊中的年度分布

单位：年，篇

刊名	1994	1995	1996	1997	1998	1999	2000	2001	2002	2003	2004	2005	2006	2007	2008	2009	2010	2011	2012	2013	2014	2015	2016	合计
科技进步与对策	1	0	1	3	2	2	9	6	11	13	5	8	6	10	3	5	8	9	6	4	4	3	4	123
科技管理研究	0	0	0	1	0	4	4	1	2	2	4	8	1	7	9	18	11	8	8	2	3	2	0	95
科学学与科学技术管理	0	0	0	0	1	2	3	3	4	3	5	7	3	5	2	3	5	0	3	2	4	0	1	56
科学学研究	0	0	0	0	1	1	3	2	1	3	4	1	1	10	1	3	3	2	0	1	1	1	0	39
经济管理	0	0	0	0	0	2	3	6	4	5	1	5	1	3	1	1	0	1	0	0	0	1	0	34
科学管理研究	0	0	0	1	3	1	4	1	4	3	2	2	1	2	1	2	0	1	1	1	1	1	0	33
华东经济管理	0	0	0	0	1	1	1	3	0	2	2	3	2	0	3	1	1	2	1	3	2	0	0	28
科研管理	0	1	2	0	0	3	2	1	1	3	4	2	0	1	0	2	0	0	1	0	0	2	1	28
中国软科学	0	0	0	1	1	4	5	5	3	1	2	1	2	0	1	2	0	0	0	0	0	1	0	27
软科学	0	0	0	0	0	3	2	2	1	2	1	1	0	1	3	2	3	3	0	2	1	1	0	26
研究与发展管理	0	0	0	0	0	1	1	2	2	1	5	1	1	2	0	3	0	1	0	1	0	0	0	23
中国科技论坛	0	0	0	0	1	0	2	0	1	1	0	2	0	1	1	0	1	1	3	1	2	1	0	18
经济体制改革	0	0	0	0	0	0	1	3	1	1	0	2	2	0	0	0	0	0	0	0	3	0	0	13
南开管理评论	0	0	0	0	1	2	2	2	2	0	0	1	1	0	1	2	0	0	1	0	0	0	0	13
管理评论	0	0	0	0	0	0	0	0	0	0	2	2	2	0	0	1	0	0	0	0	1	0	0	11
管理学报	0	0	0	0	0	0	0	0	0	0	1	1	0	1	0	0	0	2	1	0	3	0	0	10
外国经济与管理	0	0	0	0	0	0	0	1	2	1	1	0	1	1	1	1	0	0	0	0	0	0	0	10
管理世界	0	0	0	0	0	0	0	1	0	0	0	1	0	0	1	1	1	1	1	0	0	0	0	7

续表

刊名	1994	1995	1996	1997	1998	1999	2000	2001	2002	2003	2004	2005	2006	2007	2008	2009	2010	2011	2012	2013	2014	2015	2016	合计
中国管理科学	0	0	0	0	0	0	1	0	0	0	1	0	1	0	1	0	0	0	1	0	0	1	1	7
管理工程学报	0	0	0	0	0	0	1	0	0	0	1	0	0	1	1	1	1	0	0	0	0	0	0	5
系统工程	0	0	0	0	0	0	0	0	0	0	0	2	0	1	1	0	0	0	0	0	0	1	0	5
预测	0	0	0	0	0	0	1	0	0	0	1	0	1	0	1	0	0	0	1	0	0	0	1	5
管理科学	0	0	0	0	0	0	0	0	0	0	1	0	0	1	0	1	1	0	0	0	0	0	0	4
系统工程理论方法应用	0	0	0	0	0	0	0	0	1	0	0	0	0	0	0	0	2	0	0	0	1	0	0	4
系统管理学报	0	0	0	0	0	0	0	0	0	0	0	0	0	0	0	0	1	1	0	0	1	0	0	2
管理科学学报	0	0	0	0	0	0	0	0	0	0	0	0	0	0	0	0	1	0	0	0	0	0	0	1
中国行政管理	0	0	0	0	0	0	0	1	0	0	0	0	0	0	0	0	0	0	0	0	0	0	0	1
合计	1	3	6	11	26	44	40	40	42	43	51	25	48	32	45	42	32	29	17	27	15	8	628

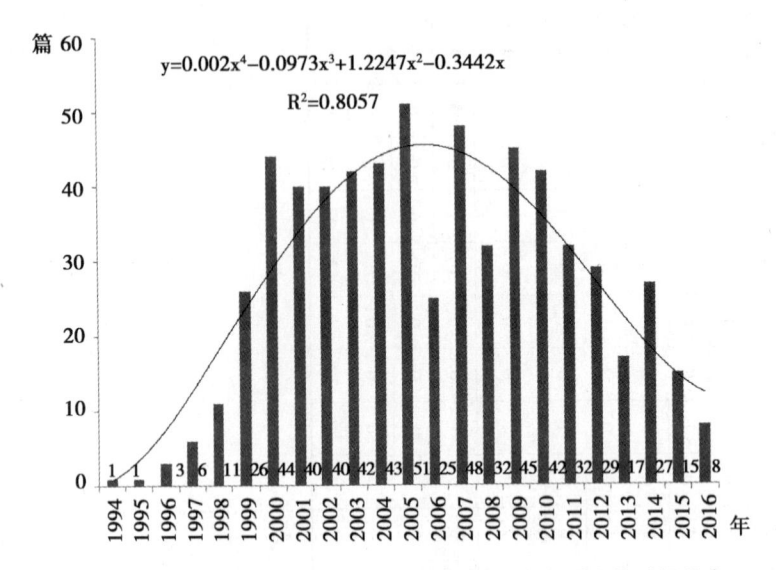

图 2-5-2　知识资本研究在 CSSCI 索引管理类期刊中的时间分布

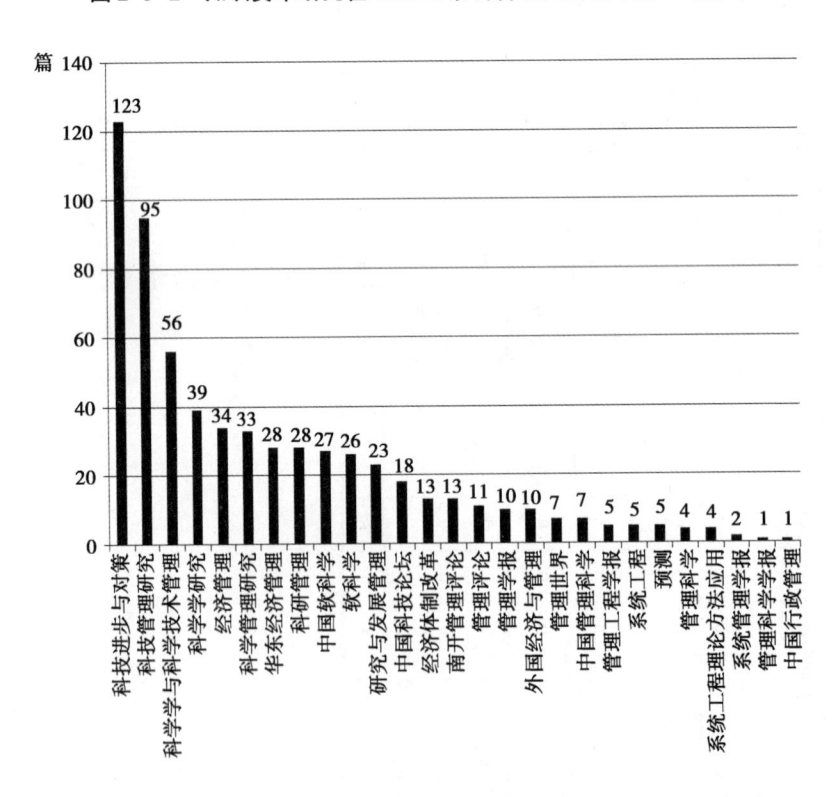

$y=0.002x^4-0.0973x^3+1.2247x^2-0.3442x$
$R^2=0.8057$

图 2-5-3　CSSCI 管理期刊中知识资本研究分布

(二) 研究层面分析

从研究层面上来看，在 628 篇有关知识资本文献中，最多的是组织层面的有 434 篇，占 69%；其次是抽象概念层面的有 148 篇，占 24%；最少的是个体层面的有 46 篇，仅占 7%。如图 2-5-4 所示。

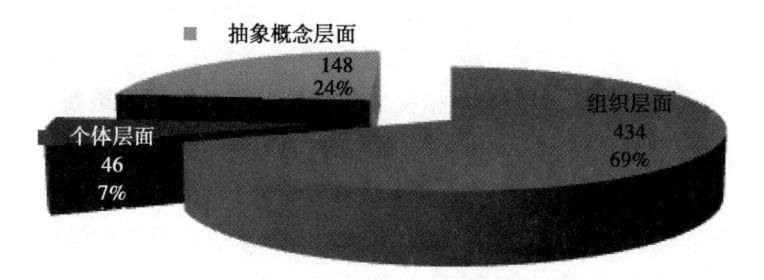

图 2-5-4　知识资本研究层面分析

(三) 研究方法分析

通过对 628 篇文献进行分析，在研究方法上发现，这些文献大多主要集中于非实证研究，在 70% 以上，实证研究则在 30% 以下。如图 2-5-5 所示。而非实证研究主要为研究综述、观点表述、分析框架；实证研究则主要为调查研究和案例分析。如表 2-5-5 所示。

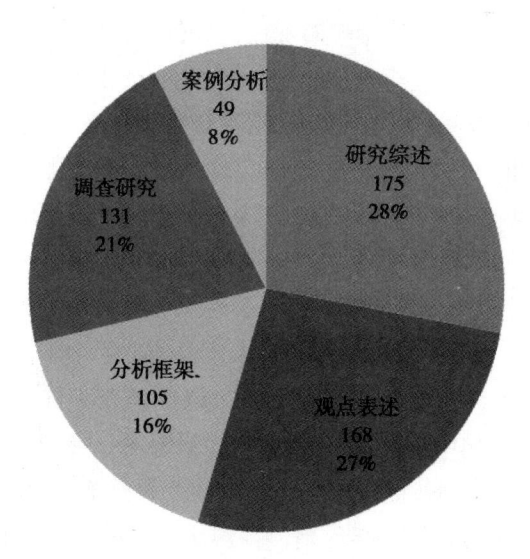

图 2-5-5　知识资本研究方法比例

在研究综述上，屠兴勇、杨百寅（2014）基于知识视角的组织研究，围绕研究层面、方法、视角、主题4个方面建立了一个分析框架，归纳分析了发表在包括 Administrative Science Quarterly、Academy of Management、Review、Academy of Management Journa 等在内的9种国际顶级期刊的114篇文献。詹湘东、王保林（2014）基于主题分析法从知识生态角度分析了都市圈创新系统。邱爱其、方仙成（2012）评介了创新搜寻模式的国外相关成果，其中包括关于创新搜寻模式对创新绩效的影响。屠兴勇（2012）从知识的视角，评介了相关文献，从企业发展层面重新审视了组织的概念、组织边界、组织研究主题和未来的发展趋势。林岩（2008）评介了各种专利数据的知识、知识创造和知识转移的计量方法的可行性。

在理论观点表述上，施筱勇（2015）从全球价值视角归纳出高比例的知识资本投资是持续型创新驱动经济体的三大特征之一。王众托（2010）在系统科学与系统工程的系统层面，提出了系统集成创新中的一些新概念，如知识集成、新知识的生成等。郭俊华（2004）从竞争优势的视角分析了知识资本的特性。梅小安（2007）从竞争力的角度分析了企业知识资本与资本嫁接的契合点。王兴成（2000）评介了外国公司的知识资本管理和知识库建设的相关情况。

在分析框架上，黄华新、邱辉（2014）对野中郁次郎和竹内弘高的组织知识创造理论采用现代隐喻的观点，分析了隐喻认知实现概念创新与知识转换的机理。王春、李环（2015）建立了产业集群的知识战略分析框架，针对不同产业集群类型提出了竞争与合作战略、信息共享战略、知识共享战略和知识创新战略四种知识战略。薛明慧、樊一阳、张星（2011）以技术创业企业为例，提出了基于知识资本驱动的成长模型。田雨晴、赵驰（2011）为科技型中小企业在概念层系、经济环境、行为假设等方面提出了一个知识资本理论分析框架。廖开际、郑超然、熊会会（2011）提出了一种知识资本的泊松分布度量方法。

在调查研究上，袁盈盈、张化尧（2015）调查了杭州A公司的知识转换在技术能力演化中的路径。荆宁宁、陈探骊、吴茄（2015）在企业的质量管理模式上，通过问卷调查建立结构方程模型，检验了质量管理系统中关键要素之间的关系。李玲娟、霍国庆、张晓东（2012）以新疆48家科技型企业数据，构建并检验了中小企业知识资本运营机制。李金勇、胡伟清（2011）采用255家上市公司样本的回归分析检验了知识资本，特别是其中的人力资本、结构资本对经营绩效的正向影响。陈建斌、郭彦丽、徐凯波（2014）基于社会资本和知识资本增值的协同效应，提出并检验了服务外包虚拟团队协同效益的评价指标。

在案例分析上，席运江、党延忠、廖开际（2009）提出了三点六边的组织知识系统超网络模型理论，并采用案例分析的形式，对该理论的初步应用进行了探讨。李华晶（2016）以美国百森商学院为个案，检验了知识创造价值在学术创业上的作用。卫武、韩翼（2012）以六个企业为多重案例样本进行了对比分析，探讨了个人、团队和组织等多个主体层次知识的资本化模式。张华伦、孙毅（2006）提出了知识资本评估的国有企业 DIC 模型，并用一个电力设备制造企业进行了检验。戚啸艳、胡汉辉、崔捷（2007）以江苏电力设计院为个案，提出并检验了知识资本管理的过程模式。

表 2-5-7　　　　　　　　知识资本相关研究方法统计

研究方法		篇数	比例
非实证研究	研究综述	175	27.87%
	观点表述	168	26.75%
	分析框架	105	16.72%
	合计	448	71.34%
实证研究	调查研究	131	20.86%
	案例分析	49	7.80%
	合计	180	28.66%

（四）研究主题分析与研究假设的提出

从研究主题上来看，与知识资本相关的内容排在前 15 位的依次是：知识管理（41 篇）、人力资本（36 篇）、绩效（28 篇）、创新（28 篇）、竞争（27 篇）、人力资源管理（24 篇）、高新技术企业（18 篇）、企业价值（14 篇）、组织学习（13 篇）、社会资本（10 篇）、知识型企业（9 篇）、结构资本（9 篇）、知识共享（8 篇）、关系资本（7 篇）、隐性知识（6 篇）。如图 2-5-6 所示。其中，知识管理、人力资源管理、竞争、企业价值是从管理的角度来研究知识资本；人力资本、结构资本、关系资本是从知识资本的因素构成角度来研究知识资本；高新技术企业、知识型企业是从企业类型的角度来研究知识资本；组织学习、知识共享、隐性知识是从知识管理的角度来研究知识资本；而社会资本则是从知识资本的影响因素角度来研究知识资本，绩效和创新则是从知识资本的被影响因素角度来研究知识资本。从以上分析可以得出，社会资本、绩效和创新是知识资本的影响因素和被影响因素的关键变量，因此，本研究将这三个因素作为构建中国企业员工知识资本形成与运作机制的前因变量和结果变量。根据绩效的研究层次不同，本研究因为绩效分为组织绩效和工作绩效。另外，为了强化社会资本的结构分析效果，本研究采用了社会网络分析方法，增加了社会网络变量，这个社会网络在企业内就是企业内网络，或称非正式组织，一般包括友谊网络和情感网络。又由于社会网络分析有自我中心社会网络分析和整体社会网络分析两种分析层次，本研究则从两个层次进行分析。当然，本研究并不是重复以往的研究，以往的大多数研究都是关注企业层面，本研究则是着眼于员工个体层面。本研究构建的中国企业员工知识资本形成与运作机制模型简图如图 2-5-7 所示。

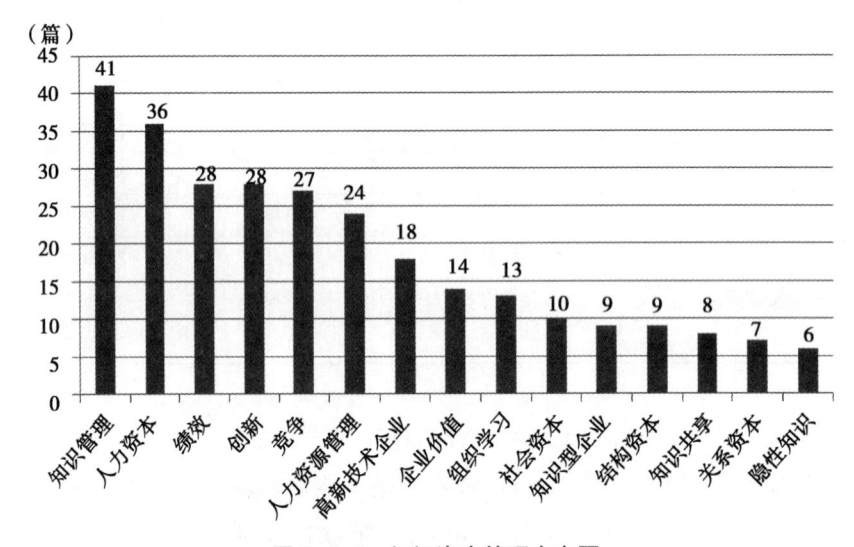

图 2-5-6　知识资本的研究主题

（五）国内现状分析小结

综合以上的分类与分析，可以得出以下一些结论：

第一，我国的知识资本理论研究起步较晚，1999 年以前的文献仅有 1 篇，而西方学者已积累了大量可观的文献，特别是理论的提出者较多，而国内的大多停留在译介方面。

第二，大多研究停留在组织层面，如企业价值、高新技术企业等，缺少员工个体层面的研究，一些实证研究多是以数据解释现象。

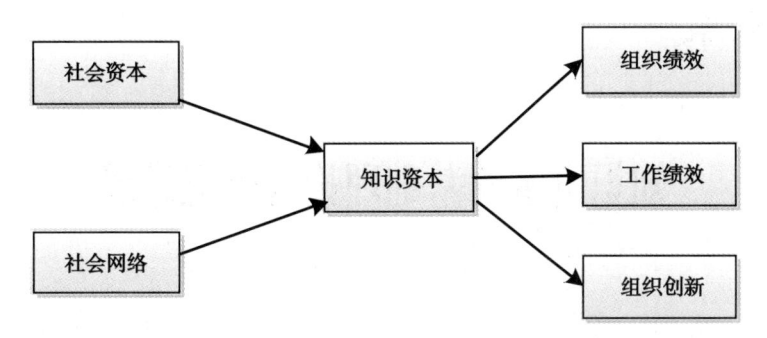

图 2-5-7　中国企业员工知识资本形成与运作机制模型构架图

第三，对比国内外研究趋势，国内研究趋向于平稳，近年研究虽略有下降但总量依然很大。

本章小结

知识资本理论作为一种有用的管理分析工具，是在融合社会学、哲学、经济学、管理学、心理学等众多学科和领域的最新成果而逐渐被理论界和实务界所接受并拓展的。正如法国马恩—拉瓦雷大学（Université de Marne-La-Vallée）的阿莫德·波尔弗教授（Ahmed Bounfour）所言，对于知识资本这一主题，我们不是缺少理论，而是处于一种各种理论交杂的状态。本章评述了知识资本的理论基础，包括西方哲学的知识认识论，经济学中的经济增长理论和人力资本理论，管理学中的知识管理理论、组织学习理论、核心能力理论和动态能力理论，以及社会学中的社会资本和社会网络理论等。西方哲学认识论是知识资本价值观和战略形成的基础；经济增长理论显示了知识作为增长的主要源泉的重要性，并且考虑了诸如人力和组织资本等其他因素；人力资本解释了教育投资的重要性；知识管理理论则是知识资本理论的最直接源泉；组织学习是知识资本最重要的形成原因之一；核心能力和动态理论则凸显了知识资本的重要作用；社会学的社会资本和社会网络则提供了知识资本方法论基础。综合起来看，概念严谨的经济学、观察丰富的社会学，以及哲学和心理学的理解力为知识管理提供了一些方法去处理组织中结构复杂的知识。

第三章

知识资本的基础理论与研究进展

知识资本在借鉴西方哲学认识论、经济学中的人力资本理论,以及管理学中的知识管理理论、组织学习理论、企业管理理论,还有社会学中的社会资本理论、社会网络理论与方法的基础上,形成了自身的理论体系,建立了一些知识资本的理论模型、测量模型和企业实践模型,以及与之相关的理论。

第一节 知识资本理论的发展历程与概念辨析

知识资本虽然不是知识和资本的简单相加,但要理解知识资本的概念,了解知识和资本的概念是十分必要的。

一 知识资本理论的发展历程

(一)知识资本的萌芽时期

知识资本(Knowledge Capital)在国内外又被称为智力资本(Intellectual Capital),在港澳台地区被称为智慧资本。在经济学上,知识资本最早在英国古典经济学家纳索·西尼尔(Nassau Senior,1790—1864)的文章中出现,他把知识资本等同于个体的人力资本,即知识和技能(Senior,1836;Bowley,2014)。肯尼思·加尔布雷斯(Kenneth Galbraith)扩展了这一概念,他在1969年给迈克尔·卡莱茨基(Michael Kalechi)的信中第一次使用"知识资本"一词(Stewart,1991)。在加尔布雷斯看来,知识资本已不再是一种纯知识的形态,而是一种实现目标的方法和手段;也不再是一种静态的、固定的资本形式,而是一组动态知识流。

在知识资本理论与实践上，早在 1948 年，IBM 的劳伦斯·普鲁萨克（Laurence Prusak）就对 IBM 的成功从知识的角度提出了思考。几乎在同一时期，Hartmarx 公司的一位律师通过观察发现，真正对生产过程起作用的不是合同签订或是员工的忠诚，而是企业究竟有哪些知识需要转移和共享。10 年后有两位金融分析师通过对资本市场上的几家高科技企业的分析，得出结论：正是知识因素"智力升水"导致这些企业的股票价格升高。但当时乃至几十年内没有人关注这种思想，没有企业认识到知识作为一种资源的重要作用，直到 1986 年卡尔·斯威比发表了著作《技术诀窍公司》以及随后的《无形资产负债表》（1989）才引发了一场管理思想的革命，人们才真正意识到知识和知识资本所焕发的魅力。接着是美国《财富》杂志的前主编托马斯·斯图尔特（Thomas Stewart），他于 1991 年、1994 年、1997 年先后发表了一系列关于脑力的文章和知识资本著作，这些文章和著作对知识资本的研究具有里程碑式的意义，凭借着生花妙笔和深髓思想，斯图尔特从企业的管理实践出发，把知识资本的研究推至一个前所未有的高度。

（二）知识资本的发展时期

在此期间，关于知识资本的讨论如雨后春笋般不断涌现：1986 年，戴维·蒂斯（David Teece）发表了《从技术创新中获取价值》；1987 年，卡尔·斯威比领导的知识资本管理团队康莱德（Konard）成立，该团队第二年即开发了关于无形资产评估的新型年度报告，并在众多国际会议上进行报告和被多家公司采用；1990 年，加里·哈默和普拉哈拉德（Gary Hamel and C. K. Prahalad）把核心竞争力和知识资本的概念和联系带进了《哈佛商业评论》之中；1991 年，杰克·韦尔奇（Jack Welch）把知识资本写进了 GE 公司的价值观；1992 年，卡普兰和诺顿（Kaplan and Norton）把诸如人力资本等四个非财务指标引入了他们的平衡计分卡；1993 年，威廉·哈德逊（William Hudson）出版了《知识资本》一书；1995 年，由帕特里克·沙利文（Patrick Sullivan）等与一些著名企业的知识官组成的知识资本管理团队举行第一次会议；同年，斯堪的亚公司（AFS）写出了第一本知识资本报告；野中郁次郎和竹内弘高（Ikujiro Nonaka and Hirotaka Takeuchi）以日本企业的管理实践为基础提出了基于 SECI 知识转化模型的组织知识创造理论；1996 年，纽约大学的巴鲁赫·列夫（Baruch Lev）提出了知识资本贴现率公式，计算了单位货币的知识资本价值；1997年，艾得文森和马龙（Edvinsson and Malone）、斯图尔特、斯威比相继出版了关于知识资本的著作；1998年，牛津大学的珍妮·纳皮尔（Janine Nahapiet）和伦敦商学院的苏曼特拉·戈沙尔（Sumantra Ghoshal）一起在管理学权威期刊AMR（Academy of Management Review）上发表了一篇文章《社会资本、知识资本和组织优势》，提出了社会资本的不同维度对知识资本创造机制和过程的假设模型。

（三）知识资本的黑暗时期

在知识资本理论与实践高度发展并逐渐趋于成熟之际的世纪之交，出现了一些"不良"行为，有些人把知识资本特别是以知识管理为主流的技术当作一种"包治百病"的灵丹妙药大肆炒作，遭到一些知识资本怀疑论者的挑战和攻击，一些较有影响的期刊，以及新闻部门纷纷发表言论，声称知识资本是一个不合时宜的概念术语。

幸运的是，作为一种前沿的管理思想，知识资本有其顽强的生命力，一些知识资本理论学者和有识之士从正面进行了引导，一些消极声音并没有持续多久就逐渐被知识资本的滚滚洪流所淹没。

（四）知识资本的成熟时期

进入21世纪后，知识资本理论正式被学术界和实务界接受，出现了研究知识资本理论与实践应用的热潮，许多学者运用相关数据对知识资本理论进行检验，世界500强中的多数企业开始设立首席知识官、首席信息官对企业的知识资本进行管理。2004年，管理学界影响较大的、全球公认的加拿大麦克马斯特（McMaster）国际会议在其第25届年度会议上将会议主题确定为知识资本与创新管理，引发了人们对知识资本的热烈讨论。2008年12月，第四届中国东盟企业家交流会在北京召开，会议集中讨论了如何利用知识资本应对金融危机的问题。我国学者成思危在会上发言，将知识资本与信用资本、社会资本并称为虚拟资本的三种形式（成思危，2009）。2015年11月初，第十二届知识资本国际会议在泰国曼谷举行，中国人民大学安小米教授参加会议并作了主题发言。近年来，一些学者和企业更将知识资本从企业层面扩大到城市、国家层面。2016年9月，普华永道公司的《机遇之都7》调研报告将知识资本作为城市发展的十大维度之一，对世界城市综合实力进行了排名，伦敦以其均衡优势蝉联第一，中国的香港、北京和上海也入围其中。

二 知识的概念溯源

尽管知识的历史与人类的发展史一样悠久，但给知识下一个精确定义还是相当困难的。由于时代背景不同、研究目的不同等，不同学者对于知识概念的理解也不尽相同。许多哲学家、思想家等对知识在经济、生活中的重要作用给予肯定。人们耳熟能详的如培根的"知识就是力量"、马克思的"科学技术是生产力"、阿尔文·托夫勒的"知识就是权力"等。柏拉图把知识看作是永恒的、普适的真理。韦氏大辞典对知识的解释为：信息、理解或者从经验和教育中获得的技能；意识到的东西的一种状态。在汉语上，知识一词是由"知"和"识"构成的。"知"是认知，比如知道秦始皇是哪一年统一中国的，这是"知"；"识"是见识，比如知道秦始皇为什么会统一中国，这是"识"。把知识做这样的区分，有利于人们正确认识"知识"。

（一）JTB 理论与葛梯尔问题

对知识的定义是哲学上的一个古老问题。长期以来，学者们认为知识是"得到确证的真实信念"（Justified true belief，JTB），柏拉图在《泰阿泰德篇》中曾经使用过这个定义，认为用来衡量一个命题是否是知识的标准主要有三个条件：首先是前提"事件 E 为真"（a）；其次是某人 P 相信 E 为真（b）；最后结论是 P 有理由相信 E 为真（c）。这三个要素被学者们认为一个命题成为知识的充要条件，这就是著名的 JTB 知识三要素理论。学者们对知识的三要素一直深信不疑，认为一个命题作为知识必须具备这三个要素，而且只要具备了这三个要素，一个命题就成为了知识。直到 1963 年，美国韦恩州立大学爱德蒙德·葛梯尔（Edmund Gettier）迫于发表论文的压力写了一篇三页的短文：《得到辩护的真信念就是知识吗?》（*Is Justified True Belief Knowledge*?），才引起了学者们对知识三要素的争论。在这篇文章中，葛梯尔写了两个反例（盖梯尔、张晓玲，1988）。

第一个例子的主人公史密斯和琼斯同时申请了一个职位。此时，史密斯被告知琼斯将得到这一职位，并且琼斯有 10 枚硬币（d）。史密斯相信这一事实，因为他有足够的理由相信公司总经理会选择他的竞争对手琼斯，而他在此之前也亲眼看过琼斯口袋里确实有 10 枚硬币。由此史密斯推出一个真命题——得到这个职位的人有 10 枚硬币（e）。但是如果进一步假设，真实的结果是史密斯而不是琼斯将得到这个职位，因为史密斯口袋里也恰好有10枚硬币只不过他不知道而已。因此，尽管史密斯所推出的命题是真信念且得到验证，但不是知识。在第二个例子中，史密斯有很强的理由相信琼斯有一辆福特车，并同时相信他有个朋友布朗或者在波士顿，或者在巴塞罗那，或者在布勒斯勒。然而实际上，琼斯根本没有福特车但碰巧布朗在巴塞罗那，因此史密斯相信的事情是真信念且得到验证，但也不是知识（Gettier，1963）。

葛梯尔通过《得到辩护的真信念就是知识吗?》这篇短文，让人们知道所谓的知识JTB理论需要修正，这篇短文也因此意外地成为关于知识定义的最具影响力的论文之一，继而成为一直延续至今的葛梯尔问题，葛梯尔问题推翻了知识三要素的JTB理论。当然，学者们还是从各个角度通过增加附加条件使JTB理论成立，但至今仍然是悬而未决的争论的热点。

（二）知识的层级关系

德鲁克将知识与信息联系起来，认为"知识是在行动中有效的信息，着重于效果的信息""知识是改变事物或人的信息"。知识既不是数据也不是信息，虽然二者与知识密切相关。这些术语之间的区别往往是重要问题。由于混淆了数据、信息和知识是什么、它们之间有什么不同，以及它们的内涵是什么，在技术措施方面已导致了巨大的支出，但却很少提供企业所需的东西（Davenport and Prusak，1998）。因此，要进一步了解知识的概念，就必须理解知识（Knowledge）与数据（Data）、信息（Information）、智慧（Wisdom）之间的关系，这四者构成了知识的层级结构。通常认为数据和信息是知识和智慧的基础，从而形成了所谓的数据—信息—知识—智慧之间的DIKW"金字塔"形层级结构。如图3-1-1所示。DIKW层级结构的"金字塔"形状把数据、信息、知识、智慧赋予了不同职能。数据处于"金字塔"的最底端，是DIKW层级结构的基础，是一些没有加工过的原始资料，只是被人们按照原始形态记录下来。这样的数据被人们加工、具有一定的逻辑关系后，就形成了信息。由于不同专业背景的人对数据的理解不同，所构造出来的信息就不一样。再对信息进行提炼而得到的一些经验就是知识，再对知识加以运用形成的能力就是智慧。

在早期的知识管理著作中，Davenport和Prusak（1998；2000；达文波特、普鲁萨克，1999）较详细地对"数据—信息—知识"的联系和区别作了相关阐述。他们认为，数据是对某些事情的缜密的、客观的描述；信息是具有一定联系的记录；知识是一种结构化的经验、价值和信息。

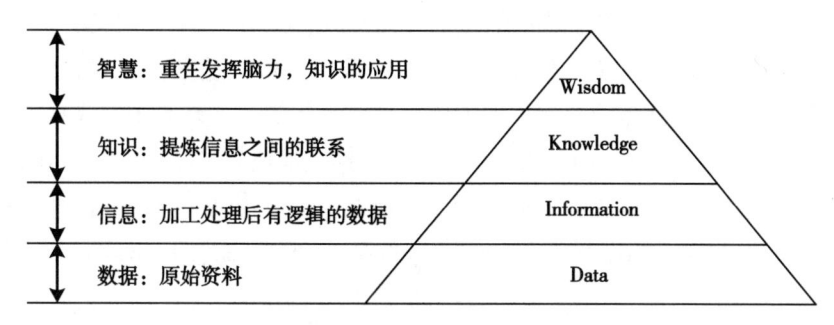

```
┌──────────────────────────────────────┐
│ 智慧：重在发挥脑力，知识的应用    Wisdom      │
│ 知识：提炼信息之间的联系        Knowledge   │
│ 信息：加工处理后有逻辑的数据      Information │
│ 数据：原始资料                Data       │
└──────────────────────────────────────┘
```

图 3-1-1　知识的内涵与层级结构

资料来源：根据相关资料整理。

埃森哲公司（Arthur Anderson，1999）也对数据、信息、知识和智慧的关系做了分析，把数据作为信息的基础，是没有经过整理过的资料；信息是根据数据所提供的资料进行加工来传达一定的资讯；知识是利用信息所提供的先机为企业创造价值的能力；智慧是综合以上三者的能力对未来的一种预测。

（三）知识的分类

人类发展的不同阶段，对知识的分类是不同的。即使是在同一历史时期，由于对知识的理解考察视角不同，一些学者对知识的分类也不尽相同。每一种分类方式，都显示了对知识的重新评价的过程，是对知识的再认识过程。通过对知识的重新评价，使原有知识与新知识的结构更加有序。了解知识的分类，有助于进一步深入认识知识的概念。

我国著名科学家钱学森先生认为传统知识和现代知识应该应用不同的分类方法，并提出以研究对象来对传统知识进行分类，而现代知识则采用发展的眼光从不同视角来进行分类。他先是把现代知识体系分成六大类，后来又扩充为九大门类，包括：（1）自然科学；（2）社会科学；（3）数学科学；（4）系统科学；（5）思维科学；（6）人体科学；（7）文艺理论；（8）军事科学；（9）行为科学。

著名课程理论与教育研究专家罗伯特·安德森（Robert Anderson，1805—1871）的分类体系有两大维度，一个是知识维度，另一个是认知过程维度。前者包括事实性知识、概念性知识、程序性知识、反省认知；后者包括记忆、理解、运用、分析、评价和创造（安德森，2007）。

本杰明·布卢姆（Benjamin S. Bloom，1913—1999）与其领导的几个教育心理学家开发了一个智力行为分类框架，把知识作为认知领域的六大目标的第一个，认为知识是体验过的观念与现象，有安排、定义、复制、标签列表、记住、名字、秩序、认识、联系、记得、重复、复制状态等。包括三类：一是具体的知识，如术语、具体事实等。二是关于方式和方法的知识，如惯例、趋势和顺序、分类和类别、准则、方法论等方面的知识。三是关于一般概念、普遍原理和抽象的知识。如原理和概括的知识、理论和结构的知识等（Bloom、Krathwohl 和 Masia，1956；安德森，2009）。

瑞士认知心理学家让·皮亚杰（Jean Piaget，1896—1980）认为知识既不是来源于主体，也不是来源于客体，而是二者的综合作用。据此，他把知识划分为三类。一是关于社会约定俗成的知识——社会或习俗知识。如一个杯子或一张桌子，最初没有人规定它必须称为杯子或桌子，只不过是约定俗成罢了。这类知识具有随意性，与特定的社会文化有关，如有些人庆祝中秋节而另有些人庆祝圣诞节，各国的国庆日时间也均不相同。这类知识依靠社会传递，不是由个人的探索而得。二是关于事物客观存在的知识——物理知识（Physical Knowledge）。这类知识不会因人而异、因社会文化不同而不同，如同一个苹果的颜色，亚洲的人看是红色，美洲人、非洲人看也同样会是红色，不具有随意性。这类知识是通过"简单抽象"的方式——由主体作用于客体而获得。比如人们认识皮球，只需要摸一摸、看一看就可以了解。三是关于事物之间关系的知识——逻辑—数理知识（Logico-Mathematical Knowledge）。这类知识不是独立存在的，而是通过比较而抽象出来的——"反省抽象"。比如，如果没有参照物，就无所谓大小、多少、好坏、美丑等。这三类知识相互依存、彼此交织：社会知识是其他两类知识的再现，物理知识是其他两类知识的建构基础，而逻辑—数理知识最为重要，是智力发展的关键。皮亚杰是发生认识论的创立者，是从认知心理学的视角来考察知识的来源的，认为知识来源于个体与环境的交互作用（皮亚杰，2015）。

联合国经济合作与发展组织（OECD）把知识分成两类四项：第一类是显性知识，包括事实知识和原理知识，即 Know-What 和 Know-Why，知道是什么和知道为什么。前者是事实知识，后者是原理知识。第二类是隐性知识，包括技能知识和人际知识，即 Know-How 和 Know-Who，知道如何解决问题和谁能解决问题。前者是技能知识，后者是人际知识。

我国的知识管理国家标准框架体系按照知识域、知识表达和知识类型不同，把知识分成两类。一类是来源于组织内部的内部知识，这类知识是企业正常运转所必须的，如内部控制的标准、产品技术、加工流程、销售网络、售后服务等。另一类是来源于组织外部的外部知识，如供应商、政府和行业伙伴等。由此所形成的知识资源晶体图如图3-1-2所示。

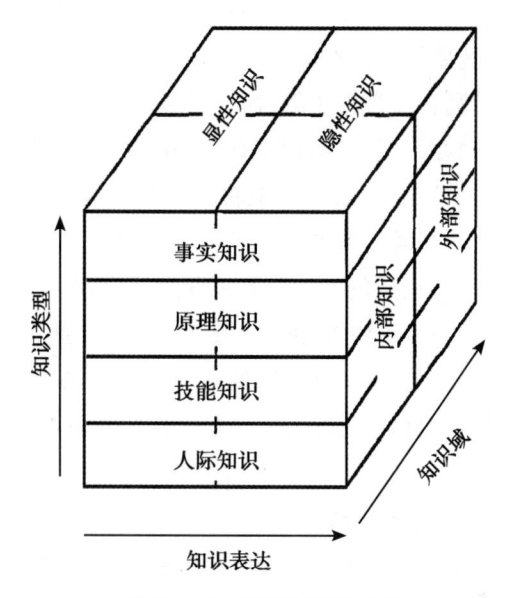

图3-1-2　知识资源晶体图

资料来源：《国家标准 GB/T 23703.1—2009》。

借鉴波兰尼的显性知识（Explicit Knowledge）和隐性知识（Tacit Knowledge）的二分法，野中郁次郎和竹内弘高（Nonaka and Hirotaka，1995）对其进行了深入分析，认为显性知识是以文字形式或数字形式来显现的，是可以存储的、可转移的；隐性知识是"只可意会、不可言传的"，它内化于个人头脑之中，很难转移和共享。两类知识的比较如表3-1-1所示。

表3-1-1　隐性知识与显性知识的比较

隐性知识（主观）	显性知识（客观）
经验知识（身体） 同步化知识（此时此地） 模拟知识（实务）	理性知识（精神） 顺序知识（非此时此地） 数字知识（理论）

资料来源：Nonaka 和 Hirotaka（1995）。

三 资本的相关概念辨析

对资本概念的重视莫过于马克思了,但资本的概念在马克思之前早已有之,而最接近于现代意义上的资本概念是由1770年的法国学者杜尔哥①所使用的。资本一词源自拉丁语caput,意思是"头部",在12—13世纪的意大利被创造使用时,有资金、存货、款项、商号、本钱之义,后来在1283年出现时则有商行资本的含义。到14世纪时已普遍在一些文学作品中广泛使用,如乔万尼·薄伽丘(Giovanni Boccaccio)的《十日谈》等(布罗代尔,1993)。从会计学上来看,资产与资本二者之间有两种关系:(1)当负债大于0时,资产要大于资本,即资本一定是资产,资产并不一定是资本,资产包括负债和资本两方面的内容。(2)当负债等于0时,资产等于资本。与知识资本相关的概念主要有早期重商主义的商业资本、重农主义的生产资本,以及近期的文化资本、心理资本和社会资本等。社会资本将在后面做专项讨论,以下主要分析前几个资本的相关概念。

(一)重商主义的商业资本

重商主义的商业资本是对现代资本理论的最初研究(马克思语),最早由奥诺莱·米拉波(Honore Mirabeau,1749—1791)于1763年提出,后因受到亚当·斯密的批判而备受争议和冷落,其统治地位于18世纪末被古典经济学派所取代,近年来因对重商主义的重新审视而提出的新重商主义又备受关注。重商主义的特点是重视流通领域而忽视生产领域;重视有形的货币资本而忽视其他形式的资本。早期的重商主义被称为"重金主义"或"货币主义",主张采取行政手段控制货币流出国外以贮藏更多的货币,其代表人物是约翰·海尔斯(John Hales,?—1571)。与之相反,晚期的重商主义被称为"重工主义"或"贸易差额论",主张可以把货币输出国外,但要保持贸易顺差,其代表人物托马斯·孟(Thomas Mun,1571—1641)已经意识到货币在运动中的增值作用。商业资本是资本的最早期形态,其实质是流通资本。重商主义的提出和商业资本的发展极大地促进了社会分工的扩展,为资本主义的发

---

① 杜尔哥(Anne-Robert-Jacques Turgot,1721—1781),18世纪后半叶重农学派的重要代表人物,代表著作是《关于财富的形成和分配的考核》(1776)。

展积聚了大量资本。其局限性在于把货币看成是唯一的财富形式，把资本等同于货币。

（二）重农学派的生产资本

重农学派把农业看作是社会财富的源泉，因此，投资于农业的资本才是真正的资本——生产资本。其重要代表人物弗朗斯瓦·魁奈（Francois Quesnay，1694—1771）把农业的生产资本划分为"原预付"和"年预付"两部分，实际上就是后来亚当·斯密提出的固定资本和流动资本（魁奈，2006）。魁奈在《经济表》中用商品和货币在从事农业的生产阶级、占有地租的土地所有者阶级和从事工商业的阶级（或不生产的阶级）之间的五次交换行为描述了资本的运动形式，成为马克思资本理论的重要来源。重农学派的另一位代表人物杜尔哥（1727—1781）进一步认识到资本的形态不再单纯是货币，把资本等同于生产资料（霍尔库姆，2015）。重农学派从名称上看起来是重农，但实质上是为资本主义"呐喊"的。

（三）文化资本（Culture Capital）

不同的学科对文化资本的理解不同。在社会学上，把文化与资本联系起来的学者是孔德（Auguste Comte）。孔德的"代代积累起来的耐用品"即是文化资本的萌芽（Comte，2010）。文化资本的概念由法国学者皮埃尔·布迪厄提出，与经济资本、社会资本和后来补充的符号资本共同构成资本的四种类型。文化资本概念的提出表明文化也具有资本的一些特性，如积累性、排他性和扩张性等。

在管理学上，文化资本表现为企业文化资本，它包括内化于企业内部所形成的企业理念、价值观和员工精神状态等核心层的精神文化资本，由员工的着装、企业形象、产品造型、机械设备、厂容厂貌等形成的表面层次的物质文化，以及处于中间层次的管理制度、管理机制等所形成的制度文化资本。

（四）心理资本（Psychological Capital）

心理资本是个体在某个领域内良好的心理状态，首先在经济学文献中使用（Goldsmith，Veum and William，1997），用以描述影响个体收入的个性特征等。随后被引入到心理学领域，引发了积极心理学和组织行为学的诞生（Seligman and Csikszentmihalyi，2014；Luthans and Church，2002；Luthans，2002）。由路桑斯等（2011）开发的心理资本量表将心理资本划分为四个因子结构：（1）自我效能感或自信；（2）乐观；（3）希望；（4）韧性。

尽管众多学者对资本的不同形态表现不完全相同，但一致认为，资本可以分为有形的资本和无形的资本，有形的资本如经济资本、物质资本等，无形的资本如文化资本、心理资本、社会资本、虚拟资本等。

四 知识资本的概念溯源和界定

现有文献表明，知识资本的概念虽然没有达成一致的意见，但大多是沿着知识资本的功能作用和构成要素展开的。在知识资本的功能作用上，多数学者倾向于知识资本可以促进企业价值的提升和企业竞争力的形成；在知识资本的构成要素上，有两因子结构、三因子结构、四因子结构和五因子结构等。在这些因子结构中，卡尔·斯威比（Karl Sveiby）的 EIE 结构，托马斯·斯图尔特（Thomas Stewart）的 HSC 结构，尼克·邦迪斯（Nick Bontis）、休伯特·圣翁奇（Hubert Sait-Onge）的三因子结构最为典型，同时因为这几个三因子结构在本质上是相同的，而得到了大多数学者的认同和广泛应用，其他的因子结构都不过是三因子结构的不同表现形式而已。

（一）知识资本的三因子结构

卡尔·斯威比（Sveiby，1997）将知识资本分成的 E-I-E 三因子结构为：（1）外部结构（Extra Structure，E），如企业的品牌、与顾客和供应商的关系等；（2）内部结构（Inter Structure，I），如管理、组织的正式结构、人力系统、研发和软件等；（3）员工能力（Employee Capability，E），如教育、经验和技能等。如表 3-1-2 所示。斯威比把知识型企业定义为由大多数受过高等教育经历和能够解决顾客各种复杂问题的员工组成的、凭借销售其知识而获取利润的一种特殊的服务型组织。根据这个定义，像爱立信公司这样的知识密集型企业被排除在知识型企业之外，因为这样的企业虽然拥有许多受过高等教育的员工，但它销售的产品依然是以实物为主，知识资本所占收益的比例不大，它的竞争力在于企业多年积累的财务实力、与市场的关系和优秀的管理经验等。由此，斯威比认为，知识密集型企业与知识型企业是不同的。除了 E-I-E 结构外，斯威比还把知识资本从拥有主体的角度分为个体知识资本和组织知识资本。

表 3-1-2　　　　　　　　斯威比的知识资本三因子结构

知识资本		
外部结构（E）	内部结构（I）	员工能力（E）
品牌	内部的管理模式	员工的交往能力
声誉	组织结构	员工的忠诚
商标	员工的态度	员工的能力
企业与顾客之间的关系	内部的操作系统	员工的教育
企业与供应商之间的关系	使用的软件	员工的经验

资料来源：根据 Sveiby（1997）整理。

托马斯·斯图尔特（Steward，1994）将知识资本分为人力资本（H）、结构资本（S）和顾客资本（C），即 H-S-C 结构。如图 3-1-3 所示。托马斯·斯图尔特（Thomas Stewart）把知识资本称为"知识资产"，一方面是指专业经验和半持久的知识，如员工的脑力、良好的制度安排、融洽的客户关系等；另一方面则是增加知识和经验的方法和工具（Stewart，1997）。斯图尔特认为这种"软资产"是一个企业乃至国家的一种无形财富（Stewart，1991；Stewart and Losee，1994）。

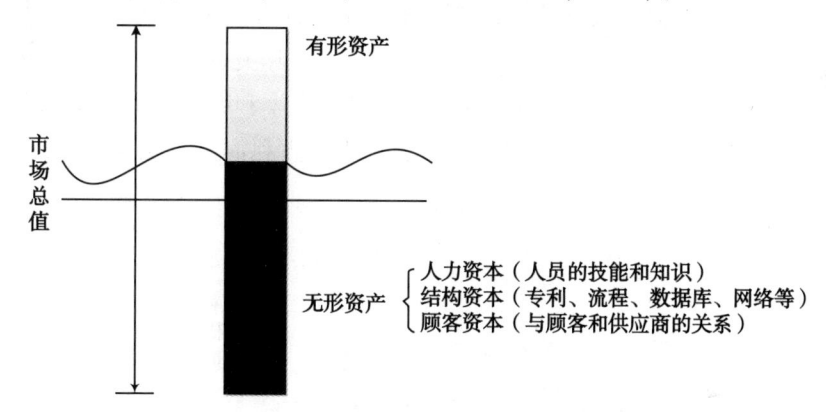

图 3-1-3　斯图尔特的知识资本三因子结构

资料来源：斯图尔特（2003）。

尼克·邦迪斯（Bontis，1999；2000；2007）从本质、范围、参数和编码的困难度等方面，把知识资本分成三因子钻石模型：（1）人力资本，其本质是员工的智力，很难编码；（2）结构资本，其本质是企业的惯例，体现在企业内部之间的联系上；（3）关系资本，其本质是组织与外部的关系，编码难度最高。如图 3-1-4 所示。邦迪斯的知识资本三因子钻石模型表明，结构资本与顾客资本在人力资本和企业绩效之间起中介作用。

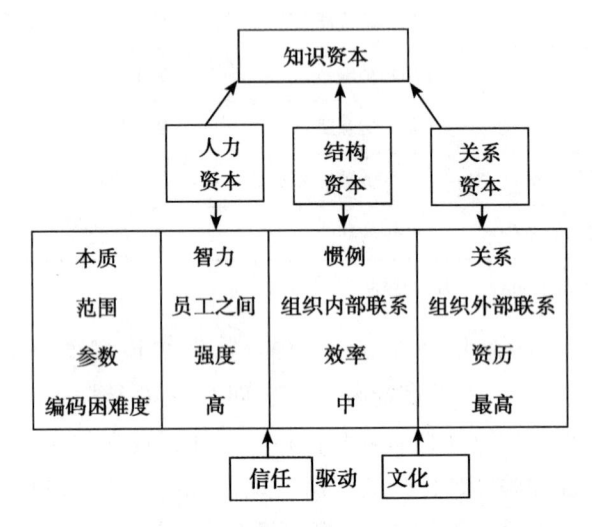

图 3-1-4 邦迪斯的知识资本三因子结构

资料来源：Bontis（1999，2000）。

加拿大帝国商业银行的休伯特·圣翁奇（Hubert Sait-Onge）是从企业文化的视角研究知识资本的，他认为员工的人际关系导致了知识资本的产生，而知识资本的三个因子人力资本、结构资本和顾客资本又导致了良好企业文化的形成。三因子的交会处正是企业利润的重要来源。如图 3-1-5 所示。

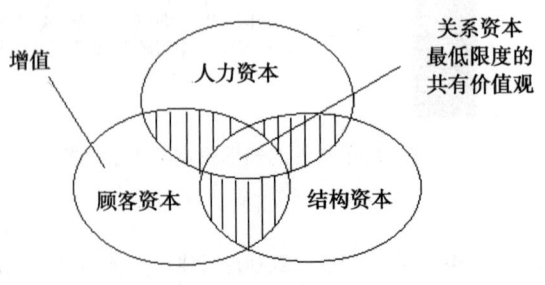

图 3-1-5 圣翁奇的知识资本三因子结构

资料来源：本研究根据相关资料整理。

陶氏化学公司（Dow Chemical Company）[①]的戈登·帕塔斯（Petrash，1996）认为知识资本不应该作为一个时尚的名词而存在，管理者需要明确的是企业实施知识资本战略到底是为了什么，帕塔斯给出的答案是为消费者、股东和员工创造价值。戈登·帕塔斯是从无形资产的价值创造视角来研究知识资本的，他认同雷夫·艾得文森、休伯特·圣昂吉和帕特里克·沙利文对知识资本的三维结构划分方式：由员工的经验、技能等形成的人力资本，由企业结构化知识所形成的组织资本，以及通过向顾客销售产品或提供服务所形成的顾客资本。

普华永道咨询公司（Pricewaterhouse Coopers Consulting）的布克威茨和威廉斯（Bukowitz and Williams，2005）也从人力资本、组织资本和顾客资本三个方面来认定知识资本的结构，认为这三者之间交叉融合得越好，越有利于创造企业价值。维斯顿·艾格（Weston Agor，1997）把那些诸如技能、知识和信息等无形资产定义为知识资本，他采用了一项人脑技能管理项目（Brain Skill Management Program，BSMP）去提高公共部门的学习能力（Agor，1997）。

（二）知识资本的二因子结构

认同知识资本二因子结构的学者主要有雷夫·艾得文森（Leif Edvinsson）、帕特里克·沙利文（Patrick Sullivan）、戈伦·鲁斯和约翰·鲁斯（Roos and Roos，1997）等，并且一致认定这两个因子是人力资本和结构资本，对于这二者的解释也是大同小异。

帕特里克·沙利文（Patrick Sullivan，2003）认为知识资本由两部分构成：（1）显性的人力资本。沙利文关于人力资本的定义较为宽泛，既包括企业内部人员的能力，如员工，也包括其他一些与企业有关的人的能力，如供应商等。这些能力表现为发明、技术、创意、一般知识、计算机程序和设计，以及共同经验等。（2）隐性的知识资产。当那些员工所拥有的人力资本被写下来编纂成文而被转移、传播、利用时，知识资产就形成了，这些知识资产包括计划、蓝图、技巧、流程、图样等，其中最典型

[①] 陶氏化学公司，2001年，在全球最具权威的道琼斯全球可持续发展指数综合评定中，荣获全球化工界"2001年可持续发展领导者"称号，2002年又在全球最大的2,500家全球化工企业中脱颖而出，获选为全球领先的化工公司，2019年入选《财富》杂志"改变世界的企业"榜单，在52家入选企业中排名第26位，该榜单旨在表彰通过盈利战略与运营实现重要的社会与环境影响的领先企业。

的、受法律保护的就是知识产权。如图 3-1-6 所示。企业管理者所要做的就是将员工所拥有的、显性的人力资本转化为隐性的知识资产并从二者中获取利润，这就是价值萃取理论。沙利文的价值萃取理论是基于结果导向的知识资本研究，关注于如何从知识资本中获取利润。据此，他将知识型企业定义为从知识或知识资本的管理中获取或转化利润的企业。知识型企业若要从知识资本中获取利润，只依靠人力资本和知识资产达不到预期目标，还要有结构资本作支撑。结构资本就是企业里的所有诸如房屋、设备等"硬件"资产。一个知识型企业的知识资本模型如图 3-1-7 所示。在结构资本中有一部分重要资本，如设备、销售渠道等被称为互补性商业资产，那些不经转化可以直接商业化的资产被称为一般互补性商业资产，这类资产是企业价值的一项重要来源；那些需要经过特定程序处理而被商业化的资产，被称为特定互补性商业资产，这类资产可以创造新的、额外的价值。这里的价值从经济学意义上来说是对未来的一种收益，这种收益具有很强的主观性，取决于评价者的价值观和愿景所构成的两类重要情境。

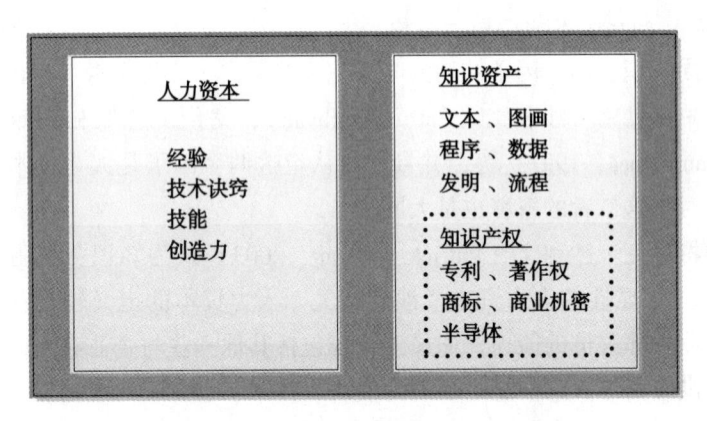

图 3-1-6　沙利文的知识资本二因子模型

艾得文森和沙利文（Edvinsson and Sullivan，1996）认为人力资本是没有经过编码的知识，结构资本是已编码的资产。罗斯夫妇（Roos and Roos，1997）认为知识资本是一种"被隐藏的资产"，包括员工的知识、与客户和供应商的关系、品牌忠诚度、市场地位和知识等。知识资本是没有被包括在企业资产负债表上的所有"隐藏"资产的总和，既包括保留大企业员工头脑中的东西，也包括他们离开时留在企业里面的东西。罗斯、艾得文森和罗斯（Roos，Edvinsson and Roos，1997）也把知识资本划

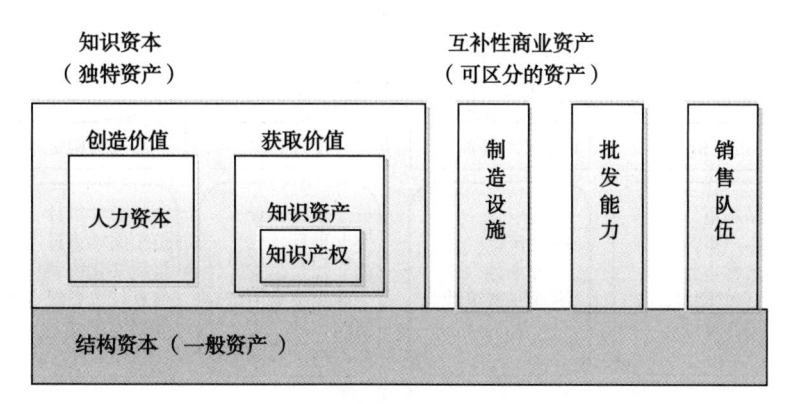

图 3-1-7 沙利文的知识型企业的知识资本构成

分为人力资本和结构资本。斯堪的亚公司把知识资本分为人力资本和结构资本。戴夫·乌尔里克（Ulrich，1998；2000）从人力资源管理角度非常重视员工能力和员工承诺的提升，认为一个企业的知识资本就是二者的乘积。

知识资本的二因子结构是三因子结构的浓缩，如果把知识资本二因子中的结构资本分成内部结构资本和外部结构资本，就成了知识资本的三因子结构。而且，随着对知识资本认识的不断深入，二因子结构逐渐向三因子结构靠拢。

（三）知识资本的其他因子结构

安妮·布鲁金（Annie Brooking，1996）把知识资本归结为市场资本、知识产权资本、人力资本和基础结构资本四部分内容。市场资本是归因于与市场相关的无形资产，如品牌、顾客、回头客、积压、分销渠道许可、特许经营合同和协议。人力资本包括集体的经验、创造力和解决问题的能力、领导能力、企业家精神和管理技能。知识产权资本包含保护许多企业资产的法律机制。基础结构资本包括专有技术、商业秘密、版权、专利和各种设计的权利，贸易、服务商标、技术、方法、流程、企业文化、风险评估方法、管理销售团队、财务结构、数据库的市场或客户信息和通信系统。如图 3-1-8 所示。

罗斯等（Roos, et al., 1998）在人力资本和关系资本的基础之上，又加上组织资本和创新与发展资本构成了知识资本的四因子结构。艾得文森和马龙（Edvinsson and Malone，1997）在人力资本和顾客资本的基础之上，又加入了流程资本和创新资本形成了知识资本的四因子结构。巴思和

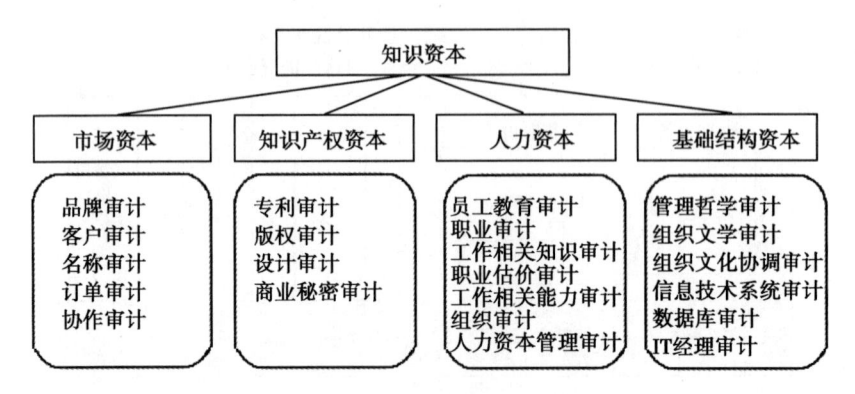

```
                          知识资本
        ┌─────────────┬──────────────┬──────────────┐
     市场资本      知识产权资本      人力资本      基础结构资本
     品牌审计      专利审计        员工教育审计    管理哲学审计
     客户审计      版权审计        职业审计        组织文学审计
     名称审计      设计审计        工作相关知识审计 组织文化协调审计
     订单审计      商业秘密审计    职业估价审计    信息技术系统审计
     协作审计                      工作相关能力审计 数据库审计
                                   组织审计        IT经理审计
                                   人力资本管理审计
```

图 3-1-8　安妮·布鲁金的知识资本四分法

布伦（Bassi and Buren, 1999）借鉴卡普兰和诺顿的平衡计分卡模型，把知识资本划分为五种类型：（1）人力资本，包括员工与管理者的知识、技能与经验；（2）结构资本，包括组织的 IT、商标等无形资产；（3）创新资本，包括组织的变革、研发等；（4）流程资本，包括企业软件和系统等；（5）顾客资本，包括组织从顾客获取价值的能力等。

知识资本概念的界定和因子结构如表 3-1-3 所示。

表 3-1-3　　　　　　　　　对知识与知识资本的界定

相关学者	主要贡献	主要观点
纳索·西尼尔（Nassau Senior）	英国古典经济学家，知识资本最早在其文章中出现	把知识资本等同于个体的人力资本，即知识和技能（Senior, 1836; Bowley, 2014）
肯尼思·加尔布雷斯（Kenneth Galbraith）	第一次使用"知识资本"一词	知识资本已不再是一种纯知识的形态，而是一种实现目标的方法和手段；也不再是一种静态的、固定的资本形式，而是一组动态知识流
卡尔·斯威比（Karl Sveiby）	有"知识资本之父"的称号；知识资本理论家兼实战家；开知识资本三因子结构模型之先河；斯威比知识协会（SKA）主席	斯威比（Sveiby, 1997）将知识资本分成的 E-I-E 三因子结构为：（1）外部结构（Extra Structure, E），如企业的品牌、与顾客和供应商的关系等；（2）内部结构（Inter Structure, I），如管理、组织的正式结构、人力系统、研发和软件等；（3）员工能力（Employee Capability, E），如教育、经验和技能等。斯威比把知识型企业定义为由大多数受过高等教育经历和能够解决顾客各种复杂问题的员工组成的、凭借销售其知识而获取利润的一种特殊的服务型组织。斯威比开发设计了无形资产监控器测量企业的知识资本；还开发了知识探戈 Tango 作为识别企业无形资产的培训仿真模型

第三章　知识资本的基础理论与研究进展

续表

相关学者	主要贡献	主要观点
托马斯·斯图尔特（Thomas Stewart）	美国《财富》杂志的前主编，知识资本和知识管理的奠基人	托马斯·斯图尔特较早地提出了许多关于知识资本的重要阐述，引发众多学者和企业管理者对知识资本开始思考，特别是他的知识资本战略理论更是为企业实践指明了方向，具有方法论的意义
野中郁次郎和竹内弘高（Ikujiro Nonaka and Hirotaka Takeuchi）	组织的知识创造理论奠基人，日本一桥大学教授	参照西方哲学的认识和东方哲学思想，结合日本企业创新的实践，提出了 SECI 知识转化模型和组织的知识创造理论，是知识资本领域和知识管理发展过程中的一座丰碑
雷夫·艾得文森（Leif Edvinsson）	瑞典隆德大学教授，斯堪的亚公司的知识资本总监，创立了知识资本报告的概念和斯堪的亚导航仪模型	企业人力资本和结构资本的总和。知识资本由人力资本、结构资本和关系资本组成。知识资本是能够提供组织在市场上所具备的竞争能力，包括其所拥有的知识、所能应用的经验、组织科技、顾客关系以及专业技能等
布莱恩·霍尔（Brian Hall）	哈佛大学教授，开发了一个知识资本—价值观链模型	知识资本由人力、结构、顾客资本构成。布莱恩·霍尔提供了三种价值观的测量工具来评估企业的知识资本。一是采用文献分析法测量企业的顾客资本；二是采用个体态度分析，即应用价值问卷来测量人力资本；三是综合采用文献分析法、个体态度分析和团队核查分析测量结构资本
巴鲁赫·列夫（Baruch Lev）	纽约大学教授	提出了知识资本贴现率公式，计算了单位货币的知识资本价值
尼克·邦迪斯（Nick Bontis）	加拿大麦克马斯特大学教授	尼克·邦迪斯从本质、范围、参数和编码的困难度等方面，把知识资本分成三因子钻石模型：（1）人力资本，其本质是员工的智力，很难编码；（2）结构资本，其本质是企业的惯例，体现在企业内部之间的联系上；（3）关系资本，其本质是组织与外部的关系，编码难度最高。邦迪斯的知识资本三因子钻石模型表明，结构资本与顾客资本在人力资本和企业绩效之间起中介作用
帕特里克·沙利文（Patrick Sullivan）	无形资产管理特别是价值创造理论方面的专家，MAC 集团副总裁，加州大学伯克利哈斯商学院教授，他的名字被列入《名人词典》（Who's Who）	知识资本是可以获取及转化为利润的知识的，由人力资本和知识资产组成。人力资本是指员工的技术和诀窍；知识资产包括可商业化的资产如专利等，以及不可直接商业化的资产如流程。认为知识资本由两部分构成：（1）显性的人力资本。沙利文关于人力资本的定义较为宽泛，既包括企业内部人员的能力，如员工，也包括其他一些与企业有关的人的能力，如供应商等。这些能力表现为发明、技术、创意、一般知识、计算机程序和设计，以及共同经验等。（2）隐性的知识资产。当那些员工所拥有的人力资本被写下来编纂成文而被转移、传播、利用时，知识资产就形成了，这些知识资产包括计划、蓝图、技巧、流程、图样等，其中最典型的、受法律保护的就是知识产权

续表

相关学者	主要贡献	主要观点
休伯特·圣翁奇（Hubert Sait-Onge）	加拿大商国商业银行（Imperial Bank）领导力中心主任、加拿大互惠人寿保险公司（Mutual Group）副总裁，知识创造领域的开创者、顾客资本概念的奠基人，重点研究领域在习得知识的转化	知识资本由人力、结构、顾客资本构成。企业的快速响应能力、被顾客接受的能力，以及在复杂环境下超胜的能力正是三者协调作用的反映。圣翁奇强调三者在企业文化上的平衡，三者的交会处是长期利润的产生来源
戈登·帕塔斯（Gordon Petrash）	出身于建筑师，后成为陶氏化学公司的副总裁，构建了一个知识资本愿景和实施模型	认为知识资本是人力资本、组织资本和顾客资本的总和
戴夫·乌尔里克（Dave Ulrich）	密歇根大学教授，最早提出了"人力资源管理"的概念	从人力资源管理角度非常重视员工能力和员工承诺的提升，认为一个企业的知识资本就是二者的乘积
纳皮尔和戈沙尔（Nahapiet and Ghoshal）	珍妮·纳皮尔（Janine Nahapiet）是牛津大学的教授；苏曼特拉·戈沙尔（Sumantra Ghoshal）是伦敦商学院的教授	在 AMR 上发表的知识资本促进组织优势的论文受到广泛关注，他们认为知识资本不是一组个体知识的简单汇总，而是嵌入在社会意义和背景下的不同形式的价值来源
安妮·布鲁金（Annie Brooking）	英国科技经纪人公司创始人	把知识资本归结为市场资本、人力资本、知识产权资本和基础结构资本四部分内容。市场资本是归因于与市场相关的无形资产，如品牌、顾客、回头客、积压、分销渠道许可、特许经营合同和协议。人力资本包括集体的经验、创造力和解决问题的能力、领导能力、企业家精神和管理技能。知识产权资本包含保护许多企业资产的法律机制。基础结构资本包括专有技术、商业秘密、版权、专利和各种设计的权利，贸易和服务商标

资料来源：本研究根据相关资料整理。

第二节　知识资本的理论模型

一　斯图尔特的知识资本战略体系

托马斯·斯图尔特（Thomas Stewart）较早地提出了许多关于知识资本的重要阐述，引发众多学者和企业管理者对知识资本开始思考，特别是他的知识资本战略理论更是为企业实践指明了方向,具有方法论的意义。斯图尔特强调一个清晰而正确的战略对于企业发展的意义,他这样形容:使用一个不好的战略就像对一架即将坠落的飞机加大油门,而一个良好的战略则如更好地使飞机逆风行驶。斯图尔特的知识资本战略管理流程主要分为四个阶段:

(一) 识别、界定和利用企业中的知识

在识别企业的知识资本上,斯图尔特认为应该像一家名叫"12 企业家"的、实施知识战略的公司,对企业内的所有业务和即将要收购的业务进行评级,在 1 到 10 的评级分数中,只有那些达到 12 的业务才予以保留。为此,这家企业的首席战略官约翰海格尔建议注意创造良好业务前景的四种趋势。一是由"信息媒介"主导的逆向市场正在形成。"信息媒介"是这样一些企业,它们负责收集终端消费者的信息再与生产商谈判,"信息媒介"掌握了市场的终端并主宰控制这个市场。还有一种与之相类似的情况是,斯图尔特补充说,消费者之间正在利用生产商的产品进行交易而弃生产商于不顾。如 Napster 这种软件可以提供顾客之间互相分享、下载的 MP3 音乐,这种软件的开发不仅使音乐的创作者无法获得收益,更使销售商对产品的交易情况一无所知。虽然 Napster 一度被终止,但顾客之间相互交易的现象却越来越多。二是企业间的并购与剥离。一些公司在并购与自己战略相关业务的同时,也把一些不相关业务进行了分离,这种现象正在加剧。如 2016 年 GE 花费 14 亿美元收购了欧洲的两家 3D 金属打印公司,同时 GE 又以 38 亿美元的价格将其高新材料业务出售。三是企业产品的经营范围正在进行重大调整。许多公司经营的范围越来越覆盖以知识为基础的内容。四是有形资产的出让。如英国航空公司采取飞机租赁和维修外包的形式,只保留了知识资产——航线管理业务。

在知识资本战略流程的第一步中第一个问题是评价企业的知识密集度,斯图尔特建议的测量方式有研发费用收入比和知识工人的比例,以及一些其他的测量工具,如采用知识资本增值系数法(VAIC)和托宾 Q 公式。第二个问题是谁会为获得知识而支付费用,其测量工具是前面的知识密集度结合盈利能力形成的比较矩阵,如图 3-2-1 所示。只要把相关的指标放在这个比较矩阵中的相应位置,就可以应用这个比较矩阵来衡量不同企业、不同业务单位间的知识密集度和财务情况。第三个问题是扫描企业在知识方面的支出，其测量工具是时间—资金矩阵图，如图 3-2-2 所示。从图中可以看出，分别有两种方法可以降低资金的支出：降低纵轴营利性以减少费用和缩短横轴以压缩时间。

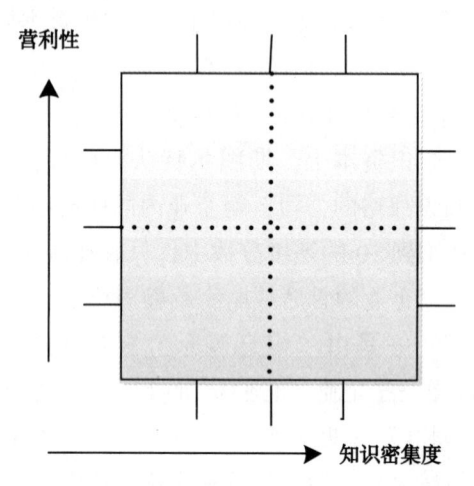

图 3-2-1　知识密集度与营利性的比较矩阵

资料来源：根据托马斯·斯图尔特（2003）整理。

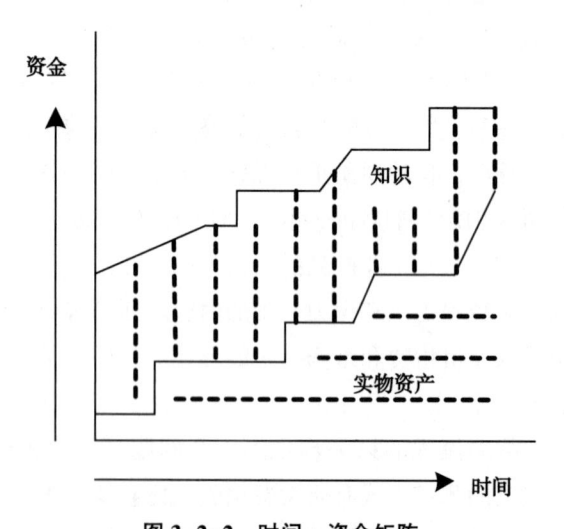

图 3-2-2　时间—资金矩阵

资料来源：根据托马斯·斯图尔特（2003）整理。

（二）调整知识收入和知识资产的一致性

基于知识资本战略的流程管理的第二阶段是调整知识收入和知识资产的一致性。斯图尔特建议的测量工具有挪威 Bates Gruppen 公司设计的公司智商指数和瑞典 AB 公司的 IC 评级方法,以及荷兰 KPMG 公司的核心能力评价公式。

(三) 计划和投资知识资本

基于知识资本战略的流程管理的第三阶段是计划和投资知识资本。斯图尔特建议首先采用斯堪的亚公司的知识树模型来评估企业的知识资产,然后采用沃森韦特的人力资本指数和邦迪斯的人力资本效率指数来测量企业的人力资本。

(四) 提高知识的效率以增强企业活力

基于知识资本战略的流程管理的第四阶段是提高知识的效率以增强企业活力。知识工人效率的提高一方面可以采用客观评分法,为此,斯图尔特根据多方的资料来源编制了一个知识资本量表,分别对人力资本、结构资本和顾客资本采用相应指标进行测量。人力资本的测量指标有员工的平均工作年限,员工的平均学历,高等学历所占比例,员工工资、福利待遇,信息技术能力,员工平均培训时间,员工的建议渠道,员工流失率,创新评价方法,新员工的融洽度;结构资本的测量指标有行政费用、知识获得途径、次品率、生产率提高的来源、信息技术的投资、库存/周转率、品牌;顾客资本的测量指标有市场占有率、顾客满意度、顾客忠诚度、对顾客的坚忍度、毛利、折扣中老顾客比例、数据库、与顾客的合作、数据交换等。如表 3-2-1 所示。

表 3-2-1　　　　　斯图尔特编制的知识资本测量方法

人力资本	结构资本	顾客资本
员工的平均工作年限 员工的平均学历 高等学历所占比例 员工工资、福利待遇 信息技术能力 员工平均培训时间 员工的建议渠道 员工流失率 创新评价方法 新员工的融洽度	行政费用 知识获得途径 　企业内部 　企业最佳实践 次品率 生产率提高的来源 　是新机器还是新观念 信息技术的投资 库存/周转率 品牌	市场占有率 顾客满意度 顾客忠诚度 对顾客的坚忍度 毛利 折扣中老顾客比例 数据库 与顾客的合作 数据交换

资料来源:根据托马斯·斯图尔特(2003)整理。

另一方面可以采用主观评价法,斯图尔特建议采用联合利华公司的知识资本管理 12 项指标进行 1 到 7 点的评分测量。这 12 项指标包括未来所需知识预测度、知识与绩效关系的清晰度、知识结构的适合度、知识共享文化的融合度、资源满足度、技术基础结构度、知识结构度、被激励程度、目标清晰度、知识管理的术语度、高层支持度和解除障碍的权力度。对一企业测量后的一个样板结果如图3-2-3所示。

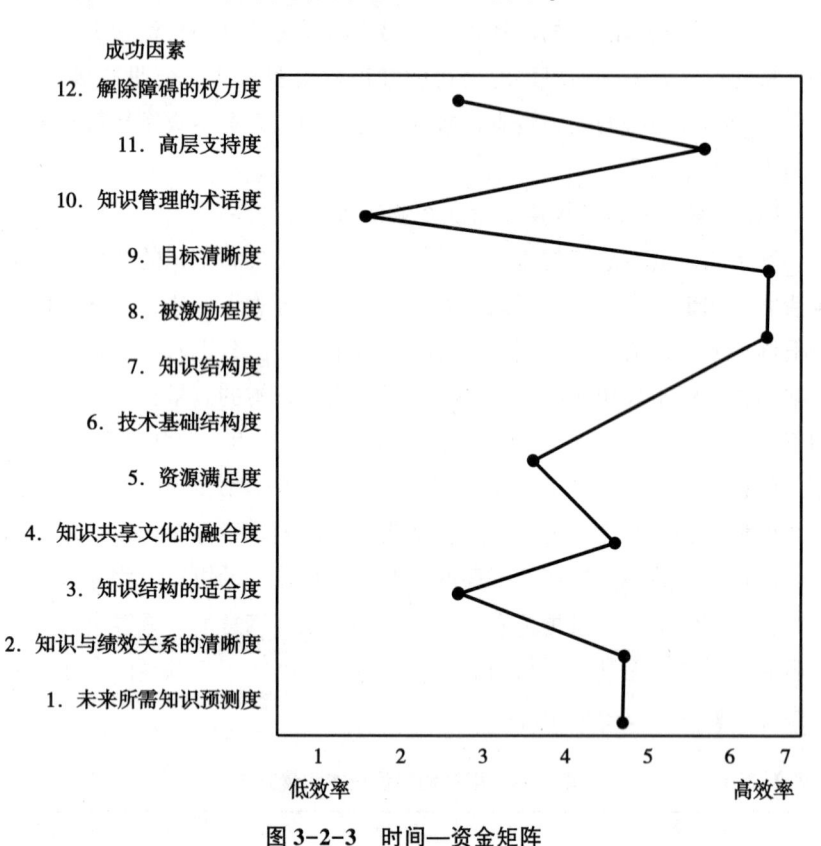

成功因素
12. 解除障碍的权力度
11. 高层支持度
10. 知识管理的术语度
9. 目标清晰度
8. 被激励程度
7. 知识结构度
6. 技术基础结构度
5. 资源满足度
4. 知识共享文化的融合度
3. 知识结构的适合度
2. 知识与绩效关系的清晰度
1. 未来所需知识预测度

低效率　　　　　　　　　高效率

图3-2-3　时间—资金矩阵
资料来源：根据托马斯·斯图尔特（2003）整理。

二　野中郁次郎的组织知识创造理论

（一）显性知识与隐性知识的SECI转化模式

迈克尔·波兰尼（Polanyi，1966）对隐性知识和显性知识的划分是野中郁次郎（Ikujiro Nonaka）提出SECI知识转换模式的前提。SECI共有四种模式：S是指Socialization，即通过个体分享体验等途径把隐性知识转化为隐性知识的共同化过程，如本田公司的头脑风暴营和松下公司自动面包机的研发；E是指Externalization，即通过比喻、类比等方法把隐性知识转化为显性知识的外在化过程，如本田公司开发"本田城市"

时使用"人最大化、机器最小化"的球形类比和佳能公司探讨复印机墨盒的感光桶材料；C是指Combination，即通过文化或网络等途径把显性知识转化为显性知识的联结化过程，如卡夫食品公司的微观促销和朝日公司的舒波乐啤酒研发；I是指Internalization，即指把显性知识转化为隐性知识的内在化过程，如松下公司的做中学和GE公司的答复中心。如图3-2-4所示。

	隐性知识	显性知识
隐性知识	S 共同化 （Socialization）	E 外在化 （Externalization）
显性知识	I 内在化 （Internalization）	C 联结化 （Combination）

图 3-2-4　SECI 知识转化模式

资料来源：Nonaka 和 Takeichi（1995）。

（二）组织的知识创造螺旋

在显性知识与隐性知识转化的四种模式中，知识转化与创造只是在员工个体之间进行，很难被组织所共享，范围有限。为了使这种知识转化为企业所共享，必须经历通过一种互动的"场"创造一种氛围，使每个个体改变思维模式，再经由分享—交流—反思—网络—做中学等过程，在个体、小组、组织和组织间进行转换，由此形成了"知识螺旋"过程，如图3-2-5所示。为激发知识螺旋从个体到小组、组织、组织间的迅速转化，必须使组织愿景融入个体心中形成意图，每个个体可以自主管理，加上组织内外环境的波动，以及管理者有目的地利用"创造性混沌"，通过重叠和策略性轮调运用冗余信息，根据必要多样性法则把不同背景的员工组织起来。

三　邦迪斯的知识资本钻石模型知识资本管理矩阵

（一）知识资本钻石模型

1998年，尼克·邦迪斯（Bontis）设计了一个知识资本调查问卷，测量的问题包括知识资本的三个维度，共53个问题，采用七点计分法，如表3-2-2所示。结果形成了著名的钻石模型，如图3-2-6所示。在这个

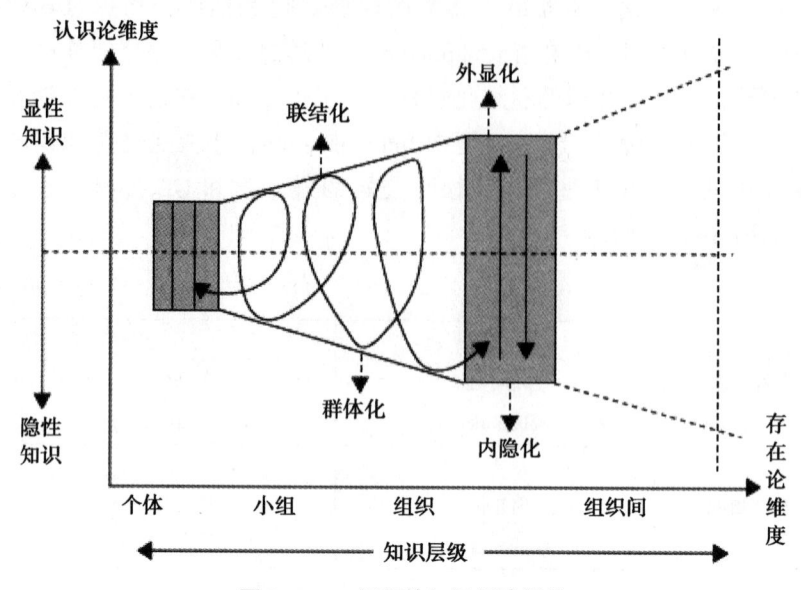

图 3-2-5 组织的知识创造螺旋

资料来源：Nonaka 和 Takeichi（1995）。

钻石模型中，邦迪斯把知识资本划分为三个部分：（1）人力资本，指的是企业员工的智力水平；（2）结构资本，指的是企业中的知识；（3）顾客资本，指的是企业与外部的关系。

表 3-2-2　　　　　　　　　　对知识资本的界定

人力资本	
H01. 能力的理想水平	H11. 员工执行是最棒的
H02. 规划者时间表	H12. 综合的招聘计划
H03. 没有内部关系（R）	H13. 员工辞职后存在大的麻烦（R）
H04. 提高员工技能	H14. 稀缺的思想行动途径（R）
H05. 员工在行业中是优秀的	H15. 不经思考就行动（R）
H06. 接班人培训计划	H16. 向他人学习
H07. 员工团队合作	H17. 员工忠诚观念
H08. 想出新方法	H18. 充分利用员工
H09. 员工是聪明的	H19. 降低别人的水平（R）
H10. 员工是满意的	H20. 员工尽全力

续表

顾客资本	
C01. 顾客普遍满意	C10. 满足顾客需求
C02. 减少时间解决问题	C11. 顾客信息传播
C03. 提高市场份额	C12. 理解市场目标
C04. 市场占有率是最高的	C13. 不关注顾客需求（R）
C05. 关系的持久性	C14. 利用顾客需求
C06. 服务附加值	C15. 推出顾客需要的产品或服务（R）
C07. 顾客忠诚度	C16. 对未来的顾客充满自信
C08. 顾客总是不断地选择我们	C17. 向客户反馈
C09. 企业是市场导向的	
结构资本	
S01. 单位事务的成本最低	S09. 开发行业中最好的想法
S02. 单位收益成本的改进	S10. 企业是有效率的
S03. 平均员工收益的增加	S11. 体制允许信息的进入
S04. 平均员工的收益是最棒的	S12. 程序支持创新
S05. 事务处理时间减少	S13. 企业官僚体制盛行（R）
S06. 事务处理时间是最好的	S14. 员工彼此接近
S07. 贯彻新观念	S15. 组织氛围是融洽的
S08. 支持想法的建立	S16. 不分享知识

（二）知识资本管理矩阵（MIC）

2007 年，尼克·邦迪斯通过结合和集成组织学习、知识管理和知识资本等学科理论中的要素提出了知识资本管理矩阵（Management of Intellectual Capital，MIC）。如图 3-2-7 所示。这个 MIC 矩阵包含了反馈学习和前馈学习的因素，开发与探索的关系，多层级、多角度地分析了知识资本的维度。MIC 矩阵是用一个纵向的方法来管理知识资本的几个发展阶段（Bontis，2007）。

A：A 点是一个全新创业组织的起点。这个阶段是探索阶段，要求企业必须把前馈知识嵌入到人力资本在个体层面进行分析。要做到这一点，必须招聘研究人员和科学家等最优秀的人才才能确保达到优质服务，这可

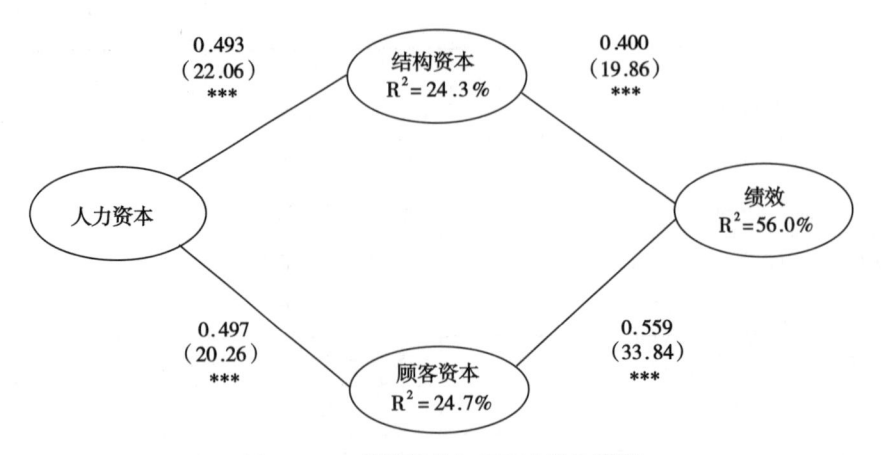

图 3-2-6　邦迪斯的知识资本钻石模型

资料来源：Bontis（1998）。

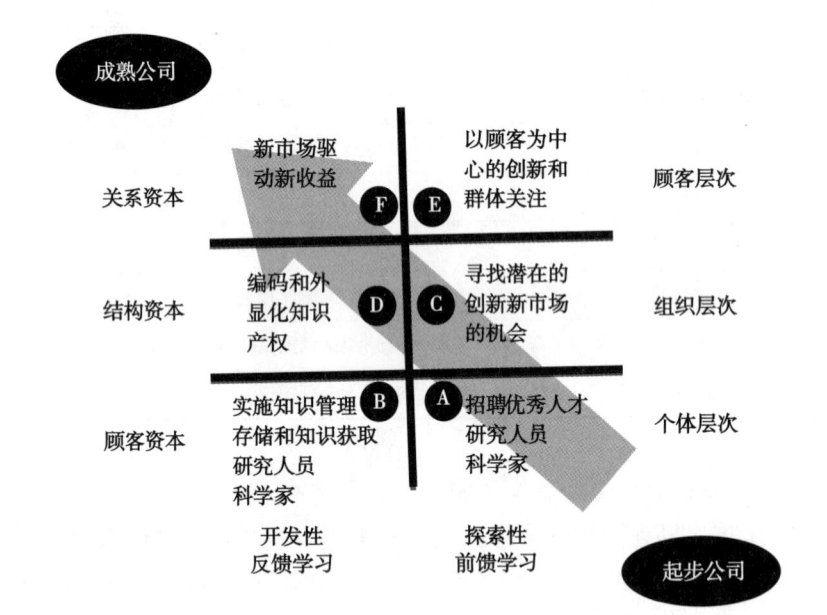

图 3-2-7　邦迪斯的知识资本管理矩阵（MIC）

资料来源：Bontis（2007）。

能会使企业面临一个全新的领域知识。

B：在矩阵转移到 B 点后是开发个人层面的知识。在这个阶段企业必须实施知识管理项目，激发嵌入在员工头脑中的能力和才能。如果在这个阶段遇到员工主动离职，企业可以通过离职面谈并严格控制知识所有权以减轻威胁。

C：在按照顺序循环回到 C 点后，个人知识存储已经嵌入到组织资源数据库和新例程中了。总的来说，企业在这个阶段可能寻找到新的成功机会。

D：发展到 D 阶段后，由创新所形成的知识产权组合成为企业最好的商业机会。为此，企业现在应该通过收集其组织资源开拓新的市场以迎接机会和占领有利市场地位。

E：E 阶段的外部层面分析提供了一个以客户为中心的视角去看待知识资源可用于客户需求的服务。这个探索过程产生了一种新方法，这种方法可以把企业现存的知识通过合理的资源配置来获取企业未来的成功。

F：发展到 F 阶段后，市场机会的执行产生新的产品和服务，以及持续的经济租金，同时知识也得到法律保护。随着时间的推移，关系资本进一步增强客户资本，二者共同推进产品和服务的未来发展。

四 帕特里克·沙利文的价值萃取理论

（一）理论来源

1995 年 1 月帕特里克·沙利文（Patrick Sullivan）与戈登·帕塔斯（Gordon Petrash）、雷夫·艾得文森（Leif Edvinsson）在美国伯克利会面，邀请一些对知识资本感兴趣的企业管理者参与，这些著名企业包括斯堪的亚公司、惠普公司、杜邦公司、施乐公司等。会议的主题是如何界定和管理知识资本，本次会议虽然对知识资本的相关术语没有最后达成一致意见，但激发了与会者的高度热情，随后召开的几次会议后来逐渐发展成"知识资本管理大会"。此后不久，沙利文组建了知识资本管理团队（The ICM Group），为企业提供开发知识资本的方法和技术。沙利文通过对知识资本管理大会和知识资本管理团队的一些观点，形成了关于知识资本的价值萃取理论。

（二）价值最大化的来源和转化途径

沙利文为企业运用知识资本管理提供了八种价值最大化的来源和转化途径：(1) 创新创造新价值；(2) 利用互补性资产；(3) 销售；(4) 许可；(5) 合资；(6) 建立战略联盟；(7) 整合；(8) 捐赠。前两种为成熟的知识型企业所经常使用，是企业价值的两种主要来源；后六种为普通企业所使用，是企业价值的六种转化形式。

（三）知识资本价值链理论

沙利文把创新与价值实现联系起来，提出了知识资本的价值链理论，他认为知识资本的价值链就是二者之间存在的一系列活动。沙利文认为传统的价值链中从创新到销售之间包含较广的范围，不能很好地说明创新和价值实现之间的关系，这些活动对于价值的实现没有太大的帮助。如图3-2-8（a）所示。如果在创新与价值实现（销售）之间加入一些知识资本管理活动就形成了知识资本价值链，如图3-2-8（b）所示，图中灰色方框为知识资本活动。

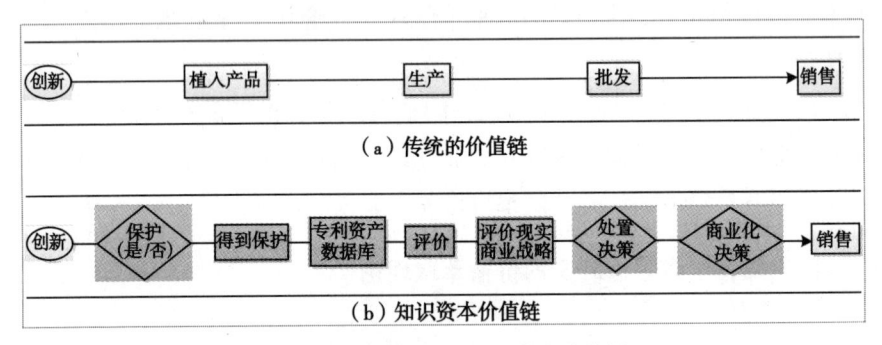

图3-2-8　沙利文的知识资本价值链

资料来源：沙利文（2006）。

五　布莱恩·霍尔的价值观链模型

（一）理论依据：价值观影响人的行为模式

布莱恩·霍尔（Brian Hall）的知识资本研究把人类价值观与经济价值观联系在了一起，构建了一种基于价值观基础的知识资本度量工具，使得价值观这种内化的知识资本对企业价值和利润的提升得以显现化。

长期以来，人们一提到价值或价值观就联想到与钱或价格有关的事情。的确，如果一个人总是到一个他经常去的超市购买水果，主要是因为在这家超市购买商品的性价比较高，或者用相等的钱在这家超市比在其他地方可以买到更多的东西。很多时候，人们都是隐约地有着这样的一种财务上的价值判断并做出优先选择。布莱恩·霍尔认为，这种经济价值观的驱动力是其背后的人类价值观及其所驱动的行为。如图3-2-9所示。

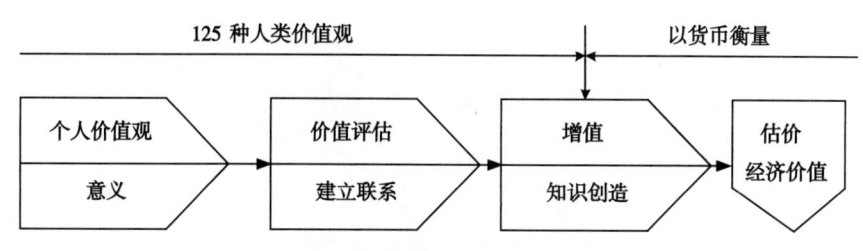

```
         125 种人类价值观              以货币衡量
┌─────────────┐  ┌─────────────┐  ┌─────────────┐  ┌─────────────┐
│  个人价值观  │→ │  价值评估   │→ │    增值     │→ │    估价     │
│    意义     │  │  建立联系   │  │  知识创造   │  │  经济价值   │
└─────────────┘  └─────────────┘  └─────────────┘  └─────────────┘
```

图 3-2-9 价值观优先顺序对行为的影响

资料来源：布莱恩·霍尔（2006）。

人们通常把价值观称为由习俗和惯例所构成的人类美德，更通俗地说，根据布莱恩·霍尔的定义，价值观是人们内心的对未来的一种期望及对优先事物的选择。按照这个定义和基于多年的实践研究，布莱恩·霍尔把亚里士多德关于人类社会价值观的 6 种形式扩展成 125 种（如表 3-2-3 所示），这也是一切个体行为赖以产生的基础，这 125 种人类价值观中大约有 10%属于经济价值观，另有 20 种不同组合的形成的核心价值观相应地驱动人们做出不同的行为。一个高绩效团队比低绩效团队快速响应市场的原因正是由于有着一个共享价值观。现实生活中，人们会按照自己选择的、对各种事物的优先顺序去行动。按照优先顺序选择的价值观对人类的行为影响是巨大的，如休闲、运动、学习和工作按照不同的优先顺序，可形成不同的组合，反映了不同的价值观，导致了不同的行为结果。第一种组合是休闲型的价值观，导致的行为结果是人们会优先选择休闲，而把运动、学习和健康放在后面；第二种组合是健康型的价值观，导致的行为结果是人们会优先选择有利于健康的事情，而把学习、运动和休闲放在后面；同样，第三种组合学习型和第四种组合运动型会把学习和运动放在前面，而把其他放在后面。如表 3-2-4 所示。

表 3-2-3　　　　　　　　　价值观度量工具

	第一步	第二步	第三步	第四步	第五步	第六步	第七步	第八步
目标	自私 自我 吃惊/恐惧	安全 物质快乐	家庭/归属 竞争/信心 幻想/行动 自尊	信念/哲学 信心 运动/娱乐 工作/劳动	平等/自由 综合/整体 自我实现 服务/职业	艺术/漂亮 自我存在 新命令 尊严 知识 存在 愿景	亲密/孤独 真理	生态 和谐 承诺

续表

	第一步	第二步	第三步	第四步	第五步	第六步	第七步	第八步
方式	衣食感官生存	感情收益控制感情属地好奇	互相联系重视/学习规则友好灵敏坚韧均衡友情权威尊重公认支持传统服从	成就管理交流理性设计职责成功教育命令计划荣誉诚信控制制度拥有爱国生产力义务责任技巧协调	弹性诚信和谐决策执着公正评价快乐同情健康独立法律局限服从娱乐希望自作主张分享/信任	义务/道德协作沟通赞美工作创造分离辨认学习成长隐私正义/命令任务责任创新搜寻行动多样化礼节反省	社会/个人依靠预测/希望一致根本	幸福权利公平公正宏观经济
	←基础→				←焦点→		←愿景→	
								STE
	专制型	家族型	等级制型	主动型	合作型		自组织型	

资料来源：根据布莱恩·霍尔（2006）改编。

表 3-2-4　　　　　　　　　不同组合的价值观对行为的影响

第一种组合（休闲型）	第二种组合（健康型）	第三种组合（学习型）	第四种组合（运动型）
1. 休闲	1. 健康	1. 学习	1. 运动
2. 运动	2. 学习	2. 健康	2. 休闲
3. 学习	3. 运动	3. 休闲	3. 健康
4. 健康	4. 休闲	4. 运动	4. 学习

资料来源：根据布莱恩·霍尔（2006）改编。

（二）价值观的度量

表 3-2-3 所列的 125 种价值观反映了人类不同阶段的价值观形态，一个企业的价值观发展历程与此相类似。从表中可以看出，人类价值观按照成熟度大致可以从低到高分成八步，其中灰色部分包括第五步和第六步是核心区域，是一个价值观成熟企业所处的位置，第二步和第三步是组织规模严重萎缩的企业所处的位置。

通过对企业员工价值观的衡量可以了解其内部冲突和协调的状况，进而了解从员工知识资本获取价值的程度。根据沙利文和帕塔斯的观点，企业价值观的发展阶段与企业的价值创造密切相关：如果一个企业或其中的某个团队的价值观处于第三步或第四步的程度就可能增强知识的流动，发挥知识资本对企业的增值作用。但如果要达到知识创造的程度，则企业的价值观要发展到第五步和第六步或以上的阶段。另根据汤姆·卡特（Tom Carter）对美国铝业公司的研究，如果一个企业的价值观没有显现化，没有得到员工的认可，对其进行培训对企业的绩效提高是毫无意义的。因为一个企业或团队的共享价值观限制了绩效的可能范围，为此，不能仅仅把经验、知识和技能简单地转移给员工，更加重要的是还要使所有员工了解和认同企业的价值观。

根据布莱恩·霍尔的研究结果，许多企业的管理者如果清楚地知道价值观的作用，以及价值观的优先顺序对人的行为模式的深刻影响，他就完全懂得如何人性化地管理企业的员工，发挥更大的知识资本作用。布莱恩·霍尔提供了三种价值观的测量工具来评估企业的知识资本。一是采用文献分析法测量企业的顾客资本；二是采用个体态度分析，即应用价值问卷来测量人力资本；三是综合采用文献分析法、个体态度分析和团队核查分析测量结构资本。布莱恩·霍尔曾应用这个价值观工具成功地解决了一家拥有8000名员工的政府电信公司，因收购另外一家拥有3000名员工的公司导致内部冲突严重、35名高级管理人员彼此不信任的问题，结果企业又增加了许多客户，市值提高了20%。

第三节　知识资本的测量模型

知识资本的测量模型主要有卡尔·斯威比的无形资产理论、卡普兰和诺顿的平衡计分卡、安悌·帕利克的知识资本增值系数法、安妮·布鲁金的技术代理测量模型等。

一　卡尔·斯威比的无形资产理论

在组织层面上，把知识资本作为无形资产研究的学者占有相当大的比例，形成了知识资本研究的一个重要分支。卡尔·斯威比（Karl Sveiby）

将这种现象归结为无形资产运作的结果,并将知识资本定义为企业或组织的无形资产。斯威比把无形资产分为三类:以教育、经验形式表现的员工能力;以企业产品品牌、企业与供应商和客户之间关系形成的外部结构;以有效的管理制度、管理模式、员工态度和操作系统构成的内部结构。为在企业中实施无形资产管理,斯威比设计了无形资产监控表来报告被企业忽略的资本部分,他还开发了一种培训软件——知识探戈,真实模拟管理企业中的无形资产(Sveiby,1997;卡尔·斯威比,2007)。

(一) 斯威比设计了无形资产监控表以报告企业的知识资本

无形资产的测量一直是理论界和实务界的一个难题,斯威比最早提出并对这一问题给出了一个经典答案,他所设计的无形资产监控表(Intangible Assets Monitor, IAM)从知识资本的三个组成部分,结合企业的成长/创新、效率及稳定性几个方面提出了相应的指标,可以进行无形资产的测量。如表 3-3-1 所示。通过无形资产监控表,利益相关者很容易就看到了企业中的隐性资本。因此在 1989 年无形资产监控表一经提出,即被许多瑞典公司采用,如 Angpanneforeningen、WM-data 等,这些公司将无形资产监控表写进了企业的年度报告。无形资产监控表与 1990 年出现的平衡计分卡有异曲同工之妙,都认识到了企业的财务指标必须由非财务指标进行补充,都把非财务指标纳入到了战略的考虑范围之内,但无形资产监控表更注重人的因素,把企业员工看作是利润之源。后来,雷夫·艾得文森把无形资产监控表的内容与平衡计分卡的形式相结合,创造了新型的斯堪的亚公司的年度报告。

表 3-3-1　　　　　　　　　　　无形资产监控表

	市场价值			
	有形资产	无形资产		
		外部结构(E)	内部结构(I)	员工能力(E)
成长/创新指标		顾客平均获利水平 有机成长 ……	向管理结构投资 向 IT 投资 客户对内部结构的贡献 ……	从事本专业年限 受教育程度 培训费用 职称 人才流动 ……
效率指标		顾客满意度指数 得/失指数 顾客平均销售量	支持人员的比例 价值观 态度	专业人员所占比例 杠杆效应 人均价值增值

续表

	市场价值		
	有形资产	无形资产	
		外部结构（E）	内部结构（I）	员工能力（E）
稳定性指标		大客户所占比例 年龄结构 忠诚顾客的比例 重复订购的频率 ……	企业年龄 支持人员的流动率 新员工比例 ……	平均年龄 年资 相对薪资位置 专业人员流动比例 ……

资料来源：根据卡尔·斯威比（2007）整理。

（二）识别无形资产的仿真模型——知识探戈

为了清晰识别企业中的无形资产，在培训专家卡乐斯麦兰德的帮助下，斯威比开发了一个培训仿真模型——知识探戈（Tango），以培训管理者从无形资产中获取价值。接受培训的企业界人士3—5人一组，一场培训5—7组不等，在两天内进行为期七年的企业经营模拟。在知识探戈培训结束后，不同背景的人收获是不同的，但一个共同的结果是大家都改变了看问题的视角和思维，特别是对企业无形资产的看法。

二 卡普兰和诺顿的平衡计分卡

在企业界普遍重视财务指标衡量绩效的时候，罗伯特·卡普兰和戴维·诺顿（Robert Kaplan and David Norton）率先指出不应忽视企业中的非财务指标，并在归纳世界多个优秀企业的绩效评价系统后，开发了平衡计分卡（Balanced Score Card，BSC）以帮助企业平衡财务指标与非财务指标之间的关系，得到了众多企业的认同和实施。平衡计分卡中的非财务指标中包含了无形资产因素，如企业的使命/价值观/愿景/战略、内部运营类、顾客类、学习发展类。如图3-3-1所示。

三 安悌·帕利克的知识资本增值系数法（VAIC）

克罗地亚萨格勒布大学（University of Zagreb）的安悌·帕利克（Ante Pulic）是从会计学视角来测量企业知识资本的。现有的会计系统不能满足现代企业的要求，因为不是成本而是创造价值才是现代商业的核心。如果一个公司的目标是达到最大效果的既定资源的管理，那就必须知道他们如何成功地为企业创造价值。这样，一种经由基本经济功能提供的信息——测量价值创造的效率——就成为管理知识资产的决定性因素。安

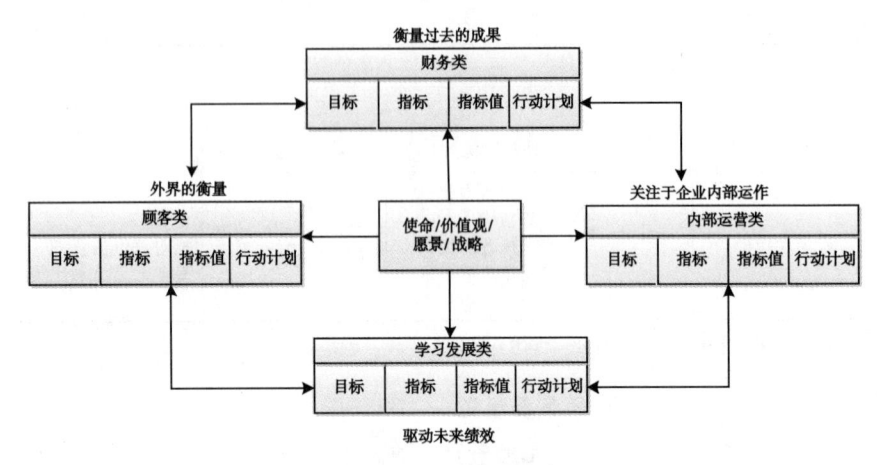

图 3-3-1 平衡计分卡

资料来源：根据卡普兰和诺顿（2013）整理。

悌·帕利克提出的知识资本增值法（Value Added Intellectual Capital，VA1C）就是基于会计数据来监控企业价值创造效率的无形资产测量方法。因为人力资本是现代商业的价值创造决定性的因素，因此，一个公司的资源包括员工资本和知识资本被利用得越好，公司价值创造的效率就会越高。根据安悌·帕利克（Pulic, 2000）对27个企业持续8年的研究结果表明，这一方面将导致附加值的增加，另一方面也决定了企业的市场价值。知识资本增值法的计算方法为：$VAIC_i = HCE_i + SCE_i + CCE_i$。也就是知识资本增值系数由人力资本增值系数（HCE）、结构资本增值系数（SCE）和顾客资本增值系数（CCE）汇总而成，采用历年（i）的数据代入公式就可测算一个企业的知识资本效率高低。

四 安妮·布鲁金的技术代理测量模型

英国科技代理公司（Technology Broker）的安妮·布鲁金（Annie Brooking, 1996）提出的技术代理方法（Technology Broker）通过审计知识资本来确定知识资本的美元价值。首先，布鲁金要求企业回答由她设计的20个问题开始对企业的知识资本诊断过程。这些问题如，在我公司是否每个员工都知道他的工作和如何实现公司目标？在我公司是否评估研发中投资回报率？在我公司我们是否知道品牌的价值？在我公司是否有一种机制可以获取员工的建议来提高业务的任何方面？在我公司，我们是否了解创新过程和鼓励所有员工参加？通过检验结果表明，一个公司对这20

个问题能肯定回答得越少，越需要关注企业的知识资本。然后，布鲁金又设计了 178 个问题，通过检验其对知识资本的贡献度将它们归属于知识资本的每类资产，再对这些问题采用 5 分制进行打分汇总成知识资本总值。最后，布鲁金认为，一个组织的知识资本评估价值完全依赖于组织的目标和市场的状态，任何估值在组织上是特定的、在时间上是有限的。布鲁金提供了成本法、市场法、收益法三种方法去计算一美元的知识资本价值。这就是技术代理方法。技术代理方法为组织提供了一种为知识资本赋值的工具而一直得到业界称赞。布鲁金创造了一个知识资本审计方法，这个测量工具和它的概念基础有助于识别价值和利用组织中的知识资本。这种方法的主要不足是在由定性调查问卷得出的结果和这些资产的实际美元价值之间的差距。例如，使用重置成本意味着成本实际上代表了价值，尽管它们独特的价值在创造竞争优势，但"替换"值实际上已经决定了诸如管理系统或品牌等无形资产的价值。

本章小结

本章重点对知识资本理论的发展历程进行了回顾，对知识、知识资本的概念追踪溯源，以及对知识资本的理论模型、测量模型和企业实践模型进行了评介，同时，也对知识资本的进展情况进行了阐述。

对知识、资本的概念深入了解，有助于理解知识资本的发展历程。对知识资本的界定学术界多是从企业层面的无形资产、知识视角提出，虽然对知识资本的构成要素有二因子说、三因子说，乃至四因子、五因子说，但这些多是三因子结构的变异。在众多学者的研究中，斯威比的 E-I-E 三因子结构、斯图尔特的 H-S-C 三因子结构得到大多数学者的认同。

在知识资本理论模型上，具有代表性的有斯图尔特的知识资本战略体系、野中郁次郎的组织知识创造理论、邦迪斯的知识资本钻石模型、沙利文的价值萃取理论、布莱恩·霍尔的价值观链模型等。许多学者尝试提出了知识资本的测量方法，使用较为广泛的有斯威比的无形资产理论、卡普兰和诺顿的平衡计分卡、帕利克的知识资本增值法和布鲁金的技术代理测量法等。

第四章

中国企业员工知识资本量表的开发与编制

第一节 "员工知识资本"概念的提出

一 重视员工知识资本的必然性

在传统的服务业领域、制造业工厂甚至是高新技术企业或者是现行的所谓知识型企业中，脑力工作和体力工作、管理者工作和被管理者工作被严格区分开。传统的做法是，管理者利用数据分析市场再对市场所需的产品或服务进行决策；员工按照经理的决策结果进行生产或提供服务。即由管理者决定干什么，而员工只管照办就是。这种情况在产品不多或产品变化不大时，只运用管理层知识资本的做法是可行的，有时甚至是最有效的方法。因为在这种情况下，管理者有足够的知识资本可以做出决策。但是，当一个企业所提供的产品和服务种类不断增加，竞争者不断增加，如果只靠少数几个管理者的智慧显然是有问题的。此时，企业需要调动每个员工的知识资本才有可能应对日益复杂多变的市场。在制造业中，如海尔公司的"五星级服务"的核心竞争力，是由那些只具有初中学历的员工完成的；在服务业中海底捞的每晚3—5次翻台率的奇迹也是由入职不限学历、不限经历的普通员工创造的……这类事情，无论是在国内，还是在国外，都已不是个案。在知识经济时代，这些员工的知识资本——因为某种原因如获得领导认可、社会尊重等而被激发出的热情、创造力尤为重要，但这些最重要的员工知识资本往往被大多数企业所忽略。在传统的人力资源管理中却得不到重视，而往往认为只有公司高层具备这些能力。所谓的员工知识资本，就是员工在工作时应用的知识、经验、智慧和脑力，它说明了脑力如何代替金融资本成为获取财富的动力。员工知识资本是企业利润的源泉，一名员工由知识、经验、智慧和脑力所形成的分析能力、综合能力、集成能力、创新能力就是组织的知识资本。

以往研究多关注于具有高学历、高技能的知识型员工所构成的知识型企业，研究范围大多界定在高科技企业中的"白领""金领"等。其实，员工的知识资本不仅存在于普通服务业、普通制造业企业的一般员工身上，也不是仅限定于特定的领域，即员工知识资本不只是存在于知识型企业、高科技企业，或是制造业的研发部门等存在发明创造的地方，而是在一般的制造业、服务业，这种员工知识资本普遍存在，只是存在管理者对其挖掘深浅不同而已。为此，本研究则将知识资本扩大到全体公司范围内，包括管理者和普通员工，而且将焦点特别集中于普通员工身上。即员工知识资本是指一个企业的员工工作是由其智慧驱动的，是由其脑力质量主导的，而不是由其体力数量决定的。一个员工是否拥有知识资本，与其教育水平、从事专业无关，而与其是否使用脑力和使用脑力的质量有关，具备了这种特质的员工就拥有了知识资本，使用这类员工的企业就是知识型企业。那些传统上由高学历组成的高科技企业，人们习惯上所称的"知识型企业"，如果只是使用了员工的专业知识，而没有动用其脑力或者其员工虽然从事的是脑力劳动但脑力不占主导地位，本研究则称其为"知识密集型企业"。

在对员工知识资本的关注中，涌现出了许多的文献，在这些文献当中，频繁地使用诸如智力资本、知识产权、无形资产、无形资本等概念术语，这源于不同学者从不同视角对知识资本的理解。在知识资本领域，彼得·德鲁克（Peter F. Drucker）无疑是知识资本理论的先驱，他早在1957年就在《明日的里程碑》(Landmarks of Tomorrow) 一书中提出了"知识工作者"（Knowledge Worker）的术语，这一术语后来发展成为"知识型员工"。德鲁克在"他们不是雇员，他们是人"（《哈佛商业评论》）的文章中认为，一个企业之所以伟大，最关键的是能找到员工的潜能并把这种潜能开发出来。这里的"开发潜能"很容易被误解为把员工培养成赚钱的机器，事实则不然，德鲁克认为，只有在尊重员工的基础上，员工的潜能才能被真正开发出来。被开发出来的潜能用知识资本的视角来看，就是员工的知识资本——让凡人做非凡之事。IBM公司在2006年曾对全球700多个著名公司的CEO做过一项调查，向他们询问公司的创意来自哪里。调查以前大多数人认为这些创意会来自企业内部的研发部门，而调查结果却令人大感意外。最后的结果显示第一名竟是内部员工，接下来的五个均来自于企业外部,即商业合作伙伴、顾客、顾问、竞争对手、参展会议,最后第七名至第九名才是企业内部的业务单位、研发部门和学术机构。

二 学者对员工知识资本的论述

价值创造理论专家帕特里克·沙利文(Patrick Sullivan)认为,从知识资本的角度来看,所有的公司都是知识型公司。从这一点上来看,所有企业员工也都应该是知识型员工,因此,本研究将组织层次知识资本进行扩展,进而提出了"员工知识资本"这一重要概念。在此基础上,本研究参考邦迪斯(Bontis,1997)、斯图尔特(Stewart,1997)、斯威比(Sveiby,1997)等学者观点,把员工知识资本定义为是员工个体所拥有的或能控制的、能为公司带来竞争优势的一切知识、能力的总和,包括人力资本、结构资本和顾客资本三个维度,并进行了实证检验。在知识经济时代,企业的管理重心是对员工及其能力的管理,即员工知识资本的管理,"员工知识资本"概念的提出使得知识资本的研究层次从组织层次延伸到个体网络层次,扩大和丰富了知识资本的内涵,使学术界特别是知识资本实践者加深了对人力资本的认识。

知识资本的结构不仅是理解知识资本内涵的框架,也是建构知识资本测量工具的重要依据。目前,有关知识资本结构的研究主要为多因子结构。比较有代表性的有:(1) Edvinsson 等(1997)的知识资本三因子H-S-R 平行结构:知识资本=人力资本+结构资本+顾客资本;(2) Sveiby(1997)的知识资本三因子 E-I-E 平行结构:知识资本=外部结构(Extra Structure)+内部结构(Inter Structure)+员工能力(Employee Capability);(3) Roos 等(1998)的知识资本二因子层阶结构:知识资本=人力资本+结构资本=人力资本+关系资本+组织资本+更新及开发资本;(4) Bassi 等(1999)的知识资本五因子平衡计分卡结构:知识资本=人力资本+结构资本+创新资本+流程资本+顾客资本。综合以上学者的研究,虽然有众多的因子结构分类,但都认为人力资本、结构资本和顾客资本是知识资本的必要组成部分。其中,Edvinsson 的知识资本三因子结构得到了众多学者的支持。实际上,其他学者的分类都可归结到这三个因子当中,如 Roos 等(1998)的知识资本分类中,创新资本和流程资本属于支持性的结构资本,完全可以划分到结构资本当中去;而 Sveiby 的三因子结构则完全等同于 Edvinsson 的知识资本三因子结构,其对应关系为:人力资本=员工能力;结构资本=内部结构;顾客资本=外部结构。可见,人力资本、结构资本、顾客资本三因子结构完全概括了知识资本的本质特征。

以上一些组织层次的知识资本对于本研究构建个体层次的知识资本——员工知识资本有非常重要的借鉴意义,本研究期待着员工知识资本由员工人力资本、员工结构资本和员工顾客资本三个维度构成。

第二节　研究方法

一　访谈过程

为了确认、检验中国企业员工知识资本的主要维度,本研究以定性研究中的扎根理论为框架,采用归纳法、因子分析和结构方程模型等多方面的研究路径,以期达到定性和定量相结合、内容和形式相一致的效果。

首先,在归纳法上,向受访者说明员工知识资本的概念、意义和相关行为的表述,然后通过定性研究软件 QSR NVivo 8 进行内容分析,同时,邀请管理学领域内的 9 名教授和博士,经过多轮德尔菲（Delphi Method）将收集回来的行为语句归纳为多个类别,再根据评分者的分数构建一致性系数（Farh, 2004; Hinkin, 1988; Kerlinger, 1986）。之所以如此安排,是因为目前国内外还没有可资借鉴的员工知识资本量表,因此,这一方法相比其他方法更适合开发中国企业员工知识资本量表。

在此过程中,本研究首先采用半开放式结构的访谈方式和问卷调查方式,根据事先编制的访谈提纲,由 2 名受过培训的访谈员对受访者采取面对面的交流,并进行现场记录。受访者一般选用企业中的优秀员工,或被同事公认为有能力的、各方面表现突出的。这是因为,虽然本研究认为知识资本是每个员工都具备的,但优秀员工的知识资本已被激发出来,更容易捕捉;同时,通过优秀员工也可以把其他一些优秀的事例描述出来。我们向受访者介绍了本研究对员工知识资本的定义和一些员工知识资本的案例。访谈的内容涉及:(1) 请描述一些与案例中类似的同事的故事;(2) 请列举您或您的同事在工作中遇到困难通过努力而解决的几件事情;(3) 请说一下您或您遇到的一些员工工作创新的例子;(4) 请介绍一些工作当中表现较为突出的员工事例等。

二 样本特征

（一）最大样本量的确定

此处样本量的确定不仅包括中国企业员工知识资本量表的制定，还包括后面章节中的中国企业员工知识资本形成与运作机制的实证研究部分。因为后者的样本量远大于前者的样本量，所以下面的样本量计算以后者为标准。以下从结构方程模型、随机抽样和统计学的要求对本研究的样本量进行分析。

首先，从结构方程模型的样本量要求来看，Stevens（2003）认为一个自变量平均需要有15份样本量，Bentler和Chou（1987）认为一个参数平均需要5个质量非常好的样本量，这两种观点可以认为是相同的（吴明隆，2009）。基于结构方程模型的蒙特卡罗模拟①的有关研究发现，一个有2个到4个因子的模型，至少要有100—200份样本量（Loehlin，1992）。根据 Stevens（2003）、Bentler 和 Chou（1987）的计算方式，本研究共有社会资本、社会网络、知识资本、企业绩效、工作绩效和组织绩效6个自变量，需要样本量为6×15=90份；而根据 Loehlin（1992）的计算方式，需要样本量为6×200=1200份。二者最大值为1200份样本量。

其次，从现代科学研究所要求的95%的精确度来看，样本量应为384份。为了使本研究更具有普遍意义，本研究在样本量上采用以97%的精确度要求，样本量为1067份。不同精确度下的样本量如表4-2-1所示。

表4-2-1　　　　　　　　不同精确度下的样本量

精确度（%）	99	98	97	96	95	94
最大样本量（份）	9604	2401	1067	601	384	96

最后，从统计学的标准来看，一般样本数应为问卷项目数的5—10倍。本研究的问卷项目共有72个，故样本至少为360—720份。

---

① 蒙特卡罗模拟（Monte Carlo method）因摩纳哥著名的赌场而得名。它能够帮助人们从数学上表述物理、化学、工程、经济学以及环境动力学中一些非常复杂的相互作用。从理论上来说，蒙特卡罗方法需要大量的实验。实验次数越多，所得到的结果才越精确。

比较结构方程模型要求的 1200 份样本量、简单随机抽样所要求的 1067 份样本量和统计学的标准 720 份样本量，本研究取三者的最大值，将样本量定为 1200 份。根据经验，考虑无效问卷因素，本研究将原有 1200 份样本量乘以一个"设计效应"，根据经验将这个"设计效应"定为 1.2。即本研究的样本量为 1200×1.2=1440 份，及 20% 的无回答率，实际调查所发放的样本容量为 1440/（1-20%）= 1800 份。

（二）访谈样本

本研究分别选择了在长春、北京、上海、深圳、武汉、南昌、太原、昆明等几个城市的企业员工 169 名，这些员工来自不同的产业、不同的岗位，且每个企业受访者的数量刚好大于或等于 3，以保证所得来的项目不受任何特定行业、特定技术岗位的权重影响。经过分析，提炼出 816 个项目，平均每个受访者提供 4.83 个项目，这些项目被输入到定性研究软件 QSR NVivo 8，再结合 3 名管理学教授和 6 名管理学博士进行筛选分类，所依据的标准为：（1）项目具有清晰的含义；（2）项目具有个体行为。经过筛选，最终获得 735 个项目。接下来，本研究把 3 名管理学教授和 6 名管理学博士分成 3 组，对 735 个项目进行分类，归纳成具有 24 条项目的一个调查问卷。

（三）问卷样本

为了验证问卷的信度和效度，我们首先对编制的调查问卷进行了试测。调查问卷经修改后，在全国范围内发放了 2000 份，回收 1785 份，有效问卷 1574 份，有效率 78%。样本描述如表 4-2-2 所示。

表 4-2-2　　　　　　　样本量发放及回收情况表

编号	地区	发放问卷数	发放率（%）	回收问卷数	回收率（%）	有效问卷数	有效率（%）
1	华东地区	400	20.00%	453	27.11%	427	94.26%
2	华南地区	300	15.00%	167	9.99%	154	92.22%
3	华中地区	300	15.00%	247	14.78%	235	95.14%
4	华北地区	300	15.00%	236	14.12%	228	96.61%
5	西北地区	200	10.00%	159	9.52%	141	88.68%
6	西南地区	200	10.00%	156	9.34%	143	91.67%
7	东北地区	300	15.00%	253	15.14%	246	97.23%
	合计	2000	100%	1671	100%	1574	94.20%

1574 份有效样本的性别、工作年限、学历、职位、行业如表 4-2-3 所示。

表 4-2-3　　　　　　　　　　样本结构分析表

人口统计变量 类别	组别	人数	百分比（%）	累积百分比（%）
性别	男	609	38.7	38.7
	女	965	61.3	100.0
工作年限	5 年以下	479	30.4	30.4
	6—10 年	695	44.2	74.6
	11—19 年	330	21.0	95.6
	20 年以上	70	4.4	100.0
学历	高中以下	252	16.0	16.0
	专科及本科	955	60.7	76.7
	硕士及以上	367	23.3	100.0
职位	普通员工	610	38.8	38.8
	基层管理者	493	31.3	70.1
	中层管理者	352	22.3	92.4
	高层管理者	119	7.6	100.0
行业	制造业	296	18.8	18.8
	服务业	762	48.4	67.2
	高新技术产业	321	20.4	87.6
	其他	195	12.4	100.0
合计		1574		

样本数据的特性分析如下：

1. 样本的性别特征

样本数据显示，男性员工 609 人，占 38.7%；女性员工 965 人，占 61.3%。

2. 样本的工作年限特征

样本数据显示，在工作年限上以"6—10 年"为主，共 695 人，占 44.2%；其次为"5 年以下"，共 479 人，占 30.4%；再次为"11—19 年"和"20 年以上"。整体而言，符合现代企业的年龄结构。

3. 样本的教育程度特征

样本数据在学历上，以"专科及本科"员工为主，共 955 人，达 60.7%；然后是"硕士及以上"，有 367 人，占 23.3%；最后是"高中以下"，有 252 人，占 16.0%。基本符合整体水平。

4. 样本的职位特征

样本数据在职位水平上，普通员工为 610 人，占 38.8%；其次是基层管理者有 493 人，占 31.3%；再次是中层管理者有 352 人，占 22.3%；最少是高层管理者，有 119 人，占 7.6%。

5. 样本的行业特征

从行业数据上来看，制造业、服务业、高新技术业和其他行业的员工人数分别为 296、762、321 和 195，四者的比例约为 2 : 5 : 2 : 1。

三 问卷题目的描述性统计

本研究共有 2 个自变量，分别是社会资本（问卷题目编号为 S01—S10）、社会网络（问卷题目编号为 N01—N09）；1 个中介变量：员工知识资本（问卷题目编号为 K01—K26）；3 个因变量：企业绩效（问卷题目编号为 P01—P09）、工作绩效（问卷题目编号为 J01—J09）和组织创新（问卷题目编号为 I01—I09）。本研究共有 72 个问卷题目，其极值、均值、偏度和峰度如表 4-2-4 所示。本章所描述的样本包含第五章样本的内容，本章对所有的样本情况进行描述，但在数据分析中只分析员工知识资本部分的问卷内容。

表 4-2-4　　　　　　　　问卷题目的描述统计

编号	极小值	极大值	均值 估计值	均值 标准误	均值 标准差	均值 方差	偏度 估计值	偏度 标准误	峰度 估计值	峰度 标准误
S01	1	7	5.16	0.034	1.338	1.791	-0.743	0.062	0.427	0.123
S02	1	7	5.19	0.034	1.361	1.853	-0.918	0.062	0.807	0.123
S03	1	7	4.21	0.068	1.886	3.556	-0.354	0.089	-1.097	0.177
S04	1	7	5.31	0.033	1.303	1.699	-0.825	0.062	0.697	0.123
S05	1	7	5.31	0.032	1.264	1.597	-0.774	0.062	0.638	0.123
S06	1	7	5.37	0.030	1.179	1.390	-0.543	0.062	0.187	0.123
S07	1	7	5.39	0.030	1.194	1.425	-0.592	0.062	0.056	0.123

续表

编号	极小值	极大值	均值				偏度		峰度	
			估计值	标准误	标准差	方差	估计值	标准误	估计值	标准误
S08	1	7	5.31	0.030	1.198	1.436	−0.724	0.062	0.848	0.123
S09	1	7	5.40	0.029	1.156	1.336	−0.711	0.062	0.625	0.123
S10	1	7	5.23	0.031	1.218	1.485	−0.711	0.062	0.637	0.123
N01	1	7	5.45	0.034	1.365	1.864	−0.964	0.062	0.861	0.123
N02	1	7	5.55	0.031	1.213	1.472	−0.929	0.062	0.951	0.123
N03	1	7	5.61	0.030	1.201	1.442	−0.790	0.062	0.660	0.123
N04	1	7	5.43	0.031	1.233	1.520	−0.828	0.062	0.666	0.123
N05	1	7	5.41	0.029	1.164	1.355	−0.675	0.062	0.622	0.123
N06	1	7	5.45	0.030	1.197	1.433	−0.693	0.062	0.270	0.123
N07	1	7	5.38	0.034	1.335	1.783	−0.826	0.062	0.487	0.123
N08	1	7	5.24	0.031	1.229	1.509	−0.845	0.062	0.866	0.123
N09	1	7	5.28	0.035	1.373	1.885	−0.746	0.062	0.287	0.123
K01	1	7	5.16	0.034	1.364	1.861	−0.857	0.062	0.782	0.123
K02	1	7	5.23	0.033	1.294	1.673	−0.915	0.062	1.129	0.123
K03	1	7	5.25	0.032	1.256	1.578	−0.728	0.062	0.579	0.123
K04	1	7	5.19	0.033	1.310	1.715	−0.803	0.062	0.821	0.123
K05	1	7	5.22	0.033	1.328	1.763	−0.747	0.062	0.490	0.123
K06	1	7	5.23	0.032	1.283	1.645	−0.730	0.062	0.535	0.123
K07	1	7	5.24	0.032	1.260	1.589	−0.688	0.062	0.448	0.123
K08	1	7	5.23	0.032	1.258	1.583	−0.721	0.062	0.618	0.123
K09	1	7	5.22	0.032	1.275	1.626	−0.731	0.062	0.467	0.123
K10	1	7	5.27	0.031	1.246	1.553	−0.735	0.062	0.540	0.123
K11	1	7	5.24	0.030	1.187	1.408	−0.551	0.062	0.550	0.123
K12	1	7	5.21	0.033	1.301	1.692	−0.817	0.062	0.679	0.123
K13	1	7	5.18	0.033	1.290	1.663	−0.863	0.062	0.957	0.123
K14	1	7	5.25	0.032	1.251	1.565	−0.697	0.062	0.475	0.123

续表

编号	极小值	极大值	均值 估计值	均值 标准误	均值 标准差	均值 方差	偏度 估计值	偏度 标准误	峰度 估计值	峰度 标准误
K15	1	7	5.33	0.030	1.195	1.427	−0.705	0.062	0.680	0.123
K16	1	7	5.21	0.031	1.231	1.515	−0.621	0.062	0.359	0.123
K17	1	7	5.28	0.031	1.221	1.492	−0.739	0.062	0.662	0.123
K18	1	7	5.28	0.031	1.218	1.483	−0.686	0.062	0.572	0.123
K19	1	7	5.35	0.032	1.257	1.579	−0.741	0.062	0.365	0.123
K20	1	7	5.17	0.031	1.243	1.546	−0.523	0.062	0.103	0.123
K21	1	7	5.31	0.030	1.204	1.448	−0.706	0.062	0.628	0.123
K22	1	7	5.11	0.033	1.325	1.757	−0.523	0.062	0.074	0.123
K23	1	7	5.15	0.030	1.195	1.427	−0.566	0.062	0.219	0.123
K24	1	7	5.30	0.031	1.223	1.496	−0.579	0.062	0.315	0.123
K25	1	7	5.30	0.029	1.167	1.363	−0.586	0.062	0.400	0.123
K26	1	7	5.19	0.031	1.241	1.541	−0.597	0.062	0.212	0.123
P01	1	7	5.37	0.030	1.174	1.378	−0.776	0.062	0.983	0.123
P02	1	7	5.32	0.031	1.240	1.537	−0.780	0.062	0.728	0.123
P03	1	7	5.35	0.031	1.219	1.485	−0.695	0.062	0.421	0.123
P04	1	7	5.30	0.031	1.245	1.551	−0.609	0.062	0.386	0.123
P05	1	7	5.31	0.031	1.246	1.554	−0.570	0.062	0.154	0.123
P06	1	7	5.35	0.032	1.281	1.641	−0.719	0.062	0.413	0.123
P07	1	7	5.52	0.030	1.186	1.406	−0.850	0.062	0.883	0.123
P08	1	7	5.38	0.029	1.144	1.308	−0.668	0.062	0.543	0.123
P09	1	7	5.45	0.030	1.174	1.379	−0.682	0.062	0.270	0.123
J01	1	7	5.40	0.031	1.218	1.484	−0.817	0.062	0.736	0.123
J02	1	7	5.44	0.031	1.237	1.529	−0.829	0.062	0.711	0.123
J03	1	7	5.43	0.031	1.214	1.474	−0.711	0.062	0.395	0.123
J04	1	7	5.43	0.030	1.197	1.433	−0.750	0.062	0.785	0.123
J05	1	7	5.37	0.031	1.225	1.501	−0.602	0.062	0.113	0.123

续表

编号	极小值	极大值	均值 估计值	均值 标准误	均值 标准差	均值 方差	偏度 估计值	偏度 标准误	峰度 估计值	峰度 标准误
J06	1	7	5.46	0.030	1.204	1.450	−0.810	0.062	0.892	0.123
J07	1	7	5.38	0.030	1.181	1.395	−0.630	0.062	0.285	0.123
J08	1	7	5.36	0.029	1.157	1.338	−0.598	0.062	0.432	0.123
J09	1	7	5.35	0.030	1.179	1.391	−0.677	0.062	0.426	0.123
I01	1	7	5.36	0.030	1.194	1.426	−0.722	0.062	0.700	0.123
I02	1	7	5.33	0.031	1.235	1.525	−0.701	0.062	0.519	0.123
I03	1	7	5.35	0.030	1.209	1.462	−0.754	0.062	0.799	0.123
I04	1	7	5.38	0.032	1.262	1.592	−0.774	0.062	0.508	0.123
I05	1	7	5.34	0.031	1.217	1.480	−0.666	0.062	0.460	0.123
I06	1	7	5.34	0.032	1.260	1.586	−0.631	0.062	0.180	0.123
I07	1	7	5.26	0.034	1.352	1.829	−0.807	0.062	0.581	0.123
I08	1	7	5.27	0.032	1.279	1.636	−0.697	0.062	0.486	0.123
I09	1	7	5.36	0.030	1.209	1.461	−0.757	0.062	0.635	0.123

第三节　对构造变量的信度、效度分析

本研究首先采用内在一致性对样本数据所构造的变量进行信度分析，再采用探索性因子分析（EFA）和验证性因子分析（CFA）进行效度检验。

一　信度分析

本研究所称的"信度"采用构造变量的内在一致性 Cronbach's α 系数大于 0.7 作为标准，并根据"校正相关系数"（CITC）进行调整，对于 CITC 值小于 0.4 的问卷题目予以剔除。经在 SPSS 19.0 软件上运行结果表明，员工知识资本的 26 个问卷题目的 α 系数为 0.952 > 0.70、CITC > 0.40，各项指标的信度良好。如表 4-3-1 所示。

表 4-3-1　　　　　　　　　员工知识资本信度分析

项目	CITC 值	α if 值	项目	CITC 值	α if 值	项目	CITC 值	α if 值
K01	.666	.949	K10	.582	.950	K19	.619	.950
K02	.667	.949	K11	.563	.950	K20	.661	.949
K03	.688	.949	K12	.640	.950	K21	.579	.950
K04	.673	.949	K13	.608	.950	K22	.678	.949
K05	.723	.949	K14	.663	.949	K23	.673	.949
K06	.669	.949	K15	.580	.950	K24	.669	.949
K07	.682	.949	K16	.636	.950	K25	.574	.950
K08	.640	.950	K17	.601	.950	K26	.640	.950
K09	.680	.949	K18	.553	.951			

Cronbach's α = 0.952

二　探索性因子分析

探索性因子分析（EFA）在心理学研究中是一项使用最广泛的统计程序和经典技术，在问卷建立的初始阶段进行探索性因子分析被认为是适当的，它可以为进一步的验证性因子分析（CFA）减少一些问卷题目的分析。探索性因子一般与主成分分析一起使用，根据最大似然法和最大方差旋转法提取因子（Fabrigar, Wegener, MacCallum and Strathan, 1999）。其标准是：对于因子负荷大于 0.35 的问题题目予以保留；所提取的因子特征值要超过 1.0（Tabachnick and Fidel, 2013）。为保证研究的严谨性，本研究使用探索性因子分析时把第一个标准因子负荷提高到 0.40，低于 0.40 因子负荷的问卷题目予以删除。

通过运行 SPSS 软件，员工知识资本的 26 个题目的 KMO 检验为 0.964，Bartlett 值为 11179.244，在 $p<0.001$ 水平下显著性。如表 4-3-2 所示，员工知识资本的特征值大于 1 的有 3 个因子，其变异解释率分别为：21.395、19.303 和 16.956。各分量表的 α 系数为：0.922、0.893、0.888。从表 4-3-2 可以看出，员工知识资本的 26 个项目负载在 3 个因子上。在第一个人力资本因子，因子负荷大于 0.4 的问卷题目有 9 个；在第二个结构资本因子中，因子负荷大于 0.4 的问卷题目有 9 个；第三个顾客资本因子中，因子负荷大于 0.4 的问卷题目有 8 个。

表 4-3-2　　　　　　　　　旋转后的因子提取结果

因子名称	项目	1	2	3
1. 人力资本	K02	.760	.195	.222
	K03	.732	.257	.224
	K05	.732	.262	.281
	K06	.719	.237	.228
	K01	.719	.173	.290
	K04	.685	.302	.205
	K07	.669	.233	.310
	K09	.638	.257	.316
	K08	.635	.227	.280
2. 结构资本	K18	.181	.717	.124
	K15	.167	.708	.197
	K17	.154	.698	.261
	K11	.180	.663	.198
	K16	.279	.655	.226
	K13	.261	.644	.209
	K12	.243	.643	.287
	K14	.300	.634	.274
	K10	.244	.585	.244
3. 顾客资本	K24	.237	.306	.702
	K19	.310	.151	.692
	K20	.343	.196	.681
	K23	.275	.314	.657
	K22	.290	.309	.656
	K21	.158	.304	.632
	K26	.372	.234	.572
	K25	.297	.243	.528
Cronbach's α		.922	.893	.888
特征值		11.782	1.906	1.302
解释变异量（%）		21.395	19.303	16.956
累积解释变异量（%）		21.395	40.698	57.654
KMO 值			.964	

三 验证性因子分析与效度分析

(一) 指标拟合优度分析

本研究采用收敛效度来检验各构造变量的效度情况,收敛效度一般采用验证性因子分析(Confirmatory Factor Analysis,CFA)来进行。验证性因子分析是结构方程建模(SEM)中的一种类型——测量模型,它处理测量指标与潜变量之间的关系。CFA 的一个基本特性是其假说驱动的性质,这不同于探索性因素分析(EFA),研究者必须指定 CFA 模型的各个方面。CFA 已经成为最常用的统计程序应用研究,在开发量表的过程中,CFA 几乎总是被用来检验一个测量工具的潜在结构。在这种背景下,CFA 用于验证测量工具的潜在维度的数量和"项目—因素"的关系模式,如因子载荷。其标准是:(1)采用结构方程 AMOS 中常用的拟合指标来判断。这些指标和其要求是:卡方与自由度之比(χ^2/df)小于 5;近似误差均方根(RMSEA)小于 0.1;SRMR 小于 0.05;GFI、AGFI、RFI、IFI、NNFI、CFI 均大于 0.90。(2)各题目的因子负荷大于 0.5;t 值大于 1.96。

从表 4-3-3 的 AMOS 21.0 结构方程模型软件的运行结果看,χ^2/df 为 3.426<5,p<0.001;RMSEA 为 0.055<0.1;SRMR 为 0.0366,小于 0.05;GFI、AGFI、RFI、IFI、NNFI、CFI 分别为 0.907、0.889、0.897、0.932、0.925、0.932,均大于 0.9。从指标拟合优度来说,员工知识资本这个三因子结构模型具有良好的拟合优度。

表 4-3-3　　　　员工知识资本的拟合优度

χ^2	df	χ^2/df	p	RMSEA	SRMR	GFI	AGFI	RFI	IFI	NNFI	CFI
1013.991	296	3.426	.000	.055	.0366	.907	.889	.897	.932	.925	.932

(二) 效度分析

从表 4-3-4 员工知识资本效度分析结果上看,26 个问卷题目在人力资本(HC)、结构资本(SC)和顾客资本(CC)的三个因子负荷都大于 0.5;T 值均大于 1.96,这说明构造效度良好。员工知识资本各因子标准化关系路径分析结果如图 4-3-1 所示。

表 4-3-4　　　　　　　　员工知识资本效度分析

题目	1. HC	2. SC	3. CC	S. E.	T 值	p 值显著性
K01	.706	.000	.000	.682	17.931	***
K02	.678	.000	.000	.827	18.707	***
K03	.718	.000	.000	.778	18.595	***
K04	.682	.000	.000	.884	18.445	***
K05	.738	.000	.000	.717	18.024	***
K06	.699	.000	.000	.771	18.590	***
K07	.685	.000	.000	.732	18.267	***
K08	.673	.000	.000	.856	18.638	***
K09	.747	.000	.000	.888	18.384	***
K10	.000	.668	.000	.728	17.982	***
K11	.000	.682	.000	.750	18.078	***
K12	.000	.719	.000	.748	18.045	***
K13	.000	.709	.000	.799	18.548	***
K14	.000	.714	.000	.691	17.936	***
K15	.000	.652	.000	.818	17.950	***
K16	.000	.705	.000	.808	17.825	***
K17	.000	.702	.000	.771	18.286	***
K18	.000	.711	.000	.873	18.415	***
K19	.000	.000	.712	.809	18.462	***
K20	.000	.000	.660	.770	18.773	***
K21	.000	.000	.662	.698	17.892	***
K22	.000	.000	.684	.758	18.303	***
K23	.000	.000	.678	.912	18.228	***
K24	.000	.000	.717	.780	18.508	***
K25	.000	.000	.629	.825	18.516	***
K26	.000	.000	.667	.730	17.999	***

注：*** 表示 t>3.29，$p<0.001$。

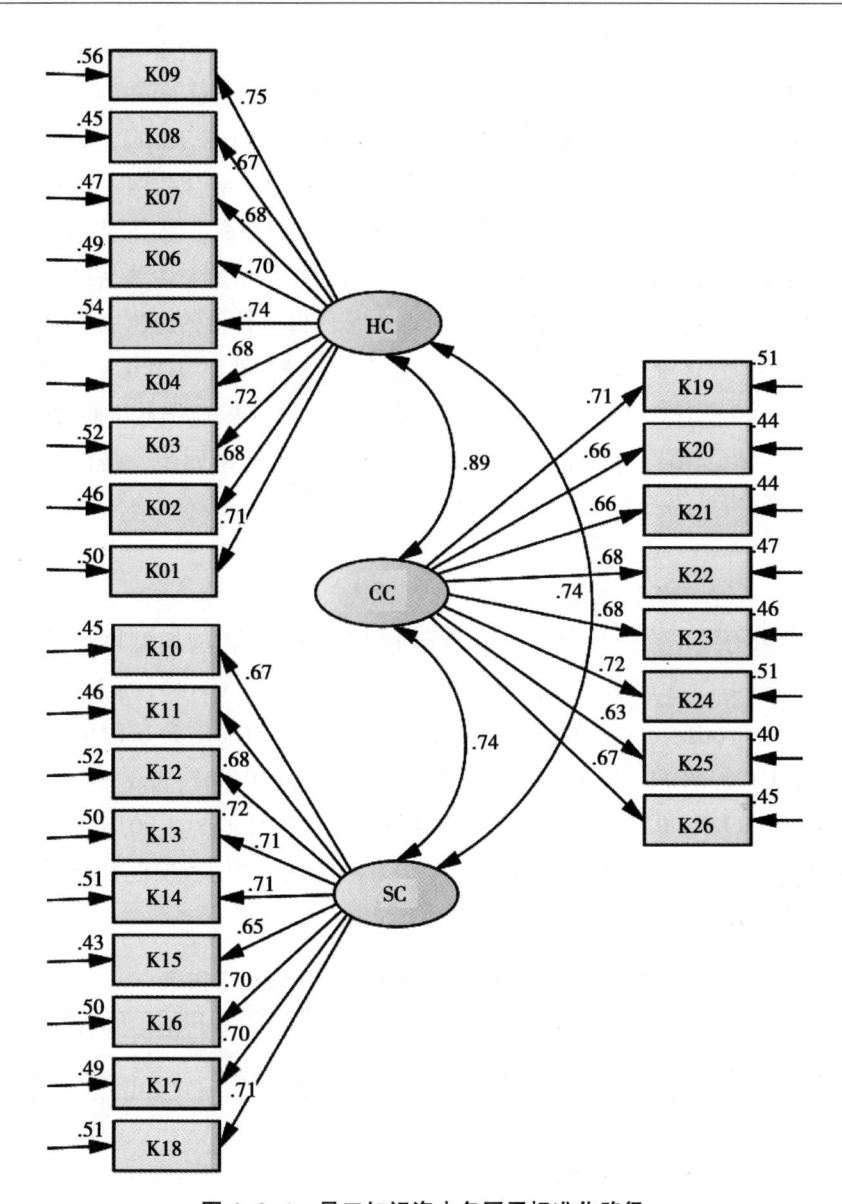

图 4-3-1　员工知识资本各因子标准化路径

四　中介效应分析与检验

尼克·邦迪斯（Bontis，1999）在其知识资本钻石模型的实证研究中对知识资本的三个因子结构的关系进行了检验。他最后建议，知识资本的三个因子之间可能有不同的中介效果，为此，本研究对此进行回应来检验三因子之间的中介作用。本研究假设：人力资本在结构资本和顾客资本之间起中介作用。在众多的中介效应分析与检验中，Bootstrap（自助法）①得到越来越多的青睐和支持（Hayes 和 Preacher，2014；Hayes，2013；温忠麟、叶宝娟，2014），本研究将运用 Bootstrap 方法结合结构方程模型软件 AMOS 对员工知识资本的三因子中介模型进行分析。综合国内外学者的文献，对员工知识资本中介效应的分析与检验，本研究主要从以下几步进行：第一步，从中介模型的拟合指标进行评价。评价的标准就是结构方程模型的评价指标，如卡方与自由度之比（χ^2/df）、RMSEA、SRMR、GFI、AGFI、RFI、IFI、NNFI、CFI。第二步，总体效应路径 c 的系数及显著性分析。第三步，中介效应 a、b 显著性分析。第四步，路径 c' 的间接效应分析。第五步，中介效应检验。第六步，中介效应的判别与模型解释。

（一）中介模型的拟合指标分析

从人力资本在结构资本和顾客资本之间的中介效应模型拟合指标上看，如表 4-3-5 所示，该模型卡方与自由度之比（χ^2/df）为 3.426，小于 5，$p<0.001$；RMSEA 值为 0.055，小于 0.1；SRMR 为 0.0366，小于 0.05；GFI、AGFI、RFI、IFI、NNFI、CFI 分别为 0.907、0.889、0.897、0.932、0.925、0.932，除 AGFI、RFI 这两个指标略低于 0.90 外，其他几个指标均大于 0.9。据此，该员工人力资本中介模型的各项拟合指标均通过检验。如图 4-3-2 所示。

表 4-3-5　　结构资本—人力资本—顾客资本中介模型拟合指标

χ^2	df	p	χ^2/df	RMSEA	SRMR	GFI	AGFI	RFI	IFI	NNFI	CFI
1013.991	296	.000	3.426	.055	.0366	.907	.889	.897	.932	.925	.932

（二）总体效应路径 c 的系数及显著性分析

本研究中介效应分析的第二步是审视路径 c 系数的标准化估计值及其标准误。从 AMOS 21.0 软件运行结果来看，顾客资本对人力资本的总效

---

① Bootstrap 法最初由 Bradley Efron 在 20 世纪 70 年代末提出，术语源自一个神话：一位不小心掉到湖底深处的男爵，在不能借助外力的情况下，最后利用鞋带把自己拎出水面（Efron Bradley，1979；Efron，Robert，1993）。Bootstrap 法在统计学上则意味着有放回的、不重复的均匀抽样，至今已在统计学、生物学、医学、管理学等多门学科中得到广泛应用。

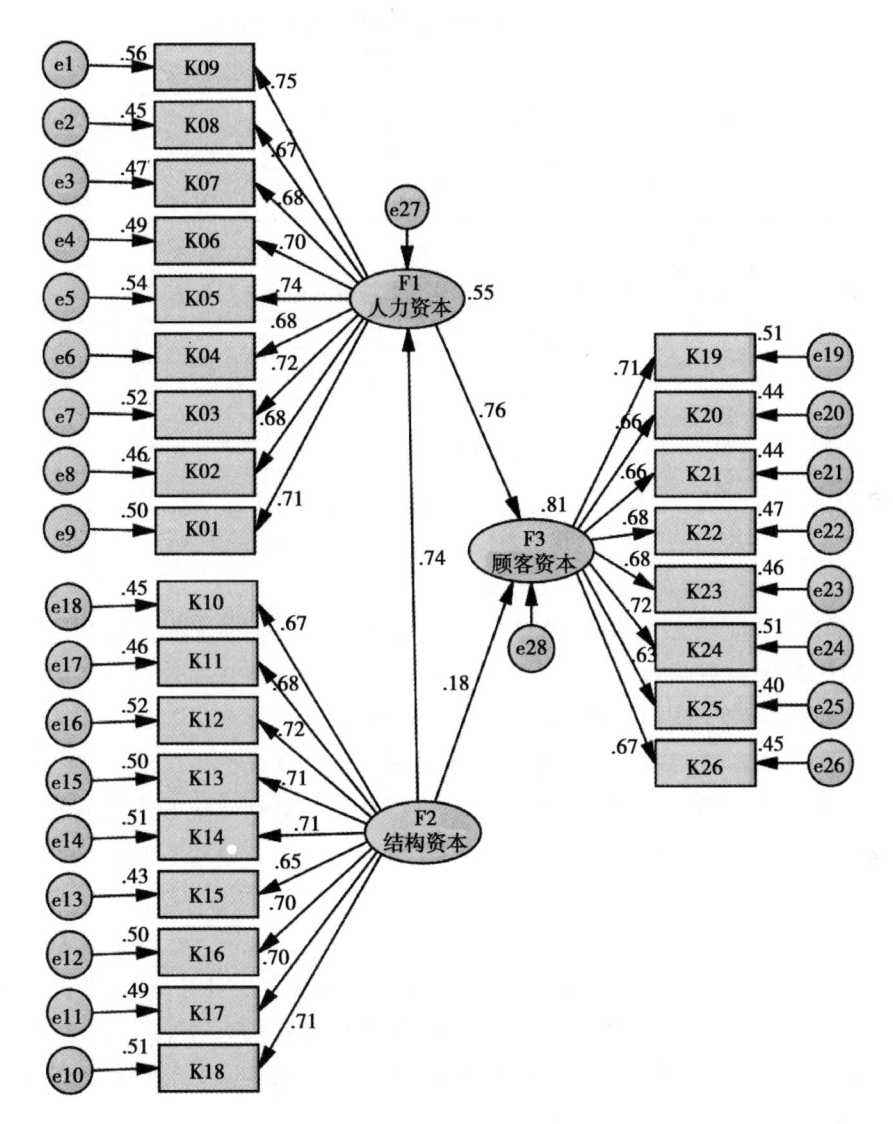

图 4-3-2　员工人力资本三因子中介模型

应即路径 c 的系数为 0.893，其对应的标准误差 S_c 为 0.021（见表 4-3-6），偏差校正后的总效应下限值和上限值分别为 0.851、0.932，并且在 $p<0.001$ 水平下显著（见表 4-3-7）。这说明自变量（结构资本）对因变量（顾客资本）的总体效应显著。由于路径 c 的系数显著，因此可以继续进行路径 a 和 b 的检验。

表 4-3-6　结构资本对顾客资本的标准化总效应与标准误差

	总效应			标准误差		
	人力资本	结构资本	顾客资本	人力资本	结构资本	顾客资本
结构资本	.739	.000	.000	.054	.000	.000
顾客资本	.893	.175	.000	.021	.073	.000

表 4-3-7　结构资本对顾客资本的标准化总效应偏差校正与显著性

	总效应下限值			总效应上限值			显著性		
	人力资本	结构资本	顾客资本	人力资本	结构资本	顾客资本	人力资本	结构资本	顾客资本
结构资本	.617	.000	.000	.836	.000	.000	.002	...	...
顾客资本	.851	.049	.000	.932	.327	.000	.001	.002	...

（三）中介效应 a、b 显著性分析

中介效应模型检验的第三步是中介效应 a、b 的显著性分析。从 AMOS 21.0 软件运行结果来看，结构资本对人力资本直接效应的下限值和上限值分别为 0.617 和 0.836，在 $p=0.002<0.05$ 水平下显著；人力资本对顾客资本直接效应的下限值和上限值分别为 0.606 和 0.881，在 $p=0.001<0.05$ 水平下显著；结构资本对顾客资本的直接效应的下限值和上限值分别为 0.049 和 0.327，在 $p=0.002<0.05$ 水平下显著。如表 4-3-8 所示。

从表 4-3-9 中由 Bootstrap 法计算的路径系数可以看出，路径 a 的系数为 0.740，其标准误 S_a 为 0.054；路径 b 的系数为 0.183，其标准误 S_b 为 0.073；路径 c' 的系数为 0.756，其标准误 $S_{c'}$ 为 0.071。由于路径 a、b、c' 的直接效应均显著，本研究可以初步断定，人力资本在结构资本和顾客资本之间起中介作用。

表 4-3-8　结构资本—人力资本—顾客资本的直接效应与显著性

	直接效应下限值			直接效应上限值			显著性		
	结构资本	人力资本	顾客资本	结构资本	人力资本	顾客资本	结构资本	人力资本	顾客资本
人力资本	.617	.000	.000	.836	.000	.000	.002	...	...
顾客资本	.049	.606	.000	.327	.881	.000	.002	.001	...

表 4-3-9　　结构资本—人力资本—顾客资本中介模型的回归路径

路径关系			SE	SE-SE	Mean	Bias	SE-Bias
结构资本	<—	人力资本	.054	.001	.740	.001	.001
顾客资本	<—	人力资本	.071	.001	.756	-.007	.002
顾客资本	<—	结构资本	.073	.001	.183	.007	.002

（四）路径 c' 的间接效应分析

接下来我们来看一下路径 c' 的间接效应。表 4-3-10 显示了路径 c' 的均值、下限值和上限值分别为 0.564、0.472 和 0.697，在 $p<0.001$ 水平下显著。

表 4-3-10　　结构资本对顾客资本的间接效应与显著性

	均值		间接效应下限值			间接效应上限值			显著性		
	结构资本		结构资本	人力资本	顾客资本	结构资本	人力资本	顾客资本	结构资本	人力资本	顾客资本
人力资本	.000		.000	.000	.000	.000	.000	.000	…	…	…
顾客资本	.564		.472	.000	.000	.697	.000	.000	…	…	…

（五）中介效应检验

经检验，Sobel 检验、Aroian 检验、Goodman 检验三种检验均在 $p<0.05$ 水平下达显著效果。检验结果如表 4-3-11 所示。

表 4-3-11　　结构资本—人力资本—顾客资本中介效应检验

	输入值	检验类型	Z 值	标准误	p 值
a	0.740	Sobel 检验	2.466	0.055	0.014
b	0.183	Aroian 检验	2.460	0.055	0.014
S_a	0.054	Goodman 检验	2.472	0.055	0.013
S_b	0.073	检验结果			显著

（六）中介效应的判别与模型解释

综合以上分析可知，c、a 和 b 都显著，说明存在显著中介效应，又 c' 值同样显著，因此本例的中介效应是部分中介。中介变量的模型分析结果表明：员工人力资本在结构资本和顾客资本之间具部分中介作用。这个中介模型说明：由于人力资本在结构资本和顾客资本之间具部分中介作用，所以，结构资本对顾客资本的影响可以通过人力资本来解释。其中，中介效应占总效应的比例 $ab/c = 0.740×0.183 / 0.893\% = 15.16\%$；中介效应占间接效应的比例 $ab/c' = 0.740×0.183 / 0.564\% = 24.01\%$。

五　员工知识资本二阶因子测量模型的构建

如果验证性因子构建的潜变量与潜变量之间是平行相关关系，各个因子之间并不存在一定的隶属关系，一般被称为初阶因子；如果初阶因子中有更共同的、更高阶的潜在因子存在，则被称为高阶因子。初阶之后为二阶、三阶等，以此类推。高阶因子测量模型的构建一般要考虑两个因素：一是理论依据。在本研究中，对员工知识资本做了探索性因子分析和验证性因子分析后，抽取了人力资本、结构资本和顾客资本三个因子，进一步观察本研究发现，根据迈克尔·波兰尼的显性知识和隐性知识的二分法，以及本研究前面抽取的员工知识资本三类因子中的指标可以进一步划分为显性因素和隐性因素，即显性人力资本（Explicit Human Capital, HCe）、隐性人力资本（Tacit Human Capital, HCt）、显性结构资本（Explicit Structural Capital, SCe）、隐性结构资本（Tacit Structural Capital, SCt）、显性顾客资本（Explicit Customer Capital, SCe）、隐性顾客资本（Tacit Customer Capital, SCt）。如表4-3-12所示。

表4-3-12　　　　　员工知识资本二阶因子划分类型

	人力资本（HC）	结构资本（SC）	顾客资本（CC）
显性	显性人力资本（HCe）	显性结构资本（SCe）	显性顾客资本（CCe）
隐性	隐性人力资本（HCt）	隐性结构资本（SCt）	隐性顾客资本（CCt）

二是要考虑数据的相关性。通过在SPSS上进一步抽取因子，旋转后抽取的因子如表4-3-13所示。表中的指标划分标准主要根据各指标的实际意义。如指标K08虽然在显性人力资本和隐性人力资本上的指标均超过了0.4，但根据其实际意义，还是将其归入到了显性人力资本指标中，这在后面的验证性因子中得到了证明。其他指标如K09、K11、K14、K24同此。据此所构建的二阶因子测量模型如图4-3-3所示。

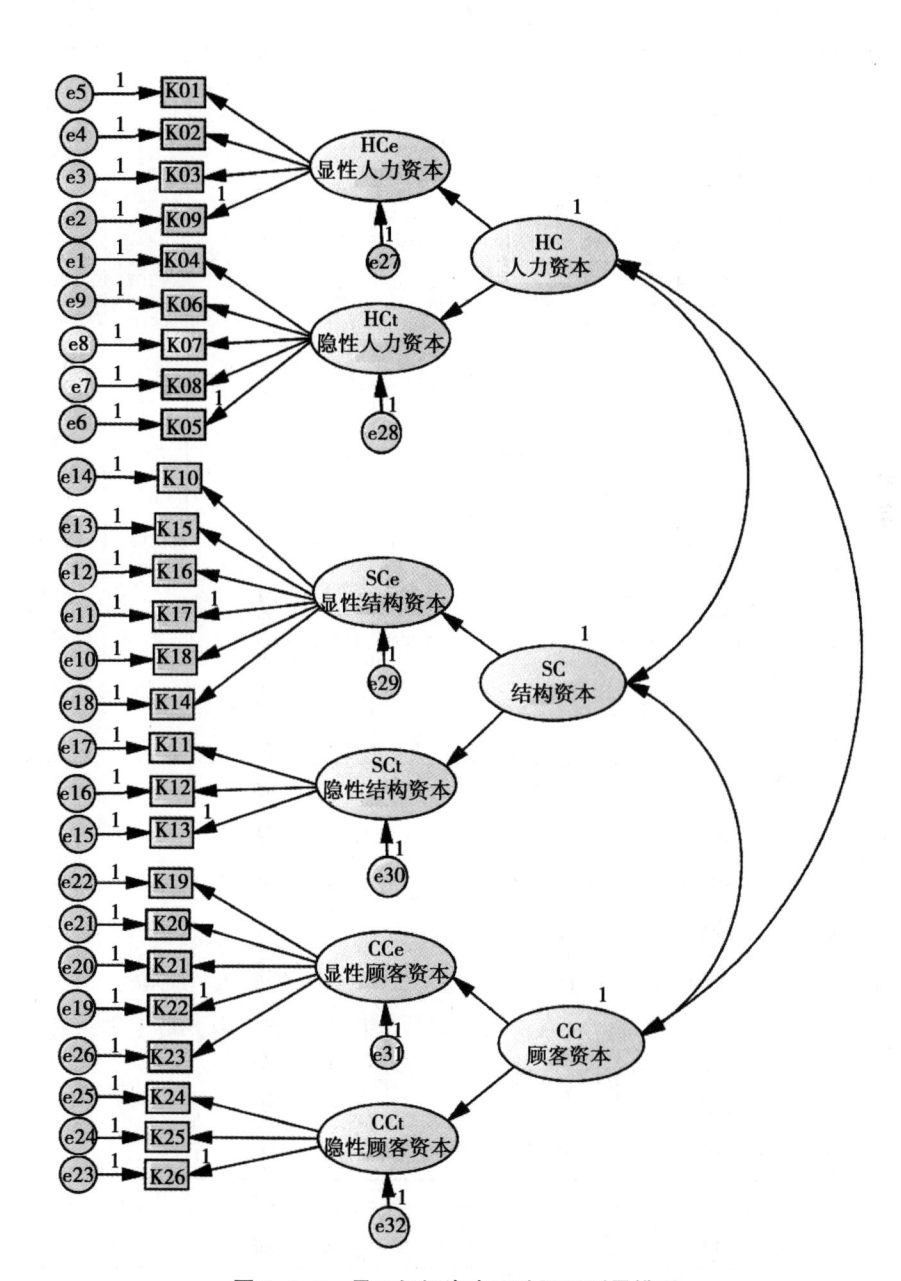

第四章 中国企业员工知识资本量表的开发与编制

图 4-3-3 员工知识资本二阶因子测量模型

表 4-3-13　　　　　　　　员工知识资本二阶因子划分

人力资本	成分		结构资本	成分		顾客资本	成分	
	1. 显性	2. 隐性		1. 显性	2. 隐性		1. 显性	2. 隐性
K06	.798	.269	K17	.757	.253	K21	.753	.159
K07	.739	.307	K15	.751	.220	K22	.720	.300
K05	.736	.386	K16	.710	.312	K23	.720	.289
K04	.687	.362	K18	.701	.307	K20	.707	.287
K08	.537	.493	K10	.600	.365	K19	.705	.302
K02	.285	.823	K14	.548	.525	K24	.592	.514
K01	.316	.778	K11	.527	.488	K25	.204	.877
K03	.420	.696	K13	.250	.863	K26	.364	.732
K09	.536	.549	K12	.323	.793	—	—	—
特征值	3.126	1.941	—	3.239	2.324	—	3.130	2.758
变异量（%）	39.072	24.261	—	35.991	25.824	—	34.776	30.649
累积变异量（%）	39.072	63.333	—	35.991	61.815	—	34.776	65.424
α 值	.854	.837		.827	.804		.833	.752
KMO 值	.943			.922			.912		

（一）模型拟合指标分析

从表4-3-14的 AMOS 21.0 结构方程模型软件的运行结果看，RMSEA 为 0.051<0.1；SRMR 为 0.0315<0.05；GFI、AGFI、RFI、IFI、NNFI、CFI 分别为 0.931、0.916、0.925、0.946、0.939、0.946，均大于 0.9。虽然 χ^2/df 为 5.017 略大于 5，但从指标拟合度来说，员工知识资本这个二阶因子结构模型具有良好的拟合优度。

表 4-3-14　　　　　　　　SEM 修正模型拟合指标

χ^2	df	χ^2/df	p	RMSEA	SRMR	GFI	AGFI	RFI	IFI	NNFI	CFI
1455.022	290	5.017	.000	.051	.0315	.931	.916	.925	.946	.939	.946

（二）模型关系路径分析

表4-3-15为员工知识资本二阶因子模型的各变量关系路径表，从表中可以看出，各关系路径的 T 值均大于 3.29，在 $p<0.001$ 水平上有显著影响。

表 4-3-15　　　　　　各变量关系检验结果

关系路径			标准化系数	非标准化系数	S.E.	T值	p
HCe_ 显性人力资本	<—	HC_ 人力资本	.970	.921	.029	31.445	***
HCt_ 隐性人力资本	<—	HC_ 人力资本	.968	.991	.029	34.624	***
SCe_ 显性结构资本	<—	SC_ 结构资本	.943	.826	.028	29.101	***
SCt_ 隐性结构资本	<—	SC_ 结构资本	.961	.920	.030	30.627	***
CCe_ 显性顾客资本	<—	CC_ 顾客资本	.967	.934	.031	30.555	***
CCt_ 隐性顾客资本	<—	CC_ 顾客资本	.955	.834	.029	28.684	***

（三）模型方差分析

表 4-3-16 显示了员工知识资本二阶因子测量模型的方差估计、标准误差（S.E.）、T 值等。从表中可以看出，除 e30 的 T 值为 3.068，大于 2.58 小于 3.29，在 $p<0.01$ 水平上有显著影响外，其余各条路径的 T 值均大于 3.29，在 $p<0.001$ 水平上有显著影响，显示了良好的构造效度。员工知识资本二阶因子各条路径关系如图 4-3-4 所示。

表 4-3-16　　　　　　员工知识资本模型的方差分析

	Estimate	S.E.	T	p		Estimate	S.E.	T	p
HC_ 人力资本	1				e10	0.761	0.031	24.756	***
SC_ 结构资本	1				e11	0.724	0.030	24.320	***
CC_ 顾客资本	1				e12	0.720	0.030	24.207	***
e27	0.053	0.015	3.574	***	e13	0.748	0.030	24.828	***
e28	0.065	0.017	3.914	***	e14	0.885	0.035	25.45	***
e29	0.084	0.016	5.124	***	e15	0.746	0.034	21.83	***
e30	0.069	0.023	3.068	0.002	e16	0.707	0.034	20.955	***
e31	0.061	0.017	3.589	***	e17	0.762	0.031	24.27	***
e32	0.067	0.017	3.910	***	e18	0.727	0.030	24.064	***
e1	0.775	0.031	24.81	***	e19	0.822	0.034	24.026	***
e2	0.724	0.030	24.229	***	e20	0.816	0.032	25.396	***
e3	0.688	0.029	23.742	***	e21	0.774	0.032	24.524	***
e4	0.734	0.031	23.497	***	e22	0.774	0.032	24.399	***
e5	0.824	0.034	23.942	***	e23	0.777	0.033	23.382	***
e6	0.632	0.027	23.102	***	e24	0.773	0.032	24.112	***
e7	0.826	0.032	25.466	***	e25	0.643	0.030	21.779	***
e8	0.750	0.03	24.837	***	e26	0.684	0.028	24.214	***

续表

	Estimate	S. E.	T	p		Estimate	S. E.	T	p
e9	0.797	0.033	24.295	***					

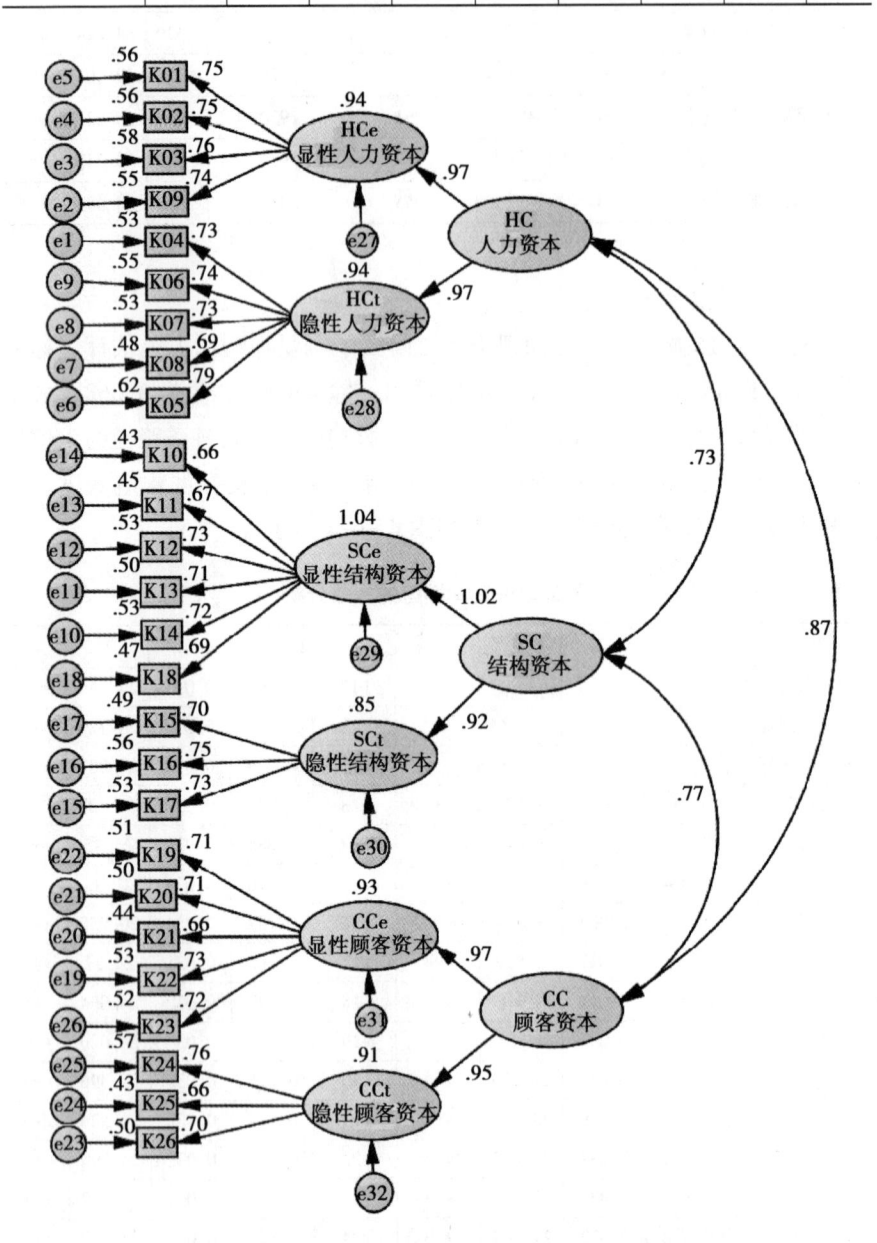

图 4-3-4 员工知识资本二阶因子测量模型

第四节 员工知识资本的人口统计变量方差分析

为探讨中国企业员工知识资本是否会因个体的人口统计变量而不同，本研究采用性别、工作年限、学历、职位和行业等进行独立样本 T 检验和单因素方差分析。

一 不同性别对员工知识资本差异的 T 检验

表 4-4-1 为不同性别的员工在知识资本表现上的差异分析。从表中可以看出，方差方程的 Levene 检验中，知识资本及其三个因子的显著性（Sig. 值）均大于 0.05，不同性别的员工在知识资本表现上在 $p<0.05$ 水平上没有显著差异，在知识资本的三个因子上也没有显著差异。

表 4-4-1　　员工知识资本在性别上的 T 检验

		方差方程的 Levene 检验		均值方程的 t 检验		
		F	Sig.	t	df	Sig.（双侧）
人力资本	假设方差相等	.357	.550	.725	1572	.469
	假设方差不相等			.727	1302.336	.468
结构资本	假设方差相等	1.338	.248	.063	1572	.950
	假设方差不相等			.063	1274.353	.950
顾客资本	假设方差相等	.679	.410	-.644	1572	.520
	假设方差不相等			-.639	1260.724	.523
知识资本	假设方差相等	.000	.990	.073	1572	.942
	假设方差不相等			.072	1263.605	.942

二 不同工作年限对员工知识资本差异的单因素方差分析

经 F 检验结果表明，员工知识资本及其三个因子人力资本、结构资本、顾客资本的均值在 $p<0.05$ 水平上没有显著差异，如表 4-4-2 所示。又经方差齐性检验为方差齐性，对于 LSD 的多重比较检验结果如表 4-4-3 所示。

表 4-4-2　　　　　员工知识资本在工作年限上的 ANOVA

		平方和	df	均方	F	显著性
人力资本	组间	5.356	3	1.785	1.869	.133
	组内	1499.533	1570	.955		
	总数	1504.889	1573			
结构资本	组间	2.352	3	.784	.947	.417
	组内	1299.546	1570	.828		
	总数	1301.899	1573			
顾客资本	组间	3.522	3	1.174	1.426	.233
	组内	1292.183	1570	.823		
	总数	1295.705	1573			
知识资本	组间	2.901	3	.967	1.402	.240
	组内	1082.959	1570	.690		
	总数	1085.860	1573			

表 4-4-3　　　　　员工知识资本在工作年限上的多重比较分析

因变量	(I) 工作年限	(J) 工作年限	均值差 (I-J)	标准误	显著性	95%置信区间 下限	95%置信区间 上限
知识资本	5 年以下	6—10 年	.02020	.04932	.682	-.0765	.1169
		11—19 年	-.04706	.05942	.428	-.1636	.0695
		20 年以上	.16703	.10627	.116	-.0414	.3755
	6—10 年	11—19 年	-.06726	.05552	.226	-.1762	.0416
		20 年以上	.14683	.10415	.159	-.0575	.3511
	11—19 年	20 年以上	.21409	.10929	.050	-.0003	.4285
人力资本	5 年以下	6—10 年	.08129	.05804	.162	-.0325	.1951
		11—19 年	.02451	.06992	.726	-.1126	.1616
		20 年以上	.26636*	.12505	.033	.0211	.5116
	6—10 年	11—19 年	-.05678	.06533	.385	-.1849	.0714
		20 年以上	.18506	.12255	.131	-.0553	.4254
	11—19 年	20 年以上	.24185	.12860	.060	-.0104	.4941

续表

因变量	(I) 工作年限	(J) 工作年限	均值差 (I-J)	标准误	显著性	95%置信区间 下限	95%置信区间 上限
结构资本	5 年以下	6—10 年	-.02031	.05403	.707	-.1263	.0857
	5 年以下	11—19 年	-.07612	.06509	.242	-.2038	.0516
	5 年以下	20 年以上	.10657	.11642	.360	-.1218	.3349
	6—10 年	11—19 年	-.05580	.06082	.359	-.1751	.0635
	6—10 年	20 年以上	.12688	.11409	.266	-.0969	.3507
	11—19 年	20 年以上	.18268	.11972	.127	-.0521	.4175
顾客资本	5 年以下	6—10 年	-.00037	.05387	.995	-.1060	.1053
	5 年以下	11—19 年	-.08957	.06490	.168	-.2169	.0377
	5 年以下	20 年以上	.12818	.11609	.270	-.0995	.3559
	6—10 年	11—19 年	-.08920	.06065	.142	-.2082	.0298
	6—10 年	20 年以上	.12855	.11376	.259	-.0946	.3517
	11—19 年	20 年以上	.21775	.11938	.068	-.0164	.4519

三 不同学历对员工知识资本差异的单因素方差分析

经 F 检验发现，员工知识资本及其三个因子人力资本、结构资本、顾客资本的均值在 $p<0.05$ 水平上没有显著差异，如表 4-4-4 所示。又经方差齐性检验为方差齐性，因此，对于多重比较，本研究选取 LSD 作为各组的比较方法。检验结果如表 4-4-5 所示。

表 4-4-4　　　　　员工知识资本在学历上的 ANOVA

		平方和	df	均方	F	显著性
知识资本	组间	.033	2	.017	.024	.976
	组内	1085.827	1571	.691		
	总数	1085.860	1573			
人力资本	组间	.398	2	.199	.208	.812
	组内	1504.491	1571	.958		
	总数	1504.889	1573			

续表

		平方和	df	均方	F	显著性
结构资本	组间	1.597	2	.799	.965	.381
	组内	1300.301	1571	.828		
	总数	1301.899	1573			
顾客资本	组间	1.494	2	.747	.907	.404
	组内	1294.211	1571	.824		
	总数	1295.705	1573			

表 4-4-5　　员工知识资本在学历上的多重比较分析

因变量	(I) 学历	(J) 学历	均值差 (I-J)	标准误	显著性	95%置信区间 下限	95%置信区间 上限
知识资本	高中以下	专科及本科	-.01111	.05888	.850	-.1266	.1044
	高中以下	硕士及以上	-.01437	.06801	.833	-.1478	.1190
	专科及本科	硕士及以上	-.00326	.05106	.949	-.1034	.0969
人力资本	高中以下	专科及本科	-.04334	.06930	.532	-.1793	.0926
	高中以下	硕士及以上	-.02519	.08006	.753	-.1822	.1318
	专科及本科	硕士及以上	.01815	.06010	.763	-.0997	.1360
结构资本	高中以下	专科及本科	.08943	.06443	.165	-.0369	.2158
	高中以下	硕士及以上	.07386	.07443	.321	-.0721	.2199
	专科及本科	硕士及以上	-.01557	.05587	.781	-.1252	.0940
顾客资本	高中以下	专科及本科	-.07943	.06428	.217	-.2055	.0467
	高中以下	硕士及以上	-.09179	.07426	.217	-.2374	.0539
	专科及本科	硕士及以上	-.01236	.05574	.825	-.1217	.0970

四　不同职位对员工知识资本差异的单因素方差分析

经 F 检验发现，员工知识资本及其三个因子人力资本、结构资本、顾客资本的均值在 $p<0.05$ 水平上有显著差异，如表 4-4-6 所示。又经方差齐性检验为方差齐性，因此，对于多重比较，本研究选取 LSD 作为各组的比较方法。检验结果如表 4-4-7 所示。

表 4-4-6　　　　　　　员工知识资本在职位上的 ANOVA

		平方和	df	均方	F	显著性
知识资本	组间	13.672	3	4.557	6.673	.000
	组内	1072.188	1570	.683		
	总数	1085.860	1573			
人力资本	组间	14.430	3	4.810	5.067	.002
	组内	1490.459	1570	.949		
	总数	1504.889	1573			
结构资本	组间	14.267	3	4.756	5.799	.001
	组内	1287.631	1570	.820		
	总数	1301.899	1573			
顾客资本	组间	14.138	3	4.713	5.773	.001
	组内	1281.566	1570	.816		
	总数	1295.705	1573			

表 4-4-7　　　　　　　员工知识资本在职位上的多重比较分析

因变量	(I) 职位	(J) 职位	均值差 (I-J)	标准误	显著性	95%置信区间 下限	95%置信区间 上限
知识资本	普通员工	基层管理者	-.16750*	.05005	.001	-.2657	-.0693
		中层管理者	.07281	.05531	.188	-.0357	.1813
		高层管理者	.00377	.08282	.964	-.1587	.1662
	基层管理者	中层管理者	.24031*	.05767	.000	.1272	.3534
		高层管理者	.17127*	.08440	.043	.0057	.3368
	中层管理者	高层管理者	-.06904	.08763	.431	-.2409	.1028
人力资本	普通员工	基层管理者	-.13601*	.05901	.021	-.2518	-.0203
		中层管理者	.12670	.06522	.052	-.0012	.2546
		高层管理者	-.00813	.09764	.934	-.1996	.1834
	基层管理者	中层管理者	.26271*	.06799	.000	.1294	.3961
		高层管理者	.12789	.09952	.199	-.0673	.3231
	中层管理者	高层管理者	-.13483	.10332	.192	-.3375	.0678

续表

因变量	(I) 职位	(J) 职位	均值差(I-J)	标准误	显著性	95%置信区间 下限	95%置信区间 上限
结构资本	普通员工	基层管理者	-.16943*	.05485	.002	-.2770	-.0619
		中层管理者	.06512	.06062	.283	-.0538	.1840
		高层管理者	.06042	.09076	.506	-.1176	.2384
	基层管理者	中层管理者	.23456*	.06319	.000	.1106	.3585
		高层管理者	.22985*	.09250	.013	.0484	.4113
	中层管理者	高层管理者	-.00470	.09603	.961	-.1931	.1837
顾客资本	普通员工	基层管理者	-.19705*	.05472	.000	-.3044	-.0897
		中层管理者	.02662	.06047	.660	-.0920	.1452
		高层管理者	-.04098	.09054	.651	-.2186	.1366
	基层管理者	中层管理者	.22367*	.06305	.000	.1000	.3473
		高层管理者	.15608	.09228	.091	-.0249	.3371
	中层管理者	高层管理者	-.06759	.09580	.481	-.2555	.1203

五 不同行业对员工知识资本差异的单因素方差分析

经 F 检验发现，员工知识资本及人力资本、顾客资本的均值在 $p < 0.05$ 水平上有显著差异，而结构资本则没有显著差异，如表 4-4-8 所示。又经方差齐性检验为方差齐性，因此，对于多重比较，本研究选取 LSD 作为各组的比较方法。检验结果如表 4-4-9 所示。

表 4-4-8   员工知识资本在行业上的 ANOVA

		平方和	df	均方	F	显著性
知识资本	组间	5.680	3	1.893	2.752	.041
	组内	1080.180	1570	.688		
	总数	1085.860	1573			
人力资本	组间	14.732	3	4.911	5.174	.001
	组内	1490.157	1570	.949		
	总数	1504.889	1573			

续表

		平方和	df	均方	F	显著性
结构资本	组间	4.630	3	1.543	1.868	.133
	组内	1297.269	1570	.826		
	总数	1301.899	1573			
顾客资本	组间	12.348	3	4.116	5.035	.002
	组内	1283.356	1570	.817		
	总数	1295.705	1573			

表 4-4-9　　员工知识资本在行业上的多重比较分析

因变量	(I) 行业	(J) 行业	均值差 (I-J)	标准误	显著性	95%置信区间 下限	95%置信区间 上限
知识资本	制造业	服务业	-.10469	.05681	.066	-.2161	.0067
		高新技术产业	-.12639	.06684	.059	-.2575	.0047
		其他	-.21306*	.07650	.005	-.3631	-.0630
	服务业	高新技术产业	-.02171	.05519	.694	-.1300	.0866
		其他	-.10838	.06657	.104	-.2389	.0222
	高新技术产业	其他	-.08667	.07531	.250	-.2344	.0611
人力资本	制造业	服务业	-.15534*	.06672	.020	-.2862	-.0245
		高新技术产业	-.19054*	.07851	.015	-.3445	-.0365
		其他	-.34746*	.08986	.000	-.5237	-.1712
	服务业	高新技术产业	-.03520	.06483	.587	-.1624	.0920
		其他	-.19211*	.07819	.014	-.3455	-.0388
	高新技术产业	其他	-.15692	.08845	.076	-.3304	.0166
结构资本	制造业	服务业	-.12487*	.06226	.045	-.2470	-.0028
		高新技术产业	-.08157	.07325	.266	-.2252	.0621
		其他	-.00114	.08384	.989	-.1656	.1633
	服务业	高新技术产业	.04331	.06049	.474	-.0753	.1619
		其他	.12373	.07295	.090	-.0194	.2668
	高新技术产业	其他	.08042	.08253	.330	-.0815	.2423

续表

因变量	(I) 行业	(J) 行业	均值差(I-J)	标准误	显著性	95%置信区间下限	95%置信区间上限
顾客资本	制造业	服务业	-.03385	.06192	.585	-.1553	.0876
		高新技术产业	-.10708	.07286	.142	-.2500	.0358
		其他	-.29059*	.08339	.001	-.4542	-.1270
	服务业	高新技术产业	-.07324	.06016	.224	-.1912	.0448
		其他	-.25674*	.07256	.000	-.3991	-.1144
	高新技术产业	其他	-.18351*	.08209	.026	-.3445	-.0225

至此，本研究对员工知识资本的背景检验有两项获得通过，有三项没有通过。如表4-4-10所示。

表4-4-10　　　　　　　　研究假设验证结果

序号	检验内容	检验结果
0	不同人口背景的员工，在员工知识资本表现上有显著差异	部分成立
1	不同性别的员工，在员工知识资本表现上有显著差异	不成立
2	不同工作年限的员工，在员工知识资本表现上有显著差异	不成立
3	不同学历的员工，在员工知识资本表现上有显著差异	不成立
4	不同职位的员工，在员工知识资本表现上有显著差异	成立
5	不同行业的员工，在员工知识资本表现上有显著差异	成立

第五节　讨论与建议

一　隐性知识资本与企业竞争优势

员工知识资本在企业中既不独立也不均匀，它有不同的来源和使用模式，它嵌入于由企业生产的实体产品和企业发展的规则和程序之中。隐性知识与显性知识之间的二分法经常被许多学者强调（Mislan, et al., 2016; Pérez, et al., 2016），二者不仅相辅相成，也在很多方面是相互依存的。在一个企业中，一种形式的知识运用几乎总是伴随着其他形式的知识存在和应用。例如，隐性知识的运用对企业计划和愿景有关，经过一些工具和设备处理后，包括书面或口头说明，所有这一切都体现为各种显性知识。相反，显性知识的应用通常需要员工能理解、精心制作、演示，或者对一个特定问题的正式知识用实例解释。

每个企业中正式知识体系的背后是一个与正常组织职能同样重要的非正式的支持结构。企业中最有用的知识来源于那些隐性的和显性的、清晰的或推测的判断、隐藏的或明显的各种组合。企业面临的问题是对其隐性知识的管理。隐性知识的增长来源于经验的土壤，所以员工需要一定的时间和机会去掌握，在一个特定领域形成自己的专业技能。作为一种培养隐性知识的替代方案是，一个企业可能会考虑对于急需的知识采取外包的形式，但这种方法有其明显局限性，因为隐性知识不是被孤立地、不切实际地运用，它需要与企业显性的、文化的知识相结合。另一个关于隐性知识获取的基本问题是：一个企业如何发现并提供一个员工所知道的隐性知识，特别是当个人知识不易被整理和分类的情况下。只要个人知识是隐性的，它就构成了组织的一种独特的竞争优势，因为这些知识是其他企业很难复制的，这也是企业的员工知识资本的一种最重要形式。不幸的是，这种独特性不是永久的或受保护的，一旦一个员工决定离开企业或者加入竞争对手的行列，企业就失去了这个员工的知识资本。企业管理其隐性知识资本必须处理三个主要挑战：如何深化自己的隐性知识资本，如何获取和激活这些知识资本，以及如何从它的使用中使其价值最大化。

一方面，员工个人所拥有的隐性知识资本来源于经验、熟练的练习、个人的洞察力，隐性知识是唯一体现在实践之中而无法轻易编纂或模仿的，通常被视为一个可持续的优势的重要来源。另一方面，当企业试图标准化平台，加快发展互补产品，或与其他富有知识的组织合作的时候，显性知识就可以通过扩散、转让而成为企业的另一个战略优势的来源。一个企业把员工知识资本与战略联系起来需要平衡一系列的内在紧张。企业中个人和团体的隐性知识是独一无二的，企业必须权衡编纂这些知识以促进员工共享，以及由此增加这些知识流动的操作化风险。大多数企业面临的问题是在控制和指导知识向外扩散时，如何做到内部知识的转移和吸收最大化。

二 对企业管理者的建议

从员工知识资本的三因子中介模型来看，人力资本投资是员工知识资本管理的坚实基础，结构资本是员工知识资本管理的有力保障，顾客资本则是员工知识资本管理的起点和终点。

员工的知识资本可以为企业创造利润，国内外有许多实际案例可以支持此观点。日本东京有家贸易公司与一家德国公司有贸易往来，德方经理经常要乘火车往返东京与大阪之间。令德方经理不解的是，每次乘火车从东京到大阪他的座位总在右窗口，返回时则在左窗口。他忍不住问了给他订票的日本公司的购票小姐，她笑着回答道："从东京到大阪，富士山在您右边；返回时，则在左边。我想外国人到日本来，很喜欢看富士山的景色。因此我就这样给您订票了。"德方经理听后非常感动，由此他将对该日本公司的贸易额由 400 万马克提升到了 1200 万马克。一名普通员工的细心和行为能给公司带来巨大的利润，这就是员工知识资本所带来的收益。这样的案例在中国企业内也不胜枚举。有一次，一家生产牙膏的中国企业接到消费者的投诉，原来是这个消费者买了该企业生产的牙膏，回家后发现牙膏盒里没有牙膏。为了从根本上解决这个空盒子问题，企业经理决定让研发人员开发一种新设备，可以识别这种空盒子。经过努力，研发人员最后开发了一种高科技探测仪，可以检测到没有装牙膏的空盒子，但随之而来的问题是，必须有一名员工将这个空盒子及时拿走，这在流水线上要实现显然很困难。这时，一名普通工人提出了一个方法：把一台吹风机放在流水线的适当位置，当有空盒子的时候，空盒子就会被吹走。该企业最终采纳了这个建议，为企业节省了大量资金。

一个公司拥有员工知识资本，就可以使其起死回生。安徽合肥三晶电子有限公司是国内第一家批量生产热敏传感器件的公司，产品一直得到客户的认可，有着 21 年行业辉煌历史，然而因决策失误出现巨额债务。2014 年 1 月，公司董事长不堪重负，突然失联"跑路"，一时之间，管理人员纷纷流失并带走客户，三晶公司面临倒闭风险，在此紧要关头，工会主席吴勇挺身而出，向公司股东书面申请，在 170 名老员工的联名推举下，担任生产自救小组组长，保证公司继续经营。吴勇多次寻求高新区管委会政府的协助，积极保持与老客户的合作、努力寻找订单等，通过债务分解、股权转让、厂房转换等形式，仅仅在一年后即力挽狂澜，增加盈利，至 2016 年已连续两年实现利税 400 万元以上，保住了企业在行业内领军的地位。在此期间，吴勇利用各种场合给大家加油鼓劲，他身先士卒，与员工吃住在一起，甚至自掏腰包，确保按时发放工资。"我们跟着他,才坚守了下来。"汽车车间生产主任张成凤对吴勇由衷地钦佩。两年来,三晶没有辞退一名员工,包括20多名残疾员工,所有员工工资均按时发放。吴勇于2000年进入公司,历任机修工段长、玻封工段长等职,对公司有着深厚的感情。吴勇也因此荣获安徽省"五一劳动奖章"。

三 对企业员工的建议

(一) 拥有知识资本对员工的个人成长至关重要

拥有大量的知识资本对员工收入的多少和工作的快乐程度至关重要,甚至决定了其一生乃至家人的幸福与否。阿基勃特年轻时是美国标准石油公司的一名小职员,由于出身贫穷,他特别珍惜这份工作,出于对工作的热爱,他养成了一个习惯:凡是在需要他签名的地方,他除了签上自己的名字外,还一定要随之写上"每桶四美元的标准石油",无论是住在远行的旅馆账单上,还是在书信和收据上。正是这个被同事们戏称为"每桶四美元"的阿基勃特后来竟成为该公司的第二任董事长。像阿基勃特这样因运用员工人力资本交上好运的人并不是个案。

(二) 普通员工同样可以拥有知识资本

员工知识资本不只是高学历者的特权,也体现在中国企业的普通员工身上。许振超就是众多普通工人中再普通不过的一位工人了。没有学历、没有职称的许振超,不但没有下岗,还被他所在的青岛港以工人的身份,享受"技术专家"的称号,因为他有许多多年练就的"绝活"——"无声响操作""王啸飞燕""一钩准""一钩净""二次停钩""显新穿针""刘洋神绳""无故障运行"等。一次,一批有化工剧毒的危险品预经青岛港从新疆出境,这些危险品稍有碰撞,就可能引发恶性事故。为确保安全,铁道部有关领导、船主和货主均来到码头,还派了武警和消防员。在关键时刻,许振超和他的团队只用了一个半小时,就将40个集装箱悄无声息地从船上卸下,装上火车。人群中迸发出一阵欢呼。这些得益于许振超发明、练就和打造的具有行业影响的工作品牌——"无声响操作":重大的集装箱放到铁做的船上或车上,可以做到铁碰铁不出声。"无声响操作"成了许振超的杰作、青岛港的独创。这种操作法,可以极大程度降低船舶、集装箱的磨损和桥吊吊具的故障率。许振超的"绝活"经常为客户挽回巨额经济损失。一天,青岛港大雾弥漫,一船冷藏品若不及时卸下一旦温度上升,则会有几百万元的损失。然而要卸下这船冷藏品,难度极大：在40米高度的桥吊上要让几十吨重的吊具4个爪准确无误地插入集装箱的锁孔中，这在好天气情况下尚且难以操作，何况是在一向被业界认定的大雾禁区内。在货轮的船长请求下，许振超咬牙答应了。他和他的团队凭着练就的一身绝艺，一钩到位，圆满完成了任务，客户为此感激不尽。如今，许振超的"无声响操作""王啸飞燕""一钩准""一钩净""二次停钩""显新穿针""刘洋神绳""无故障运行"等绝活和品牌，已在全国各港口得到了广泛推广。

本章小结

本章首先提出了中国企业员工知识资本的概念。本研究将员工知识资本定义为：员工知识资本是指一个企业的员工工作是由其智慧驱动的，是由其脑力质量主导的，而不是由其体力数量决定的。一个员工是否拥有知识资本，与其教育水平、从事专业无关，而与其是否使用脑力和使用脑力的质量有关，具备了这种特质的员工就拥有了知识资本，使用这类员工的企业就是知识型企业。那些传统上由高学历组成的高科技企业，人们习惯上所称的"知识型企业"，如果只是使用了员工的专业知识，而没有动用其脑力或者其员工虽然从事的是脑力劳动但脑力不占主导地位，本研究则称其为"知识密集型企业"。

本研究对知识资本的理论进行了梳理，并结合中国企业的实践，在介绍西方知识资本理论的基础上，提出了中国企业员工知识资本的概念。这些概念的提出既有理论的支持，又有实践的佐证。本研究将知识型企业和知识型员工的概念又作了进一步延伸，从知识资本的视角将一切企业视为知识型企业，把所有的员工视为知识型员工。这对我国目前以劳动密集型为主的企业有很深的现实意义。

其次，开发和编制了中国企业员工知识资本的量表。构建并验证了中国企业员工知识资本的三因子结构的测量模型、六因子结构的测量模型。在三因子结构模型中，证实了中国企业员工知识资本的存在，包括人力资本、结构资本和顾客资本三个因子；根据迈克尔·波兰尼的显性知识和隐性知识的二分法，本研究在三因子的基础上，又提出并验证了中国企业员工知识资本二阶六因子结构的测量模型，模型显示：二阶六因子包括显性人力资本、隐性人力资本、显性结构资本、隐性结构资本、显性顾客资本、隐性顾客资本。

最后，检验了中国企业员工知识资本的三因子中介模型。在三因子中介模型中，验证了结构资本在人力资本和顾客资本之间具有中介作用。即员工结构资本（SC）驱动员工人力资本（HC），再驱动员工顾客资本（CC）。在人口统计背景变量上，中国企业员工知识资本的表现在不同性别、不同工作年限和不同学历上没有显著不同；而不同职位、不同行业的员工，在知识资本表现上有显著不同。

第五章

员工知识资本形成与运作机制的
自我中心网络分析

社会网络分析（Social Network Analysis）有两种分析方法，一种是自我中心社会网络分析，另一种是整体社会网络分析。本章采用自我中心社会网络分析法，结合结构方程模型建模，对员工知识资本的形成与运作机制进行分析。

第一节 研究架构及假设

一 研究架构的提出

许多企业的员工拥有与它们的产品、流程、管理和技术相关的有价值的知识，但是许多时候企业没有运用这些知识资本，或者没有发挥它们的最大作用。能够管理员工知识资本的企业将在未来比其竞争对手拥有更强的竞争优势，这已成为众多学者和管理者的共识（Bontis, 1998; Hoffman, 2005; Andreeva and Garanina, 2016）。为此，了解和重视员工知识资本的形成原因和运作机制就显得尤为必要。

了解员工知识资本的形成原因有助于考察其创造来源，进而有助于提高员工知识资本。对此，知识管理和知识资本理论学者已提出了一些相应理论，如尼克·邦迪斯（Bontis, 1998）的知识资本钻石模型，帕特里克·沙利文（Sullivan, 2006）的价值萃取理论，布莱恩·霍尔（Hall, 2006）的知识资本价值观链模型等。这些理论重点关注的是新知识对于提高企业价值、创造竞争优势的重要性，至于其如何产生则相对探讨较少。在这些学者及其研究当中，纳皮尔和戈沙尔（Nahapiet and Ghoshal, 1998）对于知识资本的形成从社会资本视角进行了探讨，他们在 AMR

(*Academy of Management Review*) 上发表的《社会资本、知识资本与组织竞争优势》成为经典之作，广为学者引用，在这篇论文中，纳皮尔和戈沙尔提出了一个理论模型，这个模型认为，社会资本将从其认知、结构和关系三个维度上提高知识资本，并且社会资本将与知识资本一起增强企业的竞争力。对于后者，蔡和戈沙尔（Tsai 和 Ghoshal，1998）以一个电子行业的跨国公司为样本进行了验证，结论支持了原假设；但对于前者，社会资本如何促进知识资本的形成一直没有学者去做实证研究。为此，本研究将对此回应，从社会资本这个结构视角来探讨员工知识资本的形成原因与创造来源。

社会资本这个术语早期被描述成为一种关系资源，嵌入于社会团体的个人连带之中（Jacobs，1961；Loury，1977），后来逐渐发展到更广阔的社会领域，如家庭内外关系（Coleman，1988）、企业内外关系（Burt，1992）、组织与市场的联系（Baker，1990），以及公共生活（Putnam，1993；1995）等。社会资本被引入到中国管理学、组织行为学研究当中，则得益于众多学者的努力（郭毅、朱熹，2002；罗家德，2010；赵延东、罗家德，2005；刘军，2004）。从社会资本视角来探讨管理学问题一般使用社会网络分析方法，这种方法有巨大的、潜在的应用价值，许多社会网络分析学者纷纷建议组织行为应该采用社会资本和社会网络分析方法（Tichy，1971；奇达夫、蔡文彬，2007）。鉴于此，本章采用自我中心社会网络分析方法对员工知识资本形成原因和运作机制尝试应用，以社会资本和社会网络为前因变量，企业绩效、工作绩效、组织创新为结果变量，以知识资本为中介变量构建一个中国企业员工知识资本的结构方程模型，从员工知识资本的形成原因和运作机制上重点关注：（1）社会资本和社会网络的相关性研究，二者是否显著相关？（2）知识资本的形成原因研究，社会资本对知识资本、企业绩效、工作绩效、组织创新等是否有显著影响？社会网络对知识资本、企业绩效、工作绩效、组织创新是否有显著影响？（3）知识资本的运作机制研究，知识资本对企业绩效、工作绩效和组织创新是否有显著影响？（4）知识资本对社会资本与企业绩效（及工作绩效、组织创新）是否具有中介作用？知识资本对社会网络与企业绩效（及工作绩效、组织创新）是否具有中介作用？据此，本研究构造的员工知识资本结构方程模型如图 5-1-1 所示。

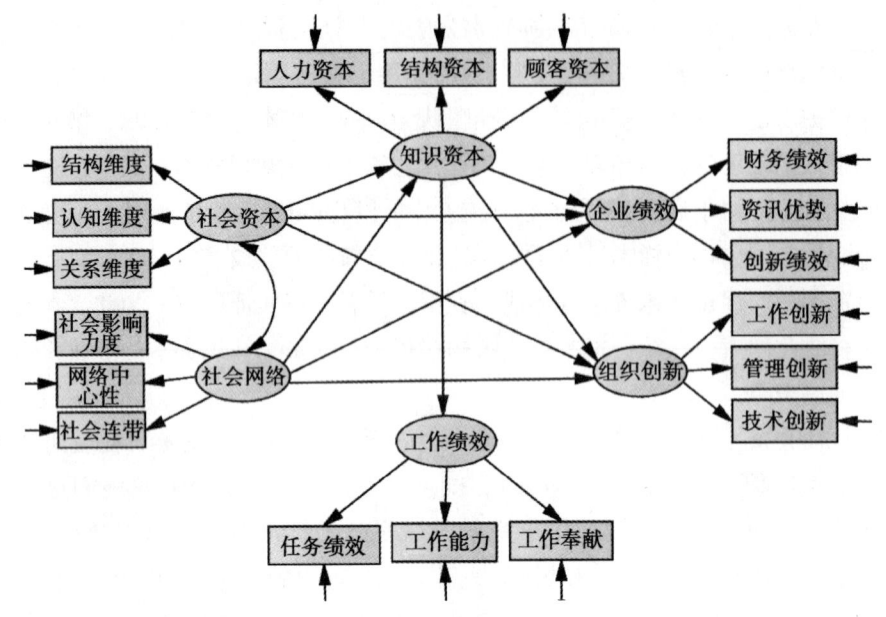

图 5-1-1　员工知识资本结构方程模型（自我中心社会网络）

在这个研究架构中，有 4 个重要的被解释变量，分别是员工知识资本、工作绩效、企业绩效和组织创新。其中员工知识资本既是解释变量，又是被解释变量。这样的研究架构及研究假设可以形成 4 个因果回归模型：

回归模型一：
$$Y_1 = \alpha + \beta_1 X_1 + \beta_2 X_2 + \varepsilon$$

回归模型二：
$$Y_2 = \alpha + \beta_1 X_1 + \beta_2 X_2 + \beta_3 Y_1 + \varepsilon$$

回归模型三：
$$Y_3 = \alpha + \beta_1 X_1 + \beta_2 X_2 + \beta_3 Y_1 + \varepsilon$$

回归模型四：
$$Y_4 = \alpha + \beta_1 X_1 + \beta_2 X_2 + \beta_3 Y_1 + \varepsilon$$

式中，Y_1 为员工知识资本，Y_2 为企业绩效，Y_3 为工作绩效，Y_4 为组织创新；X_1 为社会资本，X_2 为社会网络；α 为常数，β_1、β_2、β_3 为相关系数，ε 为误差项。

二　研究假设

根据自我中心社会网络分析方法形成的员工知识资本形成与运作机制

的总体研究框架，本研究共有社会资本与社会网络关系的相关假设、知识资本的形成原因假设、员工知识资本的运作机制假设和员工知识资本的中介作用假设四类命题。

(一) 社会资本与社会网络相关假设

众多研究把社会资本与社会网络视为一体 (Nahapiet 和 Ghoshal, 1998; 张其仔, 2001), 一些实证也对其相关性予以支持。孙国强等 (2016) 基于理论分析和单一案例方法, 验证了个体中心性越大, 所拥有的权力则越大, "桥"的作用性越强, 所获得的社会资本越强。反之亦然。毕可佳、胡海青、张道宏 (2016) 在对24家孵化器、274家在孵企业的层级递归研究中发现, 内外部社会资本均对网络协调绩效具有显著正向调节作用。刘亭立、石倩倩、杨松令 (2016) 在检验上市公司大股东的联结关系时发现, 大股东关系网络有利于增加社会资本。邢小强、葛沪飞、仝允桓 (2015) 基于一个个案公司研究了"金字塔"底层市场, 研究发现, "金字塔"底层网络关系产生社会资本, 社会资本影响网络绩效。Behtoui 和 Neergaard (2012) 以瑞典工业公司的员工数据作为一个案例研究, 探讨了社会资本在工作场所的重要性, 结果表明: 员工的社会经济背景、性别和移民背景对于获取社会网络资源有积极的影响; 即使在控制了员工的教育和劳动力市场经验的情况下, 获取社会资本与员工在组织中的位置之间还有积极的联系。据此, 本研究提出如下研究假设:

H_{1-1}: 社会资本与社会网络显著相关

(二) 知识资本的形成原因假设

根据社会网络分析观点, 知识资本的形成原因有社会资本和社会网络两个变量。

1. 社会资本的作用机制假设

(1) 社会资本对知识资本的影响假设

Furlan 和 Grandinetti (2016) 采用知识继承理论分析了社会资本与知识资本之间的关系, 提供了一个综合分析框架。另有研究显示基于云计算的会计/金融基础设施对人力资本和关系资本具有积极和统计上的显著影响; 结构资本虽然呈显著的正相关关系, 但无统计意义; 在知识资本的三个因子与企业绩效之间的关系上, 所有三个因子均具有积极的和统计上的显著性 (Peter and Martin, 2016)。据此, 本研究提出如下假设:

H_{2-1}：社会资本对知识资本有显著影响

（2）社会资本对企业绩效的影响假设

李巍、许晖（2016）基于 209 家企业的国际社会资本实证研究表明，社会资本对绩效有显著正向影响。吴伟伟等（2016）基于资源基础视角的研究表明，社会资本在创新绩效过程中起调节作用。徐超、池仁勇（2016）对 139 家上市公司企业家社会资本的研究表明，社会资本对企业绩效、创新绩效均显著正相关。郑少红、姚忠智、石羡（2015）对理事长社会资本的研究中，经结构方程模型检验，发现理事长社会资本对经营绩效影响显著。陈莞、张佳瑶（2016）在研究 143 家 IT 行业的样本中发现，社会资本显著影响创新绩效，并在技术多元化与创新绩效之间起调节作用。蒋勤峰（2016）通过对苏南 270 家创新企业数据的研究表明，社会资本对创业绩效产生影响，企业动态能力在二者之间起中介作用。据此，本研究提出如下研究假设：

H_{2-2}：社会资本对企业绩效有显著影响

（3）社会资本对工作绩效的影响假设

李敏（2016）基于中国情境的家庭企业研究表明，社会资本中的义务性关系、情感性关系对工作绩效产生显著正向影响；而工具性关系则对工作绩效产生显著负向影响。牟格格、宋洪峰、毛宇飞（2016）研究了国企、外企和合资三种不同类型的企业社会资本表明，社会资本对工作绩效中的任务绩效、关系绩效均存在显著的正向影响。李盈（2011）以 20 家企业的销售人员为样本，发现社会资本显著影响工作绩效。据此，本研究提出如下研究假设：

H_{2-3}：社会资本对工作绩效有显著影响

（4）社会资本对组织创新的影响假设

焦少飞、张宏涛、张炜（2010）从经济学述评的角度探讨了企业社会资本对创新决策、创新过程、创新效果的影响，并借鉴社会网络的相关理论，提出了社会资本与创新正相关的假设。他们认为，社会资本宽度的提高有利于企业从网络中提取知识，特别是提取隐性知识，进而提高创新绩效。宋文娟（2016）研究发现社会资本显著正向影响组织创新。李振华、赵敏如、王佳硕（2016）通过对 79 家区域科技孵化企业的研究，发现社会资本的信任因子比规范因子、网络因子对创新的影响更大。据此，本研究提出如下假设：

H_{2-4}：社会资本对组织创新有显著影响

2. 社会网络的作用机制假设

虽然大多数企业声称建立了知识管理的一套程序，但根据调查了解，对于企业中的大多数员工来说，许多需要了解的未知的知识，有80%以上的员工首先会向自己熟悉的朋友或人际关系圈子里的人咨询，然后才会向企业的知识管理相关资源求助。因此，一个占据好的组织内位置的员工拥有较多的资源。

（1）社会网络对知识资本的影响假设

董小英等（2016）对5000多篇文献的理论分析和559家企业样本数据显示，知识获取主要来自于社会网络中的人际网络。叶新东、叶红群（2010）对中小学教师团队的研究中发现，教师的社会网络中心性与知识资本显著相关。Ramos-Rodriguez等（2010）使用折中主义的理论架构，包括了知识和社会资本的概念，具体地分析了个人教育水平、开办企业的知识和技术、是否拥有或经营过企业、是否和其他创业者有联系以及是否是天使投资者。对假设进行验证的数据来自于2007年在西班牙为GEM项目所收集到的数据。汤中彬、张扬、乔长蛟（2015）深入分析了社会网络中的程度中心性、中介中心性、距离中心性的优化以提高隐性知识共享的质量和效率。研究结果表明个人通过参加社会网络来接触外部的知识，是提高能力来识别新商业机会的基础。据此，本研究提出如下假设：

H_{2-5}：社会网络对知识资本有显著影响

（2）社会网络对企业绩效的影响假设

郭彦丽、高书丽、陈建斌（2016）在文化创意团队研究中发现，团队社会网络显著影响团队知识资本。张萌萌等（2016）以吉林省185家企业为样本的研究发现，高技术企业在产业园区集聚而产生的社会网络信息显著影响企业的创业绩效。曹廷求、刘海明（2016）在信任担保传导机制研究中发现，信用担保网络诱发股东的机会主义行为，对企业绩效产生负面效应。据此，本研究提出如下假设：

H_{2-6}：社会网络对企业绩效有显著影响

（3）社会网络对工作绩效的影响假设

Cross和Cummings（2004）基于石化公司的101个工程师和战略咨询公司的125个咨询师的自我中心网络数据，研究得出，知识型员工的工作绩效与网络性质和连带强度密切相关。据此，本研究提出如下假设：

H_{2-7}：社会网络对工作绩效有显著影响

（4）社会网络对组织创新的影响假设

陈乘风、许培源（2015）基于中国的经验研究显示，社会资本的测度指标之一是社会网络对技术创新有显著的影响。乐承毅等（2013）采用超网络模型理论，分析了复杂产品的知识管理活动中所形成的跨组织知识超网络，模型检验表明，跨组织知识合作网络可以帮助复杂产品创新。吴晓云、李辉（2013）通过对层级回归的实证研究表明，区域的创新产出受到人力资本的显著正向影响。据此，本研究提出如下假设：

H_{2-8}：社会网络对组织创新有显著影响

（三）员工知识资本的运作机制假设

1. 知识资本对企业绩效的影响假设

知识资本对企业绩效影响的相关文献较多，并且大多认为知识资本有助于提高企业绩效。汤易兵、王黎萤、姜艳（2014）对浙江省60家制造企业检验了知识管理对中小企业创新、企业绩效的积极影响。张银、李燕萍（2010）通过一手数据调查和二手官方统计数据，构建了中国农民知识资本对农民绩效影响的结构方程模型，结果表明，知识资本特别是知识资本中的农民健康资本因子对农民绩效有着显著影响，而另一因子农民学习则在知识资本与绩效之间起着部分中介作用。金水英、吴应宇（2008）采用432家上市公司的面板数据，证实了知识资本对企业发展能力的影响。汤超颖、黄冬玲（2016）评介了国内外知识网络与创造力二者之间关系的文献，指出知识获取是知识网络影响创造力的三条路径之一。陈恒、徐睿姝（2015）采用DSBM方法和ARIM模型建立了知识资本的三维度测量方式，通过对34家上市制药公司5年数据的回归结果表明：知识资本对制药业的企业效率提高具有显著作用。陈怀超、范建红（2015）通过对国内管理学期刊论文合作团队数据的分析，发现"深网络资本"对"宽知识资本"有显著正向影响；"宽网络资本"对"深知识资本"也有显著正向影响。周荣、涂国平、喻登科（2014）通过对我国23家高校上市公司数据的线性回归分析，结果表明知识资本对盈利能力有显著影响。张炳发、万威武（2006）以中国制造业上市公司数据的路径分析也对此予以支持。石春生、何培旭、刘微微（2011）从动态能力视角对268家企业的数据分析表明，知识资本对企业绩效有显著的正向影响。Sharabati、Jawad 和 Bontis（2010）采用约旦制药工业协会的 15 家成员企业的 132 名中高层经理检验了知识资本中的人力资本、结构资本和关系资本三个因子之间的相关关系，及其对企业绩效的积极正向影响关系，结果支持原假设。另有一些学者从中小企业成长的有效性（孙羨，2012）、新三板企业（孙翰，2013）、企业价值评估等方面的数据也对知识资本促进企业绩效起支持作用。

据此，本研究提出如下假设：

H_{3-1}：员工知识资本对企业绩效有显著影响

2. 知识资本对工作绩效的影响假设

学者们对知识资本与工作绩效的研究较少。杨倩、陈晓静（2016）以保险公司销售人员为样本，考察了员工知识资本与工作绩效的关系，发现员工知识资本中的个体知识资本和市场型知识资本有利于提高工作绩效。据此，本研究提出如下假设：

H_{3-2}：员工知识资本对工作绩效有显著影响

3. 知识资本对组织创新的影响假设

申亚楠、郭春明（2016）基于嵌入理论①的视角，以万华化学为个案，验证了知识资本的各个维度对创新能力的显著影响。方健雯、赵增耀（2014）采用 3000 多家苏州制造企业的数据，对复杂知识与创新投入的关系进行了理论分析和实证检验，结果表明，复杂知识排他性的增强，会导致企业增加对创新投入；知识分布的不均衡，会导致企业减少对创新的投入。杜江、宋跃刚（2015）认为企业技术创新主要取决于知识资本积累和逆向技术溢出，研究结果表明，跨国公司的技术创新能力由人力资本通过自主投入和吸收能力来推动。据此，本研究提出如下假设：

H_{3-3}：员工知识资本对组织创新有显著影响

（四）员工知识资本的中介作用假设

1. 知识资本在社会资本与企业绩效之间起中介作用

在社会资本与绩效的关系上，大多数文献集中于社会资本与创新绩效上，而其中起作用的中介变量多为吸收能力、知识溢出、知识共享和知识

---

① 嵌入视角是目前美国新经济社会学的一个基础性概念。从嵌入视角来看，经济行为嵌入于社会结构，而社会结构的核心就是人们生活中的社会网络。

转移。杨扬（2015）在中小民营企业的样本中发现，企业家社会资本通过创新能力对企业绩效产生影响，创新能力在二者之间具有中介作用。薛永基、卢雪麟（2015）将林区农户的社会资本分为政府资本、邻里资本和家族资本三类，进一步经结构方程模型研究发现，知识溢出在政府资本与创业绩效之间起完全中介作用；知识溢出则在邻里资本、家庭资本与创业绩效之间起完全中介作用。戈锦文、范明、肖璐（2016）在研究江苏农民合作社中发现，结构性社会资本对创新绩效有显著影响，吸收能力在二者之间具部分中介作用；认知性社会资本对创新绩效也有显著的影响，吸收能力在二者之间具完全中介作用。由此可见，社会资本可能并不是直接对企业绩效起作用，二者之间可能存在中介变量。另外，刘学元、刘璇、赵先德（2016）采用供应链视角，利用278家制造业的样本检验表明，社会资本对创新绩效有显著的正向影响，知识获取在二者之间起正向调节作用。侯楠、杨皎平、戴万亮（2016）在团队跨层次研究中发现，社会资本对创新绩效产生显著影响，知识共享在二者之间起调节作用。钟榴、郑建国（2016）通过95家长三角地区的样本企业数据分析得出，社会资本中的关系资本对绿色创新绩效产生影响，绿色知识共享在二者之间起部分中介作用。刘星星（2016）研究表明，社会资本对企业创新绩效产生显著影响，知识获取在二者之间起中介作用。李宇、周晓雪、张福珍（2016）以温州和大连保税区汽车产业集群的样本中检验结果表明，社会资本对创新绩效产生显著影响，知识转移在二者之间起部分中介作用。据此，综合"H_{2-1}：社会资本对知识资本有显著影响""H_{2-2}：社会资本对企业绩效有显著影响"和"H_{3-1}：员工知识资本对企业绩效有显著影响"研究假设，本研究提出如下知识资本的中介假设：

H_{4-1}：员工知识资本在社会资本与企业绩效之间具有中介作用

2. 知识资本在社会资本与工作绩效之间起中介作用

由于知识资本、社会资本、工作绩效这三者之间学者们研究较少，目前没有实证支持。但是综合"H_{2-1}：社会资本对知识资本有显著影响""H_{2-3}：社会资本对工作绩效有显著影响"和"H_{3-2}：员工知识资本对工作绩效有显著影响"等相关研究假设，本研究提出如下知识资本的中介假设：

H_{4-2}：员工知识资本在社会资本与工作绩效之间具有中介作用

3. 知识资本在社会资本与组织创新之间起中介作用

王雷、王圣君（2015）在长三角地区制造业的截面数据中发现，外部社会资本对吸收能力有显著影响,而吸收能力则对新产品绩效有显著影响。李辉、吴晓云(2015)基于213份样本数据在跨国公司的双元性学习、海外社会资本和创新绩效的关系研究中发现,社会资本影响学习能力,学习能力影响创新绩效,学习能力在社会资本和创新绩效之间具有中介作用。邹国庆、董振林(2015)研究发现,制度环境在管理者社会资本与创新绩效之间具有调节作用。由此可见,社会资本可能通过其他中介变量对创新产生影响。据此,综合"H_{2-1}:社会资本对知识资本有显著影响""H_{2-4}:社会资本对组织创新有显著影响"和"H_{3-3}:员工知识资本对组织创新有显著影响"研究假设,本研究提出如下知识资本的中介假设:

H_{4-3}:员工知识资本在社会资本与组织创新之间具有中介作用

4. 员工知识资本在社会网络与企业绩效之间具有中介作用

喻登科、周荣、涂国平(2016)利用 MATLAB 仿真实验,证实了知识网络结构与行为、绩效相互影响。胡保亮(2012)以173份有效样本的研究表明,社会网络有助于知识的获得,有助于提高创新绩效。综合"H_{2-5}:社会网络对知识资本有显著影响""H_{2-6}:社会网络对企业绩效有显著影响"和"H_{3-1}:员工知识资本对企业绩效有显著影响"研究假设,本研究提出如下知识资本的中介假设:

H_{4-4}:员工知识资本在社会网络与企业绩效之间具有中介作用

5. 员工知识资本在社会网络与工作绩效之间具有中介作用

同样,综合"H_{2-5}:社会网络对知识资本有显著影响""H_{2-7}:社会网络对工作绩效有显著影响"和"H_{3-2}:员工知识资本对工作绩效有显著影响"研究假设,本研究提出如下知识资本的中介假设:

H_{4-5}:员工知识资本在社会网络与工作绩效之间具有中介作用

6. 员工知识资本在社会网络与组织创新之间具有中介作用

阮文奇、李勇(2016)对高星级酒店中层管理者的样本数据显示,社会网络显著创造力、知识共享在二者之间具有中介作用。禹海慧(2015)研究发现,社会网络促进知识资本的增加,显著影响创新能力,知识资本在社会网络和创新能力之间具有中介作用。杨飞飞(2015)提出论述了社会网络对技术创新的影响,知识共享在二者之间具有中介作用。综合"H_{2-5}:社会网络对知识资本有显著影响""H_{2-8}:社会网络对组织创新有显著影响"和"H_{3-3}:员工知识资本对组织创新有显著影响"

研究假设，本研究提出如下知识资本的中介假设：

H_{4-6}：员工知识资本在社会网络与组织创新之间具有中介作用

根据研究动机、研究内容及前面相关的文献回顾，本研究提出了一些假设，现归纳如下。

命题一：社会资本与社会网络相关假设

H_{1-1}：社会资本与社会网络显著相关

命题二：知识资本的形成原因假设

H_{2-1}：社会资本对知识资本有显著影响

H_{2-2}：社会资本对企业绩效有显著影响

H_{2-3}：社会资本对工作绩效有显著影响

H_{2-4}：社会资本对组织创新有显著影响

H_{2-5}：社会网络对知识资本有显著影响

H_{2-6}：社会网络对企业绩效有显著影响

H_{2-7}：社会网络对工作绩效有显著影响

H_{2-8}：社会网络对组织创新有显著影响

命题三：员工知识资本的运作机制假设

H_{3-1}：员工知识资本对企业绩效有显著影响

H_{3-2}：员工知识资本对工作绩效有显著影响

H_{3-3}：员工知识资本对组织创新有显著影响

命题四：员工知识资本的中介作用假设

H_{4-1}：员工知识资本在社会资本与企业绩效之间具有中介作用

H_{4-2}：员工知识资本在社会资本与工作绩效之间具有中介作用

H_{4-3}：员工知识资本在社会资本与组织创新之间具有中介作用

H_{4-4}：员工知识资本在社会网络与企业绩效之间具有中介作用

H_{4-5}：员工知识资本在社会网络与工作绩效之间具有中介作用

H_{4-6}：员工知识资本在社会网络与组织创新之间具有中介作用

第二节 构造变量的定义与测量方法

依据研究架构，本研究构造的主要变量有6个：社会资本、社会网络、员工知识资本、企业绩效、工作绩效、组织创新。

一 社会资本的操作性定义和测量

(一) 社会资本的操作性定义

综合考察 Bourdieu（1985）、Nahapiet 和 Ghoshal（1998）、Brown（1997）、Adler 和 Kwon（2002）等学者观点，本研究将员工个体社会资本定义为：个体通过所嵌入的关系网络所获得的实际的或潜在的资源的总和，包括结构、关系和认知三个维度。结构维度指的是个体联结的客观型态及彼此互动情形；关系维度主要是描述个体经由过去的互动而拥有并发展的人际关系，如信任关系等；认知维度指的是资源所提供的共享的表述、诠释与意涵系统，如组织文化、共享及价值观。

(二) 社会资本的测量

关于社会资本的测量方法，典型的有职位生成法（林南，2004）、提名生成法、位置生成法（赵延东、罗家德，2005；罗家德，2004），也有的将其开发成量表形式（Seibert, et al., 2001）。本研究自我中心社会网络分析法所采用的社会资本量表来源于第三种。本量表原有 13 个项目，根据研究目的和减少问卷的填答量，本研究采用了 10 个项目。其原始 α 系数为 0.90。题目使用利克特七点计分法。问卷项目如表 5-2-1 所示。

表 5-2-1　　　　　　　　社会资本问卷项目表

编号	项目内容	衡量内容
S01	同事在工作上遇到困难，我会主动提供帮助	结构维度
S02	在工作上遇到困难，我会主动向同事请教	
S03	我能在与同事的互动中，获得工作上的知识	
S04	我常和同事们讨论业务上的问题	
S05	我的大部分同事是值得信任的	认知维度
S06	我的同事们彼此之间是相互信赖的	
S07	同事对我的承诺是可靠的	
S08	我们公司重视员工彼此间关系的好坏	关系维度
S09	我们公司不会体恤员工、倾听员工意见（R）	
S10	我们公司高层注重改善公司文化所带来的长期效益	

二 社会网络的操作性定义和测量

(一) 社会网络的操作性定义

社会网络既可以是一种分析方法，如自我中心社会网络和整体社会网络分析；也可以是一种群体名称，在企业组织中表现为企业内部网络——非正式组织；还可以作为一种变量来使用，即社会网络或称社会网络关系，其因子可以用社会影响力、社会连带、网络中心性等来衡量。这里指的是后两者。

综合考察 Granovetter（1985；2015）、Krackhardt（1992；1993）等学者观点，本研究将社会网络即企业内部网络关系定义为：员工个体在企业内部互动活动中形成的关系数量的总和，包括社会影响力、网络中心性及社会连带三个维度。社会影响力即员工个体在工作中对他人的影响程度，对他人的影响力越大，社会影响力越强；网络中心性这里用程度中心性来衡量，一个程度中心性指数高的人，表示其与最多行动者有关系，且在网络中拥有的非正式权力及影响力也最高，他人对其依赖性越高，位置越中心，表示其于组织中的重要性越高；社会连带就是人与人之间的依赖关系，依赖关系越强，社会连带越强。

(二) 社会网络的测量

量表来源：社会网络问卷依据 Krackhardt 和 Hanson（1993）编写而成。如表 5-2-2 所示。

表 5-2-2　　　　　　　　　　社会网络项目表

编号	项目内容	衡量内容
N01	我和同事交往频繁，会相互影响工作的态度	社会影响力
N02	我和同事交往频繁，会相互影响彼此的行为	
N03	我和同事交往频繁，彼此互信程度较好	
N04	我拥有较多的资源，影响力大	网络中心性
N05	我在组织内人际关系好，容易取得工作上的信息	
N06	我在组织内能获得较多同事的帮助	
N07	有需要协调的事，我会找关系好的同事帮忙	社会连带
N08	我会对交情好的同事提供工作上的协助	
N09	工作上遇到困难，和我交情好的同事会主动帮忙	

三 员工知识资本的操作性定义和测量

(一) 员工知识资本的操作性定义

知识资本按内容分为人力资本、结构资本和顾客资本；按主体可分为个体知识资本、团队知识资本和组织知识资本。本研究采用二者结合的定义方式，从个体角度将知识资本定义为：员工知识资本是指一个企业的员工工作是由其智慧驱动的，是由其脑力质量主导的，而不是由其体力数量决定的。一个员工是否拥有知识资本，与其教育水平、从事专业无关，而与其是否使用脑力和使用脑力的质量有关，具备了这种特质的员工就拥有了知识资本，使用这类员工的企业就是知识型企业。那些传统上由高学历组成的高科技企业，人们习惯上所称的"知识型企业"如果只是使用了员工的专业知识，而没有动用其脑力或者其员工虽然从事的是脑力劳动但脑力不占主导地位，本研究则称其为"知识密集型企业"。员工知识资本是员工个体所拥有的或能控制的、能为公司带来竞争优势的一切知识、能力的总和，包括人力、结构和顾客三个维度。人力资本即个体在工作时运用的具体的知识、经验和能力。如分析能力、综合能力、集成能力、创新能力等；结构资本即个体在工作时运用组织中的知识网络的能力，如数据库、软件硬件等；顾客资本即个体控制顾客忠诚度的能力。

(二) 员工知识资本的测量

员工知识资本的测量采用本研究自行编制的量表，共26个项目。项目如表5-2-3所示。

表 5-2-3　　　　　　　　员工知识资本项目表

编号	项目内容	衡量内容
K01	我的能力已经达到公司希望的水平	人力资本
K02	我已经完全将能力表现出来	
K03	我会保留或传承难以记录的工作经验	
K04	我具有高超的专业技能能够解决工作中的难题	
K05	我能利用已有的知识发现潜在的财富或价值	
K06	我能利用已有的技能和经验发现潜在的财富或价值	
K07	我所掌握的知识和经验能满足日常工作的要求	
K08	我会接受新观念和新知识，学习、借鉴同事的经验	
K09	我会定期以书面形式总结自己的工作经验	

续表

编号	项目内容	衡量内容
K10	当需要时,公司会提供给我提高本身技能的机会	结构资本
K11	同事有了新的创意或知识,会分享给其他相关的人	
K12	公司的制度或作业程序,有利于知识的产生或创新	
K13	对于工作上所需要的资讯,我知道到哪里去找或该找谁要	
K14	公司内资讯流通系统或管道畅通	
K15	公司的招聘方式能雇用到最佳的人才	
K16	公司有正式的电子化或非电子化的资料库	
K17	公司与员工都能有效地保存、整理以及再利用过去的经验	
K18	公司的流程设计,使员工能将资讯分享给相关的人	
K19	我从有业务往来的人那里获取的知识有助于快速响应其需求	顾客资本
K20	我与有业务往来的人经常讨论双方的运营状况	
K21	我与有业务往来的人经常彼此分享相关的资讯	
K22	我清楚地了解与我有业务往来的人的需求,并总能使其满意	
K23	我很重视与我有业务往来的人所提供的资讯或反映的问题	
K24	我不用担心与我有业务往来的人会利用我的弱点	
K25	我与有业务往来的人在交往过程中感觉很愉快	
K26	我与有业务往来的人都致力于保持长久的合作关系	

四 企业绩效的操作性定义和测量

(一)企业绩效的操作性定义

企业绩效是指一个企业在一定时间内完成的组织任务的数量、质量、效率及盈利情况等。吉尔伯特绩效矩阵(López-Blanco,2016)把企业绩效分为政策、战略和战术三个层面。Rummler 和 Brache 在其基础上,加上了目标、设计、管理三个变量,形成了一个九元矩阵的绩效模型。Andy Neely 与安达信咨询公司共同开发的五棱三维绩效模型包括利益相关主体的贡献、组织战略、组织能力、组织战略和利益相关主体的满意等之间的因果关系(Neely,Gregory and Platts,2005)。

（二）企业绩效的测量

斯坦利·E. 西肖尔（Seashore，1967）认为评价企业的经营绩效可以从长期目标、企业员工和领导人的行为的个人价值观和企业的实际经营指标进行评价。企业绩效的问卷主要参考 Walter、Ritter 和 Gemunden（2001）修改而成。这个问卷把企业绩效分成直接功能和间接功能，直接功能即财务绩效，间接功能包括资讯优势和创新绩效。本研究采用9个项目，七点利克特量分法，修改编制的企业绩效项目如表5-2-4所示。

表5-2-4　　　　　　　　　企业绩效项目表

编号	项目内容	衡量内容
P01	我们公司会有稳定的销售量	财务绩效
P02	我们公司可掌握稳定的成本	
P03	我们公司的利润可以增加	
P04	我们公司可提高公司的创新或研发能力	资讯优势
P05	我们公司更能掌握市场上的讯息或状况	
P06	我们公司可获得关键资讯，提升公司的知识或技术层次	
P07	我们公司的销售增长率比主要的同业竞争者要高	创新绩效
P08	我们公司的市场份额增长率比主要的同业竞争者要高	
P09	我们公司的产品或服务比主要的同业竞争者要高	

五　工作绩效的操作性定义和测量

（一）工作绩效的操作性定义

工作绩效是员工在工作中与工作任务有关的或对组织有利的行为表现。绩效行为学说的领军人物 Campbell（1990）提出的工作绩效行为模型把工作绩效分为工作规定的任务绩效、非工作规定的任务、行政管理、个人训练、书面口头沟通、同事和团队绩效的促进、督促和领导、努力八个部分；Borman 和 Motowidlo（1993）在此基础上，把工作绩效分为任务绩效和关系绩效；Scotter 和 Motowidlo（1996）将工作绩效分为任务绩效、工作奉献和人际促进三个方面。

（二）工作绩效的测量

工作绩效的问卷综合国内外学者（Scotter 和 Motowidlo，1996；余德成，1996；朱瑜，2004；刘楼，2008）编制的问卷修改而成。包括任务绩效、工作奉献和人际促进三个方面，本研究采用9个项目，七点利克特量分法，修改编制的工作绩效项目如表5-2-5所示。

表 5-2-5　　　　　　　　　　工作绩效项目表

编号	项目内容	衡量内容
J01	我能很好地完成岗位要求的工作	任务绩效
J02	我能很好地完成上级交代的各项临时性工作	
J03	我符合绩效考核的标准	
J04	我主动负担额外的工作，来帮助别人或争取团队绩效	人际能力
J05	我通常主动热情地去完成困难的工作	
J06	为周围同事提供额外的帮助	
J07	把公司的事视为自己的事	工作奉献
J08	我对公司有强烈的归属感	
J09	我感觉到对公司负有义务	

六　组织创新的操作性定义和测量

（一）组织创新的操作性定义

创新（Innovation）在《汉语大词典》《现代汉语大字典》中均有"破旧立新"之意——抛开旧的，创造新的；创立和创造新的。在经济学上首次使用"创新"一词的是"创新理论"的鼻祖——美国经济学家约瑟夫·熊彼特（Joseph Alois Schumpeter），1912年在其著作《经济发展理论》（熊彼特，2015）中。熊彼特把创新看作是新产品、新技术、新市场、新材料、新组织形式五种新组合所建立的生产函数，并将创新划分为技术创新和非技术创新两种类型。熊彼特在创新理论的另一重要贡献是把创新与发现、发明进行了区分，认为发现是在原有知识基础上的新的增加，是发明的重要来源；发明是出现一个新的、原来没有的东西，不一定带来经济和社会效益；而创新则是创造出的新东西一定要有新价值，其目的是要获得经济效益和社会效益。比如大卫·史密斯（David Smith）开发的病毒致使100万台电脑感染，这虽然也是一项发明，但却没有产生经济效益，因而不是创新。熊彼特对创新在经济中的作用得到了众多的广泛关注，此后，许多学者开始从不同角度对创新的概念、分类、影响因素等进行了分析。

熊彼特的创新理论深刻影响着小艾尔弗雷德·杜邦·钱德勒（Alfred Dupont Chandler Jr., 1918—2007），而钱德勒则从企业史和组织结构的视角对熊彼特的创新理论予以实质性的内容支撑。钱德勒对创新理论的思考是建立在对美国杜邦、通用、标准石油和西尔斯四家大公司的发展史基础之上的，他认为创新有两种类型，一种是创造性革新，这种创新超越了旧有的常规和习惯，如标准石油和西尔斯在创立多部门组织结构时，没有借鉴原有的其他企业的模式；还有一种是没有摆脱原有习惯的适应性反应，如杜邦公司和通用汽车公司在建立多部门结构时，只是在原有基础上进行改造，虽然没有停留在简单的模仿上，但也没有实质性的更新。钱德勒认为任何一个企业的战略变化都是独立的创新，而且这种变化随时都会发生。

德鲁克（2012）首先澄清了人们对创新的一些错误认识，将创新来源分为企业内来源（意外事件、不协调事件、流程的需要、行业和市场结构的变化）和企业外来源（人口统计数据的变化、认知上的变化、新知识）两类七种类型。特别的是，德鲁克将新知识作为创新的一种来源。德鲁克强调企业家在创新中的重要作用，并认为人人都可以成为企业家，其中组织机构、政府机构是最重要的企业家角色；德鲁克强调渐进式的创新。

组织创新就是通过优化企业中的人、财、物、信息和时间等管理要素，以提高组织效能。Knight（1995）采用二分法把组织创新分为管理创新和技术创新。Holt（1993）把创新分为管理创新、技术创新、组织创新、财务创新和营销创新五个方面。Chacke（1988）把创新分为产品创新、程序创新、组织创新三个方面。

（二）组织创新的测量

本研究组织创新问卷参考 Knight（1995）、Holt（1993）的研究，从工作创新、管理创新、技术创新三个维度进行衡量。本研究编制的组织创新项目如表 5-2-6 所示。

表 5-2-6　　　　　　　　　组织创新项目表

编号	项目内容	衡量内容
I01	我们公司员工主动学习的意识比较强	工作创新
I02	我们公司员工能够从不同角度看待问题	
I03	我们公司员工善于寻求解决问题的新主意与新方法	

续表

编号	项目内容	衡量内容
I04	我们公司的科技制度得到员工的拥护和支持	管理创新
I05	我们公司的科技制度保障了企业研发的开展	
I06	我们公司的科技制度提高了企业的创新能力	
I07	技术创新保证了我们公司能够跟得上市场变化的速度	技术创新
I08	技术创新保持和巩固了我们公司的市场地位	
I09	技术创新为我们公司的长远发展奠定了较好的基础	

七 人口统计变量

本研究的人口统计背景变量包括性别、职位、行业、工作年限、学历、公司性质、在该企业的工作时间七项内容。如表5-2-7所示。

表5-2-7　　　　　　　　个体背景变量表

性　别	(1) 男	(2) 女		
职　位	(1) 普通员工	(2) 基层管理者	(3) 中层管理者	(4) 高层管理者
行　业	(1) 制造业	(2) 服务业	(3) 高新技术产业	(4) 其他
工作年限	(1) 5年以下	(2) 6—10年	(3) 11—19年	(4) 20年以上
您的学历	(1) 高中以下	(2) 专科及本科	(3) 硕士及以上	
公司性质	(1) 国有企业	(2) 民营企业	(3) "三资"企业	
您在该企业的工作时间	(1) 3年以下	(2) 4—7年	(3) 8—10年	(4) 11年以上

第三节　各变量的构造情况分析

探索性因素分析（EFA）在心理学研究中是一项使用最广泛的统计程序和经典技术，在问卷建立的初始阶段进行探索性因子分析被认为是适当的，它可以为进一步的验证性因子分析（CFA）减少一些问卷题目的分析。探索性因子一般与主成分分析一起使用，根据最大似然法和最大方差旋转法提取因子（Fabrigar, Wegener, MacCallum and Strathan, 1999）。其标准是：对于因子负荷大于 0.35 的问题题目予以保留；所提取的因子特征值要超过 1.0（Tabachnick and Fidel，2013）。为保证研究的严谨性，本研究使用探索性因子分析时把第一个标准因子负荷提高到 0.40，低于 0.40 因子负荷的问卷题目予以删除。与前面中国企业员工知识资本量表的建立一样，为了更好地构造变量，本研究将 1574 份问卷数据分成两部分，各占 50%。前一半数据采用 SPSS19.0 软件来做探索性因子分析，提取因子；后一半数据用结构方程软件 AMOS 做验证性因子分析来加以检验。通过 SPSS 设定提取 50%的个案后，前一半数据提取 762 份，后一半数据为 812 份。

一　社会资本变量的构造情况分析

（一）信度分析

从表 5-3-1 社会资本变量的信度分析结果看，其 α 系数为 0.876，大于 0.70，这个数值符合要求。通过观察我们发现，项目 S03 的修正项目总相关系数 CITC 值为 0.175，小于 0.40，根据本研究前面设定的标准不符合要求，根据相应规则和一般经验对此项目应该删除。删除项目 S03 后，社会资本 9 个项目的 α 系数增加到 0.894。如表 5-3-1 中对应的 α if 值所示。

表 5-3-1　　　　　　　　　社会资本的信度分析

项目	均值	标准偏差	CITC	CITC 的平方	α if 值
S01	5.14	1.367	.688	.573	.837
S02	5.13	1.421	.699	.593	.836
S03	4.21	1.886	.175	.059	.894
S04	5.27	1.351	.663	.485	.839
S05	5.30	1.291	.611	.442	.844
S06	5.36	1.216	.575	.424	.847
S07	5.41	1.213	.634	.509	.843
S08	5.31	1.247	.655	.477	.841
S09	5.35	1.220	.600	.439	.845
S10	5.24	1.225	.640	.438	.842

总均值=5.172；原总体 α 值=0.876，删除项目 S03 后的总体 α 值=0.894

（二）探索性因子分析

经主成分因子法的探索性因子分析后，社会资本的 9 个项目形成三个因子，第一个因子结构维度由项目 S01、S02 和 S04 组成；第二个因子认知维度由 S05、S06 和 S07 组成；第三个关系维度因子由 S08、S09 和 S10

组成。如表 5-3-2 所示，整体 KMO 值为 0.907，每个因子的特征值均大于 1，因子负荷大多数都大于 0.7，只有 S04 在结构维度上的因子负荷为 0.624，略低于 0.7；三个因子的解释率分别为 25.266、23.305、23.301，累积解释方差比例为 71.872。分量表的 α 系数分别为 0.829、0.788、0.767。

表 5-3-2　　　　　　　　社会资本因子提取结果

因子名称	项目	1	2	3
1. 结构维度	S02	**.851**	.288	.176
	S01	**.810**	.217	.284
	S04	**.624**	.239	.426
2. 认知维度	S06	.257	**.829**	.110
	S07	.154	**.728**	.429
	S05	.295	**.717**	.250
3. 关系维度	S09	.180	.262	**.801**
	S08	.318	.184	**.773**
	S10	.439	.277	**.553**
Cronbach's α		.829	.788	**.767**
特征值		2.274	2.097	2.097
解释变异量（%）		25.266	23.305	23.301
累积解释变异量（%）		25.266	48.571	71.872
KMO 值		.907		

（三）效度与验证性因子分析

从表 5-3-3 对社会资本验证性因子分析的拟合指标运行结果来看，χ^2/df 为 4.166，小于 5；RMSEA 值为 0.062，小于 0.1；SRMR 为 0.0291，小于 0.05；GFI、AGFI、RFI、IFI、NNFI、CFI 分别为 0.972、0.947、0.942、0.971、0.956、0.970，均大于 0.9。从验证性效度来看，社会资本因子构造模型具有良好的拟合度。

表 5-3-3　　　　　　　　社会资本 CFA 拟合指标表

χ^2	df	χ^2/df	p	RMSEA	SRMR	GFI	AGFI	RFI	IFI	NNFI	CFI
99.995	24	4.166	.000	.062	.0291	.972	.947	.942	.971	.956	.970

表 5-3-4 显示了社会资本的三个因子及 9 个问卷题目的负荷均大于 0.5；T 值均大于 1.96，显示了良好的构造效度。社会资本各因子标准化关系路径系数如图 5-3-1 所示。

表 5-3-4　　　　　　　　　社会资本方差分析表

因子	估计值	S.E.	T	p
F1_ 结构维度	.804	.075	10.767	***
F2_ 认知维度	.785	.072	10.938	***
F3_ 关系维度	.712	.069	10.273	***

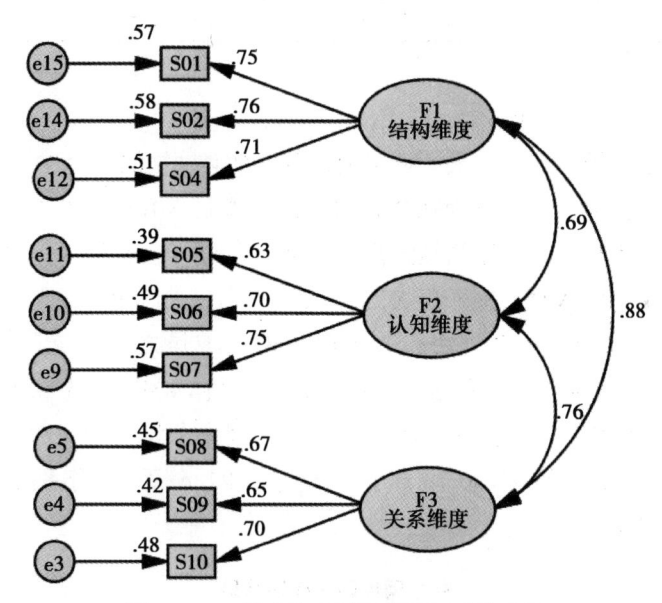

图 5-3-1　社会资本测量模型标准化路径

二　社会网络变量的构造情况分析

（一）信度与探索性因子分析

表 5-3-5 显示的是社会网络变量的信度运行软件结果。从表中可以看出，社会网络的 9 个项目的 α 系数为 0.861，大于 0.70，每个问卷题目的 CITC 路径的系数均大于 0.40。

表 5-3-5　　　　　　　　　社会网络的信度分析

项目	均值	标准偏差	CITC	CITC 的平方	α if 值
N01	5.5026	1.35853	.635	.556	.839
N02	5.6037	1.21765	.587	.475	.844
N03	5.6430	1.21365	.591	.449	.844
N04	5.4173	1.24591	.614	.463	.842
N05	5.4462	1.14993	.600	.461	.843
N06	5.4580	1.18419	.603	.414	.843
N07	5.3911	1.33951	.595	.473	.843
N08	5.2310	1.25435	.588	.451	.844
N09	5.2454	1.42951	.473	.319	.857

总均值＝5.348；总体 α 值＝0.861

（二）探索性因子分析

通过主因子法和方差最大正交旋转后，社会网络的9个项目形成了三个因子结构：第一个因子为社会影响力，由项目 N01、N02 和 N03 组成，表示一个个体与同事交往的频繁程度及对他人的影响程度；第二个因子是网络中心性，由 N04、N05 和 N06 组成，表示一个个体在网络中的凝聚力；第三个因子是社会连带，表示两个网络成员之间的连带强度，由 N07、N08 和 N09 组成。如表 5-3-6 所示，整体 KMO 值为 0.907，三个因子的特征值均大于1；三个因子的变异解释率分别为 25.096、23.002、22.523，累积解释率为 70.621。分量表的 α 系数分别为 0.810、0.782、0.758。

表 5-3-6　　　　　　　　　社会网络因子提取结果

因子名称	项目	1	2	3
1. 社会影响力	N01	**.826**	.200	.223
	N03	**.797**	.199	.178
	N02	**.766**	.308	.093
2. 网络中心性	N05	.155	**.828**	.231
	N04	.331	**.767**	.132
	N06	.253	**.697**	.272

续表

因子名称	项目	1	2	3
3. 社会连带	N09	.043	.205	**.790**
	N08	.156	.291	**.767**
	N07	.362	.095	**.761**
Cronbach's α		.810	.782	.758
特征值		2.259	2.070	2.027
解释变异量（%）		25.096	23.002	22.523
累积解释变异量（%）		25.096	48.098	70.621
KMO 值			.907	

（三）效度与验证性因子分析

表 5-3-7 的拟合指标显示了对社会网络验证性因子分析的运行结果。χ^2/df 为 3.367，小于 5，$p<0.001$；RMSEA 值为 0.054，小于 0.1；SRMR 为 0.0256，小于 0.05；GFI、AGFI、RFI、IFI、NNFI、CFI 分别为 0.979、0.960、0.958、0.980、0.970、0.980，均大于 0.9。社会网络的各项拟合指标均符合要求。

表 5-3-7　社会网络 CFA 拟合指标表

χ^2	df	χ^2/df	p	RMSEA	SRMR	GFI	AGFI	RFI	IFI	NNFI	CFI
80.810	24	3.367	.000	.054	.0256	.979	.960	.958	.980	.970	.980

表 5-3-8 显示了社会网络的三个因子及 9 个问卷题目的负荷情况、标准误差（S.E.）、T 值等。各个问卷题目在相应因子上的负载均大于 0.5，T 值大于 1.96，显示了良好的构造效度。图 5-3-2 显示了社会网络各因子标准化关系路径分析结果。

表 5-3-8　社会网络方差分析表

因子	Estimate	S.E.	T	p
F1_ 社会影响力	0.744	0.067	11.069	***
F2_ 网络中心性	0.844	0.072	11.722	***
F3_ 社会连带	0.778	0.081	9.559	***

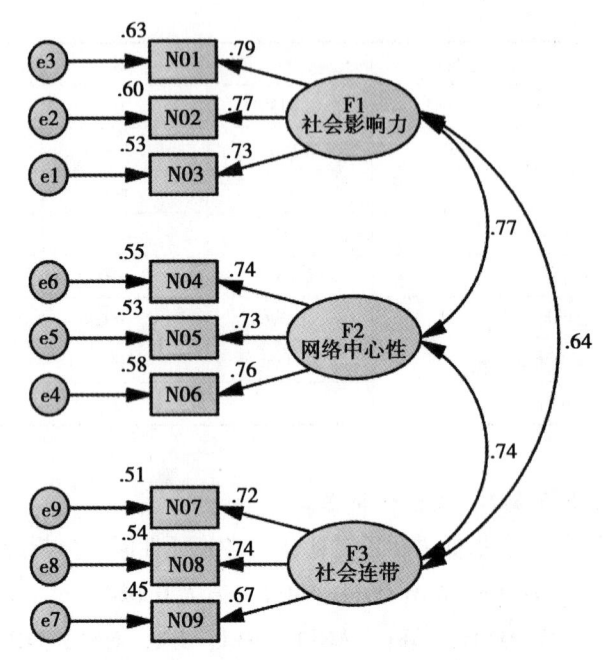

图 5-3-2　社会网络测量模型标准化路径

三　知识资本变量的构造情况分析

（一）信度分析

表 5-3-9 显示的是知识资本变量的信度运行软件结果。从表中可以看出，知识资本的 26 个项目的 α 系数为 0.951，大于 0.70，每个问卷题目的 CITC 的路径系数均大于 0.40。

表 5-3-9　　　　　　　　知识资本的信度分析

项目	均值	标准偏差	CITC	CITC 的平方	α if 值
K01	5.17	1.41	.665	.585	.949
K02	5.22	1.33	.668	.610	.949
K03	5.28	1.32	.689	.600	.949
K04	5.19	1.37	.672	.550	.949
K05	5.22	1.34	.724	.628	.949
K06	5.19	1.36	.670	.568	.949
K07	5.24	1.32	.680	.558	.949
K08	5.20	1.29	.640	.486	.950

续表

项目	均值	标准偏差	CITC	CITC 的平方	α if 值
K09	5.20	1.31	.680	.531	.949
K10	5.25	1.24	.582	.423	.950
K11	5.26	1.17	.563	.444	.950
K12	5.17	1.31	.638	.531	.950
K13	5.17	1.30	.607	.511	.950
K14	5.23	1.31	.662	.561	.949
K15	5.32	1.21	.579	.492	.950
K16	5.22	1.24	.634	.511	.950
K17	5.28	1.23	.602	.510	.950
K18	5.28	1.22	.552	.458	.950
K19	5.29	1.30	.618	.501	.950
K20	5.12	1.28	.661	.548	.949
K21	5.30	1.23	.579	.415	.950
K22	5.10	1.34	.676	.561	.949
K23	5.20	1.20	.673	.557	.949
K24	5.30	1.25	.669	.549	.949
K25	5.29	1.21	.573	.396	.950
K26	5.19	1.28	.641	.486	.950

总均值=5.227；总体 α 值=0.951

（二）探索性因子分析

通过主因子法和方差最大正交旋转后，员工知识资本的 26 个项目形成了三个因子结构：第一个因子为人力资本，由项目 K01—K09 组成，表示一个个体所拥有的知识、经验、技能等；第二个因子是员工结构资本，由项目 K10—K18 组成，表示一个个体由组织所赋予的支持资本；第三个因子是员工顾客资本，表示企业员工由于拥有良好的顾客关系所具有的资本，由项目 K19—K26 组成。如表 5-3-10 所示，整体 KMO 值为 0.964，三个因子的特征值均大于 1；三个因子的变异解释率分别为 21.437、19.300、16.921，累积解释率为 57.658，虽略低于 60%的标准，但在可接受范围之内。分量表的内部一致性系数分别为 0.922、0.893、0.887。

表 5-3-10　　　　　　　知识资本因子提取结果

因子名称	项目	1	2	3
1. 人力资本	K02	**.762**	.194	.221
	K05	**.733**	.262	.280
	K03	**.731**	.258	.224
	K01	**.724**	.170	.286
	K06	**.717**	.238	.229
	K04	**.690**	.297	.202
	K07	**.675**	.229	.306
	K08	**.637**	.226	.279
	K09	**.635**	.259	.317
2. 结构资本	K18	.178	**.717**	.124
	K15	.164	**.709**	.198
	K17	.160	**.695**	.259
	K11	.181	**.662**	.197
	K16	.275	**.657**	.226
	K13	.256	**.646**	.211
	K12	.238	**.645**	.289
	K14	.296	**.635**	.275
	K10	.249	**.582**	.242
3. 顾客资本	K24	.238	.306	**.702**
	K19	.306	.153	**.693**
	K20	.346	.196	**.680**
	K22	.285	.310	**.657**
	K23	.275	.314	**.657**
	K21	.160	.304	**.631**
	K26	.378	.232	**.569**
	K25	.292	.245	**.530**
Cronbach's α		.922	.893	.887
特征值		5.574	5.018	4.399
解释变异量（%）		21.437	19.300	16.921
累积解释变异量（%）		21.437	40.737	57.658
KMO 值		0.964		

（三）效度与验证性因子分析

表 5-3-11 的拟合指标显示了对知识资本验证性因子分析的运行结

果。χ^2/df 为 3.348，小于 5；RMSEA 值为 0.054，小于 0.1；SRMR 为 0.0362，小于 0.05；AGFI 为 0.893，近似于 0.90，但远大于 0.80，其他指标 GFI、KFI、IFI、NNFI、CFI 分别为 0.910、0.897、0.933、0.926、0.932，均大于 0.9。因此，知识资本的各项拟合指标均符合要求。

表 5-3-11　　　　　　　　知识资本 CFA 拟合指标表

χ^2	df	χ^2/df	p	RMSEA	SRMR	GFI	AGFI	RFI	IFI	NNFI	CFI
990.901	296	3.348	.000	.054	.0362	.910	.893	.897	.933	.926	.932

表 5-3-12 显示了知识资本的三个因子及 26 个问卷题目的负荷情况、标准误差（S.E.）、T 值等。各个问卷题目在相应因子上的负载均大于 0.5，T 值大于 1.96，显示了良好的构造效度。图 5-3-3 显示了知识资本各因子标准化关系路径分析结果。

表 5-3-12　　　　　　　　知识资本方差分析表

项目	Estimate	S.E.	T	p	项目	Estimate	S.E.	T	p
HC	0.848	0.077	10.990	***	e13	0.799	0.043	18.545	***
SC	0.747	0.066	11.287	***	e14	0.689	0.038	17.927	***
CC	0.754	0.067	11.317	***	e15	0.818	0.046	17.951	***

注：T>3.29，$p<0.001$ 用 *** 表示。

四　企业绩效变量的构造情况分析

（一）信度分析

表 5-3-13 显示的是企业绩效变量的信度运行软件结果。从表中可以看出，企业绩效的 9 个项目的内部一致性系数 Cronbach's α 为 0.890，远大于 0.70 的可接受标准，每个问卷题目的 CITC 的路径系数均大于 0.40 的可接受标准。

表 5-3-13　　　　　　　　企业绩效的信度分析

项目	均值	标准偏差	CITC	CITC 的平方	α if 值
P01	5.38	1.187	.638	.468	.878
P02	5.30	1.309	.637	.493	.878
P03	5.36	1.240	.645	.461	.877
P04	5.30	1.263	.642	.462	.878
P05	5.25	1.288	.705	.556	.872

续表

项目	均值	标准偏差	CITC	CITC 的平方	α if 值
P06	5.31	1.301	.680	.498	.875
P07	5.50	1.198	.648	.472	.877
P08	5.37	1.167	.589	.406	.882
P09	5.47	1.184	.613	.396	.880
总均值=5.358；总体 α 值=0.890					

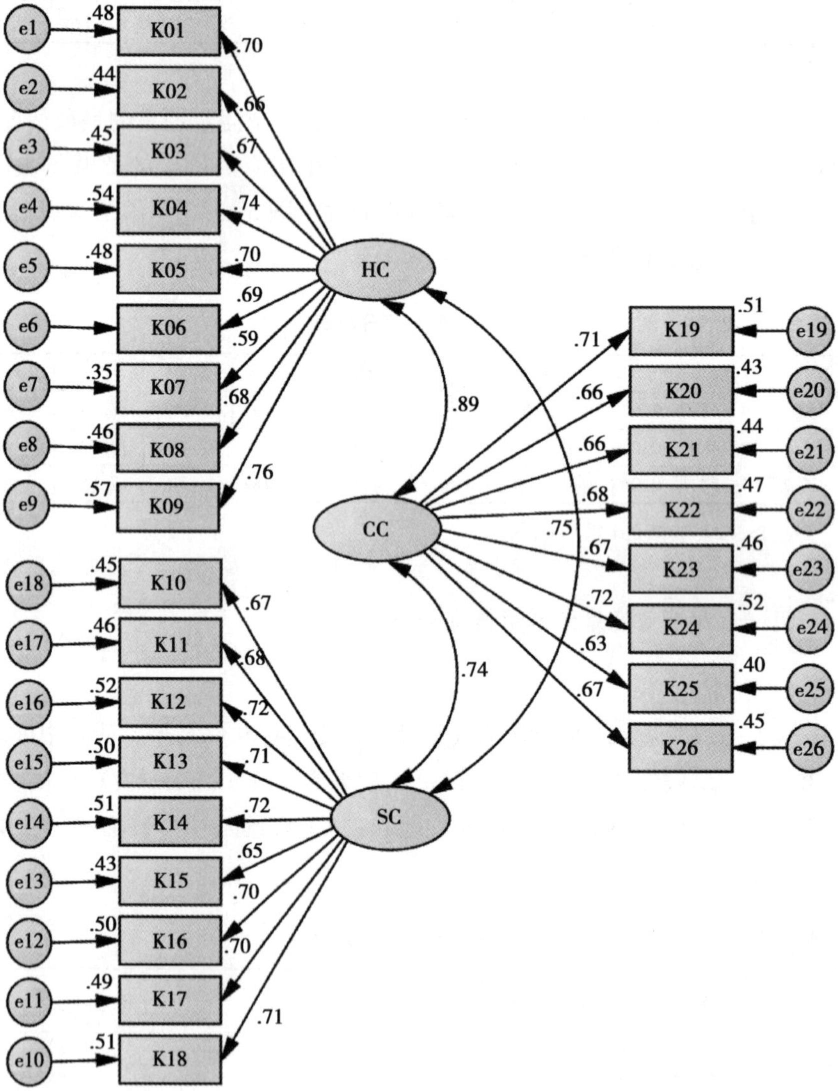

图 5-3-3　知识资本测量模型标准化路径

(二) 探索性因子分析

通过 SPSS 软件按照主因子法和方差最大正交旋转法对企业绩效的 9 个项目进行因子分析，KMO 统计量是 0.906，且 Bartlett 球体检验值为 3016.112，自由度为 36，卡方统计值的显著性水平为 0.000，小于 0.001，说明各指标之间具有较高相关性，因此这些数据适合作因子分析。

特征值大于 1 提取的三个因子，三个因子的变异解释率分别为 24.605、24.448、21.741，累积解释方差比例为 70.795。分量表的内部一致性系数分别为 0.796、0.817、0.762。如表 5-3-14 所示。

表 5-3-14　　　　　　　企业绩效因子提取结果

因子名称	项目	1	2	3
1. 财务绩效	P02	**0.826**	0.255	0.154
	P01	**0.775**	0.227	0.239
	P03	**0.707**	0.257	0.293
2. 资讯优势	P04	0.182	**0.788**	0.274
	P05	0.310	**0.783**	0.242
	P06	0.310	**0.737**	0.253
3. 创新绩效	P08	0.187	0.182	**0.847**
	P07	0.213	0.361	**0.720**
	P09	0.355	0.279	**0.597**
Cronbach's α		0.796	0.817	0.762
特征值		2.214	2.200	1.957
解释变异量（%）		24.605	24.448	21.741
累积解释变异量（%）		24.605	49.054	70.795
KMO 值		0.906		

(三) 效度与验证性因子分析

表 5-3-15 的拟合指标显示了对企业绩效验证性因子分析的运行结果。卡方与自由度之比为 1.584，小于 5；RMSEA 值为 0.027，小于 0.05；SRMR 为 0.0170，小于 0.05；GFI、AGFI、RFI、IFI、NNFI、CFI 分别为 0.990、0.981、0.981、0.995、0.993、0.995，均大于 0.9。从总体上来说，企业绩效的各项指标均符合普遍接受标准，说明对企业绩效这个变量的构造具有合理的拟合度。

表 5-3-15　　　　　　　企业绩效 CFA 拟合指标表

χ^2	df	χ^2/df	p	RMSEA	SRMR	GFI	AGFI	RFI	IFI	NNFI	CFI
38.023	24	1.584	.000	.027	.0170	.990	.981	.981	.995	.993	.995

表 5-3-16 显示了企业绩效的三个因子及 9 个问卷题目的负荷情况、标准误差（S.E.）、T 值等。各个问卷题目在相应因子上的负载均大于 0.5，T 值大于 1.96，显示了良好的构造效度。图 5-3-4 显示了企业绩效各因子标准化关系路径分析结果。

表 5-3-16　　　　　　　企业绩效方差分析表

因子	Estimate	S.E.	T	p
F1_ 财务绩效	0.763	0.069	11.104	***
F2_ 资讯优势	0.832	0.075	11.067	***
F3_ 创新绩效	0.735	0.065	11.282	***

注：T>3.29, $p<0.001$ 用 *** 表示。

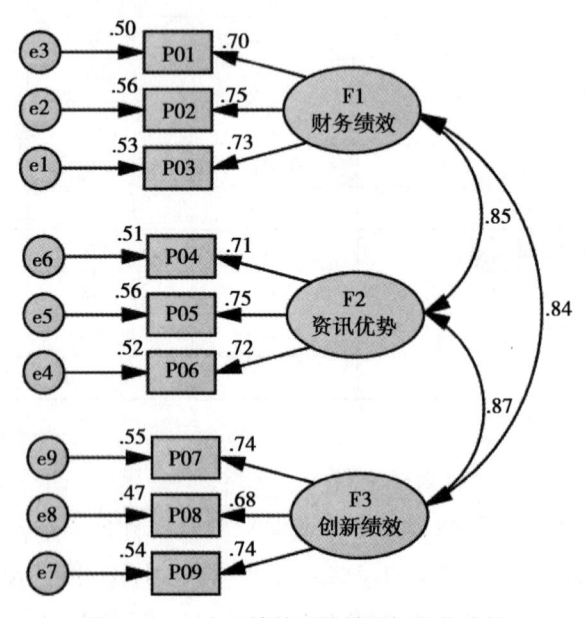

图 5-3-4　企业绩效测量模型标准化路径

五　工作绩效变量的构造情况分析

(一) 信度与探索性因子分析

表5-3-17显示的是工作绩效变量的信度运行软件结果。从表中可以看出，工作绩效的9个项目的内部一致性系数Cronbach's α为0.886，远大于0.70的可接受标准，工作绩效的CITC均大于0.40的可接受的标准。

表5-3-17　　　　　　　工作绩效的信度分析

项目	均值	标准偏差	CITC	CITC 的平方	α if 值
J01	5.37	1.250	.652	.507	.872
J02	5.42	1.241	.668	.508	.871
J03	5.42	1.258	.670	.488	.871
J04	5.43	1.234	.676	.497	.870
J05	5.35	1.243	.657	.482	.872
J06	5.45	1.219	.666	.474	.871
J07	5.40	1.223	.593	.438	.877
J08	5.40	1.165	.587	.443	.877
J09	5.35	1.213	.555	.349	.880

总均值=5.399；总体 α 值=0.886

(二) 探索性因子分析

通过 SPSS 软件按照主因子法和方差最大正交旋转法对工作绩效的9个项目进行因子分析，KMO 统计量是0.907，且 Bartlett 球体检验值为2986.191，自由度为36，卡方统计值的显著性水平为0.000，小于0.001，说明各指标之间具有较高相关性，因此此数据适合作因子分析。

特征值大于1提取的三个因子，三个因子的变异解释率分别为24.188、23.751、23.510，累积解释方差比例为71.448。分量表的内部一致性系数分别为0.819、0.807、0.764。如表5-3-18所示。

表5-3-18　　　　　　　工作绩效因子提取结果

因子名称	项目	1	2	3
1. 任务绩效	J02	**.807**	.219	.267
	J01	**.781**	.351	.132
	J03	**.737**	.292	.267

续表

因子名称	项目	1	2	3
2. 人际能力	J05	.273	**.794**	.206
	J06	.258	**.746**	.287
	J04	.333	**.737**	.233
3. 工作奉献	J08	.244	.135	**.818**
	J07	.157	.273	**.777**
	J09	.189	.242	**.710**
Cronbach's α		.819	.807	.764
特征值		2.177	2.138	2.116
解释变异量（%）		24.188	23.751	23.510
累积解释变异量（%）		24.188	47.939	71.448
KMO 值		.907		

（三）效度与验证性因子分析

表5-3-19的拟合指标显示了对工作绩效验证性因子分析的运行结果。卡方与自由度之比为2.102，小于5；RMSEA值为0.037，小于0.05；SRMR为0.0251，小于0.05；GFI、AGFI、RFI、IFI、NNFI、CFI分别为0.986、0.974、0.973、0.990、0.986、0.990，均大于0.9。从总体上来说，工作绩效的各项指标均符合普遍接受标准，说明对工作绩效这个变量的构造具有合理的拟合度。

表5-3-19　　　　工作绩效 CFA 拟合指标表

χ^2	df	χ^2/df	p	RMSEA	SRMR	GFI	AGFI	RFI	IFI	NNFI	CFI
50.454	24	2.102	.000	.037	.0251	.986	.974	.973	.990	.986	.990

表5-3-20显示了工作绩效的三个因子及9个问卷题目的负荷情况、标准误差（S.E.）、T值等。各个问卷题目在相应因子上的负载均大于0.5，T值大于1.96，显示了良好的构造效度。图5-3-5显示了工作绩效各因子标准化关系路径分析结果。

表5-3-20　　　　工作绩效方差分析表

因子	Estimate	S.E.	T	p
F2_ 人际能力	0.74	0.067	11.019	***

续表

因子	Estimate	S. E.	T	p
F3_ 工作奉献	0.639	0.064	10.038	***
F1_ 任务绩效	0.663	0.063	10.465	***

注：T>3.29，p<0.001 用 *** 表示。

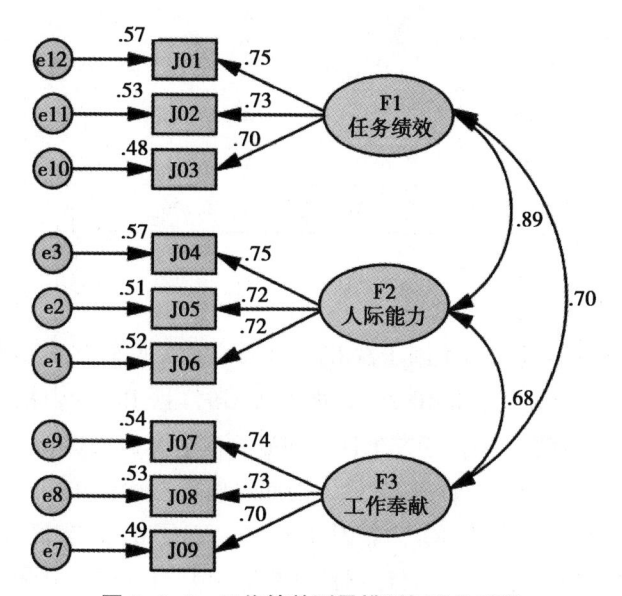

图 5-3-5　工作绩效测量模型标准化路径

六　组织创新变量的构造情况分析

（一）信度与探索性因子分析

表 5-3-21 显示的是组织创新变量的信度软件运行结果。从表中可以看出，组织创新的 9 个项目的内部一致性系数 Cronbach's α 为 0.876，远大于 0.70 的可接受标准，组织创新每个问卷题目的 CITC 的路径系数均大于 0.40 的可接受的标准。

表 5-3-21　　　　　　　　组织创新的信度分析

项目	均值	标准偏差	CITC	CITC 的平方	α if 值
I01	5.35	1.233	.641	.494	.859
I02	5.31	1.248	.683	.573	.855

续表

项目	均值	标准偏差	CITC	CITC 的平方	α if 值
I03	5.35	1.264	.625	.477	.860
I04	5.36	1.307	.623	.480	.861
I05	5.30	1.216	.650	.513	.858
I06	5.31	1.303	.664	.505	.857
I07	5.24	1.353	.533	.398	.869
I08	5.25	1.309	.587	.464	.864
I09	5.36	1.233	.530	.323	.869

总均值=5.317；总体 α 值=0.876

（二）探索性因子分析

通过 SPSS 软件按照主因子法和方差最大正交旋转法对组织创新的 9 个项目进行因子分析，KMO 统计量是 0.879，且 Bartlett 球体检验值为 2941.842，自由度为 36，卡方统计值的显著性水平为 0.000，小于 0.001，都说明各指标之间具有较高相关性，因此这些数据适合作因子分析。

特征值大于 1 提取的三个因子，三个因子的变异解释率分别为 25.646、24.820、21.390，累计解释方差比例为 71.855。分量表的内部一致性系数分别为 0.828、0.823、0.737。如表 5-3-22 所示。

表 5-3-22　　　　　　　组织创新因子提取结果

因子名称	项目	1	2	3
1. 工作创新	I02	**.790**	.327	.175
	I03	**.781**	.273	.152
	I01	**.776**	.252	.207
2. 管理创新	I04	.235	**.813**	.170
	I05	.274	**.799**	.184
	I06	.284	**.749**	.253
3. 技术创新	I08	.179	.233	**.829**
	I07	.090	.269	**.802**
	I09	.468	.041	**.610**
Cronbach's α		0.828	0.823	0.737

续表

因子名称	项目	1	2	3
	特征值	2.308	2.234	1.925
	解释变异量（%）	25.646	24.820	21.390
	累积解释变异量（%）	25.646	50.466	71.855
	KMO 值		0.879	

（三）效度与验证性因子分析

表 5-3-23 的拟合指标显示了对组织创新验证性因子分析的运行结果。卡方与自由度之比为 3.461，小于 5；RMSEA 值为 0.055，小于 0.1；SRMR 为 0.0300，GFI、AGFI、RFI、IFI、NNFI、CFI 分别为 0.978、0.958、0.957、0.979、0.969、0.979，均大于 0.9。从总体上来说，组织创新的各项指标均符合普遍接受标准，说明对组织创新这个变量的构造具有合理的拟合度。

表 5-3-23　　　　　组织创新 CFA 拟合指标表

χ^2	df	χ^2/df	p	RMSEA	SRMR	GFI	AGFI	RFI	IFI	NNFI	CFI
83.062	24	3.461	.000	.055	.0300	.978	.958	.957	.979	.969	.979

表 5-3-24 显示了组织创新的三个因子及 9 个问卷题目的负荷情况、标准误差（S.E.）、T 值等。各个问卷题目在相应因子上的负载均大于 0.5，T 值大于 1.96，显示了良好的构造效度。图 5-3-6 显示了组织创新各因子标准化关系路径分析结果。

表 5-3-24　　　　　组织创新方差分析表

因子	Estimate	S.E.	T	p
F1_ 工作创新	0.705	0.064	11.058	***
F2_ 管理创新	0.732	0.070	10.406	***
F3_ 技术创新	0.602	0.063	9.611	***

注：T>3.29，$p<0.001$ 用 *** 表示。

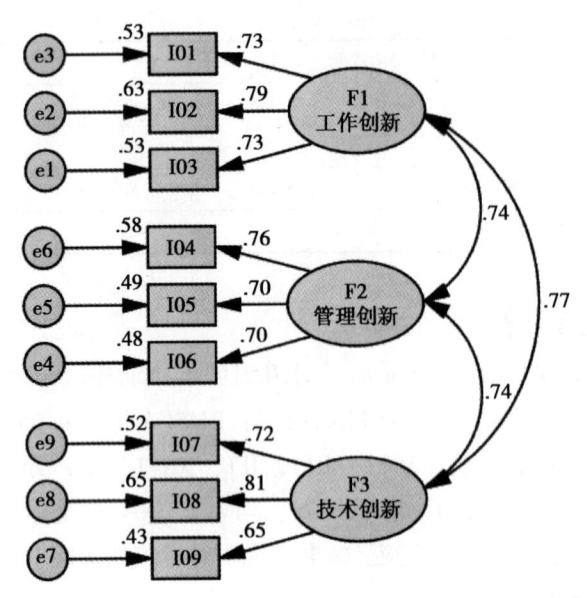

图 5-3-6　组织创新测量模型标准化路径

第四节　结构方程基础模型分析

一　结构方程基础运行结果分析

（一）结构方程基础模型拟合指标分析

表 5-4-1 的拟合指标显示了对 SEM 模型的运行结果。卡方与自由度之比为 6.354，虽略大于 5，但符合小于 10 的可接受标准；RMSEA 值为 0.081，在 0.05—0.1 之间，表示模型具有可接受的拟合度；SRMR 为 0.0361，小于 0.05；RFI、IFI、NNFI、CFI 分别为 0.910、0.937、0.923、0.937，均大于 0.9。GFI、AGFI 分别为 0.899、0.861，略低于 0.9。从总体上来说，SEM 的各项指标均符合普遍接受标准，说明对 SEM 这个模型的构造具有合理的拟合度。

表 5-4-1　　　　　　　　SEM 基础模型拟合指标表

χ^2	df	χ^2/df	p	RMSEA	SRMR	GFI	AGFI	RFI	IFI	NNFI	CFI
794.203	125	6.354	.000	.081	.0361	.899	.861	.910	.937	.923	.937

（二）结构方程模型的方差分析

虽然从拟合指标上来看，SEM 基础模型符合要求，但从方差上来看，e17、e18、e20 的 T 值分别为均小于 2，不符合要求。如表 5-4-2 所示。图 5-4-1 显示了 SEM 的标准化关系路径结果。因此，要对 SEM 基础模型进行修正。

表 5-4-2　　　　　　　　SEM 基础模型方差分析表

	Estimate	S.E.	T	p
社会资本	0.498	0.041	12.072	***
社会网络	0.707	0.052	13.57	***

注：T>3.29，$p<0.001$ 用 *** 表示。

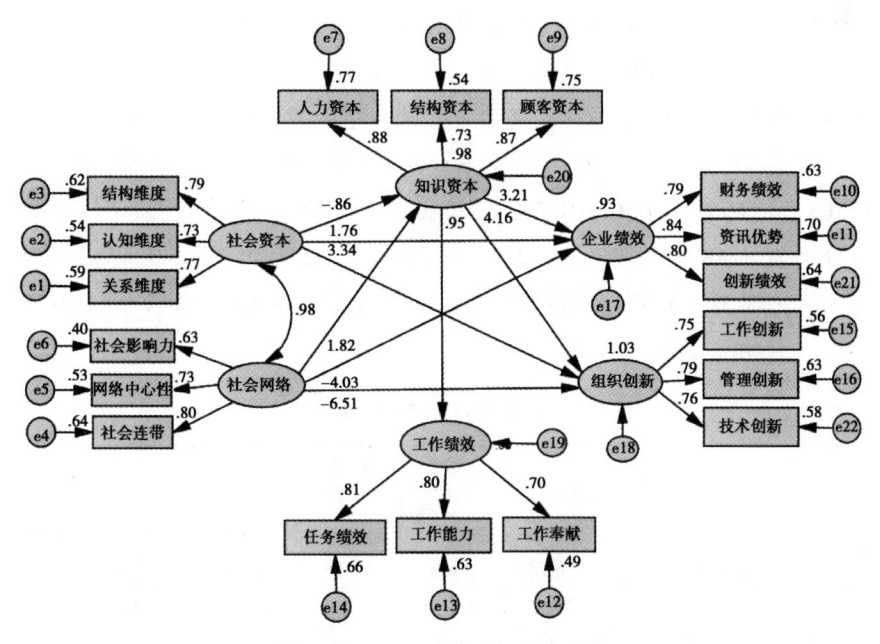

图 5-4-1　SEM 模型标准化路径

二　结构方程模型的关系路径修正

结构方程模型建立和运行后有时没有达到理想的拟合度，为此需要对其进行相应的修正。结构方程模型的修正要在相应的模型评价框架下进行，一般来说，主要从四个方面来对结构方程模型进行评价：一是要观察拟合指标。拟合指标没有达到相应的标准说明模型的拟合度不理想，对于过高过低的拟合度指数要进行修正。二是要观察关系路径系数。如果一个结构方程模型有些测定系数较低，表示这条路径可有可无，可以试着删除该条路径。三是要观察自由参数的 T 值。若一个参数对应的 T 值小于 1.96，就表示这个自由参数在 $p<0.05$ 水平下不显著，应该从结构方程模型中删除，再重新运行该方程。四是要观察一个自由参数的方差和标准误差。若一个结构方程模型中的方差或者是标准误差的估计出现了负值，就表示这个自由参数不显著。对于不显著的自由参数应该予以删除（侯杰泰等，2004）。

对前面所构建的基础模型来说，主要体现在自由参数的 T 值和方差估计或标准误的负值上。如表 5-4-3 所示，本研究所构建的结构方程模型各项回归系数有的虽有影响但不显著，如社会资本→知识资本（见表中序号1）、社会网络→知识资本（见表中序号2）、知识资本→组织创新（见表中序号3）、社会资本→企业绩效（见表中序号5）、社会网络→组织创新（见表中序号6）、社会网络→企业绩效（见表中序号8）、社会资本→组织创新（见表中序号9）的 T 值分别为 -0.696、1.503、1.160、0.616、-0.634、-1.095、0.476，均小于2，对应的 P 值分别为 0.487、0.133、0.246、0.538、0.526、0.273、0.634，这说明在这个模型中这些关系路径的影响不显著。根据侯杰泰等（2004）建议，应删除这些关系路径。

表 5-4-3　　　　　　　　模型回归关系路径表

序号	关系路径			标准化系数	非标准化系数	S.E.	T	p
1	知识资本	←	社会资本	-.856	-.965	1.388	-.696	.487
2	知识资本	←	社会网络	1.824	1.726	1.148	1.503	.133
3	组织创新	←	知识资本	4.164	3.883	3.346	1.160	.246
4	工作绩效	←	知识资本	.946	.786	.036	21.684	***
5	企业绩效	←	社会资本	1.764	1.934	3.137	.616	.538
6	组织创新	←	社会网络	-6.512	-5.746	9.062	-.634	.526
7	企业绩效	←	知识资本	3.214	3.124	1.138	2.744	**
8	企业绩效	←	社会网络	-4.031	-3.708	3.386	-1.095	.273
9	组织创新	←	社会资本	3.343	3.515	7.388	.476	.634
10	关系维度	←	社会资本	.769	1.000			
11	认知维度	←	社会资本	.733	.995	.048	20.625	***
12	结构维度	←	社会资本	.786	1.201	.051	23.612	***

续表

序号	关系路径			标准化系数	非标准化系数	S.E.	T	p
13	社会连带	←	社会网络	.802	1.000			
14	网络中心性	←	社会网络	.727	.871	.038	22.749	***
15	社会影响力	←	社会网络	.630	.801	.042	18.885	***
16	人力资本	←	知识资本	.880	1.000			
17	结构资本	←	知识资本	.732	.832	.032	25.764	***
18	顾客资本	←	知识资本	.868	.952	.027	35.017	***
19	财务绩效	←	企业绩效	.794	1.000			
20	资讯优势	←	企业绩效	.836	1.102	.042	26.456	***
21	工作奉献	←	工作绩效	.701	1.000			
22	工作能力	←	工作绩效	.796	1.186	.057	20.689	***
23	任务绩效	←	工作绩效	.815	1.221	.058	21.113	***
24	工作创新	←	组织创新	.750	1.000			
25	管理创新	←	组织创新	.795	1.075	.047	22.776	***
26	创新绩效	←	企业绩效	.800	.983	.039	25.146	***
27	技术创新	←	组织创新	.759	1.065	.048	22.051	***

三 结构方程修正模型运行结果分析

（一）结构方程模型拟合指标分析

表5-4-4的拟合指标显示了对SEM模型的运行结果。卡方与自由度之比为6.884，略大于5，但符合"小于10"的可接受标准；RMSEA值为0.085，小于0.1；SRMR为0.0391，小于0.05；RFI、IFI、NNFI、CFI分别为0.902、0.929、0.915、0.929，均大于0.9。GFI、AGFI分别为0.887、0.850，略低于0.9。从总体上来说，SEM的各项指标均符合普遍接受标准，说明对SEM这个修正模型的构造具有合理的拟合度。

表5-4-4　　　　　SEM修正模型拟合指标表

χ^2	df	p	χ^2/df	RMSEA	SRMR	GFI	AGFI	RFI	IFI	NNFI	CFI
888.010	129	.000	6.884	.085	.0391	.887	.850	.902	.929	.915	.929

（二）结构方程修正模型的方差分析

表5-4-5为修正模型的各变量关系路径表，从表中可以看出，除社

会资本对知识资本的 T 值为 1.975，大于 1.96 小于 2.58（在 $p<0.001$ 水平上有显著影响）外，其余各项关系路径的 T 值均大于 2，均在 $p<0.001$ 水平上有显著影响。

表 5-4-5　　　　　　　　　各变量关系检验结果表

关系路径			标准化系数	非标准化系数	S.E.	T	p
知识资本	←	社会网络	0.631	0.588	0.152	3.866	***
知识资本	←	社会资本	0.322	0.363	0.184	1.975	*
组织创新	←	知识资本	0.938	0.887	0.036	24.943	***
工作绩效	←	知识资本	0.949	0.785	0.036	21.727	***
企业绩效	←	知识资本	0.929	0.906	0.035	26.173	***
关系维度	←	社会资本	0.770	1			
认知维度	←	社会资本	0.735	0.997	0.047	21	***
结构维度	←	社会资本	0.791	1.207	0.051	23.674	***
社会连带	←	社会网络	0.815	1			
网络中心性	←	社会网络	0.747	0.881	0.038	23.081	***
社会影响力	←	社会网络	0.649	0.812	0.042	19.278	***
人力资本	←	知识资本	0.881	1			
结构资本	←	知识资本	0.736	0.836	0.032	25.967	***
顾客资本	←	知识资本	0.864	0.948	0.027	34.752	***
财务绩效	←	企业绩效	0.797	1			
资讯优势	←	企业绩效	0.830	1.09	0.042	26.037	***
工作奉献	←	工作绩效	0.699	1			
工作能力	←	工作绩效	0.800	1.196	0.058	20.736	***
任务绩效	←	工作绩效	0.813	1.223	0.058	21.073	***
工作创新	←	组织创新	0.760	1			
管理创新	←	组织创新	0.772	1.030	0.046	22.221	***
创新绩效	←	企业绩效	0.803	0.983	0.039	25.073	***
技术创新	←	组织创新	0.776	1.073	0.047	22.610	***

注：T>3.29，$p<0.001$ 用 *** 表示。

表 5-4-6 显示了 SEM 的方差估计、标准误差（S.E.）、T 值等。从表中可以看出，各项路径 T 值均大于 2，显示了良好的构造效度。图 5-4-2 显示了 SEM 各条标准化关系路径的运行结果。

表 5-4-6　　　　　　　SEM 修正模型的方差分析表

项目	Estimate	S. E.	T	p	项目	Estimate	S. E.	T	p
社会资本	.499	.040	12.360	***	e7	0.183	0.011	16.194	***
社会网络	.729	.053	13.686	***	e8	0.374	0.02	18.89	***

注 T>3.29，$p<0.001$ 用 *** 表示。

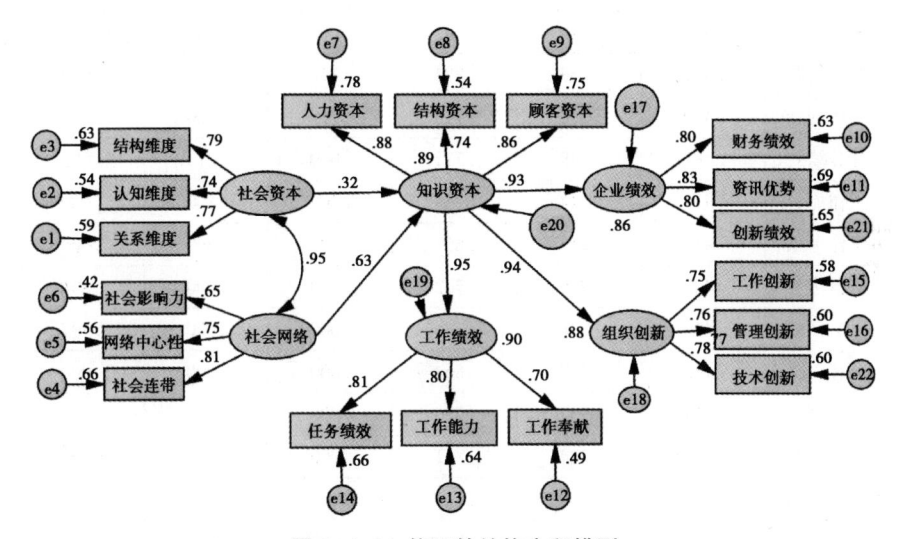

图 5-4-2　修正的结构方程模型

（三）修正模型的解释

从模型的各项拟合指标、各变量之间的关系路径、测定系数及方差估计值上来说，整个修正模型不是完全理想，但仍然可以接受。实际上，应用中几乎找不到从各个角度看都很理想的模型，我们能做的是在有理论支持的模型中找到一个相对好的折中模型（侯杰泰等，2004）。

该模型显示了员工知识资本的形成与运行机制，即以社会资本、社会网络为前因变量，以员工知识资本为中介变量，以企业绩效、工作绩效和组织创新为结果变量的员工知识资本的形成与运行的因果—中介模型。该模型的标准化总效应、直接效应和间接效应如表 5-4-7、表 5-4-8 和表 5-4-9 所示。

表 5-4-7　　　　　　　　标准化总效应表

变量	社会网络	社会资本	知识资本	组织创新	工作绩效	企业绩效
知识资本	.631	.322	.000	.000	.000	.000

续表

变量	社会网络	社会资本	知识资本	组织创新	工作绩效	企业绩效
组织创新	.592	.302	.938	.000	.000	.000
工作绩效	.599	.306	.949	.000	.000	.000
企业绩效	.586	.299	.929	.000	.000	.000
技术创新	.459	.234	.728	.776	.000	.000
创新绩效	.471	.240	.747	.000	.000	.803
管理创新	.457	.233	.724	.772	.000	.000
工作创新	.450	.230	.713	.760	.000	.000
任务绩效	.487	.249	.772	.000	.813	.000
工作能力	.479	.244	.759	.000	.800	.000
工作奉献	.418	.214	.663	.000	.699	.000
资讯优势	.487	.249	.772	.000	.000	.830
财务绩效	.467	.238	.740	.000	.000	.797
顾客资本	.545	.278	.864	.000	.000	.000
结构资本	.464	.237	.736	.000	.000	.000
人力资本	.556	.284	.881	.000	.000	.000
社会影响力	.649	.000	.000	.000	.000	.000
网络中心性	.747	.000	.000	.000	.000	.000
社会连带	.815	.000	.000	.000	.000	.000
结构维度	.000	.791	.000	.000	.000	.000
认知维度	.000	.735	.000	.000	.000	.000
关系维度	.000	.770	.000	.000	.000	.000

表 5-4-8　　　　　　　　　标准化直接效应表

变量	社会网络	社会资本	知识资本	组织创新	工作绩效	企业绩效
知识资本	.631	.322	.000	.000	.000	.000
组织创新	.000	.000	.938	.000	.000	.000
工作绩效	.000	.000	.949	.000	.000	.000
企业绩效	.000	.000	.929	.000	.000	.000
技术创新	.000	.000	.000	.776	.000	.000
创新绩效	.000	.000	.000	.000	.000	.803
管理创新	.000	.000	.000	.772	.000	.000

续表

变量	社会网络	社会资本	知识资本	组织创新	工作绩效	企业绩效
工作创新	.000	.000	.000	.760	.000	.000
任务绩效	.000	.000	.000	.000	.813	.000
工作能力	.000	.000	.000	.000	.800	.000
工作奉献	.000	.000	.000	.000	.699	.000
资讯优势	.000	.000	.000	.000	.000	.830
财务绩效	.000	.000	.000	.000	.000	.797
顾客资本	.000	.000	.864	.000	.000	.000
结构资本	.000	.000	.736	.000	.000	.000
人力资本	.000	.000	.881	.000	.000	.000
社会影响力	.649	.000	.000	.000	.000	.000
网络中心性	.747	.000	.000	.000	.000	.000
社会连带	.815	.000	.000	.000	.000	.000
结构维度	.000	.791	.000	.000	.000	.000
认知维度	.000	.735	.000	.000	.000	.000
关系维度	.000	.770	.000	.000	.000	.000

表 5-4-9　　　　　　　　　标准化间接效应表

变量	社会网络	社会资本	知识资本	组织创新	工作绩效	企业绩效
知识资本	.000	.000	.000	.000	.000	.000
组织创新	.521	.322	.000	.000	.000	.000
工作绩效	.462	.285	.000	.000	.000	.000
企业绩效	.533	.329	.000	.000	.000	.000
技术创新	.559	.345	.951	.000	.000	.000
创新绩效	.524	.323	.891	.000	.000	.000
管理创新	.537	.331	.913	.000	.000	.000
工作创新	.521	.322	.887	.000	.000	.000
任务绩效	.565	.349	.960	.000	.000	.000
工作能力	.552	.341	.939	.000	.000	.000
工作奉献	.462	.285	.785	.000	.000	.000
资讯优势	.581	.359	.988	.000	.000	.000
财务绩效	.533	.329	.906	.000	.000	.000

续表

变量	社会网络	社会资本	知识资本	组织创新	工作绩效	企业绩效
顾客资本	.558	.344	.000	.000	.000	.000
结构资本	.492	.303	.000	.000	.000	.000
人力资本	.588	.363	.000	.000	.000	.000
社会影响力	.000	.000	.000	.000	.000	.000
网络中心性	.000	.000	.000	.000	.000	.000
社会连带	.000	.000	.000	.000	.000	.000
结构维度	.000	.000	.000	.000	.000	.000
认知维度	.000	.000	.000	.000	.000	.000
关系维度	.000	.000	.000	.000	.000	.000

四 相关性分析

（一）相关性模型拟合指标分析

表5-4-10的拟合指标显示了对相关性测量模型的运行结果。卡方与自由度之比为2.191，小于5；RMSEA值为0.038，在0.01—0.05之间；SRMR为0.0391，小于0.05；IFI、NNFI、CFI分别为0.914、0.905、0.913，均大于0.9；GFI、AGFI、RFI为0.848、0.828、0.838，略低于0.9。从总体上来说，各项指标均符合普遍接受标准，说明对相关性测量模型的构造具有合理的拟合度。

表5-4-10　　　　SEM修正模型拟合指标表

χ^2	df	p	χ^2/df	RMSEA	SRMR	GFI	AGFI	RFI	IFI	NNFI	CFI
4953.37	2261	.000	2.191	.038	.0391	.848	.828	.838	.914	.905	.913

（二）相关性模型的方差分析

表5-4-11为修正模型的各变量关系路径表。从表中可以看出，各项关系路径的T值均大于2，均在$p<0.001$水平上有显著影响。

表5-4-11　　　　各变量关系检验结果表

变量	估计值	S.E.	T	p		估计值	S.E.	T	p		估计值	S.E.	T	p
S1_结构维度	.810	.073	11.131	***	e15	0.782	0.045	17.324	***	e44	0.969	0.05	19.461	***

续表

变量	估计值	S.E.	T	p		估计值	S.E.	T	p		估计值	S.E.	T	p
S2_ 认知维度	.747	.067	11.129	***	e14	0.648	0.039	16.433	***	e45	0.843	0.044	19.016	***
S3_ 关系维度	.734	.069	10.659	***	e13	0.718	0.042	17.005	***	e46	0.674	0.037	18.36	***
P1_ 财务绩效	.756	.067	11.199	***	e18	0.62	0.037	16.683	***	e47	0.873	0.047	18.423	***
P2_ 资讯优势	.808	.073	11.149	***	e17	0.667	0.038	17.482	***	e48	0.772	0.042	18.288	***
P3_ 创新绩效	.736	.063	11.606	***	e16	0.626	0.038	16.343	***	e49	0.818	0.046	17.886	***
J1_ 任务绩效	.702	.063	11.112	***	e21	0.67	0.04	16.93	***	e50	0.825	0.046	17.999	***
J2_ 人际能力	.745	.066	11.351	***	e20	0.715	0.043	16.441	***	e51	0.693	0.039	17.977	***
J3_ 工作奉献	.653	.061	10.637	***	e19	0.648	0.04	16.311	***	e52	0.797	0.043	18.561	***
I1_ 工作创新	.743	.064	11.609	***	e24	0.671	0.04	16.844	***	e53	0.744	0.041	18.032	***
I2_ 管理创新	.788	.069	11.373	***	e23	0.706	0.042	16.805	***	e54	0.744	0.041	18.091	***
I3_ 技术创新	.599	.062	9.632	***	e22	0.59	0.037	16.025	***	e55	0.72	0.04	17.949	***
K1_ 人力资本	.868	.077	11.273	***	e28	0.662	0.041	16.202	***	E72	0.734	0.04	18.398	***
K2_ 结构资本	.704	.068	10.358	***	e27	0.619	0.041	15.272	***	e56	0.843	0.045	18.852	***
K3_ 顾客资本	.745	.066	11.320	***	e25	0.614	0.04	15.41	***	e57	0.752	0.04	18.651	***
N1_ 社会影响力	1.164	.093	12.452	***	e31	0.591	0.038	15.626	***	e58	0.892	0.048	18.462	***
N2_ 中心网络性	.788	.070	11.233	***	e30	0.599	0.041	14.512	***	e59	0.768	0.041	18.654	***
N3_ 社会连带	.864	.081	10.709	***	e29	0.637	0.039	16.145	***	e60	0.706	0.039	18.307	***

表 5-4-12 就是各变量的相关系数表。从表中我们看到，各变量之间均在 0.001 水平上显著相关。表 5-4-13 就是各变量因子的相关系数表。从表中我们看到，各变量因子之间均在 0.001 水平上显著相关。据此，本研究的相关性假设得到验证，即"H_{1-1}：社会资本与社会网络显著相关"成立。

表 5-4-12　　　　　各变量的相关系数表

关系路径			Est.	S.E.	T	p	关系路径			Est.	S.E.	T	p
S1_ 结构维度	—	S2_ 认知维度	.543	.047	11.620	***	K3_ 顾客资本	—	N2_ 中心网络性	0.56	0.046	12.251	***
S2_ 认知维度	—	S3_ 关系维度	.562	.048	11.687	***	K3_ 顾客资本	—	N3_ 社会连带	0.687	0.053	13.004	***
S3_ 关系维度	—	P1_ 财务绩效	.463	.043	10.712	***	N1_ 社会影响力	—	N3_ 社会连带	0.639	0.057	11.177	***
P1_ 财务绩效	—	P2_ 资讯优势	.662	.052	12.785	***	S1_ 结构维度	—	K1_ 人力资本	0.734	0.056	13.103	***
P2_ 资讯优势	—	P3_ 创新绩效	.674	.051	13.183	***	S1_ 结构维度	—	K2_ 结构资本	0.478	0.043	10.989	***
P3_ 创新绩效	—	J1_ 任务绩效	.585	.046	12.649	***	S1_ 结构维度	—	K3_ 顾客资本	0.601	0.048	12.413	***

续表

关系路径			Est.	S.E.	T	p	关系路径			Est.	S.E.	T	p
J1_任务绩效	—	J2_人际能力	.644	.049	13.254	***	S1_结构维度	—	N1_社会影响力	0.498	0.051	9.726	***
J2_人际能力	—	J3_工作奉献	.473	.042	11.142	***	S1_结构维度	—	N2_中心网络性	0.536	0.047	11.324	***
J3_工作奉献	—	I1_工作创新	.403	.039	10.271	***	S1_结构维度	—	N3_社会连带	0.66	0.054	12.31	***
I1_工作创新	—	I2_管理创新	.570	.046	12.323	***	S2_认知维度	—	K1_人力资本	0.598	0.048	12.369	***
I2_管理创新	—	I3_技术创新	.512	.045	11.425	***	S2_认知维度	—	K2_结构资本	0.404	0.039	10.248	***
K1_人力资本	—	K2_结构资本	.588	.048	12.194	***	S2_认知维度	—	K3_顾客资本	0.583	0.046	12.556	***
K2_结构资本	—	K3_顾客资本	.535	.044	12.075	***	S2_认知维度	—	N1_社会影响力	0.522	0.05	10.453	***
K3_顾客资本	—	N1_社会影响力	.632	.052	12.236	***	S2_认知维度	—	N2_中心网络性	0.598	0.048	12.399	***
N1_社会影响力	—	N2_中心网络性	.738	.058	12.813	***	S2_认知维度	—	N3_社会连带	0.67	0.052	12.783	***
N2_中心网络性	—	N3_社会连带	.613	.051	12.011	***	S3_关系维度	—	K1_人力资本	0.649	0.052	12.506	***
S1_结构维度	—	S3_关系维度	.683	.053	12.851	***	S3_关系维度	—	K2_结构资本	0.468	0.043	10.932	***
S1_结构维度	—	P1_财务绩效	.505	.045	11.148	***	S3_关系维度	—	K3_顾客资本	0.597	0.048	12.406	***
S1_结构维度	—	P2_资讯优势	.582	.049	11.824	***	S3_关系维度	—	N1_社会影响力	0.543	0.051	10.73	***
S1_结构维度	—	P3_创新绩效	.503	.045	11.196	***	S3_关系维度	—	N2_中心网络性	0.56	0.047	11.978	***
S1_结构维度	—	J1_任务绩效	.522	.046	11.460	***	S3_关系维度	—	N3_社会连带	0.646	0.053	12.164	***
S1_结构维度	—	J2_人际能力	.520	.046	11.413	***	P1_财务绩效	—	K1_人力资本	0.621	0.05	12.502	***
S1_结构维度	—	J3_工作奉献	.392	.041	9.536	***	P1_财务绩效	—	K2_结构资本	0.475	0.042	11.23	***
S1_结构维度	—	I1_工作创新	.503	.045	11.226	***	P1_财务绩效	—	K3_顾客资本	0.551	0.045	12.214	***
S1_结构维度	—	I2_管理创新	.546	.048	11.448	***	P1_财务绩效	—	N1_社会影响力	0.478	0.048	9.893	***
S1_结构维度	—	I3_技术创新	.472	.043	10.969	***	P1_财务绩效	—	N2_中心网络性	0.498	0.044	11.267	***
S2_认知维度	—	P1_财务绩效	.509	.045	11.359	***	P1_财务绩效	—	N3_社会连带	0.61	0.051	11.97	***
S2_认知维度	—	P2_资讯优势	.549	.047	11.669	***	P2_资讯优势	—	K1_人力资本	0.665	0.053	12.659	***
S2_认知维度	—	P3_创新绩效	.495	.043	11.398	***	P2_资讯优势	—	K2_结构资本	0.493	0.044	11.237	***
S2_认知维度	—	J1_任务绩效	.507	.043	11.681	***	P2_资讯优势	—	K3_顾客资本	0.621	0.049	12.734	***
S2_认知维度	—	J2_人际能力	.447	.042	10.626	***	P2_资讯优势	—	N1_社会影响力	0.563	0.052	10.776	***
S2_认知维度	—	J3_工作奉献	.454	.042	10.743	***	P2_资讯优势	—	N2_中心网络性	0.52	0.046	11.253	***
S2_认知维度	—	I1_工作创新	.444	.041	10.694	***	P2_资讯优势	—	N3_社会连带	0.611	0.052	11.817	***
S2_认知维度	—	I2_管理创新	.499	.045	11.175	***	P3_创新绩效	—	K1_人力资本	0.575	0.047	12.189	***
S2_认知维度	—	I3_技术创新	.444	.041	10.692	***	P3_创新绩效	—	K2_结构资本	0.455	0.041	11.045	***
S3_关系维度	—	P2_资讯优势	.520	.047	11.126	***	P3_创新绩效	—	K3_顾客资本	0.57	0.045	12.603	***
S3_关系维度	—	P3_创新绩效	.459	.043	10.714	***	P3_创新绩效	—	N1_社会影响力	0.587	0.051	11.468	***
S3_关系维度	—	J1_任务绩效	.484	.044	11.110	***	P3_创新绩效	—	N2_中心网络性	0.484	0.043	11.137	***
S3_关系维度	—	J2_人际能力	.516	.045	11.369	***	P3_创新绩效	—	N3_社会连带	0.581	0.049	11.89	***
S3_关系维度	—	J3_工作奉献	.450	.042	10.645	***	J1_任务绩效	—	K1_人力资本	0.6	0.048	12.49	***
S3_关系维度	—	I1_工作创新	.481	.044	10.981	***	J1_任务绩效	—	K2_结构资本	0.481	0.042	11.42	***
S3_关系维度	—	I2_管理创新	.475	.045	10.580	***	J1_任务绩效	—	K3_顾客资本	0.562	0.045	12.47	***

续表

关系路径			Est.	S.E.	T	p	关系路径			Est.	S.E.	T	p
S3_关系维度	—	I3_技术创新	.417	.041	10.185	***	J3_工作奉献	—	K3_顾客资本	0.548	0.045	12.212	***
P1_财务绩效	—	P3_创新绩效	.628	.048	12.984	***	J3_工作奉献	—	N1_社会影响力	0.618	0.052	11.965	***
P1_财务绩效	—	J1_任务绩效	.599	.047	12.625	***	I1_工作创新	—	N2_中心网络性	0.465	0.043	10.911	***
P1_财务绩效	—	J2_人际能力	.588	.047	12.514	***	J1_任务绩效	—	N1_社会影响力	0.581	0.051	11.333	***
P1_财务绩效	—	J3_工作奉献	.470	.043	11.006	***	J1_任务绩效	—	N2_中心网络性	0.56	0.046	12.104	***
P1_财务绩效	—	I1_工作创新	.527	.045	11.794	***	J1_任务绩效	—	N3_社会连带	0.626	0.051	12.36	***
P1_财务绩效	—	I2_管理创新	.640	.050	12.821	***	J2_人际能力	—	K1_人力资本	0.628	0.05	12.634	***
P1_财务绩效	—	I3_技术创新	.470	.043	10.869	***	J2_人际能力	—	K2_结构资本	0.488	0.043	11.436	***
P2_资讯优势	—	J1_任务绩效	.569	.047	12.111	***	J2_人际能力	—	K3_顾客资本	0.566	0.045	12.482	***
P2_资讯优势	—	J3_工作奉献	.487	.044	10.979	***	J2_人际能力	—	N1_社会影响力	0.57	0.051	11.22	***
P2_资讯优势	—	I1_工作创新	.577	.048	12.147	***	J2_人际能力	—	N2_中心网络性	0.498	0.044	11.244	***
P2_资讯优势	—	I2_管理创新	.715	.054	13.249	***	J2_人际能力	—	N3_社会连带	0.581	0.049	11.804	***
P2_资讯优势	—	I3_技术创新	.552	.047	11.708	***	J3_工作奉献	—	K1_人力资本	0.52	0.045	11.552	***
P3_创新绩效	—	J2_人际能力	.635	.048	13.115	***	J3_工作奉献	—	K2_结构资本	0.434	0.04	10.86	***
P3_创新绩效	—	J3_工作奉献	.488	.042	11.567	***	J3_工作奉献	—	N2_中心网络性	0.498	0.043	11.458	***
P3_创新绩效	—	I1_工作创新	.541	.042	12.180	***	J3_工作奉献	—	N3_社会连带	0.473	0.045	10.506	***
P3_创新绩效	—	I2_管理创新	.636	.049	12.938	***	I1_工作创新	—	K1_人力资本	0.621	0.049	12.602	***
P3_创新绩效	—	I3_技术创新	.457	.042	10.947	***	I1_工作创新	—	K2_结构资本	0.443	0.041	10.92	***
J1_任务绩效	—	J3_工作奉献	.477	.042	11.264	***	I1_工作创新	—	N1_社会影响力	0.408	0.046	8.909	***
J1_任务绩效	—	I1_工作创新	.508	.043	11.732	***	I2_管理创新	—	N2_中心网络性	0.489	0.045	10.843	***
J1_任务绩效	—	I2_管理创新	.561	.046	12.094	***	I1_工作创新	—	K3_顾客资本	0.502	0.043	11.751	***
J1_任务绩效	—	I3_技术创新	.448	.041	11.021	***	I1_工作创新	—	N3_社会连带	0.527	0.047	11.201	***
J2_人际能力	—	I1_工作创新	.528	.045	11.817	***	I2_管理创新	—	K1_人力资本	0.637	0.051	12.572	***
J2_人际能力	—	I2_管理创新	.536	.046	11.715	***	I2_管理创新	—	K2_结构资本	0.474	0.043	11.118	***
J2_人际能力	—	I3_技术创新	.480	.043	11.257	***	I2_管理创新	—	K3_顾客资本	0.547	0.045	12.033	***
J3_工作奉献	—	I2_管理创新	.451	.042	10.685	***	I2_管理创新	—	N1_社会影响力	0.468	0.049	9.498	***
J3_工作奉献	—	I3_技术创新	.336	.037	9.043	***	I2_管理创新	—	N3_社会连带	0.609	0.052	11.761	***
I1_工作创新	—	I3_技术创新	.514	.045	11.481	***	I3_技术创新	—	K1_人力资本	0.559	0.047	11.79	***
K1_人力资本	—	K3_顾客资本	.718	.054	13.336	***	I3_技术创新	—	K2_结构资本	0.399	0.039	10.355	***
K1_人力资本	—	N1_社会影响力	.570	.052	10.999	***	I3_技术创新	—	K3_顾客资本	0.496	0.043	11.505	***
K1_人力资本	—	N2_中心网络性	.574	.048	11.965	***	I3_技术创新	—	N1_社会影响力	0.427	0.046	9.372	***
K1_人力资本	—	N3_社会连带	.775	.059	13.161	***	I3_技术创新	—	N2_中心网络性	0.402	0.04	10.004	***
K2_结构资本	—	N1_社会影响力	.443	.046	9.712	***	I3_技术创新	—	N3_社会连带	0.548	0.049	11.289	***
K2_结构资本	—	N2_中心网络性	.430	.041	10.541	***	P2_资讯优势	—	J2_人际能力	0.643	0.05	12.771	***
K2_结构资本	—	N3_社会连带	.533	.047	11.269	***							

表 5-4-13　各变量因子相关系数表

	N3	N2	N1	K3	K2	K1	I3	I2	I1	J3	J2	J1	P3	P2	P1	S3	S2	S1
N3_ 社会连带	1.000																	
N2_ 中心网络性	0.742	1.000																
N1_ 社会影响力	0.637	0.770	1.000															
K3_ 顾客资本	0.856	0.731	0.679	1.000														
K2_ 结构资本	0.683	0.577	0.490	0.739	1.000													
K1_ 人力资本	0.895	0.694	0.567	0.893	0.752	1.000												
I3_ 技术创新	0.761	0.585	0.512	0.743	0.615	0.776	1.000											
I2_ 管理创新	0.738	0.620	0.488	0.714	0.636	0.771	0.745	1.000										
I1_ 工作创新	0.657	0.608	0.439	0.675	0.612	0.773	0.770	0.745	1.000									
J3_ 工作奉献	0.629	0.694	0.709	0.786	0.640	0.691	0.536	0.629	0.579	1.000								
J2_ 人际能力	0.723	0.650	0.612	0.760	0.674	0.781	0.718	0.700	0.709	0.678	1.000							
J1_ 任务绩效	0.804	0.753	0.643	0.777	0.684	0.769	0.691	0.755	0.704	0.704	0.890	1.000						
P3_ 创新绩效	0.729	0.635	0.634	0.770	0.633	0.719	0.689	0.836	0.732	0.705	0.857	0.814	1.000					
P2_ 资讯优势	0.731	0.651	0.580	0.800	0.654	0.794	0.793	0.896	0.745	0.670	0.828	0.755	0.874	1.000				
P1_ 财务绩效	0.755	0.645	0.509	0.735	0.652	0.767	0.698	0.830	0.703	0.669	0.783	0.823	0.843	0.847	1.000			
S3_ 关系维度	0.811	0.736	0.587	0.807	0.651	0.813	0.629	0.624	0.651	0.650	0.697	0.674	0.625	0.675	0.622	1.000		
S2_ 认知维度	0.834	0.779	0.560	0.781	0.557	0.743	0.663	0.650	0.595	0.650	0.600	0.700	0.668	0.707	0.678	0.758	1.000	
S1_ 结构维度	0.788	0.670	0.512	0.773	0.633	0.875	0.678	0.684	0.648	0.539	0.669	0.692	0.652	0.720	0.645	0.886	0.698	1.000

注：各变量之间均在 $p<0.001$ 水平上显著相关。

第五节 中介效应分析与检验

一 中介效应的一般分析

(一) 中介变量的性质

虽然系统地研究中介变量是目前学术界的热点（温忠麟、叶宝娟，2014；方杰、温忠麟、张敏强等，2014；林筠、郭敏，2016；李忆、马莉、袁志会等，2013；孙亚文、贺雯、罗俊龙，2015；何水儿、张华、耿丽君，2013；万颖莹、孟冉、李洁，等，2011），但心理学家早就认识到了中介变量的重要性。Woodworm's（1928）提出的 S-O-R 模型指出，在刺激和反应之间的一个活跃的有机体干预，也许是一个中介假设的最通用模型。这个模型的中心思想是刺激对行为的影响是由有机体内部的各种转换过程中介的。赫尔（Hull）、杜尔曼（Tolman）和勒温（Lewin）等学者同样认为在输入和输出之间干预过程具有重要性，当然，斯金纳（Skinner）的黑箱方法代表了例外（Baron and Kenny，1981）。一般来说，一个给定的变量可以作为中介是因为它说明了自变量和因变量之间的关系。中介变量解释了外部物理事件如何对内部心理意义的影响。

为了说明中介作用的意义，现在我们引入一个路径图来描述一个因果链的中介作用模型。如图 5-5-1 所示。这个中介作用模型假定包括三条路径：自变量（X）对因变量（Y）的直接影响（路径 c'）和中介变量（M）对因变量的影响（路径 b），还有一条是自变量对中介变量的影响（路径 a）。一个变量若要发挥中介作用必须符合这样一些条件：(1) 自变量的变化能显著预测因变量的变化，如图 5-5-1 中的路径 c 所示；(2) 中介变量的变化能显著地解释因变量的变化，如图 5-5-1 中的路径 b 所示；(3) 在控制了路径 a 和 b 后，以前具有显著关系的自变量和因变量之间的关系（路径 c'）不再显著，则为完全中介；反之，如果自变量和因变量二者之间关系（路径 c'）仍然显著则为部分中介。因为大多数心理学领域包括社会学，对待现象有多种原因，更现实的目标可能会寻求中介变量，能显著减少路径 c'而不是完全消除自变量和因变量之间的关系。从理论角度来看，由于中介作用，自变量与因变量之间的显著性减少表明给定的中介变量确实是有效的，尽管对于这种影响的作用既不是必要条件也不是充分条件。

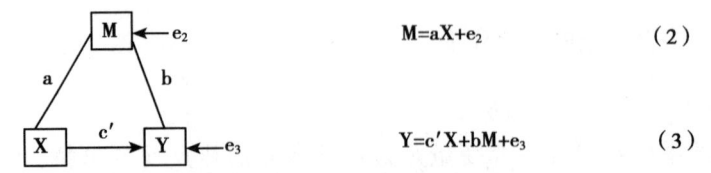

$$Y = cX + e_1 \quad (1)$$

$$M = aX + e_2 \quad (2)$$

$$Y = c'X + bM + e_3 \quad (3)$$

图 5-5-1 中介效应一般模型

资料来源：温忠麟等（2004）。

在命题四中，本研究提出了员工知识资本6个中介效应假设：员工知识资本在社会资本与企业绩效之间（H_{4-1}）、与工作绩效之间（H_{4-2}）、与组织创新之间（H_{4-3}）具有中介作用；员工知识资本在社会网络与企业绩效之间（H_{4-4}）、与工作绩效之间（H_{4-5}）、与组织创新之间（H_{4-6}）具有中介作用。本节将对这6个知识资本中介效应进行分析。

（二）中介效应的检验方法

中介作用是否存在，要进行检验。目前，对中介效应检验的步骤一般采用逐步回归检验法（Baron and Kenny，1986）。但这个流程有一定的局限性，如关于系数乘积 a、b 是否有必要检验等问题，近来受到了众多学者的质疑，倾向于采用更严谨的自助抽样法（Bootstrap）。虽然这些观点值得商榷，但 Bootstrap 法在算法上的优越性、估计的准确性和结果的稳健性则得到了众多的理论支持（Chatterjee S.，1998；方杰、张敏强、邱皓政，2012；温忠麟、叶宝娟，2014）和更多的应用（李珊珊，2016；张连增、段白鸽，2013；方杰、张敏强、邱皓政，2012）。

为此，本研究按照温忠麟和叶宝娟（2014）提出的中介效应检验程序（如图 5-5-2 所示），将以 Bootstrap 法结合结构方程模型软件 AMOS 21.0 对本研究提出的6个知识资本中介效应模型进行检验。进行中介效应分析和检验，首先要对数据进行标准化或中心化，本研究采用 SPSS19.0 将数据标准化。另外，根据安德鲁·海耶斯（Hayes，2013；Hayes and Preacher，2014）的研究，中介效应的第一步即自变量对因变量的回归本来没有必要进行显著性检验，但为了验证本研究前面提出的研究

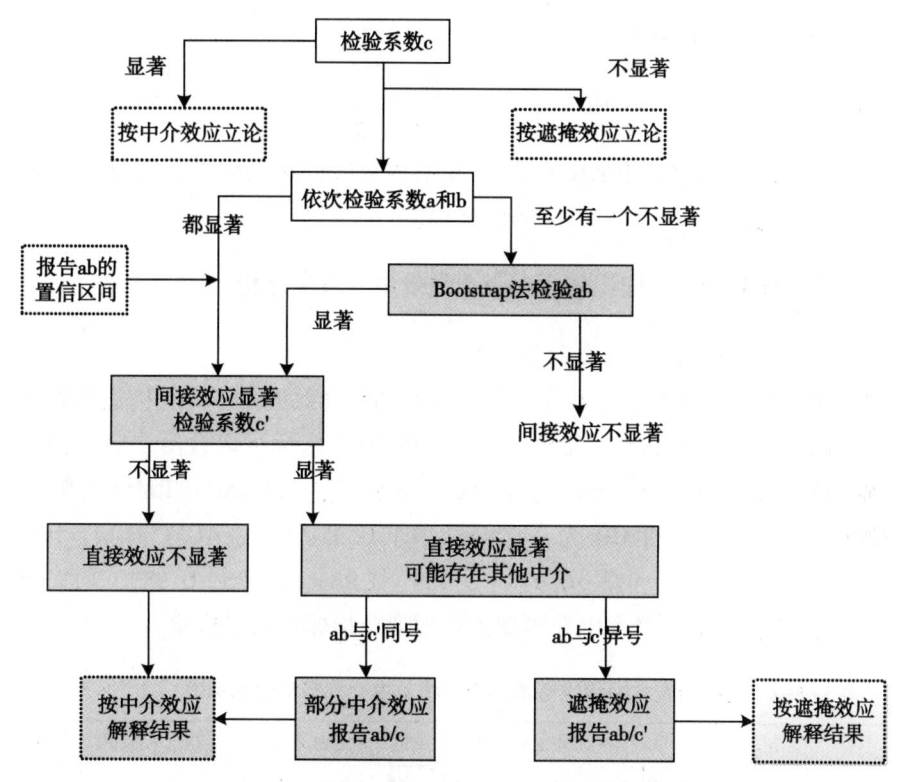

图 5-5-2　温忠麟和叶宝娟的中介效应检验流程

资料来源：温忠麟和叶宝娟（2014）。

假设，本研究也进行了检验。进行中介效应检验的工具有很多，诸如 SPSS、AMOS，还有一些可以安装在 SPSS 上的脚本文件，如 PROSESS 插件等，本研究采用结构方程 AMOS 21.0 中的 Bootstrap 程序进行分析和检验。尽管有学者建议 Bootstrap 法可以取代 Sobel 检验，但为了保持严谨性和多角度识别中介效应，本研究在使用 Bootstrap 法的同时，还给出了中介模型的结构方程的各项拟合指标和 Sobel 检验、Aroian 检验、Goodman Ⅱ 检验三种中介效应检验方法，其计算所用的 z 值公式分别为：

（1）Sobel 检验

$$z_S = \frac{ab}{\sqrt{b^2 S_a^2 + a^2 S_b^2}}$$

（2）Aroian 检验

$$z_A = \frac{ab}{\sqrt{b^2 S_a^2 + a^2 S_b^2 + S_a^2 S_b^2}}$$

(3) Goodman II 检验

$$z_G = \frac{ab}{\sqrt{b^2 S_a^2 + a^2 S_b^2 - S_a^2 S_b^2}}$$

式中，S_a、S_b 分别表示路径 a、b 系数对应的标准误差，同样下文中的 Sc、Sc′ 表示路径 c、c' 对应的标准误差。①

二 社会资本—知识资本—企业绩效中介效应分析

（一）中介模型的拟合指标分析

知识资本在社会资本和企业绩效之间的中介效应是本研究构造的第一个知识资本中介模型。从表 5-5-1 模型的拟合指标可以看出，该模型卡方与自由度之比（χ^2/df）为 4.360，小于 5，$p<0.001$；RMSEA 值为 0.064，小于 0.1；SRMR 为 0.0246，小于 0.05；GFI、AGFI、RFI、IFI、NNFI、CFI 分别为 0.972、0.948、0.968、0.983、0.975、0.983，均大于 0.9。据此，该知识资本中介模型的各项拟合指标均通过检验。

表 5-5-1　社会资本—知识资本—企业绩效中介模型拟合指标表

χ^2	df	p	χ^2/df	RMSEA	SRMR	GFI	AGFI	RFI	IFI	NNFI	CFI
104.649	24	.000	4.360	.064	.0246	.972	.948	.968	.983	.975	.983

（二）总体效应路径 c 的系数及显著性分析

中介效应模型的第二步是审视路径 c 系数的标准化估计值及其标准误差。从 AMOS 21.0 软件运行结果来看，社会资本对企业绩效的总效应即路径 c 的系数为 0.804，其对应的标准误差 S_c 为 0.033（见表 5-5-2），偏差校正后的总效应下限值和上限值分别为 0.731、0.860，并且在 $p<0.001$ 水平下显著（见表 5-5-3）。这说明自变量（社会资本）对因变量（企业绩效）的总体效应显著。由此，本研究假设 H_{2-2} 得到验证，即：

H_{2-2}：社会资本对企业绩效有显著影响

---

① 范德堡大学（Vanderbilt University）的克里斯托弗（Kristopher J. Preacher）和多伦多大学（University of Toronto）的杰弗里（Geoffrey J. Leonardelli）对于 Sobel 检验、Aroian 检验、Goodman II 检验三种中介效应检验的 z 值提供了更为简单的计算方法，他们在网页 http://www.quantpsy.org/sobel/sobel.htm 上提供了一个程序，在其中输入相应的 S_a、S_b、a 和 b 值即可得到 Z 值。

由于路径 c 的系数显著，因此可以继续进行路径 a 和 b 的检验。

表 5-5-2　社会资本对企业绩效的标准化总效应与标准误差

变量	总效应 社会资本	总效应 知识资本	总效应 企业绩效	标准误差 社会资本	标准误差 知识资本	标准误差 企业绩效
知识资本	.944	.000	.000	.018	.000	.000
企业绩效	.804	1.067	.000	.033	.405	.000
创新绩效	.642	.852	.798	.030	.322	.020
资讯优势	.672	.891	.836	.032	.339	.016
财务绩效	.640	.849	.796	.032	.327	.022
顾客资本	.824	.873	.000	.019	.015	.000
结构资本	.694	.735	.000	.047	.049	.000
人力资本	.853	.904	.000	.020	.012	.000
结构维度	.817	.000	.000	.020	.000	.000
认知维度	.705	.000	.000	.027	.000	.000
关系维度	.776	.000	.000	.024	.000	.000

表 5-5-3　社会资本对企业绩效的标准化总效应偏差校正与显著性

变量	总效应下限值 社会资本	总效应下限值 知识资本	总效应下限值 企业绩效	总效应上限值 社会资本	总效应上限值 知识资本	总效应上限值 企业绩效	显著性 社会资本	显著性 知识资本	显著性 企业绩效
知识资本	.905	.000	.000	.977	.000	.000	.000	...	...
企业绩效	.731	.676	.000	.860	1.968	.000	.001	.000	...
创新绩效	.576	.547	.758	.696	1.594	.834	.001	.000	.000
资讯优势	.603	.564	.803	.728	1.659	.866	.001	.000	.000
财务绩效	.571	.535	.748	.696	1.579	.835	.001	.000	.001
顾客资本	.782	.840	.000	.859	.898	.000	.001	.001	...
结构资本	.590	.628	.000	.774	.820	.000	.001	.001	...
人力资本	.811	.877	.000	.889	.925	.000	.001	.001	...
结构维度	.771	.000	.000	.853	.000	.000	.001	...	...
认知维度	.648	.000	.000	.754	.000	.000	.001	...	...

续表

变量	总效应下限值			总效应上限值			显著性		
	社会资本	知识资本	企业绩效	社会资本	知识资本	企业绩效	社会资本	知识资本	企业绩效
关系维度	.726	.000	.000	.820	.000	.000	.000	...	...

(三) 中介效应 a、b 及 c' 的显著性分析

中介效应模型检验的第三步是中介效应 a、b 的显著性分析。从 AMOS 21.0 软件运行结果来看，社会资本对知识资本直接效应的下限值和上限值分别为 0.906 和 0.969，在 $p=0.019<0.05$ 水平下显著；知识资本对企业绩效直接效应的下限值和上限值分别为 0.723 和 1.763，在 $p=0.010<0.05$ 水平下显著；社会资本对企业绩效的直接效应的下限值和上限值分别为 -0.989 和 0.115，由于 $p=0.318>0.05$，所以影响不显著。如表 5-5-4 所示。由此，本研究假设 H_{2-1}、H_{3-1} 得到验证，即：

H_{2-1}：社会资本对知识资本有显著影响

H_{3-1}：员工知识资本对企业绩效有显著影响

从表 5-5-5 中由 Bootstrap 法计算的路径系数可以看出，路径 a 的系数为 0.944，其标准误 S_a 为 0.018；路径 b 的系数为 1.120，其标准误 S_b 为 0.405；路径 c' 的系数为 -0.256，其标准误 $S_{c'}$ 为 0.409。由于路径 a、b 直接效应显著，但路径 c' 直接效应不显著，本研究可以初步断定，知识资本在社会资本和企业绩效之间起完全的中介作用。

表 5-5-4　社会资本—知识资本—企业绩效的直接效应与显著性

变量	直接效应下限值			直接效应上限值			显著性		
	社会资本	知识资本	企业绩效	社会资本	知识资本	企业绩效	社会资本	知识资本	企业绩效
知识资本	.906	.000	.000	.969	.000	.000	.019	...	...
企业绩效	-.989	.723	.000	.115	1.763	.000	.318	.010	...
竞争优势	.000	.000	.766	.000	.000	.826	...	...	.014
资讯优势	.000	.000	.810	.000	.000	.868	...	...	.006
财务绩效	.000	.000	.761	.000	.000	.827	...	...	.007
顾客资本	.000	.843	.000	.000	.891	.000	...	.019	...
结构资本	.000	.627	.000	.000	.810	.000	...	.023	...
人力资本	.000	.881	.000	.000	.922	.000	...	.019	...

续表

变量	直接效应下限值			直接效应上限值			显著性		
	社会资本	知识资本	企业绩效	社会资本	知识资本	企业绩效	社会资本	知识资本	企业绩效
结构维度	.773	.000	.000	.846	.000	.000	.028	…	…
认知维度	.655	.000	.000	.748	.000	.000	.020	…	…
关系维度	.736	.000	.000	.810	.000	.000	.019	…	…

表 5-5-5　社会资本—知识资本—企业绩效中介模型的回归路径

路径关系			SE	SE-SE	Mean	Bias	SE-Bias
知识资本	←	社会资本	.018	.000	.944	.000	.000
企业绩效	←	社会资本	.409	.004	−.256	−.052	.006
企业绩效	←	知识资本	.405	.004	1.120	.053	.006
关系维度	←	社会资本	.024	.000	.776	.000	.000
认知维度	←	社会资本	.027	.000	.706	.001	.000
结构维度	←	社会资本	.020	.000	.817	.000	.000
人力资本	←	知识资本	.012	.000	.904	.000	.000
结构资本	←	知识资本	.049	.000	.737	.001	.001
顾客资本	←	知识资本	.015	.000	.873	.000	.000
财务绩效	←	企业绩效	.022	.000	.796	.000	.000
资讯优势	←	企业绩效	.016	.000	.836	.000	.000
创新绩效	←	企业绩效	.020	.000	.798	.000	.000

（四）路径 c' 的间接效应分析

接下来我们来看一下路径 c' 的间接效应。表 5-5-6 显示了路径 c' 的下限值和上限值分别为 0.641 和 1.936，在 $p<0.001$ 水平下显著。

表 5-5-6　社会资本对企业绩效的间接效应与显著性

变量	间接效应下限值			间接效应上限值			显著性		
	社会资本	知识资本	企业绩效	社会资本	知识资本	企业绩效	社会资本	知识资本	企业绩效
知识资本	.000	.000	.000	.000	.000	.000	…	…	…

续表

变量	间接效应下限值 社会资本	间接效应下限值 知识资本	间接效应下限值 企业绩效	间接效应上限值 社会资本	间接效应上限值 知识资本	间接效应上限值 企业绩效	显著性 社会资本	显著性 知识资本	显著性 企业绩效
企业绩效	.641	.000	.000	1.936	.000	.000	.000	...	...
创新绩效	.576	.547	.000	.696	1.594	.000	.001	.000	...
资讯优势	.603	.564	.000	.728	1.659	.000	.001	.000	...
财务绩效	.571	.535	.000	.696	1.579	.000	.001	.000	...
顾客资本	.782	.000	.000	.859	.000	.000	.001	...	...
结构资本	.590	.000	.000	.774	.000	.000	.001	...	...
人力资本	.811	.000	.000	.889	.000	.000	.001	...	...
结构维度	.000	.000	.000	.000	.000	.000	...	...	...
认知维度	.000	.000	.000	.000	.000	.000	...	...	...
关系维度	.000	.000	.000	.000	.000	.000	...	...	...

特别值得注意的是，从社会资本—知识资本—企业绩效标准化中介路径图5-5-3上可以看出，"社会资本→企业绩效"的路径 c' 的系数为 -0.20，是负值；"知识资本→企业绩效"的路径系数 b 为1.07，大于1。在这种情况下，香港中文大学的罗胜强教授（Kenneth S. Law）在网络回答提问时认为是模型构建和数据质量不高导致的；对于路径系数为负值则有学者认为这是中介模型的遮掩效应（MacKinnon，2008），温忠麟、叶宝娟（2014）在其所提出的中介效应检验程序中对此持支持意见，但并没有说明路径系数大于1的情况。对此也有学者建议应该删除"社会资本→企业绩效"这条路径（侯杰泰、温忠麟、成子娟，2006）。从删除"社会资本→企业绩效"后的路径图5-5-4可以看出，"知识资本→企业绩效"的路径系数变为0.87，小于1。当然，新模型也可以理解为知识资本在社会资本和企业绩效之间起调解作用。许多学者都认同中介效应中混合着调解效应。

（五）中介效应检验

经检验，Sobel 检验、Aroian 检验、Goodman 检验三种检验均在 $p < 0.05$ 水平下达显著效果。检验结果如表5-5-7所示。

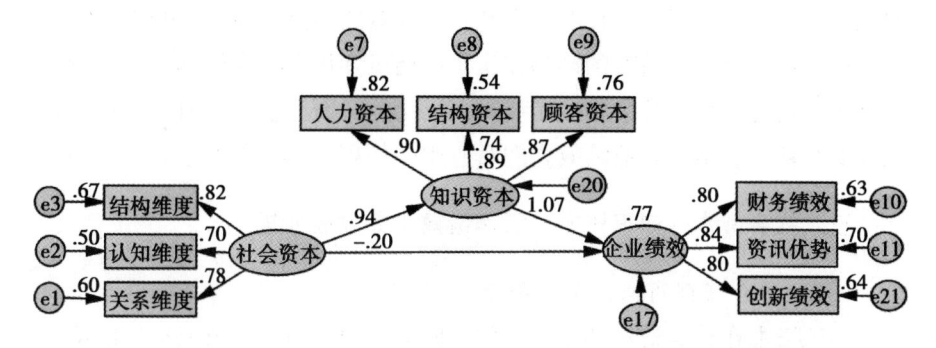

图 5-5-3　社会资本—知识资本—企业绩效中介路径图

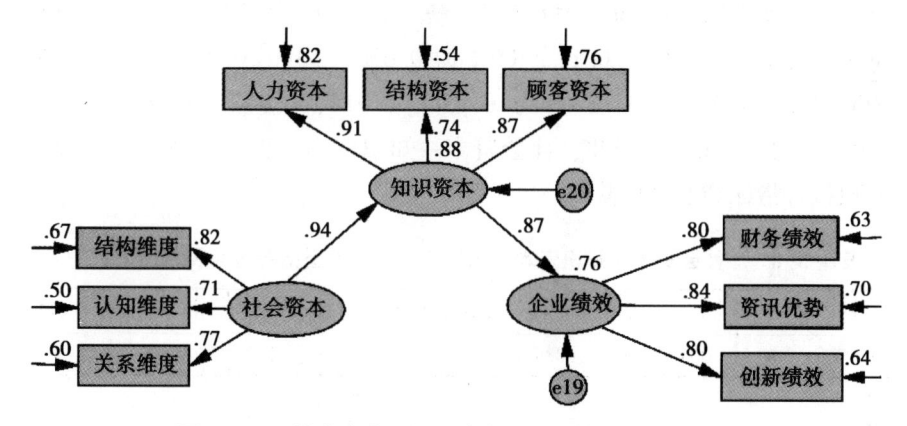

图 5-5-4　社会资本—知识资本—企业绩效调解路径图

表 5-5-7　社会资本—知识资本—企业绩效中介效应检验表

输入值		检验类型	Z 值	标准误	p 值
a	0.944	Sobel 检验	2.762	0.383	0.006
b	1.120	Aroian 检验	2.761	0.383	0.006
S_a	0.018	Goodman 检验	2.762	0.383	0.006
S_b	0.405	检验结果			显著

（六）中介效应的判别与模型解释

综合以上几个步骤可以看出，路径 c、a 和 b 的系数均达显著效果，这表示三者之间存在着显著的中介效应，同时路径 c' 的直接效应不显著，因此本模型的中介效应是完全中介。中介变量的模型分析结果表明：员工知识资本在社会资本和企业绩效之间具有完全中介作用。这个完全中介模型说明：由于知识资本在社会资本和企业绩效之间具有完全中介作用，所以，社会资本对企业绩效的影响完全可以通过知识资本来解释，知识资本对企业绩效的影响比社会资本重要得多。由此，研究假设"H_{4-1}：员工知识资本在社会资本与企业绩效之间具有中介作用"通过检验。

三 社会资本—知识资本—工作绩效中介效应分析

（一）中介模型的拟合指标分析

知识资本在社会资本和工作绩效之间的中介效应是本研究构造的第二个知识资本中介模型。从表5-5-8模型的拟合指标可以看出，该模型卡方与自由度之比（χ^2/df）为6.997，略大于5但小于10，$p<0.001$；RMSEA值为0.086，小于0.1；SRMR为0.0302，小于0.05；GFI、AGFI、RFI、IFI、NNFI、CFI分别为0.956、0.917、0.947、0.970、0.955、0.970，均大于0.9。据此，社会资本—知识资本—工作绩效中介模型的各项拟合指标均通过检验。

表5-5-8 社会资本—知识资本—工作绩效中介模型拟合指标表

χ^2	df	p	χ^2/df	RMSEA	SRMR	GFI	AGFI	RFI	IFI	NNFI	CFI
167.921	24	.000	6.997	.086	.0302	.956	.917	.947	.970	.955	.970

（二）总体效应路径 c 的系数及显著性分析

中介效应模型的第二步是审视路径 c 系数的标准化估计值及其标准误差。从AMOS 21.0软件运行结果来看，社会资本对工作绩效的总效应即路径 c 的系数为0.826，其对应的标准误差 S_c 为0.030（见表5-5-9），偏差校正后的总效应下限值和上限值分别为0.640、0.864，并且在 $p=0.011<0.05$ 水平下显著（见表5-5-10）。这说明自变量（社会资本）对因变量（工作绩效）的总体效应显著。由此，本研究假设 H_{2-3} 得到验证，即：

H_{2-3}：社会资本对工作绩效有显著影响

由于路径 c 的系数显著，因此可以继续进行路径 a 和 b 的检验。

表5-5-9 社会资本对工作绩效的标准化总效应与标准误差

变量	总效应			标准误差		
	社会资本	知识资本	工作绩效	社会资本	知识资本	工作绩效
知识资本	.944	.000	.000	.018	.000	.000

续表

变量	总效应 社会资本	总效应 知识资本	总效应 工作绩效	标准误差 社会资本	标准误差 知识资本	标准误差 工作绩效
工作绩效	.826	1.226	.000	.030	.356	.000
任务绩效	.670	.995	.812	.027	.286	.023
工作能力	.659	.979	.798	.028	.284	.023
工作奉献	.579	.860	.702	.036	.262	.030
顾客资本	.826	.875	.000	.020	.015	.000
结构资本	.700	.742	.000	.051	.053	.000
人力资本	.848	.898	.000	.022	.015	.000
结构维度	.815	.000	.000	.021	.000	.000
认知维度	.702	.000	.000	.029	.000	.000
关系维度	.781	.000	.000	.022	.000	.000

表 5-5-10 社会资本对工作绩效的标准化总效应偏差校正与显著性

变量	总效应下限值 社会资本	总效应下限值 知识资本	总效应下限值 工作绩效	总效应上限值 社会资本	总效应上限值 知识资本	总效应上限值 工作绩效	显著性 社会资本	显著性 知识资本	显著性 工作绩效
知识资本	1.000	.000	.000	1.164	.000	.000	.015	...	...
工作绩效	.640	.686	.000	.846	1.460	.000	.011	.012	...
任务绩效	.746	.868	1.029	.953	1.692	1.302	.015	.010	.012
工作能力	.755	.842	1.009	.939	1.775	1.293	.010	.008	.011
工作奉献	.640	.686	1.00	.846	1.460	1.000	.011	.012	...
顾客资本	.951	.901	.000	1.162	1.043	.000	.011	.007	...
结构资本	.780	.730	.000	.981	.897	.000	.016	.012	...
人力资本	1.000	1.000	.000	1.164	1.000	.000	.015	...	...
结构维度	.986	.000	.000	1.133	.000	.000	.011	...	...
认知维度	.799	.000	.000	1.006	.000	.000	.007	...	...
关系维度	1.000	.000	.000	1.000	.000	.000	...	...	...

(三) 中介效应 a、b 和 c' 显著性分析

中介效应模型检验的第三步是中介效应 a、b 的显著性分析。从

AMOS 21.0 软件运行结果来看，社会资本对知识资本直接效应的下限值和上限值分别为 1.000 和 1.164，在 $p=0.015<0.05$ 水平下显著；知识资本对工作绩效直接效应的下限值和上限值分别为 0.686 和 1.460，在 $p=0.012<0.05$ 水平下显著；社会资本对工作绩效直接效应的下限值和上限值分别为 -0.813 和 -0.007，由于 $p=0.096>0.05$，所以影响不显著。如表 5-5-11 所示。由此，本研究假设 H_{3-2} 得到验证，即：

H_{3-2}：员工知识资本对工作绩效有显著影响

从表 5-5-12 中由 Bootstrap 法计算的路径系数可以看出，路径 a 的系数为 0.944，其标准误 S_a 为 0.018；路径 b 的系数为 1.302，其标准误 S_b 为 0.356；路径 c' 的系数为 -0.409，其标准误 S_c 为 0.358。由于路径 a、b 直接效应显著，但路径 c' 直接效应不显著，本研究可以初步断定，知识资本在社会资本和工作绩效之间起完全的中介作用。

表 5-5-11　社会资本—知识资本—工作绩效的直接效应与显著性

变量	直接效应下限值 社会资本	直接效应下限值 知识资本	直接效应下限值 工作绩效	直接效应上限值 社会资本	直接效应上限值 知识资本	直接效应上限值 工作绩效	显著性 社会资本	显著性 知识资本	显著性 工作绩效
知识资本	1.000	.000	.000	1.164	.000	.000	.015	…	…
工作绩效	-.813	.686	.000	-.007	1.460	.000	.096	.012	…
任务绩效	.000	.000	1.029	.000	.000	1.302	…	…	.012
工作能力	.000	.000	1.009	.000	.000	1.293	…	…	.011
工作奉献	.000	.000	1.000	.000	.000	1.000	…	…	…
顾客资本	.000	.901	.000	.000	1.043	.000	…	.007	…
结构资本	.000	.730	.000	.000	.897	.000	…	.012	…
人力资本	.000	1.000	.000	.000	1.000	.000	…	…	…
结构维度	.986	.000	.000	1.133	.000	.000	.011	…	…
认知维度	.799	.000	.000	1.006	.000	.000	.007	…	…
关系维度	1.000	.000	.000	1.000	.000	.000	…	…	…

表 5-5-12　社会资本—知识资本—工作绩效中介模型的回归路径

路径关系			SE	SE-SE	Mean	Bias	SE-Bias
知识资本	←	社会资本	.018	.001	.944	.001	.001

续表

路径关系			SE	SE-SE	Mean	Bias	SE-Bias
工作绩效	←	知识资本	.356	.018	1.302	.077	.025
工作绩效	←	社会资本	.358	.018	-.409	-.078	.025
关系维度	←	社会资本	.022	.001	.782	.001	.002
认知维度	←	社会资本	.029	.001	.704	.001	.002
结构维度	←	社会资本	.021	.001	.818	.003	.001
人力资本	←	知识资本	.015	.001	.900	.002	.001
结构资本	←	知识资本	.053	.003	.747	.006	.004
顾客资本	←	知识资本	.015	.001	.874	-.001	.001
工作奉献	←	工作绩效	.030	.001	.702	.000	.002
工作能力	←	工作绩效	.023	.001	.799	.001	.002
任务绩效	←	工作绩效	.023	.001	.812	.001	.002

（四）路径 c' 的间接效应分析

接下来我们来看一下路径 c' 的间接效应。表 5-5-13 显示了路径 c' 的下限值和上限值分别为 0.850 和 1.909，在 $p<0.001$ 水平下显著。

表 5-5-13　　社会资本对工作绩效的间接效应与显著性

变量	间接效应下限值			间接效应上限值			显著性		
	社会资本	知识资本	工作绩效	社会资本	知识资本	工作绩效	社会资本	知识资本	工作绩效
知识资本	.000	.000	.000	.000	.000	.000	…	…	…
工作绩效	.850	.000	.000	1.909	.000	.000	.011	…	…
任务绩效	.621	.777	.000	.713	1.637	.000	.009	.009	…
工作能力	.614	.745	.000	.706	1.570	.000	.007	.011	…
工作奉献	.515	.606	.000	.636	1.327	.000	.012	.013	…
顾客资本	.790	.000	.000	.853	.000	.000	.013	…	…
结构资本	.586	.000	.000	.768	.000	.000	.030	…	…
人力资本	.808	.000	.000	.878	.000	.000	.016	…	…
结构维度	.000	.000	.000	.000	.000	.000	…	…	…
认知维度	.000	.000	.000	.000	.000	.000	…	…	…

续表

变量	间接效应下限值			间接效应上限值			显著性		
	社会资本	知识资本	工作绩效	社会资本	知识资本	工作绩效	社会资本	知识资本	工作绩效
关系维度	.000	.000	.000	.000	.000	.000	…	…	…

与社会资本—知识资本—企业绩效的中介效应模型一样，从社会资本—知识资本—工作绩效标准化中介路径图 5-5-5 上可以看出，"社会资本→工作绩效"的路径 c' 的系数为-0.33，是负值；"知识资本→工作绩效"的路径系数 b 为 1.23，大于 1。在这种情况下，香港中文大学的罗胜强教授（Kenneth S. Law）在网络回答提问时认为是模型构建和数据质量不高导致的；对于路径系数为负值则有学者认为这是中介模型的遮掩效应（MacKinnon，2008），温忠麟、叶宝娟（2014）在其所提出的中介效应检验程序中对此持支持意见，但并没有说明路径系数大于 1 的情况。对此也有学者建议应该删除"社会资本→工作绩效"这条路径（侯杰泰、温忠麟、成子娟，2006）。从删除"社会资本→工作绩效"后的路径图 5-5-6 可以看出，"知识资本→工作绩效"的路径系数变为 0.90，小于 1。当然，新模型也可以理解为知识资本在社会资本和工作绩效之间起调解作用。许多学者都认同中介效应中混合着调解效应。

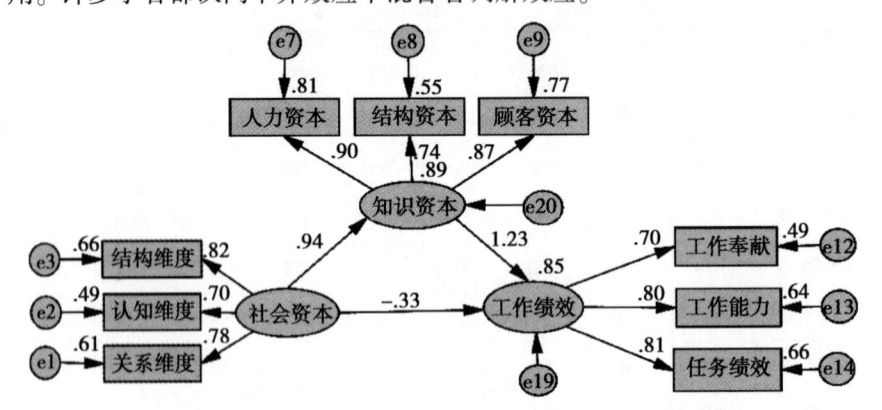

图 5-5-5 社会资本—知识资本—工作绩效中介模型路径图

（五）中介效应检验

经检验，Sobel 检验、Aroian 检验、Goodman 检验三种检验均在 $p<0.001$ 水平下达显著效果。检验结果如表 5-5-14 所示。

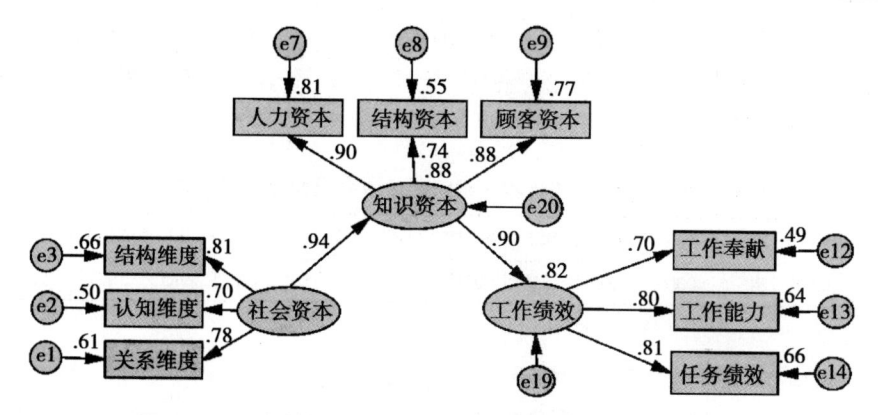

图 5-5-6　社会资本—知识资本—工作绩效调解效应路径图

表 5-5-14　　社会资本—知识资本—工作绩效中介效应检验表

输入值		检验类型	Z 值	标准误	p 值
a	0.944	Sobel 检验	3.648	0.337	0.000
b	1.302	Aroian 检验	3.648	0.337	0.000
S_a	0.018	Goodman 检验	3.649	0.337	0.000
S_b	0.356	检验结果			显著

（六）中介效应的判别与模型解释

综合以上几个步骤可以看出，路径 c、a 和 b 的系数均达显著效果，这表示三者之间存在着显著的中介效应，同时路径 c' 的直接效应不显著，因此本模型的中介效应是完全中介。中介变量的模型分析结果表明：员工知识资本在社会资本和工作绩效之间具有完全中介作用。这个完全中介模型说明：由于知识资本在社会资本和工作绩效之间具有完全中介作用，所以，社会资本对工作绩效的影响完全可以通过知识资本来解释，知识资本对工作绩效的影响远比社会资本重要得多。由此，研究假设"H_{4-2}：员工知识资本在社会资本与工作绩效之间具有中介作用"通过检验。

四　社会资本—知识资本—组织创新中介效应分析

（一）中介模型的拟合指标分析

知识资本在社会资本和组织创新之间的中介效应是本研究构造的第三个知识资本中介模型。从表 5-5-15 模型的拟合指标可以看出，该模型卡方与自由度之比（χ^2/df）为 3.925，小于 5，$p<0.001$；RMSEA 值为 0.060，小于 0.1；SRMR 为 0.0217，小于 0.05；GFI、AGFI、RFI、IFI、

NNFI、CFI 分别为 0.976、0.955、0.970、0.985、0.977、0.985 均大于 0.9，甚至已大于 0.95。由此，社会资本—知识资本—组织创新中介模型的各项拟合指标均通过检验。

表 5-5-15　社会资本—知识资本—组织创新中介模型拟合指标表

χ^2	df	p	χ^2/df	RMSEA	SRMR	GFI	AGFI	RFI	IFI	NNFI	CFI
94.209	24	.000	3.925	.060	.0217	.976	.955	.970	.985	.977	.985

（二）总体效应路径 c 的系数及显著性分析

中介效应模型的第二步是审视路径 c 系数的标准化估计值及其标准误差。从 AMOS 21.0 软件运行结果来看，社会资本对组织创新的总效应即路径 c 的系数为 0.834，其对应的标准误差 S_c 为 0.030（见表 5-5-16），偏差校正后的总效应下限和上限分别为 0.772、0.890，并且在 $p=0.001<0.05$ 水平下显著（见表 5-5-17）。这说明自变量（社会资本）对因变量（组织创新）的总体效应显著。由此，本研究假设 H_{2-4} 得到验证，即：

H_{2-4}：社会资本对组织创新有显著影响

由于路径 c 的系数显著，因此可以继续进行路径 a 和 b 的检验。

表 5-5-16　社会资本对组织创新的标准化总效应与标准误差

变量	总效应			标准误差		
	社会资本	知识资本	组织创新	社会资本	知识资本	组织创新
知识资本	.942	.000	.000	.018	.000	.000
组织创新	.834	1.045	.000	.030	.248	.000
技术创新	.655	.820	.785	.029	.195	.023
管理创新	.629	.788	.754	.034	.191	.031
工作创新	.643	.805	.771	.039	.194	.034
顾客资本	.809	.859	.000	.022	.017	.000
结构资本	.690	.732	.000	.048	.049	.000
人力资本	.865	.918	.000	.019	.012	.000
结构维度	.821	.000	.000	.020	.000	.000
认知维度	.701	.000	.000	.027	.000	.000
关系维度	.775	.000	.000	.024	.000	.000

表 5-5-17 社会资本对组织创新的标准化总效应偏差校正与显著性

变量	总效应下限值 社会资本	总效应下限值 知识资本	总效应下限值 组织创新	总效应上限值 社会资本	总效应上限值 知识资本	总效应上限值 组织创新	显著性 社会资本	显著性 知识资本	显著性 组织创新
知识资本	.902	.000	.000	.974	.000	.000	.001	...	...
组织创新	.772	.713	.000	.890	1.660	.000	.001	.001	...
技术创新	.595	.561	.735	.710	1.284	.827	.001	.001	.001
管理创新	.552	.537	.685	.689	1.238	.806	.001	.001	.002
工作创新	.559	.544	.694	.714	1.304	.828	.001	.001	.002
顾客资本	.761	.822	.000	.848	.888	.000	.001	.001	...
结构资本	.583	.620	.000	.773	.815	.000	.002	.002	...
人力资本	.825	.892	.000	.900	.938	.000	.001	.001	...
结构维度	.778	.000	.000	.857	.000	.000	.002	...	...
认知维度	.645	.000	.000	.752	.000	.000	.001	...	...
关系维度	.726	.000	.000	.819	.000	.000	.001	...	...

(三) 中介效应 a、b 和 c' 显著性分析

中介效应模型检验的第三步是中介效应 a、b 的显著性分析。从 AMOS 21.0 软件运行结果来看，社会资本对知识资本直接效应的下限值和上限值分别为 0.902 和 0.974，在 $p=0.001<0.05$ 水平下显著；知识资本对组织创新直接效应的下限值和上限值分别为 0.713 和 1.660，在 $p=0.001<0.05$ 水平下显著；社会资本对组织创新直接效应的下限值和上限值分别为 -0.761 和 0.193，由于 $p=0.418>0.05$，所以影响不显著。如表 5-5-18 所示。由此，本研究假设 H_{3-3} 得到验证，即：

H_{3-3}：员工知识资本对组织创新有显著影响

从表 5-5-19 中由 Bootstrap 法计算的路径系数可以看出，路径 a 的系数为 0.942，其标准误 S_a 为 0.018；路径 b 的系数为 -0.179，其标准误 S_b 为 0.254；路径 c' 的系数为 1.074，其标准误 S_c 为 0.248。由于路径 a、b 直接效应显著，但路径 c' 直接效应不显著，本研究可以初步断定，知识资本在社会资本和组织创新之间起完全的中介作用。

表 5-5-18　社会资本—知识资本—组织创新的直接效应与显著性

变量	直接效应下限值 社会资本	直接效应下限值 知识资本	直接效应下限值 组织创新	直接效应上限值 社会资本	直接效应上限值 知识资本	直接效应上限值 组织创新	显著性 社会资本	显著性 知识资本	显著性 组织创新
知识资本	.902	.000	.000	.974	.000	.000	.001	...	...
组织创新	-.761	.713	.000	.193	1.660	.000	.418	.001	...
技术创新	.000	.000	.735	.000	.000	.827	...	...	.001
管理创新	.000	.000	.685	.000	.000	.806	...	...	.002
工作创新	.000	.000	.694	.000	.000	.828	...	...	.002
顾客资本	.000	.822	.000	.000	.888	.000	...	.001	...
结构资本	.000	.620	.000	.000	.815	.000	...	.002	...
人力资本	.000	.892	.000	.000	.938	.000	...	.001	...
结构维度	.778	.000	.000	.857	.000	.000	.002	...	...
认知维度	.645	.000	.000	.752	.000	.000	.001	...	...
关系维度	.726	.000	.000	.819	.000	.000	.001	...	...

表 5-5-19　社会资本—知识资本—组织创新中介模型的回归路径

路径关系			SE	SE-SE	Mean	Bias	SE-Bias
知识资本	←	社会资本	.018	.000	.942	.000	.000
组织创新	←	知识资本	.248	.004	1.074	.029	.006
组织创新	←	社会资本	.254	.004	-.179	-.029	.006
关系维度	←	社会资本	.024	.000	.775	.000	.001
认知维度	←	社会资本	.027	.000	.701	.001	.001
结构维度	←	社会资本	.020	.000	.822	.001	.000
人力资本	←	知识资本	.012	.000	.918	.000	.000
结构资本	←	知识资本	.049	.001	.734	.001	.001
顾客资本	←	知识资本	.017	.000	.859	.000	.000
工作创新	←	组织创新	.034	.001	.770	.000	.001
管理创新	←	组织创新	.031	.000	.755	.001	.001
技术创新	←	组织创新	.023	.000	.785	.000	.001

（四）路径 c' 的间接效应分析

接下来我们来看一下路径 c' 的间接效应。表 5-5-20 显示了路径 c' 间接效应的下限值和上限值分别为 0.684 和 1.637，在 $p<0.05$ 水平下显著。

表 5-5-20　　社会资本对组织创新的间接效应与显著性

变量	间接效应下限值			间接效应上限值			显著性		
	社会资本	知识资本	组织创新	社会资本	知识资本	组织创新	社会资本	知识资本	组织创新
知识资本	.000	.000	.000	.000	.000	.000	…	…	…
组织创新	.684	.000	.000	1.637	.000	.000	.001	…	…
技术创新	.595	.561	.000	.710	1.284	.000	.001	.001	…
管理创新	.552	.537	.000	.689	1.238	.000	.001	.001	…
工作创新	.559	.544	.000	.714	1.304	.000	.001	.001	…
顾客资本	.761	.000	.000	.848	.000	.000	.001	…	…
结构资本	.583	.000	.000	.773	.000	.000	.002	…	…
人力资本	.825	.000	.000	.900	.000	.000	.001	…	…
结构维度	.000	.000	.000	.000	.000	.000	…	…	…
认知维度	.000	.000	.000	.000	.000	.000	…	…	…
关系维度	.000	.000	.000	.000	.000	.000	…	…	…

与社会资本—知识资本—企业绩效的中介效应模型一样，从社会资本—知识资本—组织创新标准化中介路径图 5-5-7 上可以看出，"社会资本→组织创新"的路径 c' 的系数为 -0.15，是负值；"知识资本→组织创新"的路径系数 b 为 1.04，大于 1。在这种情况下，香港中文大学的罗胜强教授（Kenneth S. Law）在网络回答提问时认为是模型构建和数据质量不高导致的；对于路径系数为负值则有学者认为这是中介模型的遮掩效应（MacKinnon，2008），温忠麟、叶宝娟（2014）在其所提出的中介效应检验程序中对此持支持意见，但并没有说明路径系数大于 1 的情况。对此也有学者建议应该删除"社会资本→组织创新"这条路径（侯杰泰、温忠麟、成子娟，2006）。从删除"社会资本→组织创新"后的路径图 5-5-8 可以看出，"知识资本→工作绩效"的路径系数变为 0.90，小于 1。当然，新模型也可以理解为知识资本在社会资本和组织创新之间起调解作用。许多学者都认同中介效应中混合着调解效应。

（五）中介效应检验

经检验，Sobel 检验、Aroian 检验、Goodman 检验三种检验均在 $p<0.05$ 水平下没能达显著效果。检验结果如表 5-5-21 所示。

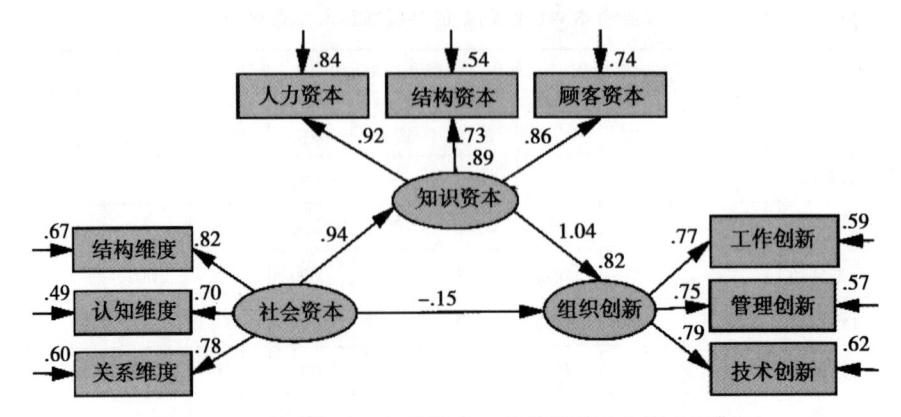

图 5-5-7　社会资本—知识资本—组织创新中介效应路径图

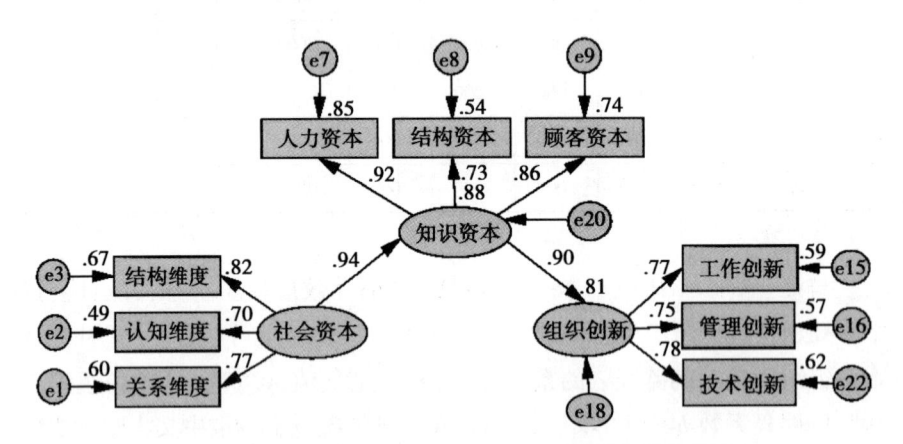

图 5-5-8　社会资本—知识资本—组织创新调解路径图

表 5-5-21　社会资本—知识资本—组织创新中介效应检验表

输入值		检验类型	Z 值	标准误	p 值
a	0.942	Sobel 检验	−0.705	0.239	0.481
b	−0.179	Aroian 检验	−0.705	0.239	0.481
S_a	0.018	Goodman 检验	−0.705	0.239	0.481
S_b	0.254	检验结果			不显著

由此，研究假设"H_{4-3}：员工知识资本在社会资本与组织创新之间具有中介作用"没有通过检验。这说明社会资本可以直接对组织创新产生影响，而不需要借助知识资本这个中介变量。

五 社会网络—知识资本—企业绩效中介效应分析

(一) 中介模型的拟合指标分析

知识资本在社会网络和企业绩效之间的中介效应是本研究构造的第一个知识资本中介模型。从表 5-5-22 模型的拟合指标可以看出,该模型卡方与自由度之比(χ^2/df)为 6.286,大于 5 但小于 10,$p<0.001$;RMSEA 值为 0.081,小于 0.1;SRMR 为 0.0286,小于 0.05;GFI、AGFI、RFI、IFI、NNFI、CFI 分别为 0.985、0.922、0.953、0.973、0.960、0.973 均大于 0.9。由此,该知识资本中介模型的各项拟合指标均通过检验。

表 5-5-22 社会网络—知识资本—企业绩效中介模型拟合指标表

χ^2	df	p	χ^2/df	RMSEA	SRMR	GFI	AGFI	RFI	IFI	NNFI	CFI
150.859	24	.000	6.286	.081	.0286	.958	.922	.953	.973	.960	.973

(二) 总体效应路径 c 的系数及显著性分析

中介效应模型的第二步是审视路径 c 系数的标准化估计值及其标准误差。从 AMOS 21.0 软件运行结果来看,社会网络对企业绩效的总效应即路径 c 的系数为 0.844,其对应的标准误差 S_c 为 0.037(见表 5-5-23),偏差校正后的总效应下限值和上限值分别为 0.758、0.908,并且在 $p=0.002<0.05$ 水平下显著(见表 5-5-24)。这说明自变量(社会网络)对因变量(企业绩效)的总体效应显著。由此,本研究假设 H_{2-6} 得到验证,即:

H_{2-6}:社会网络对企业绩效有显著影响

由于路径 c 的系数显著,因此可以继续进行路径 a 和 b 的检验。

表 5-5-23 社会网络对企业绩效的标准化总效应与标准误差

变量	总效应			标准误差		
	社会网络	知识资本	企业绩效	社会网络	知识资本	企业绩效
知识资本	.934	.000	.000	.019	.000	.000
企业绩效	.844	.697	.000	.037	.257	.000
创新绩效	.679	.560	.804	.034	.203	.020
资讯优势	.700	.578	.830	.034	.212	.016

续表

变量	总效应			标准误差		
	社会网络	知识资本	企业绩效	社会网络	知识资本	企业绩效
财务绩效	.673	.556	.798	.035	.205	.021
顾客资本	.830	.888	.000	.021	.013	.000
结构资本	.693	.742	.000	.047	.049	.000
人力资本	.827	.885	.000	.021	.014	.000
社会影响力	.665	.000	.000	.032	.000	.000
网络中心性	.736	.000	.000	.026	.000	.000
社会连带	.814	.000	.000	.020	.000	.000

表 5-5-24　社会网络对企业绩效的标准化总效应偏差校正与显著性

变量	总效应下限值			总效应上限值			显著性		
	社会网络	知识资本	企业绩效	社会网络	知识资本	企业绩效	社会网络	知识资本	企业绩效
知识资本	.896	.000	.000	.970	.000	.000	.001	...	...
企业绩效	.758	.289	.000	.908	1.288	.000	.002	.006	...
创新绩效	.606	.235	.764	.740	1.032	.840	.001	.006	.001
资讯优势	.624	.241	.796	.757	1.077	.860	.001	.006	.001
财务绩效	.596	.234	.751	.733	1.042	.835	.002	.005	.001
顾客资本	.789	.859	.000	.868	.911	.000	.001	.001	...
结构资本	.589	.632	.000	.779	.826	.000	.002	.002	...
人力资本	.786	.854	.000	.866	.910	.000	.001	.002	...
社会影响力	.593	.000	.000	.719	.000	.000	.002	...	...
网络中心性	.683	.000	.000	.786	.000	.000	.001	...	...
社会连带	.767	.000	.000	.849	.000	.000	.001	...	...

（三）中介效应 a、b 和 c' 显著性分析

中介效应模型检验的第三步是中介效应 a、b 的显著性分析。从 AMOS 21.0 软件运行结果来看，社会网络对知识资本直接效应的下限值和上限值分别为 0.896 和 0.970，在 $p=0.001<0.05$ 水平下显著；知识资本对企业绩效直接效应的下限值和上限值分别为 0.289 和 1.288，在 $p=0.006<0.05$ 水平下显著；社会网络对企业绩效直接效应的下限值和上限

值分别为 -0.442 和 0.607，由于 $p=0.413>0.05$，所以影响不显著。如表 5-5-25 所示。由此，本研究假设 H_{2-5}、假设 H_{3-1} 得到验证，即

H_{2-5}：社会网络对知识资本有显著影响

H_{3-1}：员工知识资本对企业绩效有显著影响

从表 5-5-26 中由 Bootstrap 法计算的路径系数可以看出，路径 a 的系数为 0.934，其标准误 S_a 为 0.019；路径 b 的系数为 0.174，其标准误 S_b 为 0.268；路径 c' 的系数为 0.716，其标准误 $S_{c'}$ 为 0.257。由于路径 a、b 直接效应显著，但路径 c' 直接效应不显著，本研究可以初步断定，知识资本在社会网络和企业绩效之间起完全的中介作用。

表 5-5-25　社会网络—知识资本—企业绩效的直接效应与显著性

变量	直接效应下限值 社会网络	直接效应下限值 知识资本	直接效应下限值 企业绩效	直接效应上限值 社会网络	直接效应上限值 知识资本	直接效应上限值 企业绩效	显著性 社会网络	显著性 知识资本	显著性 企业绩效
知识资本	.896	.000	.000	.970	.000	.000	.001	…	…
企业绩效	-.442	.289	.000	.607	1.288	.000	.413	.006	…
竞争优势	.000	.000	.764	.000	.000	.840	…	…	.001
资讯优势	.000	.000	.796	.000	.000	.860	…	…	.001
财务绩效	.000	.000	.751	.000	.000	.835	…	…	.001
顾客资本	.000	.859	.000	.000	.911	.000	…	.001	…
结构资本	.000	.632	.000	.000	.826	.000	…	.002	…
人力资本	.000	.854	.000	.000	.910	.000	…	.002	…
社会影响力	.593	.000	.000	.719	.000	.000	.002	…	…
网络中心性	.683	.000	.000	.786	.000	.000	.001	…	…
社会连带	.767	.000	.000	.849	.000	.000	.001	…	…

表 5-5-26　社会网络—知识资本—企业绩效中介模型的回归路径

路径关系			SE	SE-SE	Mean	Bias	SE-Bias
知识资本	←	社会网络	.019	.000	.934	.000	.000
企业绩效	←	知识资本	.257	.004	.716	.019	.006
企业绩效	←	社会网络	.268	.004	.174	-.019	.006
社会连带	←	社会网络	.020	.000	.813	-.001	.000
网络中心性	←	社会网络	.026	.000	.737	.001	.001

续表

路径关系			SE	SE-SE	Mean	Bias	SE-Bias
社会影响力	←	社会网络	.032	.001	.666	.001	.001
人力资本	←	知识资本	.014	.000	.885	.000	.000
结构资本	←	知识资本	.049	.001	.744	.002	.001
顾客资本	←	知识资本	.013	.000	.888	.000	.000
财务绩效	←	企业绩效	.021	.000	.797	.000	.000
资讯优势	←	企业绩效	.016	.000	.829	.000	.000
创新绩效	←	企业绩效	.020	.000	.803	-.001	.000

（四）路径 c' 的间接效应分析

接下来我们来看一下路径 c' 的间接效应。表 5-5-27 显示了路径 c' 的下限值和上限值分别为 0.279 和 1.247，在 $p<0.001$ 水平下显著。

表 5-5-27　　社会网络对企业绩效的间接效应与显著性

变量	间接效应下限值			间接效应上限值			显著性		
	社会网络	知识资本	企业绩效	社会网络	知识资本	企业绩效	社会网络	知识资本	企业绩效
知识资本	.000	.000	.000	.000	.000	.000	...	...	...
企业绩效	.279	.000	.000	1.247	.000	.000	.005	...	...
创新绩效	.606	.235	.000	.740	1.032	.000	.001	.006	...
资讯优势	.624	.241	.000	.757	1.077	.000	.001	.006	...
财务绩效	.596	.234	.000	.733	1.042	.000	.002	.005	...
顾客资本	.789	.000	.000	.868	.000	.000	.001	...	...
结构资本	.589	.000	.000	.779	.000	.000	.002	...	...
人力资本	.786	.000	.000	.866	.000	.000	.001	...	...
社会影响力	.000	.000	.000	.000	.000	.000	...	...	...
网络中心性	.000	.000	.000	.000	.000	.000	...	...	...
社会连带	.000	.000	.000	.000	.000	.000	...	...	...

（五）中介效应检验

经检验，Sobel 检验、Aroian 检验、Goodman 检验三种检验均在 $p<0.05$ 水平下达显著效果。检验结果如表 5-5-28 所示。

第五章 员工知识资本形成与运作机制的自我中心网络分析　　203

表 5-5-28　　社会网络—知识资本—企业绩效中介效应检验表

输入值		检验类型	Z 值	标准误	p 值
a	0.934	Sobel 检验	2.782	0.240	0.005
b	0.716	Aroian 检验	2.781	0.240	0.005
S_a	0.019	Goodman 检验	2.782	0.240	0.005
S_b	0.257	检验结果			显著

（六）中介效应的判别与模型解释

综合以上几个步骤可以看出，路径 c、a 和 b 的系数均达显著效果，这表示三者之间存在着显著的中介效应，同时路径 c' 的直接效应不显著，因此本模型的中介效应是完全中介。中介变量的模型分析结果表明：员工知识资本在社会网络和企业绩效之间具有完全中介作用。这个完全中介模型说明：由于知识资本在社会网络和企业绩效之间具有完全中介作用，所以，社会网络对企业绩效的影响完全可以通过知识资本来解释，知识资本对企业绩效的影响比社会网络重要得多。由此，研究假设 "H_{4-4}：员工知识资本在社会网络与企业绩效之间具有中介作用" 通过检验。这个社会网络—知识资本—企业绩效中介模型如图 5-5-9 所示。

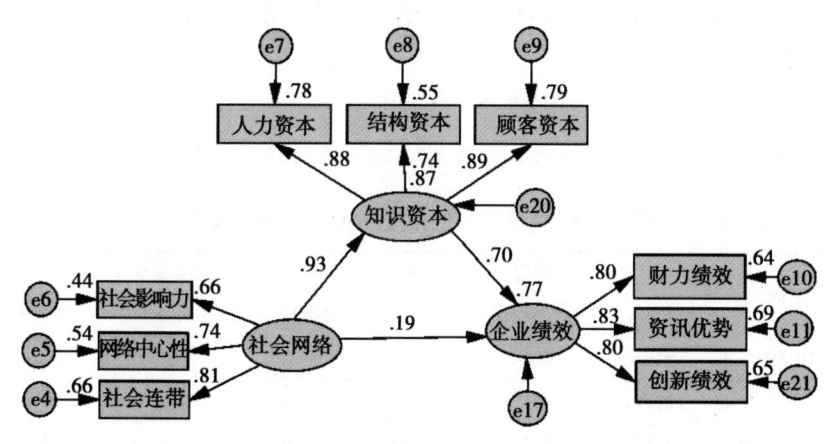

图 5-5-9　社会网络—知识资本—企业绩效中介效应路径图

六　社会网络—知识资本—工作绩效中介效应分析

（一）中介模型的拟合指标分析

知识资本在社会网络和工作绩效之间的中介效应是本研究构造的第二

个知识资本中介模型。从表 5-5-29 模型的拟合指标可以看出，该模型卡方与自由度之比（χ^2/df）为 10.082，略大于 10，$p<0.001$；RMSEA 值为 0.106，略大于 0.1；SRMR 为 0.0373，小于 0.05；GFI、AGFI、RFI、IFI、NNFI、CFI 分别为 0.935、0.878、0.924、0.954、0.931、0.954，除 AGFI 略小于 0.9 外，其他指标均大于 0.9。可见，社会网络—知识资本—工作绩效中介模型的各项拟合指标大多数没能通过检验。

表 5-5-29　社会网络—知识资本—工作绩效中介模型拟合指标表

χ^2	df	p	χ^2/df	RMSEA	SRMR	GFI	AGFI	RFI	IFI	NNFI	CFI
241.962	24	.000	10.082	.106	.0373	.935	.878	.924	.954	.931	.954

（二）总体效应路径 c 的系数及显著性分析

中介效应模型的第二步是审视路径 c 系数的标准化估计值及其标准误差。从 AMOS 21.0 软件运行结果来看，社会网络对工作绩效的总效应即路径 c 的系数为 0.927，其对应的标准误差 S_c 为 0.028（见表 5-5-30），偏差校正后的总效应下限值和上限值分别为 0.885、0.976，并且在 $p=0.007<0.05$ 水平下显著（见表 5-5-31）。这说明自变量（社会网络）对因变量（工作绩效）的总体效应显著。由此，本研究假设 H_{2-7} 得到验证，即：

H_{2-7}：社会网络对工作绩效有显著影响

由于路径 c 的系数显著，因此可以继续进行路径 a 和 b 的检验。

表 5-5-30　社会网络对工作绩效的标准化总效应与标准误差

变量	总效应 社会网络	总效应 知识资本	总效应 工作绩效	标准误差 社会网络	标准误差 知识资本	标准误差 工作绩效
知识资本	.931	.000	.000	.020	.000	.000
工作绩效	.927	.421	.000	.028	.234	.000
任务绩效	.755	.343	.815	.029	.188	.021
工作能力	.726	.330	.783	.026	.183	.025
工作奉献	.660	.300	.713	.033	.168	.028
顾客资本	.828	.889	.000	.021	.013	.000
结构资本	.696	.748	.000	.051	.053	.000
人力资本	.819	.880	.000	.023	.016	.000

续表

变量	总效应			标准误差		
	社会网络	知识资本	工作绩效	社会网络	知识资本	工作绩效
社会影响力	.682	.000	.000	.030	.000	.000
网络中心性	.748	.000	.000	.022	.000	.000
社会连带	.797	.000	.000	.019	.000	.000

表 5-5-31 社会网络对工作绩效的标准化总效应偏差校正与显著性

变量	总效应下限值			总效应上限值			显著性		
	社会网络	知识资本	工作绩效	社会网络	知识资本	工作绩效	社会网络	知识资本	工作绩效
知识资本	.896	.000	.000	.959	.000	.000	.013	...	...
工作绩效	.885	.146	.000	.976	.745	.000	.007	.027	...
任务绩效	.701	.113	.776	.808	.588	.847	.010	.035	.014
工作能力	.679	.113	.731	.769	.580	.817	.012	.031	.021
工作奉献	.604	.096	.663	.711	.548	.755	.012	.029	.012
顾客资本	.789	.863	.000	.855	.906	.000	.019	.014	...
结构资本	.587	.638	.000	.769	.821	.000	.021	.020	...
人力资本	.779	.852	.000	.855	.903	.000	.015	.014	...
社会影响力	.625	.000	.000	.727	.000	.000	.020	...	...
网络中心性	.707	.000	.000	.777	.000	.000	.025	...	...
社会连带	.753	.000	.000	.817	.000	.000	.044	...	...

(三) 中介效应 a、b 和 c' 显著性分析

中介效应模型检验的第三步是中介效应 a、b 的显著性分析。从 AMOS 21.0 软件运行结果来看，社会网络对知识资本直接效应的下限值和上限值分别为 0.896 和 0.959，在 $p=0.013<0.05$ 水平下显著；知识资本对工作绩效直接效应的下限值和上限值分别为 0.146 和 0.745，在 $p=0.027<0.05$ 水平下显著；社会网络对工作绩效直接效应的下限值和上限值分别为 0.226 和 0.818，在 $p=0.023<0.05$ 水平下显著。如表 5-5-32 所示。

从表 5-5-33 中由 Bootstrap 法计算的路径系数可以看出，路径 a 的系数为 0.931，其标准误 S_a 为 0.020；路径 b 的系数为 0.549，其标准误 S_b

为 0.235；路径 c' 的系数为 0.406，其标准误 $S_{c'}$ 为 0.234。由于路径 a、b、c' 直接效应均显著，本研究可以初步断定，如果这个中介模型通过 Sobel 检验、Aroian 检验、Goodman 检验三种检验，则知识资本在社会网络和工作绩效之间起部分中介作用。

表 5-5-32　社会网络—知识资本—工作绩效的直接效应与显著性

变量	直接效应下限值			直接效应上限值			显著性		
	社会网络	知识资本	工作绩效	社会网络	知识资本	工作绩效	社会网络	知识资本	工作绩效
知识资本	.896	.000	.000	.959	.000	.000	.013	...	...
工作绩效	.226	.146	.000	.818	.745	.000	.023	.027	...
任务绩效	.000	.000	.776	.000	.000	.847	...	...	.014
工作能力	.000	.000	.731	.000	.000	.817	...	...	.021
工作奉献	.000	.000	.663	.000	.000	.755	...	...	.012
顾客资本	.000	.863	.000	.000	.906	.000	...	.014	...
结构资本	.000	.638	.000	.000	.821	.000	...	.020	...
人力资本	.000	.852	.000	.000	.903	.000	...	.014	...
社会影响力	.625	.000	.000	.727	.000	.000	.020	...	...
网络中心性	.707	.000	.000	.777	.000	.000	.025	...	...
社会连带	.753	.000	.000	.817	.000	.000	.044	...	...

表 5-5-33　社会网络—知识资本—工作绩效中介模型的回归路径

路径关系			SE	SE-SE	Mean	Bias	SE-Bias
知识资本	←	社会网络	.020	.001	.931	.000	.001
工作绩效	←	知识资本	.234	.012	.406	-.015	.017
工作绩效	←	社会网络	.235	.012	.549	.014	.017
社会连带	←	社会网络	.019	.001	.799	.002	.001
网络中心性	←	社会网络	.022	.001	.750	.003	.002
社会影响力	←	社会网络	.030	.001	.686	.004	.002
人力资本	←	知识资本	.016	.001	.882	.002	.001
结构资本	←	知识资本	.053	.003	.753	.005	.004
顾客资本	←	知识资本	.013	.001	.888	-.001	.001
工作奉献	←	工作绩效	.028	.001	.712	.000	.002
工作能力	←	工作绩效	.025	.001	.784	.001	.002

续表

路径关系			SE	SE-SE	Mean	Bias	SE-Bias
任务绩效	←	工作绩效	.021	.001	.815	.001	.002

(四) 路径 c' 的间接效应分析

接下来我们来看一下路径 c' 的间接效应。表 5-5-34 显示了路径 c' 的下限值和上限值分别为 0.139 和 0.707，在 $p=0.026<0.001$ 水平下显著。

表 5-5-34　社会网络对工作绩效的间接效应与显著性

变量	间接效应下限值			间接效应上限值			显著性		
	社会网络	知识资本	工作绩效	社会网络	知识资本	工作绩效	社会网络	知识资本	工作绩效
知识资本	.000	.000	.000	.000	.000	.000	...	...	...
工作绩效	.139	.000	.000	.707	.000	.000	.026	...	...
任务绩效	.701	.113	.000	.808	.588	.000	.010	.035	...
工作能力	.679	.113	.000	.769	.580	.000	.012	.031	...
工作奉献	.604	.096	.000	.711	.548	.000	.012	.029	...
顾客资本	.789	.000	.000	.855	.000	.000	.019	...	...
结构资本	.587	.000	.000	.769	.000	.000	.021	...	...
人力资本	.779	.000	.000	.855	.000	.000	.015	...	...
社会影响力	.000	.000	.000	.000	.000	.000	...	...	...
网络中心性	.000	.000	.000	.000	.000	.000	...	...	...
社会连带	.000	.000	.000	.000	.000	.000	...	...	...

(五) 中介效应检验

经检验，Sobel 检验、Aroian 检验、Goodman 检验三种检验均在 $p=0.083>0.05$ 水平下没能达到显著效果。综合以上分析，社会网络—知识资本—工作绩效这个中介模型没能通过检验，即研究假设"H_{4-5}：员工知识资本在社会网络与工作绩效之间具有中介作用"不成立。检验结果如表 5-5-35 所示。

表 5-5-35　社会网络—知识资本—工作绩效中介效应检验表

输入值		检验类型	Z 值	标准误	p 值
a	0.931	Sobel 检验	1.734	0.218	0.083

续表

输入值		检验类型	Z值	标准误	p值
b	0.406	Aroian 检验	1.733	0.218	0.083
S_a	0.020	Goodman 检验	1.734	0.218	0.083
S_b	0.234	检验结果			不显著

七 社会网络—知识资本—组织创新中介效应分析

（一）中介模型的拟合指标分析

知识资本在社会网络和组织创新之间的中介效应是本研究构造的第三个知识资本中介模型。从表5-5-36模型的拟合指标可以看出，该模型卡方与自由度之比（χ^2/df）为6.733，小于10，$p<0.001$；RMSEA值为0.084，小于0.1；SRMR为0.0316，小于0.05；GFI、AGFI、RFI、IFI、NNFI、CFI分别为0.956、0.918、0.947、0.970、0.954、0.970均大于0.9，甚至有的已大于0.95。由此，社会网络—知识资本—组织创新中介模型的各项拟合指标均通过检验。

表5-5-36 社会网络—知识资本—组织创新中介模型拟合指标表

χ^2	df	χ^2/df	p	RMSEA	SRMR	GFI	AGFI	RFI	IFI	NNFI	CFI
161.589	24	6.733	.000	.084	.0316	.956	.918	.947	.970	.954	.970

（二）总体效应路径c的系数及显著性分析

中介效应模型的第二步是审视路径c系数的标准化估计值及其标准误差。从AMOS 21.0软件运行结果来看，社会网络对组织创新的总效应即路径c的系数为0.848，其对应的标准误差S_c为0.032（见表5-5-37），偏差校正后的总效应下限值和上限值分别为0.798、0.902，并且在$p=0.010<0.05$水平下显著（见表5-5-38）。这说明自变量（社会网络）对因变量（组织创新）的总体效应显著。由此，本研究假设H_{2-8}得到验证，即研究假设"H_{2-8}：社会网络对组织创新有显著影响"通过检验。

由于路径c的系数显著，因此可以继续进行路径a和b的检验。

第五章　员工知识资本形成与运作机制的自我中心网络分析

表 5-5-37　社会网络对组织创新的标准化总效应与标准误差

变量	总效应 社会网络	总效应 知识资本	总效应 组织创新	标准误差 社会网络	标准误差 知识资本	标准误差 组织创新
知识资本	.933	.000	.000	.019	.000	.000
组织创新	.848	.871	.000	.032	.227	.000
技术创新	.669	.688	.789	.031	.179	.022
管理创新	.641	.658	.756	.038	.169	.034
工作创新	.649	.666	.765	.038	.180	.032
顾客资本	.815	.873	.000	.022	.014	.000
结构资本	.691	.741	.000	.050	.051	.000
人力资本	.840	.900	.000	.020	.014	.000
社会影响力	.652	.000	.000	.033	.000	.000
网络中心性	.733	.000	.000	.024	.000	.000
社会连带	.822	.000	.000	.016	.000	.000

表 5-5-38　社会网络对组织创新的标准化总效应偏差校正与显著性

变量	总效应下限值 社会网络	总效应下限值 知识资本	总效应下限值 组织创新	总效应上限值 社会网络	总效应上限值 知识资本	总效应上限值 组织创新	显著性 社会网络	显著性 知识资本	显著性 组织创新
知识资本	.892	.000	.000	.958	.000	.000	.019	...	...
组织创新	.798	.586	.000	.902	1.400	.000	.010	.004	...
技术创新	.616	.464	.748	.716	1.081	.822	.018	.005	.014
管理创新	.576	.429	.687	.703	.992	.806	.012	.007	.011
工作创新	.579	.419	.701	.704	1.060	.806	.019	.007	.026
顾客资本	.774	.847	.000	.846	.895	.000	.014	.016	...
结构资本	.584	.628	.000	.767	.814	.000	.020	.021	...
人力资本	.801	.872	.000	.868	.920	.000	.021	.019	...
社会影响力	.593	.000	.000	.700	.000	.000	.025	...	...
网络中心性	.689	.000	.000	.768	.000	.000	.023	...	...
社会连带	.788	.000	.000	.845	.000	.000	.026	...	...

(三) 中介效应 a、b 和 c' 显著性分析

中介效应模型检验的第三步是中介效应 a、b 的显著性分析。从 AMOS 21.0 软件运行结果来看，社会网络对知识资本直接效应的下限值和上限值分别为 0.892 和 0.958，在 $p=0.019<0.05$ 水平下显著；知识资本对组织创新直接效应的下限值和上限值分别为 0.586 和 1.400，在 $p=0.004<0.05$ 水平下显著；社会网络对组织创新直接效应的下限值和上限值分别为 -0.512 和 0.328，由于 $p=0.987>0.05$，所以影响不显著。如表 5-5-39 所示。

从表 5-5-40 中由 Bootstrap 法计算的路径系数可以看出，路径 a 的系数为 0.933，其标准误 S_a 为 0.019；路径 b 的系数为 0.032，其标准误 S_b 为 0.235；路径 c' 的系数为 0.875，其标准误 $S_{c'}$ 为 0.227。由于路径 a、b 直接效应显著，但路径 c' 直接效应不显著，本研究可以初步断定，知识资本在社会网络和组织创新之间起完全的中介作用。

表 5-5-39　社会网络—知识资本—组织创新的直接效应与显著性

	直接效应下限值			直接效应上限值			显著性		
	社会网络	知识资本	组织创新	社会网络	知识资本	组织创新	社会网络	知识资本	组织创新
知识资本	.892	.000	.000	.958	.000	.000	.019	...	...
组织创新	-.512	.586	.000	.328	1.400	.000	.987	.004	...
技术创新	.000	.000	.748	.000	.000	.822	...	...	.014
管理创新	.000	.000	.687	.000	.000	.806	...	...	.011
工作创新	.000	.000	.701	.000	.000	.806	...	...	.026
顾客资本	.000	.847	.000	.000	.895	.000	...	.016	...
结构资本	.000	.628	.000	.000	.814	.000	...	.021	...
人力资本	.000	.872	.000	.000	.920	.000	...	.019	...
社会影响力	.593	.000	.000	.700	.000	.000	.025	...	...
网络中心性	.689	.000	.000	.768	.000	.000	.023	...	...
社会连带	.788	.000	.000	.845	.000	.000	.026	...	...

表 5-5-40　社会网络—知识资本—组织创新中介模型的回归路径

路径关系			SE	SE-SE	Mean	Bias	SE-Bias
知识资本	←	社会网络	.019	.001	.933	.000	.001

续表

路径关系			SE	SE-SE	Mean	Bias	SE-Bias
组织创新	←	知识资本	.227	.011	.875	.003	.016
组织创新	←	社会网络	.235	.012	.032	-.003	.017
社会连带	←	社会网络	.016	.001	.824	.002	.001
网络中心性	←	社会网络	.024	.001	.736	.003	.002
社会影响力	←	社会网络	.033	.002	.656	.004	.002
人力资本	←	知识资本	.014	.001	.902	.001	.001
结构资本	←	知识资本	.051	.003	.746	.005	.004
顾客资本	←	知识资本	.014	.001	.874	.000	.001
工作创新	←	组织创新	.032	.002	.768	.003	.002
管理创新	←	组织创新	.034	.002	.754	-.002	.002
技术创新	←	组织创新	.022	.001	.790	.001	.002

（四）路径 c' 的间接效应分析

接下来我们来看一下路径 c' 的间接效应。表 5-5-41 显示了路径 c' 间接效应的下限值和上限值分别为 0.539 和 1.332，在 $p=0.05$ 水平下显著。

表 5-5-41　　　　社会网络对组织创新的间接效应与显著性

变量	间接效应下限值			间接效应上限值			显著性		
	社会网络	知识资本	组织创新	社会网络	知识资本	组织创新	社会网络	知识资本	组织创新
知识资本	.000	.000	.000	.000	.000	.000	...	...	...
组织创新	.539	.000	.000	1.332	.000	.000	.005	...	...
技术创新	.616	.464	.000	.716	1.081	.000	.018	.005	...
管理创新	.576	.429	.000	.703	.992	.000	.012	.007	...
工作创新	.579	.419	.000	.704	1.060	.000	.019	.007	...
顾客资本	.774	.000	.000	.846	.000	.000	.014	...	...
结构资本	.584	.000	.000	.767	.000	.000	.020	...	...
人力资本	.801	.000	.000	.868	.000	.000	.021	...	...
社会影响力	.000	.000	.000	.000	.000	.000	...	...	...
网络中心性	.000	.000	.000	.000	.000	.000	...	...	...
社会连带	.000	.000	.000	.000	.000	.000	...	...	...

（五）中介效应检验

经检验，Sobel 检验、Aroian 检验、Goodman 检验三种检验没能达到显著效果。检验结果如表 5-5-42 所示。

表 5-5-42　社会网络—知识资本—组织创新中介效应检验表

输入值		检验类型	Z 值	标准误	p 值
a	0.933	Sobel 检验	0.136	0.219	0.892
b	0.032	Aroian 检验	0.136	0.219	0.892
S_a	0.019	Goodman 检验	0.136	0.219	0.892
S_b	0.235	检验结果			不显著

由此，研究假设"H_{4-6}：员工知识资本在社会网络与组织创新之间具有中介作用"没有通过检验。这说明社会网络可以直接对组织创新产生影响，而不需要借助知识资本这个中介变量。

第六节　回归模型分析

在个体网络层次研究架构中，本研究提出了 4 个因果回归模型。在这 4 个因果回归模型中，有 4 个重要的被解释变量，分别是员工知识资本、工作绩效、企业绩效和组织创新。其中员工知识资本既是解释变量，又是被解释变量。

回归模型一：

$$Y_1 = \alpha + \beta_1 X_1 + \beta_2 X_2 + \varepsilon$$

回归模型二：

$$Y_2 = \alpha + \beta_1 X_1 + \beta_2 X_2 + \beta_3 Y_1 + \varepsilon$$

回归模型三：

$$Y_3 = \alpha + \beta_1 X_1 + \beta_2 X_2 + \beta_3 Y_1 + \varepsilon$$

回归模型四：

$$Y_4 = \alpha + \beta_1 X_1 + \beta_2 X_2 + \beta_3 Y_1 + \varepsilon$$

式中，Y_1 为员工知识资本，Y_2 为企业绩效，Y_3 为工作绩效，Y_4 为组织创新；X_1 为社会资本，X_2 为社会网络；α 为常数，β_1、β_2、β_3 为相关

系数，ε为误差项。

本节采用结构方程模型 AMOS 对这 4 个回归模型假设进行分析。采用结构方程模型进行回归有许多优势，如可以解决传统统计分析中无法分析的潜变量问题，可以同时分析多个自变量及其指标，可以估计整个模型的拟合指标，可以处理自变量之间的多重共线问题等。

一 回归模型一的回归分析

（一）拟合指标分析

模型一为 $Y_1 = \alpha + \beta_1 X_1 + \beta_2 X_2 + \varepsilon$。即社会资本、社会网络对知识资本的回归。表 5-6-1 的拟合指标显示了对回归模型的运行结果。虽然卡方与自由度之比为 10.338，略大于 10；RMSEA 值为 0.107，略大于 0.1；但 $p<0.001$，且 SRMR 为 $0.0316<0.05$；GFI、RFI、IFI、NNFI、CFI 分别为 0.935、0.923、0.953、0.930、0.953，均符合"大于或等于 0.9"的普遍接受标准。AGFI 为 0.878，虽低于 0.90，但远高于 0.80。从总体上来说，这个回归模型的各项指标均符合普遍接受标准，说明对这个回归模型的构造具有合理的拟合度。

表 5-6-1　　　　　　　回归模型一拟合指标表

χ^2	df	p	χ^2/df	RMSEA	SRMR	GFI	AGFI	RFI	IFI	NNFI	CFI
248.110	24	.000	10.338	.107	.0316	.935	.878	.923	.953	.930	.953

（二）回归路径系数分析

从表 5-6-2 模型一的关系路径表中可以看出，"社会资本→知识资本"的标准化路径系数为 0.629，T=3.845>3.29，表明在 $p<0.001$ 水平上有显著影响；"社会网络→知识资本"的标准化路径系数为 0.337，T=2.112>1.96，表明在 $p=0.035<0.05$ 水平上有显著影响。

表 5-6-2　　　　　　　回归模型一关系路径表

关系路径			标准化路径系数	非标准化路径系数	S.E.	T	p
知识资本	←	社会资本	.629	.721	.188	3.845	***
知识资本	←	社会网络	.337	.319	.151	2.112	.035

续表

关系路径			标准化路径系数	非标准化路径系数	S.E.	T	p
关系维度	←	社会资本	.774	1.000			
认知维度	←	社会资本	.727	.981	.047	21.021	***
结构维度	←	社会资本	.796	1.210	.050	24.107	***
社会连带	←	社会网络	.821	1.000			
网络中心性	←	社会网络	.742	.868	.038	22.567	***
社会影响力	←	社会网络	.643	.798	.042	18.887	***
人力资本	←	知识资本	.901	1.000			
结构资本	←	知识资本	.730	.811	.032	25.680	***
顾客资本	←	知识资本	.879	.942	.027	35.504	***

从回归模型的标准化路径图 5-6-1 上可以看出，知识资本下方有一数字为 0.91，即回归系数。这表明：社会资本和社会网络是知识资本的重要前因变量，社会资本、社会网络两个变量对知识资本的方差解释率为 91%。

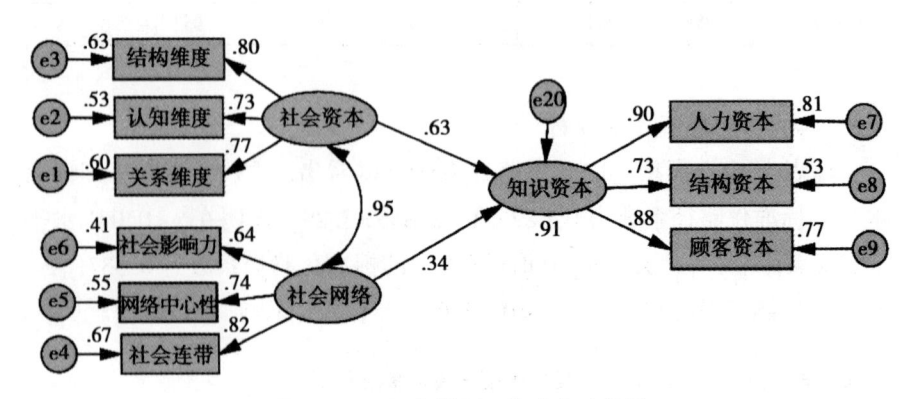

图 5-6-1 回归模型一标准化路径图

（三）方差分析

表 5-6-3 为回归模型一的方差分析表，从表中可以看出，各变量的 T 值为均大于 3.29，在 $p<0.001$ 水平上有显著影响。

表 5-6-3 回归模型一方差分析表

变量	Estimate	S. E.	T	p
社会资本	.594	.047	12.578	***
社会网络	.678	.049	13.689	***
知识资本	.824	.050	16.537	***

注：T>1.96，$p<0.05$ 用 * 表示；T>2.58，$p<0.01$ 用 ** 表示；T>3.29，$p<0.001$ 用 *** 表示；没有 *，则表示统计不显著。

二 回归模型二的回归分析

（一）拟合指标分析

回归模型二为 $Y_2 = \alpha + \beta_1 X_1 + \beta_2 X_2 + \beta_3 Y_1 + \varepsilon$。即社会资本、社会网络、知识资本对工作绩效的回归。表 5-6-4 的拟合指标显示了对回归模型二的运行结果。卡方与自由度之比为 6.451<10；RMSEA 值为 0.082<0.1，表示回归模型二具有可接受的拟合度；SRMR 为 0.0317<0.05；GFI、AGFI、RFI、IFI、NNFI、CFI 分别为 0.939、0.901、0.936、0.961、0.946、0.961，均符合"大于或等于0.9"的普遍接受标准。从总体上来说，这个回归模型的各项指标均符合普遍接受标准，说明对这个回归模型的构造具有合理的拟合度。

表 5-6-4 回归模型二拟合指标表

χ^2	df	p	χ^2/df	RMSEA	SRMR	GFI	AGFI	RFI	IFI	NNFI	CFI
309.634	48	.000	6.451	.082	.0317	.939	.901	.936	.961	.946	.961

（二）回归路径系数分析

从表 5-6-5 的回归模型二关系路径表中可以看出，"知识资本→企业绩效"的标准化路径系数为 0.919，T = 4.872>3.29，表明在 $p<0.001$ 水平上有显著影响；"社会资本→企业绩效"的标准化路径系数为 -0.470，T = │-1.739│<1.96，表明在 $p=0.082<0.05$ 水平上没有显著影响；"社会网络→企业绩效"的标准化路径系数为 0.431，T = 2.022>1.96，表明在 $p<0.05$ 水平上有显著影响。

表 5-6-5　　　　　　　　回归模型二关系路径表

关系路径			标准化路径系数	非标准化路径系数	S. E.	T	p
企业绩效	←	知识资本	.919	.817	.168	4.872	***
企业绩效	←	社会资本	-.470	-.486	.280	-1.739	.082
企业绩效	←	社会网络	.431	.421	.208	2.022	.043
关系维度	←	社会资本	.772	1.000			
认知维度	←	社会资本	.729	.945	.045	21.010	***
结构维度	←	社会资本	.796	1.031	.043	24.018	***
社会连带	←	社会网络	.818	1.000			
网络中心性	←	社会网络	.743	.908	.040	22.763	***
社会影响力	←	社会网络	.647	.791	.041	19.114	***
人力资本	←	知识资本	.897	1.000			
结构资本	←	知识资本	.734	.818	.031	25.999	***
顾客资本	←	知识资本	.880	.981	.027	36.306	***
财务绩效	←	企业绩效	.798	1.000			
资讯优势	←	企业绩效	.831	1.042	.041	25.268	***
创新绩效	←	企业绩效	.802	1.006	.041	24.457	***

从回归模型的标准化路径图 5-6-2 上可以看出，企业绩效上方有一数字为 0.79，这表明：知识资本、社会资本、社会网络对企业绩效的方差解释率为 79%。

（三）方差分析

表 5-6-6 为回归模型二的方差分析表，从表中可以看出，各变量的 T 值为均大于 3.29，在 $p<0.001$ 水平上有显著影响。

表 5-6-6　　　　　　　　回归模型二方差分析表

变量	Estimate	S. E.	T	p
社会资本	.595	.048	12.442	***
社会网络	.669	.049	13.726	***
知识资本	.804	.050	16.176	***

注：T>1.96，$p<0.05$ 用 * 表示；T>2.58，$p<0.01$ 用 ** 表示；T>3.29，$p<0.001$ 用 *** 表示；没有 *，则表示统计不显著。

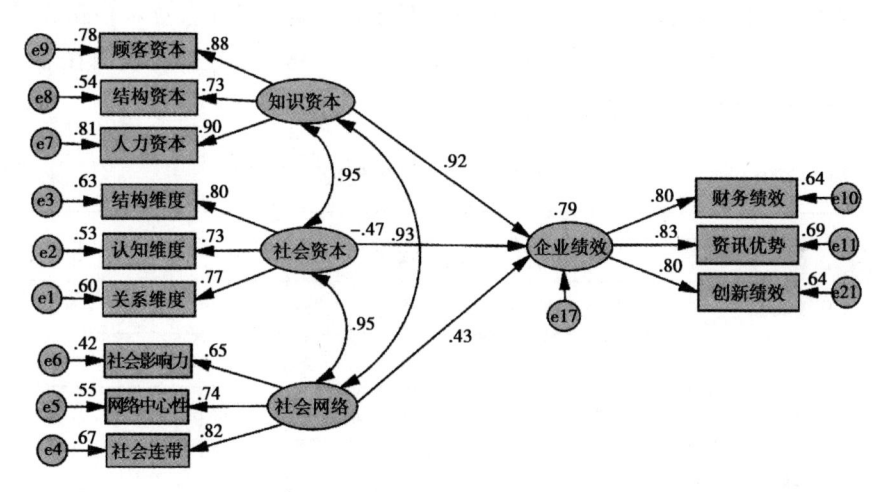

图 5-6-2 回归模型二标准化路径图

三 回归模型三的回归分析

(一) 拟合指标分析

回归模型三为 $Y_3 = \alpha + \beta_1 X_1 + \beta_2 X_2 + \beta_3 Y_1 + \varepsilon$。即社会资本、社会网络、知识资本对工作绩效的回归。表 5-6-7 的拟合指标显示了对模型三的运行结果。卡方与自由度之比为 8.661<10；RMSEA 值为 0.097<0.1，表示模型具有可接受的拟合度；SRMR 为 0.0378<0.05；AGFI 为 0.868，略小于 0.90，但远大于 0.8；GFI、RFI、IFI、NNFI、CFI 分别为 0.919、0.915、0.945、0.924、0.945，均符合"大于或等于 0.9"的普遍接受标准。从总体上来说，这个回归模型的各项指标均符合普遍接受标准，说明对这个回归模型的构造具有合理的拟合度。

表 5-6-7　　　　　　　回归模型三拟合指标表

χ^2	df	p	χ^2/df	RMSEA	SRMR	GFI	AGFI	RFI	IFI	NNFI	CFI
415.715	48	.000	8.661	.097	.0378	.919	.868	.915	.945	.924	.945

(二) 回归路径系数分析

从表 5-6-8 模型三的关系路径表中可以看出，"知识资本→工作绩效"的标准化路径系数为 0.896，T=3.944>3.29，表明在 $p<0.001$ 水平上有显著影响；"社会网络→工作绩效"的标准化路径系数为 0.975，T=

3.419>3.29，表明在 $p=0.001$ 水平上有显著影响；"社会资本→工作绩效"的标准化路径系数为-0.936，T= | -2.548 | >1.96，表明在 $p=0.011<0.05$ 水平上有显著影响。

表 5-6-8　　　　　　　　　　回归模型三关系路径表

关系路径			标准化路径系数	非标准化路径系数	S.E.	T	p
工作绩效	←	知识资本	.896	.818	.207	3.944	***
工作绩效	←	社会网络	.975	.990	.290	3.419	***
工作绩效	←	社会资本	-.936	-.987	.387	-2.548	.011
关系维度	←	社会资本	.775	1.000			
认知维度	←	社会资本	.727	.938	.045	21.024	***
结构维度	←	社会资本	.796	1.027	.043	24.102	***
社会连带	←	社会网络	.804	1.000			
网络中心性	←	社会网络	.753	.937	.041	22.893	***
社会影响力	←	社会网络	.662	.823	.042	19.430	***
人力资本	←	知识资本	.894	1.000			
结构资本	←	知识资本	.739	.826	.032	26.172	***
顾客资本	←	知识资本	.881	.985	.027	36.146	***
任务绩效	←	工作绩效	.816	1.000			
工作能力	←	工作绩效	.785	.961	.038	24.986	***
工作奉献	←	工作绩效	.710	.870	.042	20.937	***

从回归模型的标准化路径图 5-6-3 上可以看出，工作绩效上方有一数字为 0.94，这表明：知识资本、社会资本、社会网络对工作绩效的方差解释率为 94%。

（三）方差分析

表 5-6-9 为回归模型三的方差分析表，从表中可以看出，各变量的 T 值均大于 3.29，在 $p<0.001$ 水平上有显著影响。

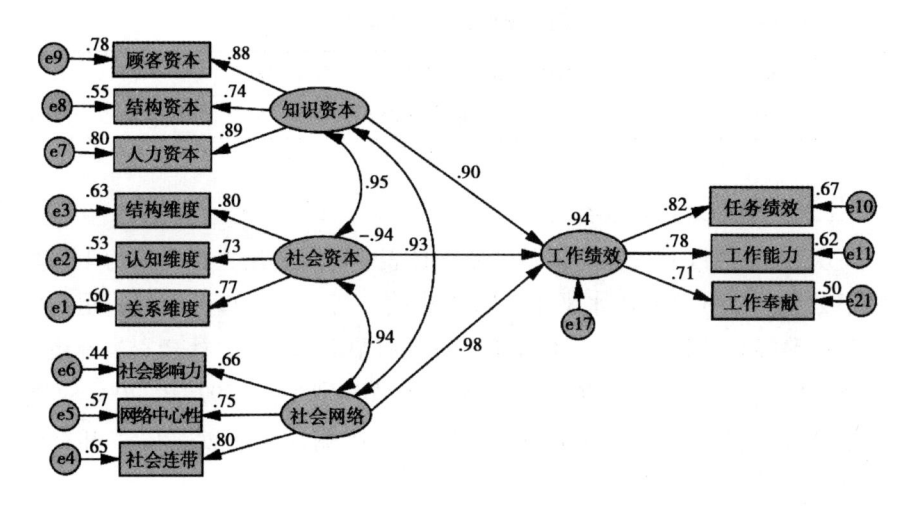

第五章　员工知识资本形成与运作机制的自我中心网络分析　　219

图 5-6-3　回归模型三标准化路径图

表 5-6-9　　　　　　　　　回归模型三方差分析表

变量	Estimate	S. E.	T	p
社会资本	.594	.047	12.578	***
社会网络	.678	.049	13.689	***
知识资本	.824	.050	16.537	***

注：T>1.96，$p<0.05$ 用 * 表示；T>2.58，$p<0.01$ 用 ** 表示；T>3.29，$p<0.001$ 用 *** 表示；没有 *，则表示统计不显著。

四　回归模型四的回归分析

（一）拟合指标分析

模型四为 $Y_4=\alpha+\beta_1X_1+\beta_2X_2+\beta_3Y_1+\varepsilon$。即社会资本、社会网络、知识资本对组织创新的回归。表 5-6-10 的拟合指标显示了对 SEM 模型的运行结果。卡方与自由度之比为 6.356<10；RMSEA 值为 0.081<0.1，表示模型具有可接受的拟合度；SRMR 为 0.0316<0.05；GFI、AGFI、RFI、IFI、NNFI、CFI 分别为 0.940、0.902、0.935、0.960、0.945、0.960，均符合 "大于或等于 0.9" 的普遍接受标准。从总体上来说，这个回归模型的各项指标均符合普遍接受标准，说明对这个回归模型的构造具有合理的拟合度。

表 5-6-10　　　　　　　　回归模型四拟合指标表

χ^2	df	p	χ^2/df	RMSEA	SRMR	GFI	AGFI	RFI	IFI	NNFI	CFI
305.106	48	.000	6.356	.081	.0316	.940	.902	.935	.960	.945	.960

（二）回归路径系数分析

从表 5-6-11 回归模型四的关系路径表中可以看出，各变量的 T 值均大于 2.58，在 $p<0.001$ 水平上有显著影响。另外，"知识资本→组织创新"的路径系数为 1，在 $p<0.001$ 水平上有显著影响；"社会资本→组织创新""社会网络→组织创新"的路径系数分别为 -0.297、0.200，且影响不显著。这说明知识资本对组织创新的影响远大于社会资本和社会网络。

表 5-6-11　　　　　　　　回归模型四关系路径表

关系路径			标准化路径系数	非标准化路径系数	S.E.	T	p
组织创新	←	知识资本	1.000	.843	.154	5.460	***
组织创新	←	社会网络	.200	.186	.178	1.045	.296
组织创新	←	社会资本	-.297	-.295	.247	-1.196	.232
关系维度	←	社会资本	.771	1.000			
认知维度	←	社会资本	.728	.944	.044	21.421	***
结构维度	←	社会资本	.798	1.035	.043	23.881	***
社会连带	←	社会网络	.824	1.000			
网络中心性	←	社会网络	.741	.900	.039	23.218	***
社会影响力	←	社会网络	.638	.774	.040	19.168	***
人力资本	←	知识资本	.909	1.000			
结构资本	←	知识资本	.732	.806	.031	26.239	***
顾客资本	←	知识资本	.869	.957	.026	36.602	***
工作创新	←	组织创新	.766	1.000			
管理创新	←	组织创新	.756	.987	.046	21.459	***
技术创新	←	组织创新	.788	1.029	.046	22.444	***

从回归模型的标准化路径图 5-6-4 上可以看出，组织创新上方有一数字为 0.82，这表明：知识资本、社会资本、社会网络对组织创新的方差解释率为 82%。

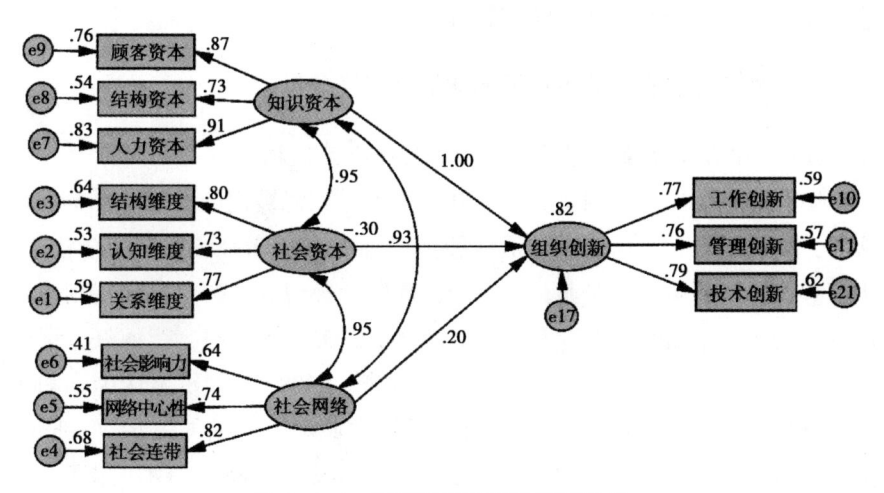

图 5-6-4　回归模型四标准化路径图

(三) 方差分析

表 5-6-12 为回归模型四的方差分析表，从表中可以看出，各变量的 T 值为均大于 3.29，在 $p<0.001$ 水平上有显著影响。

表 5-6-12　　　　　　　　回归模型四方差分析表

变量	Estimate	S. E.	T	p
社会资本	.594	.047	12.578	***
社会网络	.678	.049	13.689	***
知识资本	.824	.050	16.537	***

注：T>1.96，$p<0.05$ 用 * 表示；T>2.58，$p<0.01$ 用 ** 表示；T>3.29，$p<0.001$ 用 *** 表示；没有 *，则表示统计不显著。

第七节　讨　　论

中国企业员工知识资本的形成与运用模式中的"模式"指的就是企业员工之间关系形成的相对稳定的社会结构，这种社会结构是由社会资本和社会网络共同作用形成和运作的，它说明了员工知识资本的形成原因和运作机制。从形成原因上来看，员工知识资本可以用员工个体社会资本的结构维度、认知维度和关系维度，以及社会网络的社会影响力、网络中心性和社会连带来表达和解释；从运作机制上来看，员工知识资本可以作用于企业绩效、工作绩效和组织创新等。

一 员工知识资本的形成原因与提升路径分析

(一)组合与交换是创造知识资本的两个关键机制

知识资本的形成原因是什么？知识资本是如何被创造出来的？有学者认为，知识共享是知识资本的形成原因（潘楚林、田虹，2016；金桂根、张悟移，2016；康萍、张茜，2016；孙秀明、孙遇春，2015；杨瑞刚、段旭亮，2015；李丽红、尹贻林、孙春玲等，2008；蒋慧杰、李丽红、梁晓琴，2010；陈明星，2007；戚啸艳、于海燕，2008）。本研究认为，知识共享是知识资本形成的一个环节而不是形成原因。根据熊彼特（Schumpeter，1934），莫兰和戈沙尔（Moran and Ghoshal，1996），纳皮尔和戈沙尔（Nahapiet and Ghosha，1997；1998），伊莎贝尔、纳塔莉亚和维克特（Isabel，Natalia and Víctor，2016）的观点，所有的新资源包括知识资本是通过组合和交换两个通用的过程创造出来的。虽然这一观点有待进一步观察，尽管从其他的理论视角还可以找到其他过程来描述知识资本的创造来源，特别是在个体知识资本上，但从社会资本和社会网络观点来看，组合与交换是创造知识资本的两个关键机制。

1. 组合与知识资本的创造

组合是被熊彼特称为经济发展的基础，这种观点已成为当前知识系统的组织工作的起点，许多学者经常识别两种类型的知识创造。第一，新知识可以通过从现有知识的增量变化和发展进行创造。正如熊彼特谈到的一小步一小步地持续调整，马驰和西蒙（March and Simon，1958）确认的"本地化搜索"和"稳定启发式"作为知识增长的基础。第二，许多学者还讨论了更加激进的创造：双环学习①，如阿吉里斯和肖恩（Argyris and Schon，1978；Pfattheicher and Keller，2015）；变化和革命范式，如库恩（Kuhn，2010）。这些学者在经济学中所提及的知识创造在企业里则表现

---

① 双环学习是阿吉里斯于1991年在哈佛商业评论上发表的《教聪明人学会学习》一文中提出的。他用了一个比喻来解释：假如在房间中有一个恒温器，当室温低于20℃时，自动启动供暖设备，这就是一个单环学习。而如果恒温器提出问题"为什么是20℃"，然后研究有没有其他温度设定，既保暖还能节省能源，这就是双环学习。在同一问题上反复尝试，不改变方法，从不质疑目标，就是一种单环思维，而从更高的层面质疑并反省，就是双环思维，即打破认知障碍，反思习惯的固定模式，从根本上解决问题，同时改变心智模式。

为知识资本的创造。

2. 交换和知识资本的创造

由于资源由不同群体所拥有，因此，资源组合的先决条件是交换。同样地，由于知识资本一般是通过不同群体之间的知识和经验的组合过程被创造出来的，因此，它的创造过程也取决于这些不同群体之间的交换。有时，这种交流包括显性知识的转移，就像在科学界的信息交换或通过互联网交换一样，它可以单独进行，也可以群体共同进行。通常，新知识的创造通过社会互动和共同活动发生。

3. 组合与交换的先决条件

要进行资源的组合与交换来创造知识资本，必须满足一些先决条件（Moran and Ghoshal，1996；Nahapiet and Ghosha，1997；1998）。第一，存在组合或交换的机会。这个条件由所获取社会知识的对象化和集体形式决定。开发新的知识资本的基本要求是可以借鉴和参与现有的知识、不同的知识和了解各种群体知识社区的活动。学术界的"看不见的大学"（Davis，2016）一直被认为是一个重要的社会网络，提供了一些有价值的分散式知识，促进了交流与发展，从而加速了科学的发展。显然，互联网技术的最新进展大大增加了知识组合和交换的机会。然而，作为科学的历史经验表明，创造新的知识资本也可能通过偶然因素发生而不是已计划好的组合和交换。第二，为了使交换各方的资源结合或交换的机会可能存在，正如期望价值理论所表明的那样，交换的各方必须预期这样的安排能够创造价值。换句话说，他们必须预料到互动、交流和组合是值得的，即使他们仍然不确定产生什么或怎样产生。第三，创建新的资源的条件强调动机的重要性。即使交换的机会存在，人们预期可以通过交换或互动创造知识资本，但参与者必须感觉知识交换和组合是值得的。第四，创造新知识资本的先决条件是组合能力。即使知识交流的机会和组合存在，这些机会被认为是有价值的，参与各方的动机是使这些资源有效利用，但组合信息的能力和经验必须存在。

（二）社会资本对员工知识资本的促进

尽管有许多证据支持组合与交换创造知识资本的复杂过程，但还没有一个理论框架能够把知识资本嵌入于特定关系的特性表达清楚，因此，鉴于知识资本的社会根植性，由社会资本理论这个潜在的、有价值的角度来理解和解释知识资本的创造就是自然而然的事情了。社会网络学者则认为，社会资本和社会网络是知识资本形成的主要原因。本研究结果支持这一观点。社会资本存在于人际关系之中，关系是通过交换而创造的（布迪厄，1986）。这些关系和关系模式是建立社会资本的基础。在一个复杂的和辩证的过程中，社会资本通过交换创造和维持；反过来，社会资本也可以促进交换。例如，有越来越多的经典证据证明交换各方彼此信任，他们更愿意参与合作活动，这可能产生进一步的信任（福山，1995；普特南，1995）。在社会系统中，交换是资源组合的前兆。因此，社会资本通过交换间接地影响组合。然而，社会资本某些维度，尤其是认知维度，也可以通过直接影响个人的能力来对知识进行组合而创造知识资本。社会资本通过影响交换和组合发生的必要条件促进了知识资本的发展。

1. 社会资本结构维度对知识资本发展的影响

社会资本的结构维度对知识资本发展的影响，主要但不完全是通过其各个维度对各方的知识交换和参与知识活动施加影响。由于社会资本的结构维度也与知识的交换和组合的其他条件联系较大，因此，这种联系可以间接地影响社会资本的关系维度和认知维度。例如，强关系或对称关系经常对情感关系的发展有正面和负面的影响；反过来，它也会影响个人参与社会互动的动机，从而影响知识的交换。同样，稳定网络的特点是关系紧密和高水平的互动，这有利于提高社会资本的认知维度。社会资本产生在一定的背景下，诸如规范和信任等形式的社会资本通常会从一种社会环境转移到另外一种而影响社会交换的模式。例如来自于家庭和宗教信仰的信任转移到工作情况中（福山，1995；2012；2014），个人关系发展到业务交流（Coleman，1990；2016），以及个体社会资本聚集成组织社会资本（Burt，1992；Gee，Jones，Burke，2016）。这表明，为一种目的而创建的组织有可能为他人、不同目的提供有价值资源的来源（Nohria，1992；2012；Putnam，1993；1995；2015）。这种可供专用的社会组织可以给人们和他们的资源（包括信息和知识）提供一个潜在的网络渠道，通过社会资本的关系维度和认知维度，可能确保交换和组合的动机和能力。然而，这样的组织也可能抑制这种过程；事实上，一些研究显示了组织惯例是如何分裂而不是协调组织内的群体，是限制而不是增强学习能力和知识资本的创造（Hedberg，1981；Karim and Kaul，2015）。

2. 社会资本认知维度对知识资本发展的影响

知识资本是知识，以及一个社会集体的理解能力。从根本上说，知识资本是一种社会产物，知识和意义总是通过集体中发生的关系嵌入在社会中被创造和维持的。知识资本通常通过组合不同的知识和经验产生，或者组合不同多样性的观点扩展知识，有意义的沟通成为社会交换的一个必要组成部分和组合过程，至少部分需要交换各方共享基础。这种共享可能发生在两个主要方面：一方面是通过已存在的共同语言和词汇；另一方面是通过共享集体叙事。这两个因素构成共同认知的某些方面，促进知识资本的创造，尤其是通过它们对结合能力产生影响。

从共同语言和词汇来看，在每种情况下它们都可以通过担当一种媒介和社会互动的产物来创造知识资本。共享语言通过几种方式影响组合和交换的状况。首先，语言对社会关系有着直接的和重要的作用，因为它是人们讨论问题、交换信息和开展社会业务的手段。在某种程度上，人们共享一种共同语言，这有助于增强人们获取信息的能力。如果交换各方的语言和编码是不同的会使他们分离和限制他们获取知识资本。其次，语言影响人们的知觉。编码把感觉数据组织成感性类别，提供一个参照系来观察和解释我们的环境。这样，语言会过滤掉一些不存在的事件和活动。因此，共同语言会提供一个通用的概念评估交换和组合的好处。最后，共同语言提高组合的能力。知识通过开发新概念和叙事形式得以进展（Nonaka and Takeuchi，1995），为了发展这些概念和将通过社会交换得来的信息进行组合，必然会出现有一些知识重叠。一些研究已证实换位思考在知识资本创造中的重要性，显示了现存的共享语言如何组合信息（Timmerman，2015；Chiou and Lee，2013）。

除了共享语言和编码外，一些研究表明神话、故事和隐喻在群体创造、交换和保存丰富意义中也是一种强有力的方法，许多学者越来越认识到这些特定的沟通编码是企业的一种有价值的资产（Ahmadjian，2016）。Bruner（1990）提出，有两种不同的认知方式：一是信息或聚合模式；二是叙事模式。前者表明知识创造植根于理性分析和激励的辩论过程之中；后者是指综合叙述，如童话故事、神话、传说和隐喻。Bateson（1972）认为，隐喻可以跨越不同的语境，从而使想象力、文字观察和认知组合起来。Orr（1990）研究了如何运用多种形式的故事、叙事。故事充满了一些看似无关的重要细节，但它便于技术人员之间交换实践和隐性经验，从而改进发展实践。叙事分享可以在一个群体内创造和转移新事件的解释，促进了不同形式的知识的组合，包括大量的隐性知识。

3. 社会资本关系维度对知识资本发展的影响

许多研究表明社会资本的关系维度对知识资本创造的重要性（Nahapiet and Ghoshal，1998）。Szulanski（1996）发现组织内最佳实践的分享障碍主要在于发出者和接收者之间的不友好关系。结构维度对知识资本的获取状态有直接影响，而认知维度则直接影响获取状态和组合能力。研究表明，社会资本的关系维度在许多方面影响交换和组合。如交换各方对交换和组合的预期价值、各方参与知识创造和组合的动机等。

（三）社会网络对员工知识资本的促进

1. 网络连带对员工知识资本的影响

社会资本理论的基本命题是网络连带有利于获取资源。其中心主题之一是社会资本是获取信息利益的一条有价值的来源，即"你认识谁"影响"你知道什么"。科尔曼（1988）指出，信息是行动的基础但收集信息是昂贵的。然而，经常因为某种其他目的而建立的社会关系构成了一种信息渠道，减少了收集信息所必需的时间。伯特（Burt，1992）认为，信息利益以三种形式产生：使用、时机和推荐。"使用"这一术语指的是收到一条有价值的信息后，知道谁可以使用它，它规定了一种网络作用——为成员提供一个高效的信息筛选和分配过程。因此，网络连带既影响各方知识的结合和交换也影响交换的预期价值。"看不见的大学"就是这种网络的一个最好例子。信息流动的"时机"是指具有某种联系的个人提供信息早于没有这种联系的人的能力。这可能会增加这些信息的预期价值，这在寻找工作的一项研究中早已得到证实（Granovetter，1973）。这些尽早获取信息的能力在商业研究与开发中显得尤为重要，因为速度是在市场中取得决定性成功的一个至关重要的因素。"推荐"是指为网络中的行动者提供信息获得机会的过程，从而影响知识的组合与交换的机会。它们不仅构成一种信息流，而且也包括对行动者所拥有的名誉支持的可能性，这既影响组合和交换的预期价值，也影响交换的动机等。然而，这种来自于关系维度的名誉支持比结构维度多得多。

2. 社会网络构型对知识资本创造的影响

社会网络连带为信息传播提供了渠道，这些连带的总体构型会影响知识资本的发展。例如，网络结构的密度、连通性和层次结构三个属性通过网络成员的关系水平和他们之间的可达性与信息交换的灵活性和易用性密切相连。一些研究指出，一个网络中的行动者拥有丰富的信息利益更可能与其建立在有用信息流动的地方有关,以及与谁将提供一个可靠的信息流有关。虽然承认信任和诚信作为一个关系选择的因素的重要性,但伯特更注重不同关系结构效率,特别是很少有多余联系的稀疏网络提供了更多信息利益。从某种程度上来说,密集网络是低效的,它以与稀疏网络同样的成本返回了更少的多样化信息(Ellison N. B.,Vitak J.,Gray R.,et al.,2014;Burt,1992)。稀疏网络的好处来自信息的多样性和较低的获取成本。一些研究也发表达了类似的观点,在网络中要划清信息扩散的"单足跳和双足跳"的联系和"松散关系"的作用(Jacobs,1965;Granovetter,1973;Mislove,Marcon,Gummadi,et al.,2007)。这方面的多样性是非常重要的,因为它在知识资本的创造中非常显著的进展是经常出现不同来源和不同学科的知识。这样,社会网络及其结构会影响可获取的信息范围从而进行相应的组合。因此,这些结构构成了一种有价值的资源渠道或知识扩散和转移渠道。然而,这些渠道模型也有一定的局限性,但这些被看作是不成问题的,因为社会网络主要关心的是信息传递的问题。例如,现有研究发现,弱关系促进搜索但阻碍转移,特别是当知识没有被编码的时候。因此,当社会网络有一些冗余对于信息传输可能既是有效的也是高效的,而传输的意义则是相对不成问题的,更丰富的关系模式和互动是很重要的,而信息的意义是不确定的、模糊的或者交换各方以不同的先验知识进行交换(Hansen,1996;Linderman,Pesut,Disch,2015)。另有研究表明,一些冗余交叉功能的发展,吸收能力是必要的。尽管如此,网络的普遍观点是,网络构型对信息资源的可获得性是一个重要的影响因素,虽然适当的冗余水平取决于各方知识交流共享的公共知识库(Cohen and Levinthal,1990;Day,Deighton,Narayandas,et al.,2013)。

二 员工知识资本的提升路径分析

既然社会资本和社会网络是员工知识资本的重要形成原因,那么,要想增强员工的知识资本,就要投资于员工的社会资本和强化员工的社会网络。

(一)员工社会资本的投资

对"关系"的研究早在20多年前就已被国内学者普遍接受(燕继荣,2006;翟学伟,1993;2009)。中国一向被认为是重视"关系"和

"人脉"的社会,从社会资本这种嵌入式关系入手来解读员工知识资本不仅可以正确认识"关系",而且有利于快速积累员工知识资本。

1. 正视"关系",转化社会资本的正向功能

与西方学者重视"关系"的积极趋向不同,在中国"关系"大多倾向于负面的消极作用,被称为"潜规则"等,甚至与腐败联系在一起,导致对社会资本的研究有点"难登大雅之堂",没能发挥"非正式的""非制度化"的作用。实际上,并非所有的"关系"都有问题,从社会资本的视角来看,"关系"可以增强企业员工的认同感和凝聚力,降低交易成本。中国是高度关系导向的社会,如果一味强调制度化,全盘否定"关系"的积极作用,一切问题的解决必然走向僵化。从员工知识资本的积累上看,如果完全依靠企业制度的规定,则不可能实现知识的分享、转移和传递。在这里,"关系"则起到了非常关键的作用,比如同学关系、熟人关系、亲戚关系、老乡关系、师徒关系等。借助于社会资本的概念,我们可以把"关系"理解为社会资本的一种表现形式,把"关系"看成是一种特殊的、非正式的社会资本。如可以把陌生人之间的"公事公办"通过"桥"或"结构洞"的纽带作用转化为"熟人"之间的关系,则在个体与个体之间较易获得他人的知识、经验。

2. 发挥社会资本的自组织作用

社会资本理论认为,一个组织的整体社会资本的构成和性质,影响着组织内成员的个体、集体行为,以及组织内部的制度安排和治理模式。在企业内部,则表现为:企业社会资本的变化影响着员工的投入和产出,影响着员工的行为方式,如是合作性行为还是非合作性行为,是正式的制度性行为还是非正式的组织行为。组织内面临的许多问题,仅仅依靠正式命令、控制和权威等有时很难维持,如隐性知识的分享对企业管理者来说一直是个难题,而凭借社会资本的自组织作用则可能得到更好的支持。

(二) 区分各类网络类型,强化员工的社会网络

应该说,每个员工都有自己的经验和能力,而在现实中,也没有人能够不与人交往就能获得资源,因此,每个员工都应当善于借助自身培养的企业内社会网络,利用网络中他人的能力、经验和智慧为自身、他人和企业服务。Cross、Parker、Prusak 等(2001)研究发现有四种关系的社会网络特性对知识资本的创造至关重要,一是知道别人所知道,二是有途径获得别人的思维方式,三是有人愿意积极参与解决问题,四是拥有一个安全

的关系促进学习和创造。这些特性有助于管理者使用社会网络来提高创造和分享知识的能力。

1. 综合使用密集网络与松散网络

如果企业内某一组织网络内的所有成员都是同一个圈子里的人，这就形成了社会网络学者所称的密集网络。在这个网络里的所有员工对整个圈子里的事情都了如指掌，这对一个团队工作目标的实现是一种重要资源。然而，因为密集网络所交流的信息往往是重复的、循环的，这很容易使得该网络内员工产生一种自己的观点全部是正确的错觉，而不知道在网络内被普遍接受的观点只适合该密集网络以内的员工。因此，密集网络需要一个松散网络进行补充，利用松散网络内合外联的优点，建立一个与企业内其他团队的"桥"，防止该密集网络被孤立而产生障碍，以更多地得到其他网络的配合和支援。

2. 有效区分强连带与弱连带

并不是所有的东西越大越好，组织内网络也是如此，从员工知识资本的获得上来看，并不是网络越大越好。有学者建议核心社会网络人数可以保持20—30人，最少可以有15—20人，以减少维持大型社会网络所需要的资源（Sosa M., Gargiulo M., Rowles, 2015）。当然，到底一个核心社会网络的人数保持多少为宜，这取决于员工的个人需要和能力。在这个网络中，员工个体与其他成员之间，有的可以保持强联系，有的可以保持弱联系，毕竟一个人的时间和精力有限，不可能面面俱到，实际上也没有必要。而且，在一个大型网络中特别活跃的也只有少部分人。建立强弱联系的关键是员工个体对这个网络奉献的多少，奉献的越多，连带性越强，在你需要的时候得到的也越多。

三 员工知识资本的运作机制分析

以往的研究大多数是从组织层次展开，即企业知识资本对企业绩效、组织创新的影响。而本研究则从个体层次上，论证了员工知识资本对企业绩效、工作绩效和组织创新的影响。

（一）员工知识资本对企业绩效的影响分析

在组织层面上，知识资本对企业绩效的影响自知识资本概念诞生之日起就是学者们关注的主要话题，并有理论和实证支持。本研究从知识资本的个体层面支持员工知识资本对企业绩效的影响。为此，企业管理者应重视员工知识资本的影响，合理安排员工人力资本、结构资本和顾客资本的资金组合，以达到最大效益。

（二）员工知识资本对工作绩效的影响分析

从员工知识资本的视角来考察工作绩效与企业绩效，这与以往的管理方式有着本质的区别。传统上，对员工的考核大多围绕着一些业绩考核指标，如销售额、利润、工作量等。但从员工知识资本视角来看，业绩指标是一种结果，不是原因，员工知识资本驱动模型表明，员工结构资本驱动人力资本，进而达到员工顾客资本，也就是说，只要做好了员工结构资本和员工人力资本，员工顾客资本是自然而然的事。这在经济学上，也是节省交易成本的。

（三）员工知识资本对组织创新的影响分析

组织创新是一个企业关键竞争优势的来源，但令人沮丧的是，在通常情况下，企业只有在危机发生后竞争对手已经占据了大量市场份额、市场已经枯竭、成本已经削减之后，他们才说企业需要"创新"。一些企业试图改善创新，专注于一个因素，尤其是在新产品和新服务领域。他们培训员工，雇用更多有创造力的人，或者建立专门的创新部门。然而，对大多数企业来说，这些投资收益产生了令人失望的结果。他们没有可持续的解决方案和可靠的程序提供长期的、可预测的结果。相反，他们拥有无尽的局部答案，只留下一些惊人的创新差距。Weiss 和 Legrand（2015）定义了产生创新差距的三种根源：（1）对创新缺乏共识——创新是什么？它是如何发生的？是什么阻止了它？尽管许多学者尝试挑战定义创新，创新缺乏一个共同定义的事实仍然存在。管理者常常把创新定义在只有技术或科学研究方面，虽然组织创新需要在几乎所有领域。（2）缺乏创新的领导人。大多数领导人从来没有学会如何创新，如何领导一个组织变得更加创新。他们明白，他们可能有一个关键的角色在创新，但他们不知道如何系统地产生新的和更好的解决方案。他们也不知道如何加强他们的直接下属和团队的创新能力。（3）缺乏组织实践和文化强化创新。许多组织无意中通过组织企业实践阻碍了创新实践（如计划、预算、奖励）；许多组织文化注重短期业绩和风险规避。不改变这些组织实践和企业文化，创新差距就不会缩小。

员工知识资本为组织创新回答了这个问题：我们如何才能通过个人和组织系统缩小创新差距、保持可持续地组织创新呢？基于员工知识资本的组织创新成功的关键是确保组织实践和文化真正培养创新思维。我们知道，许多员工通过学校学习学会了一个思考过程，这是基于过去的知识和经验，只能算是分析智能；他们没有学习一个过程或一组技术来获取他们的创新智慧，这将帮助他们处理工作中新遇到的两难问题。这意味着当他们被要求这样做的时候，大多数企业管理者和团队没有实际的辩证思维方法和可靠的过程。只有当管理者和员工可以应用创新思维获取创新智能的时候，组织才能够系统地创新。

管理者是缩小组织创新差距的关键。大多数管理者一直被以线性思维方式、非创新性思考方式被培训和获得奖励。许多管理者认为他们的角色是使员工知道问题的答案，可以指导或者告诉员工该做什么。然而，在知识经济日益复杂的环境里，管理者往往不能通过过去的经验或知识解决所面临的各种问题。在新知识经济环境中，昨天的许多"正确"答案今天已不再"正确"了。管理者需要吸引员工、团队、同事和客户对他们所面临的复杂性获得更好的见解和发现最好的行动方式。管理者需要更加关注理解问题的深度，而不是试图知道所有问题的答案。他们新的附加值是促进创新思维过程，发现问题和假设，这样管理者和员工才能了解他们所面临问题的深度，才会开始探索和发现环境的复杂性得以解决的潜在的创新方案。创新思维并不足以缩小创新差距，组织实践和企业文化必须简化创新思维。然而，在大多数组织中，实践和文化使创新思维面临更多的疑难，实际上阻碍了管理者和员工发挥他们的创新智慧。在企业实践中应该把组织创新通过企业文化变成一种常态，使组织创新变得更容易。

从员工知识资本理论的视角来看待组织创新的意义非凡。以往，以熊彼特为代表的经济学家将企业家看作是创新的主体，而从员工知识资本理论来看，所有的员工都是创新的主体，从这个意义上来讲，员工知识资本理论扩大了创新的主体，现在，这已不仅仅体现在理论上，在实践中也已得到了证明。如海底捞员工包丹提出的以她的名字命名的"包丹袋"已广泛使用于海底捞的各个分店，这已不是个别企业的个案。

四 员工知识资本的中介作用分析

（一）员工知识资本的中介作用

本研究证实了员工知识资本在"H_{4-1}：员工知识资本在社会资本与企业绩效之间、H_{4-2}：员工知识资本在社会资本与工作绩效之间、H_{4-4}：员工知识资本在社会网络与企业绩效之间"具有中介作用，而且是完全中介作用。

（二）员工知识资本的非中介作用

本研究同时也证实了员工知识资本在"H_{4-3}：员工知识资本在社会资本与组织创新之间、H_{4-5}：知识资本在社会网络与工作绩效之间、H_{4-6}：知识资本在社会网络与组织创新之间"不具有中介作用。

本章小结

本章以社会资本和自我中心社会网络分析方法，构建了一个中国企业员工知识资本的形成与运作模型。这个结构方程模型可以表述为：企业员工之间关系形成的相对稳定的社会结构，这种社会结构是由社会资本和社会网络共同作用形成和运作的，它说明了员工知识资本的形成原因和运作机制。从形成原因上来看，员工知识资本可以用员工个体社会资本的结构维度、认知维度和关系维度，以及社会网络的社会影响力、网络中心性和社会连带来表达和解释；从运作机制上来看，员工知识资本可以作用于企业绩效、工作绩效和组织创新等。同时，本章通过实证研究表明，这一模型的各项指标拟合良好。

从总体上看，本研究结果基本支持原假设。（1）以社会资本、社会网络为前因变量，以员工知识资本为中介变量，以企业绩效、工作绩效、组织创新为结果变量的中国企业员工知识资本形成与运作模型成立；（2）员工知识资本在社会资本和企业绩效/工作绩效之间具有中介作用，而且是完全中介；员工知识资本在社会网络和企业绩效之间具有中介作用，也是完全中介。个体网络层次的研究假设验证情况如表 5-7-1 所示。

表 5-7-1　　　个体网络层次研究假设验证结果汇总表

假设内容	验证结果
命题一：社会资本和社会网络相关性假设	成立
H_{1-1}：社会资本和社会网络显著相关	成立
命题二：知识资本的形成原因假设	成立
H_{2-1}：社会资本对知识资本有显著影响	成立

续表

假设内容	验证结果
H_{2-2}：社会资本对企业绩效有显著影响	成立
H_{2-3}：社会资本对工作绩效有显著影响	成立
H_{2-4}：社会资本对组织创新有显著影响	成立
H_{2-5}：社会网络对知识资本有显著影响	成立
H_{2-6}：社会网络对企业绩效有显著影响	成立
H_{2-7}：社会网络对工作绩效有显著影响	成立
H_{2-8}：社会网络对组织创新有显著影响	成立
命题三：员工知识资本的运作机制假设	成立
H_{3-1}：员工知识资本对企业绩效有显著影响	成立
H_{3-2}：员工知识资本对工作绩效有显著影响	成立
H_{3-3}：员工知识资本对组织创新有显著影响	成立
命题四：员工知识资本的中介作用假设	部分成立
H_{4-1}：员工知识资本在社会资本与企业绩效之间具有中介作用	成立（完全中介）
H_{4-2}：员工知识资本在社会资本与工作绩效之间具有中介作用	成立（完全中介）
H_{4-3}：员工知识资本在社会资本与组织创新之间具有中介作用	不成立
H_{4-4}：员工知识资本在社会网络与企业绩效之间具有中介作用	成立（完全中介）
H_{4-5}：员工知识资本在社会网络与工作绩效之间具有中介作用	不成立
H_{4-6}：员工知识资本在社会网络与组织创新之间具有中介作用	不成立

第六章

企业员工知识资本的管理策略

信息革命和知识经济的到来，不仅大大加速了全球化进程，而且重新塑造了企业的商业模式，更新了人类的生产、生活方式。就像一场"瘟疫"一样，知识和知识资本已经渗透到人们周围的方方面面——知识已成为人们购买、生产和消费的最重要的基本要素。每一个国家、每一个企业乃至每一个人都越来越依赖于知识，而且没有任何一种力量可以阻挡这种趋势。拥有大量知识和知识资本的企业将在现在和未来具有越来越重要的竞争优势。因此，如何管理知识和知识资本是每一个企业面临的重要任务。世界500强的大多数企业已设立了首席知识官（Chief Knowledge Officer，CKO）和首席信息官（Chief Information Officer，CIO）。企业对员工知识资本的管理既涉及如何培育员工知识资本的形成问题，也涉及如何利用员工知识资本创造价值的问题。前者与员工知识资本的创造有关，后者与员工知识资本的运作机制有关。本章提出企业员工知识资本的管理策略，一是构建员工知识资本的管理框架，二是从知识资本的三个要素员工人力资本、员工结构资本和员工顾客资本方面进行管理策略分析。

第一节 基于员工知识资本战略的管理要点与方法

一 员工知识资本战略的管理要点

新经济时代的企业竞争逐渐转向以员工知识资本为基础的竞争。员工知识资本使用的成功案例有：美国西南航空公司依靠其低学历的员工创造的低成本竞争优势使其与沃尔玛、通用电器公司一起名列美国最赢利企业的前三甲；中国海底捞凭借员工知识资本创造了餐饮业的成功模式，使火锅这一低端行业登上了大雅之堂。流程再造思想是用更少的钱做更多的事，这些是通过聪明的员工来完成的；持续的质量改进来源于员工学习如何把事情做得越来越好；开发新的核心竞争力需要构建新的组织知识。在一个创新被竞争对手迅速复制、规模较小的公司经常通过引入优质的产品和服务获得较大的市场份额的环境中，是企业的知识资本——知识、经验和相关"软"资产，而不是他们的物质资本和金融资本越来越能确定自己的竞争地位。越来越多的组织已经明确地认识到这种竞争重点的转变——他们的知识资本是竞争优势的一个重要来源，应该更加系统地加以管理。特别是，一些组织正在制定企业战略和项目组合计划来捕获和传播他们所学习的知识，促进新思想和新经验跨功能和跨组织边界的分享，利用他们的最佳实践和一些深思熟虑的手段管理他们的知识资本，而不是依赖一些无计划的方法。例如，有的企业对其产品进行正确的分类、功能解释和传播，可以导致流程发生变化进而产生成本优势；对行业中的每家企业的知识和对特定组织的独特知识进行重新审视，可以促进与其合作伙伴分享新知识；绩效评估系统可以设计成能奖励创造和交换思想，能增强企业的决策制定和提高创新。简言之，企业采用一个战略的方法来管理知识资本，使他们看到了一个机会来提高自身的市场地位。如果"知识就是力量"确实是正确的，那么利用和引导它比让这些火花任意纷飞会具有更好的商业意义。

（一）加强员工知识资本的战略和运营之间的联系

为了更系统地管理员工知识资本，企业必须制定一个议程，把一个只是包括员工"个体"知识资本的企业从根本上转变成一个"整体"知识资本导向的组织，精心编排跨内部业务功能的知识创造和知识分享。这一议程包含多个子议程，如对员工的激励艺术和其他一些要素，这需要把特定战略文化和相称的能力、资源精心地编织在一起。虽然每个企业的计划是相对独特的，但基于这些企业计划的目标和执行则面临着一个共同的主题和挑战。满足构建企业员工知识资本战略的条件具有广泛的竞争意义，然而在传统上这样的条件从没有占据企业会议室的中心舞台。那些明确地考虑员工知识资本战略作用的企业，通过提出一些问题来增加行动的可能性来构建员工知识资本战略的条件。如企业该如何有选择地与供应商分享员工知识资本，创造比竞争对手更有利的成本和绩效优势？什么样的诀窍能在今天改进组织的产品和服务？哪些员工知识资本对于更有效地支持企业的关键流程和功能是必需的？什么知识是在未来需要的？企业目前是否具有这类员工知识资本？如果没有，企业应该如何开发或获取？最终，企业员工知识资本管理战略嵌入在运营层面上的管理和技术措施的投资组合中。由此给管理层带来的部分挑战就是如何协调员工个体知识资本向组织知识资本转化，就像投资于企业的"硬"资产一样以知识打包的形式向员工知识资本投资。例如，采用一个明显的基于内部网络的资源库捕捉和传播一些有影响的当日传闻，尽可能地让企业所有相关员工知道，就可以利用和引导这些知识成为一种销售力量，否则只是一小部分人知道，就不能在内部共享，使其可用于直接投资在领先产品的定位和决策的制定；再如，一个工程公司，可以建立定期的论坛，分享设计的独到见解，使他们再投资于产品的循环开发。一些企业拥有巨大的、非结构化的、非正式的知识仓库，而缺乏知识资本规划，使一些员工知识资本不经意地分布在大量的备忘录、语音留言纸、文件和数据库等记录媒体之中，而没有嵌入于它的组织文化、日常工作和流程之中。通过有意识地对一些非结构化的知识进行管理而形成知识资本可以更容易地针对这种投资机会满足知识资本管理的战略需求。但是一个企业如何决定运营层面的什么措施能最好地满足其战略目标呢？在知识竞争的背景下，在战略和知识层面的执行连接中管理面临着新的挑战，这可以通过对原始知识材料等支持知识资本战略的扫描形成可投资的知识资本，也可以通过监视和测量其知识资本发展其知识资本规划，或者通过设计流程和活动连接战略和知识资本的运作要素来实现。

（二）创建一个基础架构以培育和共享员工知识资本

员工知识资本的战略管理需要一个根本性转变，去思考传播企业的员工知识资本。利用员工知识资本通常要求管理者谨慎推进，而不是限制它的使用，这反映了一个扩张的方法而不是一个还原论者，包括故意寻找机会利用这种资本和组织形式。在执行层获取大量的知识促进这样的策划传播源于通过显式管理和技术基础架构来捕获和利用知识资本。尽管特定的基础架构的设计自然会随公司的特定目标和规划而变化，但这种基础架构至少包括三个一般特征。

首先，企业的知识资本基础架构应该能够连接那些独立社区，提供一个基础把一些有着相同兴趣和工作性质的员工社区连接起来。其次，知识资本基础架构应该旨在促进知识获取的情境，特别是公司不能追求一些不切实际的方法，要求专业人士提出正常工作流程以外的一般问题作为一个流程。企业需要建立一个以社区为基础的组织知识获取模型，无缝地集成知识工作，体现即将到来的丰富的特定业务情境。最后，捕获知识资本情境的另一面是将知识资本直接传送到指定的地点。结构良好的、可用来投资的知识资本相对来说是没有什么价值的，除非它被及时地传送到需要它的地方。创建显式基础架构管理员工知识资本更广泛的前景是在管理思想和技术创新的交叉之处提出了一个新的执行问题。尤其是对知识资本关注的转变提供了一个机会，重新思考人与机器的角色，设计知识工作整合组织记忆、显性知识共享、知识资本管理的其他要素。除了简单地设计利用一些基础技术，如电子邮件、群件和讨论组等，基础架构的综合设计引出了一些新的问题，如什么知识流经企业，如何收集和形式化，以及更适当地分配给员工，由机器去处理不同阶段的知识工作。把机器的功能和效益构造成知识媒体和知识型企业的基础主要归结为有关知识的表示问题。实际上，技术基础设施必须提供一面镜子来透视知识是如何被使用的而不是被形式化的，这一观点仍然是一门艺术而不是一门科学。从分析意义上来看，组织知识形式引发了一系列基本的、持久的问题：究竟什么是知识？知识的用途是什么？知识是如何被形式化和组织化的？知识的使用在技术基础设施上的表现形式的主要驱动因素是工具与任务匹配的企业能力，在知识导向的背景下，企业应考虑如何使用知识完成知识工作，并通过设计新的表现形式去满足新知识的需求；要通过运用知识工作和企业能力以满足新知识需求设计。一个企业不能用投机取巧的方法来管理他们的员工知识资本，同样，需要特别小心对待"刚性"基础设施。在设计一个知识资本基础设施管理的过程中必须寻求直接的和间接的平衡，以及明确的和未明确的平衡。创建一个管理和技术基础设施形成和投资知识资本，要求设计者和管理者必须提出和解决与知识相关的、支持性的基础工具和管理结构之间的关系问题。

(三) 创造一种企业文化，鼓励知识资本形成和投资

虽然企业战略和支持性的基础设施管理知识资本可能是新构思的现有态度、奖酬体系和行为，但这些往往不太符合企业管理知识资本的目标，它只反映了昨天的竞争环境。在一个"非升即走"的环境中要求顾问、律师和其他的专业人士通过出售知识资本而分享它获取利益有其明显的障碍；同样地，与避开创新和机械的应用程序期待工程师和研究人员重复使用彼此的工作一样不可思议，要求任何一个员工把他的知识资本转化为组

织资产发挥积极作用更是激励的问题。因此，企业在知识资本战略上的成就和在运营层面的成功必须通过培育企业文化、价值观和奖励体制来创建和共享知识资本。企业目前的文化性质在很大程度上表明它的转换路径。例如，在一个个人知识成就占据中心位置的企业里，管理者可能更专注于创造一个环境，使专业人士也获得一种特殊的认知来影响他人的工作；在一个自主决策的企业里，尤为强调管理者特别注意培养一种创造和分享知识资本变化的流程，而不是强加改变。一个公司的文化也暗示了其知识资本的首选方式、知识资本的规划是否是内部营销的：在一些企业里，知识资本规划得到了来自最高管理层的支持是最重要的成功因素之一，而在另外一些企业里则故意把知识资本作为一种"草根行动"促使其员工自下而上地"购买"。除了企业对知识文化的影响机制要予以关注外，在企业里参与任何一项知识资本项目都需要每个员工看到他们自身的价值，并缩小新知识目标和旧知识行为之间的差距，这样又产生了一些新问题：什么样的程序能很方便地创造一个环境把知识资本培育和共享作为核心价值观去体现？如何能管理沟通知识资本形成的重要性和向有支持性的员工行为投资最终整合学习共享和创新融入企业的日常运作？提出了类似问题的企业明显采取了一些必要的措施管理员工知识资本。为配合培养知识文化和基础设施，管理者可以激励员工为支持企业知识资本贡献更多的力量。从经济角度来看，管理者面临的挑战是创建一个内部知识资本市场，买家和卖家可以以一个公平的市场价格进行交换。企业要为员工提供更大的激励。此外，还要监测员工知识资本的形成和投资。通过更加系统的会计组织可以知道，企业也向外部提供知识资本的份额，以及评估、选择存储库向外出售知识资本或转移到其他组织。但是员工知识资本应如何测量？管理者如何确定它的价值？在这方面，本研究建议采用量表法和知识资本报告法，或者企业自身根据企业实践开发和建立相应的报告。

二 员工知识资本三维管理框架的构建

（一）员工知识资本三维管理框架的提出

而今，国内外学者和企业管理者正在进行争论的、曾经错过的东西是对员工知识资本的关注，不管他们对其冠以什么样的名称。员工知识资本是嵌入在每个员工的思维和价值观中的东西，它涉及员工的做事方式和为企业更多地创造价值，对此，管理者应思考如何创建政策和系统来帮助其完成工作。员工知识资本成为一个关键问题主要有四个原因：第一，员工知识资本是公司唯一可观的资产。大多数其他资产，如建筑、工厂、设备、机械等，自它们被收购的那一天就开始贬值。一个企业要想长期稳定发展就必须促进员工知识资本的增长。在21世纪的新知识经济条件下，企业管理者的工作就是让员工知识资本更具生产力，将员工知识资本转化为顾客价值。第二，知识工作正在增加而不是减少。詹姆斯·奎因（Quin，1992）早在20年前就已观察到服务经济是服务行业直接增长的主要因素，如零售、投资、信息和食物等；也是传统制造业间接增长的主要因素，如汽车、耐用消费品和设备等。随着服务经济的增长，员工知识资本的重要性也随之增长，服务价值通常来自于建立在员工个体能力和承诺的关系上。第三，拥有最多知识资本的员工实质上已经成为一名志愿者，因为最好的员工可能会在众多企业中找到工作机会。这并不意味着这些员工的工作是免费的，而从本质上来讲，对于他们选择的特定企业则是自愿提供工作。志愿者向企业所做承诺的原因是因为他们的感情与企业绑在一起，与经济回报相比，他们更注重工作本身的意义，拥有这种心态的员工不轻易辞职去另一家企业工作。第四，许多管理者忽略或轻视员工知识资本。全球竞争越激烈，顾客的要求越高；管理层级变少，管理者所承担的义务和来自现代管理实践的压力在逐渐增强，而员工的生活和工作并没有得到更多的改善。

从调查情况了解到，目前中国企业员工知识资本存在的问题既有认识方面的，也有实践方面的；既有个体方面的，也有总量方面的。在管理者层面上主要有对员工知识资本的内涵、重要性、管理策略、驱动机制等认识不深刻，这必然导致实践方面的不足，对员工的创造性、创新性持怀疑态度，甚至持否定态度，"学而优则仕""唯学历是举"等就是用人方面的典型表现。有些企业虽然也在表面上提出以员工为本，企业的战略目标也把员工的利益写在第一位，但在实施时却缺乏诚意，宁愿把资金花在无用的广告上，也不愿增加员工的一点福利，依然把员工看成是成本和费用，这同样得不到员工的认同和追随，也必然导致员工知识资本管理的失败。当然，在被管理者层面上——员工方面，也同样存在认识方面的问题。应该说，有相当一部分低学历、低收入企业员工对自己的能力、经验和创新认识不足，缺乏远大理想，找一份工作只为养家糊口，对自身所拥有的巨大潜力缺少深入挖掘的动力……这些也在一定程度上造成管理者对员工知识资本产生错误认识。对此，管理者首先要改变认知，增强对员工知识资本的认识，进而引导企业员工挖掘知识资本以达到企业发展的目的。

进行有效的员工知识资本管理，构建一个实用的管理框架尤为必要。根据对中国企业员工知识资本的现状和未来发展趋势，借鉴知识资本管理大会的知识资本框架，本研究构建了中国企业员工知识资本的管理框架。这个三维管理构架，展示了员工知识资本的三个层面。第一个维度是以知识资本的视角来对企业重新定义的方法；第二个维度是企业背景，包括企业的远景规划、战略和赋予员工知识资本的任务；第三个维度是与积极管理企业的员工知识资本相关联的各种活动的流程。如图 6-1-1 所示。该框架使企业可以确认什么样的员工知识资本对企业来说是最重要的，可以分清员工知识资本管理工作的先后顺序和层次。

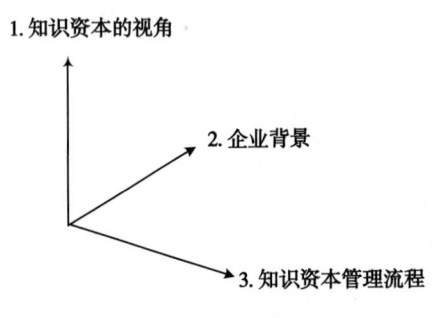

图 6-1-1 员工知识资本的管理框架

如何对员工知识资本进行有效管理，无论是学术界还是实务界都面临许多挑战，因为就目前来说，对员工知识资本还没有一个被学者和管理者普遍接受的、确切的、统一的定义。对中国企业的员工知识资本进行有效管理尽管是大势所趋，但依然还是一项探索性的工作，需要摸着石头过河，需要借鉴国内外的理论与实践经验。但有一点毋庸置疑，在管理员工知识资本过程中，管理者一定要重新认识自己的企业和员工，即一定要把自己的企业看成是知识型企业，不管你的企业是高新技术企业，还是传统的制造业和服务业；一定要把你企业的员工看成是知识型员工，不管这个员工是高学历还是低学历，甚至是无学历。这里的知识型员工，本研究将其定义为是运用脑力而不是运用体力工作的人，而知识型企业则是运用员工知识资本获取价值的企业。这里的知识型企业与瑞典康莱德小组和斯威比（Konard Group 和 Karl Erik Sveiby，1990；莱德小组和斯威比，2002）

的定义不同。斯威比对知识型企业的定义是依靠销售知识而生存的企业，进而根据对资本和专业人士的依赖程度，将知识型企业划分为四种类型，一是咨询机构，如会计师事务所、律师事务所、管理咨询业；二是"工业化"知识公司；三是高科技制造公司，如日本的"知识工厂"；四是资本运作公司，如上市公司。这个定义与本研究的定义相比较为狭义。事实上，从知识资本的视角来看，所有的企业都是知识型企业，所有的员工都是知识型员工。为什么呢？难道现在还存在着不具备一点创新想法的企业和员工吗？我们有一些管理者之所以认为自己的企业不是知识型企业，主要还是从传统的商业角度来观察，而不是从知识资本的角度来认识。本研究对知识型企业和员工知识资本的定义和观点得到了知识管理大师沙利文的支持（Sullivan，2000；帕特里克·沙利文，2002）。

在调研访谈中我们发现，有些管理者将知识资本定义为很高深复杂的技术，并失望地认为他们企业所在的行业根本没有所谓的知识资本，员工也没有什么知识资本。如一个木材加工厂的管理者，为了增强这个说法，他谈到他的企业为了最大限度地发挥员工的知识资本，最近已经花了大笔费用购买了精密的机器设备用计算机来控制进行切割圆木，同时，又用相当长的时间对员工进行了培训，而在加工同类木材时，使用机器加工出来的有用木材还不如使用人工加工的有用木材多。当我们告诉他，恰恰是员工的锯木诀窍才是他这个企业的知识资本时，他才恍然大悟，并认为自己从没这样思考过知识资本。这个案例说明，以前这个管理者对员工知识资本并没有真正理解，他并不认为自己企业拥有一套能将自己与竞争对手相区别的独特的知识和技能，依然在用物理的角度和会计的角度来看待自己的企业。用物理的角度使企业管理者看到的只是高高的办公楼、宽敞的制造车间、精密的设备、高学历的员工、堆积如山的原材料和整齐划一的新产品；用会计的角度使企业管理者看到的无非是列在资产负债表上的现有的资产和未清偿的债务。令人扼腕的是，这两种角度都不是管理员工知识资本的有效方式，因为它不能使我们的管理者看到员工具备的知识资本，因而也就谈不上对员工知识资本的使用和管理。这需要我们的管理者去试着改变看待自己企业和员工的方式，试着用知识资本管理的视角去重新定义原来的工作方式，试着用知识资本管理的视角去重新考虑企业的战略和远景目标。一个管理者能用多大程度的知识资本管理视角去重新定义自己企业的性质，就能从员工知识资本的管理中获得多大的价值。从广义角度来看，所有的企业都是由知识和知识资本组成的，管理者的任务就是认识、开发和管理这些知识资本。为此，我们需要采用知识资本管理的视角来过滤掉那些用物理的角度、会计的角度看到的有形的东西，而揭示出那些无形的、看不到的却更加重要的员工知识资本。

（二）员工知识资本管理对企业愿景的要求

员工知识资本的有效管理是在企业愿景和知识资本战略背景下运行的，既需要企业高层领导的重视，更需要企业员工的高度参与。这一关键要点为那些想从事员工知识资本管理的企业和管理者提供了行动指南，指明了未来的方向。企业愿景和知识资本战略决定了员工知识资本的角色，只有把企业愿景、知识资本战略和员工知识资本联系起来，才能真正从员工知识资本的管理中创造价值、攫取价值。三者之间的关系如图 6-1-2 所示。

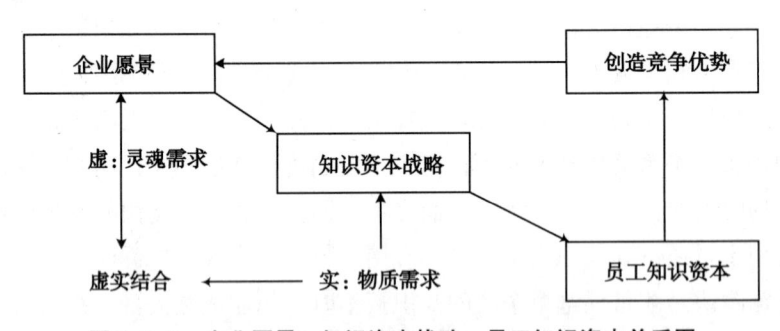

图 6-1-2 企业愿景—知识资本战略—员工知识资本关系图

把企业愿景、知识资本战略和员工知识资本联系起来，首先需要对企业愿景和知识资本战略进行审查，以保证三者的状态要协调一致。企业愿景就是企业未来要成为一个什么样的公司，它是通过对企业核心理念的界定来描述企业未来的发展前景，它既是企业未来的发展方向，也是企业员工愿意追随的价值观体现。企业愿景看起来是"虚"的，但要使企业愿景发挥作用就必须务实，必须符合企业未来的发展，必须获得员工的认同和支持，否则只能是"虚上加虚"。企业愿景到底有什么作用？企管专家姜汝祥博士一针见血地指出，企业愿景最主要的作用是凝聚人心，同时，它所包含的核心价值观既回答了企业的商业目标，也回答了员工作为人的目标。员工不是机器，他在企业里工作除了赚钱养家糊口以外，还要获得尊重，还要获得一种核心价值观。远景目标和核心价值观是"虚"的，但它解决了企业的长远目标特别是动力问题。也唯其如此，愿景才能深入人心、凝聚人心，也才能解决"经济人"一切"向钱看"的问题，进而使有"经济人"倾向的员工向"社会人"转化（姜汝祥，2003）。

与企业愿景解决"虚"的"灵魂需求"不同，企业战略则关注"实"的"物质需求"。或者说企业战略解决了企业上下思想一致、步调一致的问题，把企业愿景的"虚"转为"实"，虚实结合就成为凝聚人心的关键。企业的持续发展和核心竞争力的保持需要所有员工参与进行，需要贡献他们的知识资本。而员工是否贡献知识资本和贡献多少，目前的监测手段是很难监测出来的。这时候，凝聚人心就显得至关重要了。一些优秀的公司都对自己的愿景做过详尽而清晰的阐述，以书面形式固定下来，并在企业内广泛宣传，让员工深入理解；相反，有很多公司对此则不置可否，甚至害怕这样做会向竞争对手泄露商业机密。事实上，这些所谓的机密只是掩自己人耳目而已，竞争对手对此早已了如指掌，而自己的员工却被蒙在鼓里。

彼得·圣吉（2009）在《学习型组织》中提到西方企业领导者都有自己的愿景，但很少有人把它转化为企业愿景融入组织的血液。而中国的企业愿景大多是企业领导人的愿景，并且对员工大讲特讲，但缺少大家共同认同的价值体系和制度体系，最后导致本来很重要的企业愿景变得形同虚设。幸运的是，一些国内业界有识之士为此进行了不懈努力，充分认识到了企业愿景、知识资本战略对企业持续发展的重要性，提出了一些务实的愿景和战略。如海尔公司张瑞敏的"三只眼"（一只眼盯市场、一只眼盯企业、一只眼盯宏观环境），还有联想集团柳传志的"三句话"（定战略、带班子、带队伍）。波士顿大学的斯坦·戴维斯（Stan Davis）教授认为企业愿景与战略的制定可以通过以下几种方式进行选择：（1）灵感或者领导者的远见；（2）倾轧的政治派别之间的妥协；（3）遭到最小抵抗的默认；（4）认真研究之后的理性选择。最后一种方式即理性的选择得到大多数人的支持，但采用的很少，这是一种最艰难、最复杂的方式。企业采用哪种方式都有自己的理由，但不幸的是，我们的首席执行官并没有被赋予清晰预见未来的能力，他们也不一定成功制定一项令人信服的战略。

（三）员工知识资本的管理流程

员工知识资本管理框架的第三部分是知识资本的管理流程。运用员工知识资本管理流程，可以通过员工的创造性工作和知识资本行为创造价值、提取价值，保持企业的持续发展。通过对优秀公司的考察和借鉴相关成果，本研究提出了员工知识资本的管理流程，它通过创新过程、知识资本组合等一系列活动组成。如图6-1-3所示。由众多环节组成的这个员工知识资本流程反映了多个优秀企业的共同经验，所以在现实中，可能并不存在一个与本流程所定义的完全一致的流程，但有些环节则是某些进行员工知识资本管理的企业所必需经历的。

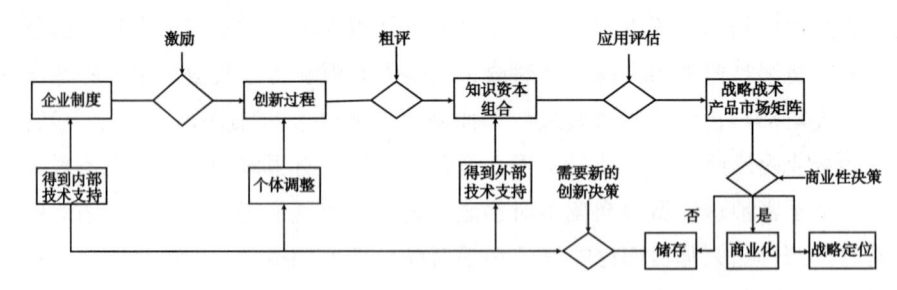

图6-1-3　企业愿景—知识资本战略—员工知识资本关系图

这个流程可以表述为：员工发挥自身知识资本的动力来源于企业制度的支持，包括对企业愿景和战略的认同（企业制度），以及一些政策的支持（特别是激励），进而员工对工作进行有意识的、创造性的思考，然后形成一些清晰的或不清晰的、明确或不明确的想法（创新过程）。这些想法有的有用，有的没用。有的有用的，但操作起来有难度；有的虽然有难度，但通过努力却可以实现。因此，需要对这些想法进行决策（粗评）。经过评估后可以努力实现的想法或创意则构成了员工知识资本，再对多个、多种员工知识资本进行匹配，就形成了员工知识资本的组合（组合）。在每一种新的创意付诸实施之前，结合企业现有的资源和能力，再进行双重评估（应用评估），作出是否商业化的决策（商业化决策）。若可以，则进行商业化步骤；若有问题或暂时应用有困难，可进行储存，待得到内外部的技术支持或调整后再进行。

三　尊重、教育员工是员工知识资本管理的基础

（一）尊重员工对管理的挑战

人性化管理、和谐劳动关系的建立、劳动力结构的变化特别是"80后""90后"员工的增加，以及"劳工荒"现象的出现，都要求企业管理者充分尊重员工。从员工知识资本视角来看，许多传统上的理论、原

则、概念都会受到挑战。比如，我们平时对于一个好的领导的评价是"以身作则"，但"以身作则"并不意味着要求或者暗示你的员工也要和你一模一样，一个管理者所做的、能做的就是员工的"样板"，这样不但抹杀了员工的个性，使其没有了主动性和创造性，更容易造成员工的惰性和不思考。管理者要明白，工作只是企业员工全部生命活动中的一部分，他们还有其他一些私人生活空间，企业管理者不能一味强调以身作则，认为自己愿意做的、能做的，要求下属员工也一样去做到。李广志（化名）是本研究调研中的一家制造业企业的生产经理，业务精湛、工作努力、严于管理，做起工作来简直是拼命三郎，从基层一步步地走到了今天的位子，他也要求员工们能像他一样，养成"早到晚退"的习惯，即使是无事可做，每日也要多加班一小时，上班时要全身心地投入到企业的所有事情上，即使是所做事情毫无意义。结果怨声载道，员工们抱怨没有私人空间，自由、人权受到限制，士气低落，管理陷入混乱。员工开始进行抵制，有能力的员工开始递交辞职书，还没有找到新工作的员工也开始无故旷工……这样的例子看起来是个极端，但这种现象在许多企业的管理者中都不同程度地存在着。泰勒制下的"经济人"理念深刻影响着李广志式的经理人，他们认为下属员工天生好逸恶劳，必须采取"胡萝卜加大棒"的政策，严加监督和惩罚，才能完成工作任务，才能体现管理者的权威，才能干出好成绩。

　　从员工知识资本的视角来看，李广志式的经理们的管理理念和做法受到严重挑战。这种管理方式和要求用于企业管理者自身这些"既得利益者"本无可厚非，但要用来要求所有员工则有些困难，因为并不是所有人都能像企业管理者那样，追求上进，把做事业当作自己一生的目标，他们有他们自己的人生目标，当然有的可能连目标也没有，但你也不能否定他们是一个有着各种思想的"人"，并非每个人都愿意像李广志式的经理们那样，把工作当作是追求理想的唯一途径，也并非每个人都认同企业的理念，更不愿意时时处处都接受企业的监督和管制。相反，他们可能只是把现在的工作当作一个跳板，希望利用工作时间来充电，补充知识提高技能，有的则希望工作之余能有更多的时间休息、娱乐。而这些，不是依靠严格的监督就能完成的，严格的监督所控制的只是八小时之内，加上加班加点，也就十小时或者十二小时，但如果能够把员工的积极性、主动性、创造性调动起来，又何止这些。毕竟，在知识经济时代，仅仅依靠管理者个人的智慧已不足以适应日益复杂的管理环境,知识的更新速度大大加快、员工是最接近顾客的终端,这些都要求发挥员工的智慧。只有尊重员工,他们才能更主动地去工作,更主动地去创新,更主动地寻找更好的工作方法。

(二) 尊重员工是管理者的一种优秀品质

尊重别人是一种礼貌,体现的是一种贵族气质。一个小故事很能说明这个问题。一天,美国总统林肯和他的孙子一起去散步,一个乞丐向他鞠躬行礼,他马上鞠躬还礼,而且腰弯得更深。他的孙子问他:"您为什么要向一个乞丐还礼呢?"林肯说:"我绝不允许一个乞丐比总统更有礼貌!"在林肯眼里,礼貌比权力、地位更重要,而且他深信,他之所以得到别人的尊重,是因为他更懂得尊重别人。尊重别人就是尊重自己,尊重别人是一种力量,是一个人所应具有的优秀品质。在企业里,同样如此。企业里的人,首先是一个社会人。许多成功的企业家不但有卓越的管理方法,更重要的是有一些不为人知的为人之道,但这些往往被人们所忽略。松下公司的创始人松下幸之助对员工的尊重可谓细微之至。一次,宴会结束后,松下幸之助让助理把主厨请了过来,告诉主厨他之所以只吃了半块牛排,并不是牛排不好吃,而是和自己的年龄有关,希望他不要介意,更不要误以为主厨的手艺有问题。主厨和其他在场的人都非常感动。不仅如此,松下幸之助还透露,在他所批准的下属的管理决定中,只有40%是他真正认可的,而其他60%是有待观察的。我们知道,对于那余下的60%的决定,松下幸之助完全可以一票否决,但之所以没有这样做,松下幸之助认为这是对下属的一种尊重,并借此可以对这些不完善的计划进行完善,以培养人才。2015年由智联招聘进行的一项中国最佳雇主调查结果显示,以往作为雇主的一个最优秀品质——向员工发放高额的薪酬福利,已让位于得到老板的尊重。

(三) 尊重员工是一种更好的管理方式

尊重员工是一种重要的管理方式,也许是一种更好的管理方式。谢继友是一家生产变频器公司的老总,他为人性急,以前经常出口伤人,管理方法粗暴,员工一看到他就会绕道走,对他的管理也是阳奉阴违,甚至有些员工宁可少挣钱也跳槽去了别的企业。他为此也是痛苦万分。2015年10月的一天,谢继友偶然参加了一次传统道德公益讲座,一名负责会场秩序的志愿者的鞠躬行为给了他很大启发。事情的起因是这样的:会场为每个参会人员发放了座位号,但总有人不对号入座,给会场管理者带来了麻烦,为此,会场的志愿者就不停地给那些不肯对号入座的参会者鞠躬。仅仅几个鞠躬,就把那人请到了指定的座位。这件事引起了谢继友的深深反思,如果会场志愿者对那些不服从座位安排的参会者严加训斥,那些参会者可能不但不听从安排,而且可能会吵起来引起会场秩序的极大混乱。联想到自己的粗暴管理,谢继友深刻认识到以前的管理方法是有问题的。但要向员工认错毕竟面子上过不去,经过一个月的痛苦挣扎,谢继友明白了一个道理:企业所有的一切都是员工给的,我向他们认错、向他们鞠个躬没有什么了不起的。11月21日的全体员工大会上,谢继友一反常态,不但没有像以往那样大骂员工,反而夸起员工的好处来,最后还向员工承认错误,向大家道歉,向大家鞠躬。员工们虽然一脸的惊讶和别扭,但谢继友却看到了员工的另一面——真诚和可爱。此后,他开始每天早上用鞠躬来迎接员工的到来。员工们对此隆重的接待虽然受宠若惊,甚至有点接受不了,后来习惯了,有些员工也会给谢继友鞠上一躬。现在员工有了一种受尊重的感觉,每天的心情都很好(陈栋,2016)。

(四)尊重员工的同时要对员工进行教育

按照马斯洛的需要层次理论,人的需要主要有生理、安全、尊重、社交和自我实现五个层次的需要。我们知道,从我国现实情况来看,现阶段我们已经解决了温饱问题,逐步向小康生活迈进,吃、穿、住等生理需要和摆脱失业的威胁、生活有保障等安全需要已基本得到满足,但在被尊重的需要层次上很难得到满足。有人曾形象地这样说明,如果想让你的员工付出60%的努力,你就去管理他;如果想让你的员工付出80%的努力,你就去利用他;如果想让你的员工付出120%的努力,你就去尊重他。根据80/20法则,企业中的核心层员工只占不足企业总数的20%,而如果实施员工知识资本管理,就会出现相反的效果——企业的核心层员工将会达到80%。如果一个企业的核心层员工达到80%,这样的企业是一个什么样的企业,还有什么样的企业会和你竞争;如果一个企业的所有员工都在捉摸这个行业内的事情,它的竞争对手还有容身之地吗?

尊重员工并不是完全遵从员工的个性发展,完全按照员工的个人意愿行事,而是要让员工学会对工作、对企业、对他人负责,主动承担自己的工作,这就需要教育。应该说,目前的家庭教育、学校教育和社会教育都缺少相应的个人品质、职业道德教育,而这些对员工、企业都是非常重要的,企业应相应地承担这部分职能。教育员工自现代管理学诞生之日起,就是企业的一项重要职能。科学管理的创始人泰勒所设立的职能工长制,除强调监督是工长的职能外,工长的另一个重要的职能就是培训,甚至培训先于监督。现在的工厂更多强调的是监督,是对泰勒制的误解。当然,这里的培训还只是停留在技术层面上,还缺少价值观培训、职业道德培训。现代管理社会系统学派的创始人巴纳德先生在组织理论方面至今无人能及,在他的经典著作《经理人员的职能》中,他把"促成必要的个人努力"作为经理人员的三项职能之一。这里的促成必要的个人努力实质上是对员工的教育。德鲁克先生在论述经理人的职责时,曾把"使工作富有成效,员工具有成就感"作为企业管理的三大任务之一,把"培育人才"作为职业经理人应做的五项工作之一。

教育员工是企业经理人的职能已成为学者们的共识,但具体如何教育员工却各不相同。有人说,美国企业是精英教育,一个员工在不同的企业只做相同的工作,做到最后就成为了该领域的专家;日本企业实行的是终身雇佣制和年功序列制,强调的是忠诚,要求一个员工在同一个企业做不同的工作,做到最后,一个员工就成了复合型人才;而中国企业的员工则不同,是在不同的企业做着不同的工作,这主要源于很多人在接受正规教育之前就不知道自己愿意做什么和能做什么,从所调查的就业情况看,中国二本以下院校的学生有相当一部分从事着与本专业非相关的工作。培训非常之人,就得用非常手段。从这点上来看,中国企业员工知识资本的管理道路任重而道远。当然,有一些企业已经为我们做出了榜样。

(五) 尊重的经济学分析

在经济学上,我们常常用大炮和黄油来形容稀缺性资源的配置问题。大炮表示的是军费开支,把有限的资源多用于大炮开支,可以给人们带来更多的安全;黄油表示的是民用开支,用于购买黄油的费用增加可以满足人们的基本生活需要。在资源一定的情况下,大炮开支多了,就会减少黄油的开支;同样,增加黄油的开支就会减少大炮的开支。这就是鱼和熊掌不可兼得的二律背反原理。而在企业管理上,同样是资源有限,有些企业更多地把资金用于员工福利上,换来的是士气的高涨;而有些企业则用于无意义的广告上,结果是得不偿失。

浙江传化集团"尊重员工就是尊重企业"的理念不但融入了所有员工的心中,更是体现在行动上。企业充分尊重员工的意见,这些年来,经民主评议不合格的有 39 人，其中被免职的中层干部有 5 人，降职的有 5 人，解除劳动合同的有 12 人，被罚奖金的有 23 人。总裁徐冠巨为充分体现员工的主人翁地位，充分体现员工对企业事务的知情权、表决权，制定了相关的各项制度，成立了职工代表大会，并让员工充分行使职权。根据员工的提议，2000 年使员工内部积累养老保险与社会养老保险正式接轨；2001 年集团为员工建起了三栋宿舍楼；2003 年全员办理了医疗保险和工伤保险；2004 年，成立了困难职工帮扶基金；2007 年，对员工生活区的各项设施进行完善；2008 年，改造员工食堂，投资 300 万元建起了农贸菜市场综合楼……不理解员工知识资本管理的人可能会说，因为企业有钱才能做这些事情，没有资金，怎么能做呢？这些管理者始终不明白，有资金是因为尊重员工、发挥员工知识资本的结果，而不是原因。多年来，企业通过尊重员工吸引、留住了大量人才。年轻学子秦愉放弃了一个著名跨国公司的应聘机会而选择了传化，就在于面试后的一种"被尊重的感觉"：与招聘主管共进午餐和对面试人员无微不至的尊重。秦愉凭借自身的能力和传化良好的发展机制，实现了三年四级跳，如今已是传化集团的培训经理。秦愉的感觉在传化集团不是个案，这里有"家"的感觉，没有雇员的概念，没有为谁打工的说法，每个人都有一个共同的称谓：传化人。

这些人才也给企业以高额的回报。花王液洗车间的一个班长陈国林利用工休时间提出了一个改进方案，解决了灌装机经常卡瓶现象，使故障率降低了 80%。据统计，仅生产经营方面的建议，平均每年达 3244 条，被采纳的有 1752 条，诸如"化纤油剂部分原料替代""废旧储罐再利用""箱子换袋子"等类似的改进意见每年为企业节省上千万元的资金。依靠员工创造财富，这是传化集团的真实体验。从 1986 年的 2000 元借款，到如今的中国企业 500 强之一，年销售额百亿元、利税 13 个亿的现代化企业集团，传化将其归结为员工的力量、尊重员工的结果。

第二节　基于"师徒制"的员工人力资本管理策略

一　师徒制对增强员工知识资本的意义

在国外企业里，师徒制（Apprenticeship System）最早起源可追溯到泰勒的职能工长制。在泰勒制体系下，职能工长除了对员工监督外，另外一个最重要的职能就是对员工培训、对员工指导。而在我国，师徒制不但由来已久，而且各行各业均可找到它的足迹，一度成为新员工迅速适应工作环境、掌握岗位技能的重要途径。但近年来，由于员工培训新方法、新手段、新技术的不断涌现，师徒制逐渐被企业淡化、边缘化，退出管理者的视线。从员工知识资本视角来看，师徒制是一种重要的知识资本传递方式，特别是对员工人力资本的增强、隐性知识资本的传承，更是其他培训方式、管理方式无法替代的。

过去新员工进企业，都由部门主管指定一位技能高超、经验丰富的师傅提供工作技能上的帮助和指导，两到三年学徒期满后，由企业对徒弟进行技能考核、确定技能等级，以达到以老带新、传帮带的作用，这就是学徒制。"法不传六耳""真传一句话，假传万卷书"，师徒制往往传授的都是不传之秘。师傅在这里传承的不仅是技能，更是自身对人生的感悟、企业的文化等。

事实上，说是以老带新，但有的可以达到终身指导，师傅对徒弟的指导和影响甚至是终身的，师徒之间建立了深厚情谊。山西某煤矿的老张在接受访谈时说，"我在矿里待了8年，跟师傅也跟了8年。刚进矿里，领导就安排老王作我的师傅，他教会我如何掌握工作技能，如何与同事相处，如何经营家庭、带孩子。上班时，紧跟师傅后面，工作做得不好，师傅就会痛骂一顿；下班时三天两头到师傅家蹭饭吃。师傅就是我成长的指路灯"。师徒制还是两代人之间的一种桥梁和纽带。某钢铁厂一位78岁的8级老钳工因病去世，此老无儿无女，生病期间，是他的4个徒弟带着自己的家属日夜轮流伺候。就连医疗费用都是由徒弟支付的。

现在虽然学习的方式有很多，企业的培训也是多种多样，但师徒制所带来的效果更快、更直接。北京建工新材公司一位负责人根据自己的经验估计，一个刚就业的普通大学生没有师傅指导在企业可能要经历3—5年的成长期；而有了师傅指导，这个成长期就会缩短为一年半，这是任何形式的培训都达不到的。一位高级电工技师说，虽然我毕业时考到了4级工证，但手艺不行，真正使我成熟起来的是进企业后跟师傅学的。一位高级钳工对自己的师傅无限感激，"我的一切本事都来自师傅，无论是工作方面的，还是生活方面的。我每一次进步，都是师傅呵护的结果"。

师徒制不但可以使新员工不断地积累个人的人力资本，也可以使作为师傅的老员工"教学相长",体验到工作的成就感,进而提高领导能力,在徒弟面前做出表率,不断地提高自己。北京建工新材构件公司的齐长勇说,带徒弟是自我检验的过程,我在向徒弟传授经验时,就是对自己的一次再提高、再教育(郭北溟,2013)。

二 师徒制的理论分析与应用

郑健壮、靳雨涵、潘芊伊(2016)对兰溪纺织业集群的师徒制研究表明,师徒间的信任与知识传导正相关。邓超、张立军、吴晓丽(2016)探讨了师徒制对组织学习的效果影响,认为师徒制是打造学习型组织的一种必要途径,组织学习如果辅之以师徒制可以使技能性培训达到很好的效果。李静(2014)在对50名银行、证券、保险等金融行业的从业人员的访谈和问卷调查中发现,有师傅的员工比没有师傅的员工更容易获得社交网络的支持,获得晋升的可能性更大;正式师徒制的整体功能有助于知识共享,有助于提高工作绩效;同时还发现,知识共享在师徒功能和创新行为之间具部分中介作用,师徒之间的知识共享有助于提高师徒之间的知识资本。

有些人认为,只有那些重要的岗位、技术性强的岗位才有必要实行师徒制,如财务、电钳焊等;而一些技术含量不高、操作简单的工作不需要师徒制。其实则不然。管理无小事,细节更重要。一项简单的工作,如清洁工、搬运工等,能做好也不容易,如果有了有经验的师傅去指导,则会达到意想不到的效果。比如餐厅里的擦桌子,有经验的员工会采用三块抹布分别去擦,而没经验的员工只用一块抹布在几张桌子上擦来擦去;要想公司里的卫生间一年365天没异味,没有专人指导也不一定做得到。另外,师徒制传承的并不只是技能性的指导,有时更多的是做人的指导,它还可以联系师徒之间的感情。

实师徒制有许多障碍,这既有"教会徒弟,饿死师傅"的顾虑,也有带徒弟无形中增加了师傅的工作量等现实问题。针对这些问题,可以通过制度设计去解决。

三 实行师徒制,传承匠人技艺

目前的文献大多将师徒制研究放在新员工或是培训上,实际上,师徒制另一个最重要的功能是传承古老的匠人技艺,把那些濒临失传的、最能代表中华传统文化的经验、技能、配方传承下来。这些东西是凝结在员工身上最重要的知识资本，如果这些东西不能得到传承，就会失去企业最重要的人力资本，也就失去了企业的核心竞争力。这些员工知识资本不亚于可口可乐的配方、苹果的无形资产专利技术。中国古老的皮影戏、变脸、古建筑群的修缮技艺（杨学义，2016）等一些匠人的隐性知识资本完全靠师徒制才能传承下来。缺少了师徒制，则缺少了个性化，缺少了真正该传承的东西，流水线、标准化代替了个性化，什么都是千篇一律。

中国企业一度因为追求模仿、创新，而放弃了自身拥有的一些珍宝。比如"王麻子"剪刀、飞鸽自行车、上海牌手表、培罗蒙西服等，代表着国人的工匠精神和技艺。瑞士的军刀和名表、奥地利的施华洛世奇水晶的背后都是工匠精神的体现。在中国弘扬工匠精神一方面可以传承匠人的精神和技艺，弥补过去物质和非物质遗产的缺失；另一方面可以满足一批注重高品质、高性能的消费群体的需求，打造中国自己特有的民族知识品牌。

匠人精神不独体现在制造业，在任何行业都可以看到它的身影。比如在装修过程中对过程负责，装修后对结果负责，严格按照施工标准、施工程序，保持装修后的长时间使用就是匠人精神的体现。再比如，一位餐厅服务员，穿着得体、举止大方、不卑不亢，给人以一种美感，这就是匠人精神的体现；把难登大雅之堂的擦鞋业做成连锁的罗记擦鞋店，体现的都是匠人精神。消费者之所以愿意出高价购买这种产品或服务，重要的是这些产品和服务里面凝结了匠人精神，匠人精神使一个平凡的企业变得不平凡，一个平凡的岗位变得不平凡，一个平凡的员工变得不平凡。匠人精神是员工知识资本的最高境界。

匠人精神是职业诉求和产品诉求的双重体现。职业诉求所养成的敬业感和荣誉感，使一些职业不仅仅是员工的一种谋生手段，更可以是对事业的追求、对生命的守望；产品诉求则使员工专注于自己所从事的工作，把自己的匠人精神体现在产品或服务生产的每一个细节当中（陈圣来，2016）。多次荣获"重庆市工业企业50强"的四川维尼纶厂通过"严师高徒"活动为企业积累、培育了大量人才。分检车间的高级化工分析技师李新亚、聚乙烯醇车间的高级工艺技师廖学军、纺丝车间新聘高级技师刘剑、化纤专业学术技术带头人车间主任赵彬，都有着多年的带徒经验。"严师高徒"活动也为女性职工的成长铺就了一条成才之路。通过在女职工中开展"一帮一"结对子,"如何提合理化建议专项培训","走出控制室"等活动,优秀经验得到了传承,让走出控制室的女职工通过与室外人员的沟通、共事,更直观地了解装置运行状况,努力培养学习的兴趣,营造一个比学赶帮超的氛围。甲醇车间的女技师熊静是第一个受益者(雷凤,2008)。阿里巴巴的淘宝员工的培训完全是一对一的师徒制,而且随着员工数量的不断增加,这种一对一模式又转换成团队式(张兆霞,2015)。北京同仁堂的师徒制造就了众多的人才,亦庄分厂丸剂车间微丸班的员工张清师从车间副主任薛连贵,成为车间的首席员工。中国国际航空公司机长、执飞波音747-8 的周大宁师从执飞中国首批波音747 的周殿卓,完成多个重大任务。

知识经济时代更需要匠人精神。C919 中型客机是中国按照国际最新标准研发设计的首款民用飞机,具有中国自主知识产权,是中国建设创新型国家的一项标志性工程,2016 年4 月8 日,紧急求助于已退休的工人施品芳"救火"。这份标有一个大大"急"字的工艺指令单上,要求在很短时间内必须完成制作 C919 客机上的一个零件——气密试验接头。这个接头的制作要求极高,在市场上又买不到,数控机床又很难做出来。很多类似这样难度极高的制作都被施品芳一一克服。施品芳的技术是跟着师傅学出来的,他现在的最主要工作除了"救火",就是带徒弟。如今,在6名"隔代弟子"中,已有2 人能够独当一面了(王龙等,2016)。越是在知识经济时代,匠人精神越重要。研发靠智力,装配靠手艺,非常考验技巧和耐心。沈阳新松机器人公司董状如是说。他所制造的上千个机器人应用于餐饮店、酒店大厅和银行网点,定位精度为3—5 厘米,远低于国际的5—10 厘米。

师徒制是匠人成就的必由之路。中国航天科工集团三院239 厂的戴天方素有"戴一刀"之称。但他的真正成名得益于一个重要型号产品的制作,制作的精度误差要求在0.01 毫米以内。戴天方采用"击鼓传花"式的全新定位方式加以解决。"手艺人一生就是学习、积累、再传授。"他说,"传帮带"是匠人最后要走的路。

四 落实师徒制的管理方法

有效落实师徒制,要把握好几个关键点:
(一) 高标准选择师傅
对师傅的选择要高标准,既有某一方面的高超技艺、专业水准,还要有良好的职业道德；既要传承自身的技艺，还要传承企业的精神。对于专业性的技能、经验培训，可以内部选拔和外聘相结合；但对于企业精神的传授还要以企业内部师傅为主。基于师徒制的员工知识资本管理的基本要求是贯彻企业战略和目标，其他都应该在此目标下实行。

（二）建立激励机制

既要采取一些措施鼓励师傅带徒弟，也要鼓励徒弟认真学习，珍惜机会。

（三）创新师徒制的新形式

传统的方法如"传帮带""一帮一""结对子"等可以继续采取，同时也要利用新的培训方法、技术。

对师徒制的探讨是一个既古老又新颖的永恒话题，在知识资本视角下，还需要不断创新新形式、新内容，以克服传统师徒制的一些随机性和随意性，以及学徒对师傅的依赖思想。

第三节 基于实践社团的员工结构资本管理策略

一 认识员工结构资本

员工结构资本，就是员工个体可以动用的企业拥有的结构资本。那么，什么是结构资本呢？结构资本是比较难以界定的。首先，它可以表现为企业组织所拥有的而员工个体不具备的无形资本。广州富鸿贸易公司是一家从事机电及汽车配件的进出口公司，公司成立几年后，3名主要业务员辞职并成立了与之相同业务的公司。然而这并没有给富鸿带来很大的影响，在紧急招募并培训了2名业务员后，公司很快重新走上了正轨，原来归属3名辞职业务员的业务也并没有随着他们的辞职而离去。这个结果完全归因于广州富鸿所建立的结构资本，因为在客户的心目中只有广州富鸿，他们信任的是广州富鸿，而不是富鸿的某个员工。其次，一些企业可以使一些初出茅庐的学生或行业中的新手迅速转变为行家里手，这主要依赖其雄厚的结构资本。如一些保险公司的培训业务可以很快地培养出一个业务员。一个企业若想更多地运用员工的知识资本，必须建立和拥有结构资本。

二 化人力资本为结构资本

知识成为企业的最重要资本是21世纪知识经济时代的一个典型特征。因此，对知识资本的管理成为学术界和实务界讨论的热门话题。业界普遍接受的知识资本包括人力资本、结构资本和顾客资本。对人力资本和顾客资本的管理已发展了一系列的工具和方法，但对结构资本的管理一直是个难题，特别是把员工个体的人力资本转化为结构资本更是显得至关重要。之所以会产生这样一种情况，是因为企业在对人力资本大量投入的同时，不得不面对一个非常尴尬的局面：当企业中的关键员工或因退休，或因跳槽等原因而离开企业时，就会随之带走最有价值的人力资本，使企业丧失应有的竞争优势。由此，给企业带来的挑战是：如何将员工个体的隐性知识显性化？如何将人力资本结构化？如何将个体知识组织化？

在这方面，一些国际知名企业都在探索有效的人力资本向结构资本的转化模式，并且有相当多的企业已经从中受益，提出了一些重要的思想、理论和工具，形成了适合自身发展的知识管理体系和解决方案。实践社团无疑是得到广泛应用的众多工具之一：依靠由员工、客户和外部合作者组成的实践社团，世界银行实现了对抗贫穷的奇迹；依靠跨越多个业务单元、地理区域和项目团队组成了实践社团，壳牌石油始终保持所在行业的先进技术；麦肯锡公司依靠实践社团，在客户本身变得更精明、要求更多时，在客户关心的重要主题上保持世界级的专家知识；依靠技术俱乐部形式的实践社团，克莱斯勒的工程师采用非正式的跨越平台，使新产品开发由5年减少为2.5年。

三 实践社团的相关研究

实践社团（Communities of Practice, CoPs）在不同的组织有不同的称法，如实践共同体、实务社群、实践社群、实践社区等，一般最为常用的是"实践社团"。许多学者的量化研究更增强了实践社团的应用：Borzillo（2009）采用定量研究结合深度访谈，分析了47个高层管理者帮助和改善组织内实践社团的成功机制，结果提出了一套可操作的实践社团管理方法，即在实践社团中由高层管理者通过主办者去监督和提供最佳实践发展的便利。Borzillo等（2012）基于一个跨国公司的特殊化学品部门，进行了为期4年的纵向案例研究。通过初始的访谈、直接观察，以及其后的内部资料的数据收集和分析，结果发现支持组织二元性（同时追求开发性创新和探索性创新）涉及不同程度的实践社团管理的参与之间的切换，即"结盟"（Alignment）和"自适应"（Adaptive）模式。"结盟"模式导致知识开发有利于产品改进，而"自适应模式"导致知识开发有利于发现新产品。Fearon 等（2012）基于 Hoadley 和 Kilner's 的"C4P"社区实践框架，采用仿真的方法，以工作组模拟一个专业实践社区来探讨社会学习的价值。通过在一所英国顶尖大学对一组项目 C4P 实践社团框架的五个要素的讨论，发现：使用工作组实践的方法开发社团，可以促进成员在社会学习和工作场所中形成有效技能。Roberts、Gertner 和 Charles（2011）通过对 3 个 KTPs 关键合作伙伴的访谈和相关文献资料的收集，结合实践社团的情境学习，探索了知识转移伙伴关系（Knowledge Transfer Partnerships, KTPs）的微观维度，来建立一种个体互动的评估方法，以促进校企合作的成功。结果发现：知识转移通过校企实践社团发生增值，在这其中，相互接触、联合企业和共享技能起着重要作用。另外，KTP 伙伴通过接触而形成的跨越边界角色对于促进知识转移有着重要意义。Ardichvili 等（2003）以定性方式研究了财富 100 强企业卡特彼勒公司员工参与虚拟知识共享实践社区的动机和障碍。研究表明，当员工认为知识作为一种公共产品属于整个组织时，知识流动较容易。然而，当组织或社团赋予员工很大权力时，他们通常会寻找各种理由，回避贡献知识。具体来说，员工由于或是害怕受到批评，或是误导社团成员，或是不确定他们的贡献是重要的或是完全准确的而不贡献知识。为了消除这些障碍，有必要发展各种类型的信任，包括基于从知识的到基于制度的信任。Cornes（2011）质疑传统的管理方法在实施个性化时是否足以提供变化，据此提出了一个基于协同工作的实践社区的替代方法。Guechtouli 等（2013）基于中介的模型（Agent-based Models），采用仿真和社会网络分析方法（Social Network Analysis），在一个由专家和新手组成的实践社团中，分析了沟通系统对知识扩散的影响。结果发现，在直接知识转移过程中，新手构成了额外的知识来源和担当中介，更有利于知识扩散；但是在间接知识转移过程中，新手则对个体学习过程影响不大。因此，应优先选择非层次结构的沟通和充分鼓励新手参与实践社团活动。这些研究结果有助于在知识密集的社团内促进知识的转移。

长期以来，学术界和实务界发展了各种组织结构形式，以适应竞争的需要。从直线制、职能制、直线职能制到事业部制、矩阵制，从垂直到扁平，从刚性到柔性。但这些传统的组织结构形式对处理与知识有关的问题并不像处理业绩与责任那么有效。比如，现在被许多公司大量使用的矩阵式组织结构或项目团队，为了实现其特定的目标，虽然也进行着学习，但很容易就丢掉了，他们的学习主要集中于市场的直接机会上，学习是次要的；项目团队是暂时的，任务完成解散之后大部分知识就丢失了。另外一些传统的所谓知识导向型结构，如公司大学和培训中心常常设在总部，与实际应用知识的一线员工脱节，所谓的培训和学习，除了为晋升做准备外，更多的可能是对优秀员工的一种奖励。而实践社团通过让员工自己承担产生、分享所需要的知识的责任而服务于知识，从而为员工提供了一个支持活性本质的社会论坛。

第四节　基于反学习情境的员工顾客资本管理策略

由本研究的员工知识资本的三因子中介模型的实证检验，我们知道：员工顾客资本的形成得益于员工人力资本的增强，人力资本的增强得益于结构的催生；而员工结构资本则直接催生员工人力资本，直接或间接催生员工顾客资本。从这一点来说，员工顾客资本的形成是员工人力资本和结构资本管理的结果。也就是说，只要有效管理好员工结构资本和员工人力资本，员工顾客资本增加是自然而然的事情。

一　顾客资本的再认识

什么是员工顾客资本？员工顾客资本就是员工个体可以动用的企业的市场营销渠道、顾客关系、企业信誉等经营性资产。在官僚制体制下，职位权力比个人专长权力重要得多，往往谁的职位高，谁拥有的权力就大，这是组织赋予管理者的权力，清晰而明确，无法更改。然而，如果从知识资本的角度去思考这一问题，这种状况显然会改变。如果一个员工拥有丰富的经验和知识，又能保持和顾客的密切关系，能够为企业创造更多的财富，他的地位则变得举足轻重。

如果一个企业真的要实行知识资本管理就需要大动干戈。它不但是一个漫长的没有止境的旅程，而且 70%—80% 会失败。因此，当有的公司

CEO说："知识资本管理？对，我们已经做过很多年了。"我就知道他们不仅没有做，而且不论他们做了多少年都不会提高质量。但是如果我们听到"知识资本管理？我们一直在努力提高，但太难了。我们没有太大进展，但是总算有一点进步"，我们就知道他们做得不错。知识资本管理，说起来容易做起来难，很难达到预期效果。

二 由员工忠诚到顾客忠诚，重视客户—企业关系管理

员工对企业的态度是一种重要的结构资本，其实，这就是我们平常所谓的企业文化。通常而言，企业文化是虚的，不易衡量，但从知识资本的角度却可以进行测量。如果员工对企业是忠诚的、积极的，他们就会在顾客中有意无意地提升企业的形象；而如果他们对企业是不忠诚的、消极的，他们就会影响顾客进而损害企业的形象。所以，一些大企业通过调查员工对企业的态度来测量企业文化，并进行有效调整。通过访谈我们可以看出员工对公司的态度。一些管理者认为，利润大多与以下几个因素的共同作用密切相关：员工们感到每天可以做自己做得最好的事；他们相信自己的意见被考虑了；他们能感到同事的责任感；他们的工作和公司的目标紧密相连。

顾客对企业的重要性不言而喻，没有顾客的购买，则不能实现生产、加工、制造、服务的价值。20多年的"让顾客感动"造就了格兰仕这个中国自主品牌的全球微波炉市场近50%、国内市场超50%的市场占有率。员工顾客资本的诀窍在于使顾客不是一次性购买，而是重复性购买。使员工保持拥有顾客资本的秘密是企业实行员工顾客资本战略，并使之深入员工的灵魂深处；从战术上来说，则是保持员工对企业忠诚，进而使企业员工与顾客保持一种长期合作关系以达到顾客忠诚。一个对企业不忠诚的员工很难想象会使顾客忠诚，一个对企业忠诚的员工势必会想方设法使顾客忠诚，一个对企业忠诚、对顾客忠诚并与顾客建立长期合作关系的员工则拥有较强的顾客资本。这里的顾客定义较为宽泛，不仅包括企业外的顾客，还包括企业内的顾客。如海尔公司将下道工序视为上道工序的顾客。

虽然顾客忠诚对企业至关重要，然而要保持顾客忠诚绝非易事。施乐公司的一份调查问卷显示顾客的易变绝非你所能想象到的：对产品相当满意（4分）的顾客背叛该产品的人数是完全满意（5分）的顾客人数的6倍（5分制）。尽管这个比例令人极其失望，但根据相关学者的研究，留

住一个老顾客和争取一个新顾客的成本比例是1:5；而一个老顾客与新顾客对企业的利润贡献比则是16:1。因此，要想保持企业的持续发展，保持顾客忠诚甚为必要。客户晴雨表（Customer Barometer）是从知识资本视角来测量客户的忠诚度和满意度的方法。不同的客户晴雨表可以应用于不同的行业，它使用0—100个客户的满意度指数与本企业进行比较，据此可以判断客户对企业的满意度程度。

在调研中我们发现的一个突出问题是，大多数企业中的大多数人普遍认为，增加收入只是营销部门的事，与自己和自己的部门无关。这明显是缺乏知识资本战略或者是虽有知识资本战略却没贯彻执行的结果。把员工顾客资本从员工知识资本中分离独立出来，就可以使每个部门中的每个员工把创造收入当作自己的应有之责，在任何时候、任何场所，做什么事情都能从顾客角度出发，时时、处处、事事为顾客着想，它所形成的力量远非一个企业中的一个营销部门所能相比。

三 反学习情境与员工顾客资本管理

随着组织学习理论的提出（Senge，1990）和发展，一种与学习理论相反的理论——反学习理论（Unlearning）在提出（Hedberg，1981）多年后又逐渐得到重视，并被应用在诸如商业模式（王丽平、赵飞跃，2016；Mehrizi and Lashkarbolouki，2016）、突破性创新（李梓涵昕、朱桂龙，2016；李远东，2016）、创新绩效（卢艳秋、赵英鑫、崔月慧等，2014）、创新能力（赵英鑫，2014）、企业成长（李晓杰，2012）、工作—生活平衡（Juan-Gabriel and David，2016）、知识管理（Carrión，2016）等研究方面，虽然也不乏一些反对的声音（Howells and Scholderer，2015），但反学习理论获得众多支持并得到应用已是不争的事实，特别是其在员工顾客资本的创造上显示了良好的发展前景。

顾客资本是一个企业、企业内的员工与顾客之间相互作用的结果。顾客会改变他们的特征，包括地址、行为和偏好，但随着基本信仰或购买流程等顾客需求的变化，企业员工在一个隐性和显性的知识水平上以前认为理所当然的事情也必须随之改变。顾客资本来源于企业与顾客的联系，是当前和未来收入贡献的价值体现（Duffy，2000）。一旦企业员工与顾客接触，或为顾客解决问题，或销售人员倾听顾客的抱怨，顾客资本就产生了（Bontis, et al.，2000）。从这个角度来看，顾客资本是由员工的直接经验和观察形成为媒介的,这种直接经验和观察作为一种认知、信仰和价值观存储在他们的记忆之中(Selnes and Sallis,2003)。

尽管人类知识可能反映了个人在生活中所有方面的经验,反映了一个全新的世界,但这个世界只是部分地被理解,可能是通过多次成功强化而成(Caddy,2000)。例如,一家企业可能会非常有信心地认为它们以最低的价格向顾客提供产品,如果随后发现有许多其他商店以更低的价格提供相同的东西,在这种情况下,他们的知识不是校准的。因此,如果人类知识不是校准的,企业可能会强调产品或服务中的错误属性。这意味着企业由于误解一些产品的重要属性而对其顾客资本产生不利的影响(Sethi, et al.,2001)。当这种情况发生时,员工个体应该改变他们观察周围世界的方式和忘记以前认知的思维方式。这就是反学习模式。

关于学习和反学习的本质有各种各样的观点,反映出许多不同的因素会导致积极的学习和反学习氛围。在这方面,蒂斯(Teece,2000)把知识定义为一定情境下的信息,根据科恩(Cohen,1998)的观点,"情境"是一个更广泛的视角,是一个环境、一种陈述,或对一些概念、想法和行动的解释。从企业的角度来看,一个企业拥有反学习情境的程度与其顾客资本的优势之间联系紧密,一个人表现出反学习的能力是被促进还是被限制由其所工作的组织情境所支配(Cegarra and Dewhurst,2006)。

个体反学习情境由三个阶段组成。(1)配适检查,是指中断员工的习惯性的、舒适的状态,通过这样的机制,组织中的员工个体将获得新的认知。(2)个人习惯改变机制,是指抑制错误习惯的挑战:当一个员工个体不仅理解了新想法,并且非常愿意做出改变。(3)巩固新状态的机制,指的是使员工自由地运用他们的才能实施新的心智模式以适应新知识结构。人类知识总是被描述为根深蒂固的假设、归纳,甚至是一些图片,这影响了人们如何了解世界以及如何采取行动(Senge,1990);广阔的世界观从过去的经验获得,个人偏见和假设驱动决策行为(Birkner and Birkner,1998)。从系统的角度来看,学习和反学习的概念基础是个体在组织内如何使用信息流和反馈过程形成现存世界的观念和它是如何工作的。因此,个体用人类知识来纠正缺陷的能力是一个复杂的学习和反学习过程的混合体(Szulanski,1996)。

有许多方法可以用来改善顾客关系增加员工的顾客资本,在大多数企业中,一些员工处理投诉、接到新的服务请求和联系新的顾客,但很少主动地发现问题和错误,以及使用新的做事方式。他们可能担心他们的工作负荷量会增加,怀疑这些信息不会被使用,或者不知道应该如何传递。Cegarra-Navarro、Sánchez-Polo(2008)以一个西班牙验光行业的229个一线员工为样本,检验了反学习情境下顾客资本的情况。结果表明,为促进反学习第三个阶段的巩固新状态的机制,企业需要提供和支持前两个阶段的适配检查和改变个人习惯机制。这意味着,虽然来自企业一线员工的知识是创造顾客资本的最重要成功因素,但这也是其最大的风险因素,因为企业有一些事情是正确的,有些方面的核心价值观是永恒的,但是对于一个不断变化的环境,一些一线员工带给企业的其他方面知识可能是临时的、无用的,或负的价值观。研究还发现,那些培育巩固新状态机制的企业对顾客资本有着较高的认知。巩固新状态机制有助于管理者不断地预测市场机会,在竞争对手之前做出回应。在这个机制下,企业员工创造客户资本行动的有效性取决于他们对市场的假设,以及这些创造顾客资本的行动与顾客之间的重要关系是否被更新和共享。因此,管理实践的含义是,反学习情境是企业建立和改善顾客关系、创造顾客资本的不可多得的能力。

本章小结

知识资本有着深远的理论基础和管理方法。在实践中,我们对知识资本的重要性、知识资本投资价值理论的理解往往被扭曲或稀释。众多的调查和实践表明,目前对知识资本的投资主要还是对员工采用教育和培训的方式。这种投资方式比其他方法有更多的回报率,如更高的工作知识的效率、技能开发、创新能力等。然而,许多企业依然认为对员工的培训和教育是一种费用而不是投资。知识资本关注的应该是员工个体,而大多数管理者更多的关注的是组织、社区和网络等群体本身,而不是利用其提高员工个体的知识资本。

员工人力资本就是员工个体所拥有的个人资本,它来源于早期的正规教育和后期的经验和技能。管理员工人力资本的关键之一是怎样使员工能自愿地工作。

对员工知识资本的有效管理最根本的、最关键的还是思想认识问题、思维方式问题，一定要以知识资本的视角来看待企业，看待企业的员工。员工知识资本的管理实践，不是一条康庄大道，可能面临很多失败，需要管理者对此有充分的认识，更要有很好的心理准备。本研究提出了一些管理方法，并不意味着这些方法放之四海而皆准，在这一点上，权变管理理论原则依然有效：世界上没有万能的管理方法，管理方法要随着管理环境、被管理者等的变化而变化；也不意味着只有这些管理方法，随着新技术的出现会有更多新的管理方法，管理方法也会与时俱进。有效的管理好员工知识资本，并不能取代良好的企业发展战略、财务管理战略、人力资源管理战略、生产战略等。一个企业的成功，单靠有效的员工知识资本远远不够，仍然需要过去倡导的诸如管理技能的支持，但并不表示本研究所讨论的员工知识资本管理方法对此无能为力，而是要让管理者以员工知识资本的视角重新审视一些公司职能，即在行使某些职能时，多大程度上关注了员工知识资本的挖掘，多大程度上让员工理解、认同管理员工知识资本必须站在服务于组织目标的角度，这对于形成员工知识资本管理意识至关重要。

　　传统的制造业和服务业的员工知识资本管理，与知识密集型企业的员工知识资本管理的侧重点有着本质的不同。根据马斯洛的需求层次理论（Maslow's Hierarchy of Needs），传统的制造业和服务业的员工的生理需求和安全需求已基本得到满足，更多地应引导其向归属需求、尊重需求和自我价值实现需求转变。知识密集型企业的员工有着自己的奋斗目标，对自己的未来价值实现有着清晰的设计和向往，更多地应采用目标—途径理论（Path-Goal Theory）作为理论指导，对其激励的最高形式应是合伙人。如何对员工知识资本进行有效管理，无论是学术界还是实务界都面临许多挑战，因为就目前来说，对员工知识资本还没有一个被学者和管理者普遍接受的、确切的、统一的定义。对中国企业的员工知识资本进行有效管理尽管是大势所趋，但依然是一项探索性的工作，需要摸着石头过河，需要借鉴国内外的理论与实践经验。管理好人力资本、结构资本、顾客资本等不同类型的知识资本是公司持续竞争力的关键所在。中国企业在员工知识资本的管理上存在的主要难题是认识上的问题，其他问题诸如资金不足、管理不善等都是在认识问题上的不同程度的反映而已。

第七章

研究结论与展望

本研究以"中国企业员工知识资本"为主题,首先通过文献回顾与"知识资本"相关的基础理论和前沿理论,提出"员工知识资本"的概念,然后据此构建并检验中国企业员工知识资本的因子结构;在此基础上,采用结构分析的视角,对员工知识资本产生的原因和运作机制,采用问卷调查的方式和结构方程模型,以自我中心社会网络方法[①]进行分析,最后提出企业员工知识资本的管理策略。

第一节 研究结论

本研究旨在以中国企业员工个体为观测对象,从体(知识资本理论)、术(管理策略)、用(实证研究)三个层次构建中国企业员工知识资本理论和管理框架。体、术、用三者相互融合、相互补充、相互促进。本研究分析了员工知识资本在企业管理中的策略应用,建立了一个中国企业员工知识资本管理的系统分析框架,以此加深对中国企业员工知识资本管理现状和特点的理解,在实证部分特别强调结构的、社会网络分析的观点,来对理论进行有意义的探索。主要研究结论从体、术、用三个层面总结如下:

一 体:梳理了知识资本的相关理论

这里的"体",是指知识资本这个主体。

---

① 如前所述,社会网络分析包括自我中心社会网络分析和整体社会网络分析,限于篇幅,本书主要采用了自我中心社会分析方法,整体社会网络分析将在后续著作中出版。

（一）文献回顾

为了更全面地了解国外的知识资本相关研究成果，本研究选择了学术界使用最广泛的 Emerald Databases、Ebscohost Research Databases 和 Sciencedirect Databases 三大数据库作为检索数据库，以"Intellectual Capital""Intangible Assets""Knowledge Capital"三个词作为关键词进行了检索。对国外的知识资本理论相关文献从年发表文献量、关键词、发表期刊、文献类型、相关主题、研究方法六个方面进行了梳理。对国内的文献从知识资本文献发表的趋势、研究层面、研究方法、研究主题方面进行了分析，归纳了知识资本理论的现状特点。

（二）归纳了知识资本的理论来源和研究现状

知识资本是在诸多学科理论的发展基础上催生而形成的，这些理论包括西方哲学的认识论、经济学理论中的经济增长理论、管理学理论中的知识管理理论和组织学习理论，以及社会学中的社会资本理论和社会网络分析方法等。其中，西方哲学中的认识论是知识资本得以形成的思想基础，经济学理论和管理学理论是知识资本的应用，社会学则是知识资本理论的方法论基础。

（三）概括了知识资本的基础理论和研究进展理论

首先从知识资本理论的发展历程、知识的概念溯源、资本的概念辨析入手，论述了知识资本的理论模型、测量模型、企业实践模型和知识资本的相关理论。同时，对知识资本理论的研究进展理论也进行了评介。

二　术：中国企业员工知识资本的管理策略

这里的"术"，指的是管理策略。知识资本策略研究部分结合知识资本的三要素，具体分析知识资本理论和方法在企业管理中的应用。

（一）以概括方式提出了员工知识资本理论的三维管理框架

这个三维管理构架，展示了员工知识资本管理的三个层面。第一个维度是以知识资本的视角来对企业重新定义的方法；第二个维度是企业背景，包括企业的远景规划、战略和赋予员工知识资本的任务；第三个维度是与积极管理企业的员工知识资本相关联的各种活动的流程。

（二）提出了员工知识资本的管理策略

围绕员工知识资本的人力—结构—顾客（H-S-C）三因子结构，从人力资本、结构资本和顾客资本三方面归纳、总结、提炼了员工知识资本的管理方法，分别提出员工人力资本、员工结构资本和员工顾客资本的管理策略。即基于"师徒制"的员工人力资本管理策略、基于实践社团的员工结构资本管理策略和基于反学习模式的员工顾客资本管理策略。

三　用：中国企业员工知识资本的形成与运作机制研究

这里的"用"是指实证研究。实证研究是本研究的重要组成部分，包括对中国企业员工知识资本因子结构的验证和对中国企业员工知识资本的形成与运作机制的检验，后者以社会资本和社会网络分析法，从自我中心社会网络和整体社会网络两个层次进行分析。

（一）提出并检验了中国企业员工知识资本理论的因子结构模型

1. 提出了中国企业员工知识资本的概念

本研究对知识资本的理论进行了梳理，并结合中国企业的实践，在介绍西方知识资本理论的基础上，提出了中国企业员工知识资本的概念。员工知识资本是指一个企业的员工工作是由其智慧驱动的，是由其脑力质量主导的，而不是由其体力数量决定的。一个员工是否拥有知识资本，与其教育水平、从事专业无关，而与其是否使用脑力和使用脑力的质量有关，具备了这种特质的员工就拥有了知识资本，使用这类员工的企业就是知识型企业。那些传统上由高学历组成的高科技企业、人们习惯上所称的"知识型企业"如果只是使用了员工的专业知识，而没有动用其脑力或者其员工虽然从事的是脑力劳动但脑力不占主导地位，本研究则称其为"知识密集型企业"。这些概念的提出既有理论的支持，又有实践的佐证。本研究将知识型企业和知识型员工的概念又作了进一步延伸，从知识资本的视角将一切企业视为知识型企业，把所有的员工视为知识型员工。这对我国目前以劳动密集型为主的企业有深远的现实意义。

2. 开发和编制了中国企业员工知识资本的量表

构建并验证了中国企业员工知识资本的三因子结构的测量模型、六因子结构的测量模型。在三因子结构模型中，证实了中国企业员工知识资本的存在，包括人力资本、结构资本和顾客资本三个因子；根据迈克尔·波兰尼的显性知识和隐性知识的二分法，本研究在三因子的基础上，又提出并验证了中国企业员工知识资本二阶六因子结构的测量模型，模型显示：二阶六因子包括显性人力资本、隐性人力资本、显性结构资本、隐性结构资本、显性顾客资本、隐性顾客资本。

3. 检验了中国企业员工知识资本的三因子中介模型

在三因子中介模型中，验证了结构资本在人力资本和顾客资本之间具有中介作用。即员工结构资本（SC）驱动员工人力资本（HC），再驱动员工顾客资本（CC）。在人口统计背景变量上，中国企业员工知识资本的表现在不同性别、不同工作年限和不同学历上没有显著不同；而不同职位、不同行业的员工，在知识资本表现上有显著不同。

（二）基于自我中心社会网络分析法，检验了中国企业员工知识资本形成与运作的结构方程模型

1. 构建了中国企业员工知识资本的结构方程模型

社会网络分析（Social Network Analysis）有两种分析方法，一种是自我中心社会网络分析，另一种是整体社会网络分析。在自我中心社会网络分析法上，结合结构方程模型，构建了中国企业对员工知识资本的形成与运作机制因果—中介模型。这个因果—中介模型可以表述为：以社会资本和社会网络为前因变量，以员工知识资本为中介变量，以企业绩效、工作绩效和组织创新为结果变量。

2. 检验了知识资本的前因变量和结果变量

研究发现，社会资本和社会网络显著影响知识资本、企业绩效、工作绩效和组织创新；知识资本显著影响企业绩效、工作绩效和组织创新。

3. 检验了知识资本的中介效果

研究发现：员工知识资本在社会资本和企业绩效之间具完全中介作用；员工知识资本在社会资本和工作绩效之间具完全中介作用；员工知识资本在社会资本与组织创新之间不具有中介作用；员工知识资本在社会网络和企业绩效之间具完全中介作用；员工知识资本在社会网络和工作绩效之间不具有中介作用；员工知识资本在社会网络和组织创新之间不具有中介作用。

第二节 创新之处

一 研究方法创新

在研究方法上，同时使用社会资本与社会网络等多视角考察员工知识资本。对文献的深入挖掘，使本研究"站在巨人的肩膀上"，既了解了知

识资本的基础理论，更看到了前沿发展方向，更避免了重复研究；深入企业实际的调查访谈、案例研究，及随机穿插的一些员工知识资本的小故事则使人们看到了员工知识资本的真实存在与运作，又增强了学术研究的趣味性；结构方程模型及 Bootstrap 中介效应检验则是行为研究中的主流工具。

二 概念创新

员工知识资本这一概念是本研究的首创。西方的主流思想普遍认为，知识型员工已成为发达经济中的员工主体，这些员工具有较高的教育程度和技能，这无论是在学术界还是实务界均已达成共识。中国则不然，目前依然还有相当多的一些技术含量不高的劳动密集型的中小企业，在这些企业里，员工的工作时间长、劳动强度大、报酬相对较低。因此，中国企业的员工知识资本管理与西方截然不同，且任重而道远。本研究建立了个体层次的知识资本研究，对个体层次的知识资本构成要素重新认识。传统上大多把高科技型企业、高学历的专业人员称为知识型员工，本研究所提出的员工知识资本则与员工的受教育程度无关，而与其在工作中脑力运用的程度有关。从这一角度上来说，只要运用脑力去工作的员工，就拥有知识资本；拥有这样员工的企业就是知识型企业。

三 应用创新

本研究提出了员工知识资本的总体三维管理框架。这个三维管理框架，可以表述为员工知识资本的三个维度。第一个维度是以知识资本的视角来对企业重新定义的方法；第二个维度是企业背景，包括企业的远景规划、战略和赋予员工知识资本的任务；第三个维度是与积极管理企业的员工知识资本相关联的各种活动的流程。

第三节 研究限制

本研究得到了一些理论界和实务界、政策部门的关心和支持，在各方面给予了最大的帮助，但仍有一些不足和限制。

一　研究方法方面的限制

本研究采用了社会资本的结构视角和社会网络方法来研究中国企业员工知识资本的结构、形成原因和运作机制。社会资本和社会网络的方法博大精深，本研究只是采用了自我中心社会网络分析法和整体社会网络分析法，都是以员工个体为研究对象，没能考察其他方式，如二方关系、三方关系对员工知识资本的影响。

二　研究过程方面的限制

本研究采用了问卷调查和实地访谈等多种方法，在问卷调查中，虽然采用了多种手段和方法控制，检验问卷的信度和效度，但并不能完全保证所填答的问卷反映了受访对象的真实想法。特别是在实地访谈中，由于访谈时间的限制，一些受访对象没能在短时间内做出很好应答，这对撰写员工知识资本的优秀本土案例不能不说是个遗憾。

第四节　研究展望

本研究从员工个体角度出发对其理论来源、结构特征、运作机制、管理方法进行了理论与实证研究，作为一项课题已圆满完成预期目标，但这并不意味着对员工知识资本的研究已结束，作为一项新兴理论，本研究仅仅只是个开始，将来希望有更多的拓展研究关注于以下几个方面：

一　理论研究展望

在理论研究上，可以考虑开发包含其他维度的和特定行业的员工知识资本量表。要继续深入挖掘中国企业员工知识资本的内涵和外延，不能走时尚路线，为员工知识资本的实际应用探索一条中国特色之路。在中国企业员工知识资本因子结构上，可以考虑其他的四因子、五因子或其他结构方式；另外，在员工知识资本的二阶因子模型上，本研究使用了迈克尔·波兰尼的知识二分法，把中国企业员工知识资本的三因子进一步细分为六因子模型。今后可尝试采用其他分类方法，对中国企业员工知识资本进行分类，以从多方面理解、认识中国企业员工知识资本的结构和特征。在员工知识资本量表上，本研究中开发了通用的、一般的员工知识资本问卷，缺乏针对某一行业的特定研究，如服务业、制造业或高科技行业，这些行业除了一些共性之外，还应该有一些特性，今后可以开发服务业、制造业或高科技企业的员工知识资本量表。

二　研究方法展望

在研究方法上，可以尝试社会网络分析方法的对偶关系和三方关系分析，或块模型等。社会网络分析方法的独特之处在于突破传统的属性数据，而使用关系数据。本研究在个体网络层次上使用的是传统的随机抽样、属性数据分析，在整体社会网络层次上使用的是整群抽样、关系数据分析。在今后的研究当中，可以尝试使用整群抽样的关系数据来进行个体网络层次的员工知识资本研究，也可以使用整体社会网络中的对偶关系、三方关系来进行分析。

三　管理方法展望

在员工知识资本管理方法上，可以考虑对有特点的企业进行专门的研究。特别是采用扎根理论，深入企业实践，总结、归纳中国企业关于员工知识资本的一些实际有效的做法，汇集成案例，供学者和企业参考。同时，还要借鉴国外的一些成熟经验，如3M公司、IBM公司、施乐公司等的知识资本管理方法。

四　应用展望

在员工知识资本的作用上，本研究只考察了员工知识资本的积极作用，后续研究可以对其负面效应予以关注。如同社会资本具有负面效应一样，员工知识资本也一样具有负面效应，如过度的员工结构资本可能会导致员工的压力增大，甚至出现死亡现象。

附 录

调查问卷

尊敬的先生/女士：

您好！很抱歉打扰您。这是一份关于国家社科基金项目"知识资本"的调查问卷，目的在于了解企业员工知识资本的形成与运作机制，若没有您的鼎力相助，此研究将无法顺利完成，因此，请您以一种支持学术研究的心情，仔细地填写这份问卷。

本问卷为非记名问卷。您所填写的资料仅供整体统计分析及学术研究之用，绝不会对外公开。对问卷中的问题每个人都有不同的看法，故答案没有对错之分，如实回答就是最好的回答，请您不要遗漏任何一题，您所付出的精力与时间，对学术研究将是莫大的贡献，您的协助将是本研究成功的关键，非常感谢您对本研究的支持！

谨祝工作顺心！身体健康！阖府欢乐！

第一部分 社会资本

填写说明：下列是一些日常行为，请对照您的实际情况，圈选一个最合适的答案，在相应的数字上打"√"。其中，数字1表示"非常不符合"，2表示"不符合"，3表示"有点不符合"，4表示"一般"，5表示"有点符合"，6表示"符合"，7表示"非常符合"。	非常不符合	不符合	有点不符合	一般	有点符合	符合	非常符合
S01 同事在工作上遇到困难，我会主动提供帮助	1	2	3	4	5	6	7
S02 在工作上遇到困难，我会主动向同事请教	1	2	3	4	5	6	7
S03 我能在与同事的互动中，获得工作上的知识	1	2	3	4	5	6	7

续表

填写说明：下列是一些日常行为，请对照您的实际情况，圈选一个最合适的答案，在相应的数字上打"√"。其中，数字1表示"非常不符合"，2表示"不符合"，3表示"有点不符合"，4表示"一般"，5表示"有点符合"，6表示"符合"，7表示"非常符合"。		非常不符合	不符合	有点不符合	一般	有点符合	符合	非常符合
S04	我常和同事们讨论业务上的问题	1	2	3	4	5	6	7
S05	我的大部分同事是值得信任的	1	2	3	4	5	6	7
S06	我的同事们彼此之间是相互信赖的	1	2	3	4	5	6	7
S07	同事对我的承诺是可靠的	1	2	3	4	5	6	7
S08	我们公司重视员工彼此间关系的好坏	1	2	3	4	5	6	7
S09	我们公司不会体恤员工、倾听员工意见（R）	1	2	3	4	5	6	7
S10	我们公司高层注重改善公司文化所带来的长期效益	1	2	3	4	5	6	7

第二部分 社会网络

填写说明：下列是一些日常行为，请对照您的实际情况，圈选一个最合适的答案，在相应的数字上打"√"。其中，数字1表示"非常不符合"，2表示"不符合"，3表示"有点不符合"，4表示"一般"，5表示"有点符合"，6表示"符合"，7表示"非常符合"。		非常不符合	不符合	有点不符合	一般	有点符合	符合	非常符合
N01	我和同事交往频繁，会相互影响工作的态度	1	2	3	4	5	6	7
N02	我和同事交往频繁，会相互影响彼此的行为	1	2	3	4	5	6	7
N03	我和同事交往频繁，彼此互信程度较好	1	2	3	4	5	6	7
N04	我拥有较多的资源，影响力大	1	2	3	4	5	6	7
N05	我在组织内人际关系好，容易取得工作上的信息	1	2	3	4	5	6	7
N06	我在组织内能获得较多同事的帮助	1	2	3	4	5	6	7
N07	有需要协调的事，我会找关系好的同事帮忙	1	2	3	4	5	6	7
N08	我会对交情好的同事提供工作上的协助	1	2	3	4	5	6	7
N09	工作上遇到困难，和我交情好的同事会主动帮忙	1	2	3	4	5	6	7

第三部分　知识资本

	填写说明：下列是一些日常行为，请对照您的实际情况，圈选一个最合适的答案，在相应的数字上打"√"。其中，数字1表示"非常不符合"，2表示"不符合"，3表示"有点不符合"，4表示"一般"，5表示"有点符合"，6表示"符合"，7表示"非常符合"。	非常不符合	不符合	有点不符合	一般	有点符合	符合	非常符合
K01	我的能力已经达到公司希望的水平	1	2	3	4	5	6	7
K02	我已经完全将能力表现出来	1	2	3	4	5	6	7
K03	我会保留或传承难以记录的工作经验	1	2	3	4	5	6	7
K04	我具有高超的专业技能能够解决工作中的难题	1	2	3	4	5	6	7
K05	我能利用已有的知识发现潜在的财富或价值	1	2	3	4	5	6	7
K06	我能利用已有的技能和经验发现潜在的财富或价值	1	2	3	4	5	6	7
K07	我所掌握的知识和经验能满足日常工作的要求	1	2	3	4	5	6	7
K08	我会接受新观念和新知识，学习、借鉴同事的经验	1	2	3	4	5	6	7
K09	我会定期以书面形式总结自己的工作经验	1	2	3	4	5	6	7
K10	当需要时，公司会提供给我提高本身技能的机会	1	2	3	4	5	6	7
K11	同事有了新的创意或知识，会分享给其他相关的人	1	2	3	4	5	6	7
K12	公司的制度或作业程序，有利于知识的产生或创新	1	2	3	4	5	6	7
K13	对于工作上所需要的资讯，我知道到哪里去找或该找谁要	1	2	3	4	5	6	7
K14	公司内资讯流通系统或管道畅通	1	2	3	4	5	6	7
K15	公司的招聘方式能雇用到最佳的人才	1	2	3	4	5	6	7
K16	公司有正式的电子化或非电子化的资料库	1	2	3	4	5	6	7
K17	公司与员工都能有效地保存、整理以及再利用过去的经验	1	2	3	4	5	6	7
K18	公司的流程设计，使员工能将资讯分享给相关的人	1	2	3	4	5	6	7
K19	我从有业务往来的人那里获取的知识有助于快速响应其需求	1	2	3	4	5	6	7
K20	我与有业务往来的人经常讨论双方的运营状况	1	2	3	4	5	6	7
K21	我与有业务往来的人经常彼此分享相关的资讯	1	2	3	4	5	6	7
K22	我清楚地了解与我有业务往来的人的需求，并总能使其满意	1	2	3	4	5	6	7
K23	我很重视与我有业务往来的人所提供的资讯或反映的问题	1	2	3	4	5	6	7
K24	我不用担心与我有业务往来的人会利用我的弱点	1	2	3	4	5	6	7

续表

填写说明：下列是一些日常行为，请对照您的实际情况，圈选一个最合适的答案，在相应的数字上打"√"。其中，数字1表示"非常不符合"，2表示"不符合"，3表示"有点不符合"，4表示"一般"，5表示"有点符合"，6表示"符合"，7表示"非常符合"。	非常不符合	不符合	有点不符合	一般	有点符合	符合	非常符合
K25 我与有业务往来的人在交往过程中感觉很愉快	1	2	3	4	5	6	7
K26 我与有业务往来的人都致力于保持长久的合作关系	1	2	3	4	5	6	7

第四部分 企业绩效

填写说明：下列是一些日常行为，请对照您的实际情况，圈选一个最合适的答案，在相应的数字上打"√"。其中，数字1表示"非常不符合"，2表示"不符合"，3表示"有点不符合"，4表示"一般"，5表示"有点符合"，6表示"符合"，7表示"非常符合"。	非常不符合	不符合	有点不符合	一般	有点符合	符合	非常符合
P01 我们公司会有稳定的销售量	1	2	3	4	5	6	7
P02 我们公司可掌握稳定的成本	1	2	3	4	5	6	7
P03 我们公司的利润可以增加	1	2	3	4	5	6	7
P04 我们公司可提高公司的创新或研发能力	1	2	3	4	5	6	7
P05 我们公司更能掌握市场上的讯息或状况	1	2	3	4	5	6	7
P06 我们公司可获得关键资讯，提升公司的知识或技术层次	1	2	3	4	5	6	7
P07 我们公司的销售增长率比主要的同业竞争者要高	1	2	3	4	5	6	7
P08 我们公司的市场份额增长率比主要的同业竞争者要高	1	2	3	4	5	6	7
P09 我们公司的产品或服务比主要的同业竞争者要高	1	2	3	4	5	6	7

第五部分 工作绩效

填写说明：下列是一些日常行为，请对照您的实际情况，圈选一个最合适的答案，在相应的数字上打"√"。其中，数字1表示"非常不符合"，2表示"不符合"，3表示"有点不符合"，4表示"一般"，5表示"有点符合"，6表示"符合"，7表示"非常符合"。	非常不符合	不符合	有点不符合	一般	有点符合	符合	非常符合
J01 我能很好地完成岗位要求的工作	1	2	3	4	5	6	7

续表

填写说明：下列是一些日常行为，请对照您的实际情况，圈选一个最合适的答案，在相应的数字上打"√"。其中，数字1表示"非常不符合"，2表示"不符合"，3表示"有点不符合"，4表示"一般"，5表示"有点符合"，6表示"符合"，7表示"非常符合"。		非常不符合	不符合	有点不符合	一般	有点符合	符合	非常符合
J02	我能很好地完成上级交代的各项临时性工作	1	2	3	4	5	6	7
J03	我符合绩效考核的标准	1	2	3	4	5	6	7
J04	我主动负担额外的工作，来帮助别人或争取团队绩效	1	2	3	4	5	6	7
J05	我通常主动热情地去完成困难的工作	1	2	3	4	5	6	7
J06	为周围同事提供额外的帮助	1	2	3	4	5	6	7
J07	把公司的事视为自己的事	1	2	3	4	5	6	7
J08	我对公司有强烈的归属感	1	2	3	4	5	6	7
J09	我感觉到对公司负有义务	1	2	3	4	5	6	7

第六部分　组织创新

填写说明：下列是一些日常行为，请对照您的实际情况，圈选一个最合适的答案，在相应的数字上打"√"。其中，数字1表示"非常不符合"，2表示"不符合"，3表示"有点不符合"，4表示"一般"，5表示"有点符合"，6表示"符合"，7表示"非常符合"。		非常不符合	不符合	有点不符合	一般	有点符合	符合	非常符合
I01	我们公司员工主动学习的意识比较强	1	2	3	4	5	6	7
I02	我们公司员工能够从不同角度看待问题	1	2	3	4	5	6	7
I03	我们公司员工善于寻求解决问题的新主意与新方法	1	2	3	4	5	6	7
I04	我们公司的科技制度得到员工的拥护和支持	1	2	3	4	5	6	7
I05	我们公司的科技制度保障了企业研发的开展	1	2	3	4	5	6	7
I06	我们公司的科技制度提高了企业的创新能力	1	2	3	4	5	6	7
I07	技术创新保证了我们公司能够跟得上市场变化的速度	1	2	3	4	5	6	7
I08	技术创新保持和巩固了我们公司的市场地位	1	2	3	4	5	6	7
I09	技术创新为我们公司的长远发展奠定了较好的基础	1	2	3	4	5	6	7

受访者基本资料

请在相应的数字上画"√"。

性　别	1. 男	2. 女		
职　位	1. 普通员工	2. 基层管理者	3. 中层管理者	4. 高层管理者
行　业	1. 制造业	2. 服务业	3. 高新技术产业	4. 其他
您的学历	1. 高中以下	2. 专科及本科	3. 硕士及以上	
公司性质	1. 国有企业	2. 民营企业	3. "三资"企业	
工作年限	1. 5年以下	2. 6—10年	3. 11—19年	4. 20年以上
您在该企业的工作时间	1. 3年以下	2. 4—7年	3. 8—10年	4. 11年以上

问卷到此结束！非常感谢您的支持！

参考文献

英文文献

ADLER P S, KWON S W, 2002. Social capital: Prospects for a new concept. *Academy of Management Review*, 27 (1): 17-40.

AGOR W H, 1997. The Measurement, use, and development of intellectual capital to increase public sector productivity. *Public Personnel Management*, 26 (2): 175-186.

AHMADJIAN C L, 2016. Comparative Institutional Analysis and Institutional Complexity. *Journal of Management Studies*, 53 (1): 12-27.

ALBERTINI E, 2016. An inductive typology of the interrelations between different components of Intellectual Capital. *Management Decision*, 54 (4): 887-901.

ALLEE V, 1999. The art and practice of being a revolutionary. *Journal of Knowledge Management*, 3 (2): 121-132.

ALMAJALI D A, MASA'DEH R & TARHINI A, 2016. Antecedents of ERP systems implementation success: A study on Jordanian healthcare sector. *Journal of Enterprise Information Management*, 29 (4): 549-565.

AMOS K, JOICE K K, KIBET B, 2016. Effect of knowledge management on firm competitiveness: Testing the mediating role of innovation in the small and medium enterprises in Kenya. *International Journal of Small Business and Entrepreneurship Research*, 9 (5): 1-14.

ANDERSEN ARTHUR, 1996. *The knowledge management assessment tool (KMAT)*. London: Arthur Andersen KMAT Study.

ANDERSON C, 2006. The Long Tail. New York, NY: Hyperion.
CHATTI M A, JARKE M & SPECHT M, 2010. The 3P learning mod-

el. *Educational Technology & Society*, 13 (4): 74-85.

ANDREA F, ROBERTO G, 2016. Spinoffs and their endowments: Beyond knowledge inheritance theory. *Journal of Intellectual Capital*, 17 (3): 570-589.

ANDREEVA T, GARANINA T, 2016. Do all elements of intellectual capital matter for organizational performance? Evidence from Russian context. *Journal of Intellectual Capital*, 17 (2): 397-412.

ARDICHVILI A, PAGE V, WENTLING T, 2003. Motivation and barriers to participation in virtual knowledge - sharing communities of practice. *Journal of Knowledge Management*, 7 (1): 64-77.

ARGYRIS C, SCHON D, 1978. *Organizational learning: A theory of action research*//General Inequalities, Birkhäuser Basel: 419-427.

ARORA R, 2013. Implementing KM - a balanced score card approach. *Journal of Knowledge Management*, 6 (6): 240-249.

ARTHUR ANDERSON BUSINESS CONSULTANT, 1999. The knowledge management assessment tool: external benchmarking version. *The American Productivity and Quality Center.*

AUTANT-BERNARD C, BILLAND P FRACHISSE D, MASSARD N, 2007. Social distance versus spatial distance in R&D cooperation: Empirical evidence from European collaboration choices in micro and nanotechnologies. *Papers in Regional Science*, 86: 495-519.

BAKER W, 1990. Market networks and corporate behavior. *American Journal of Sociology*, 96: 589-625.

BARCZYK C & DUNCAN D, 2011. Social networking media as a tool for teaching business administration courses. *International Journal of Humanities and Social Science*, 1 (17): 267-276.

BARON R M & KENNY D A, 1986. The moderator-mediator variable distinction in social psychological research: Conceptual, strategic, and statistical considerations. *Journal of Personality and Social Psychology*, 51: 1173-1182.

BARON R M, KENNY D A, 1981. *The moderator-mediator variable distinction in social psychological research: conceptual, strategic, and statistical considerations* // Lead pollution causes and control. Chapman and Hall: 1173

-1182.

BARTON A H, 1968. Survey research and macro-methodology. *American Behavioral Scientist*, 12 (2): 1-9.

BASSI B L, BUREN V M, 2010. Valuing investments in intellectual capital. *International Journal of Technology Management*, 18 (18): 414-432.

BASSI L J, 1997. Harnessing the power of intellectual capital. *Training & Development*, 51 (12): 25-30.

BATESON G, 1972. *Steps to an ecology of mind*. New York: Ballantine Books.

BEHTOUI A, NEERGAARD A, 2012. Social capital, status and income attainment in the workplace. *International Journal of Sociology and Social Policy*, 32 (1/2): 42-55.

BELL C R, 1997. Intellectual capital. *Executive Excellence*, 14 (1): 15.

BENTLER P M, CHOU C P, 1987. Practical issues in Structural Equation Modeling. *Sociological Methods & Research*, 16 (1): 187-196.

BERNARD H B, 2000. *The art of strategic planning for information technology*. John Wiley & Sons.

BIRKNER L R AND BIRKNER R K, 1998. Learning organization update. *Occupational Hazards*, 60 (10): 157.

BLOOM B S, KRATHWOHL D R, MASIA B B, 1956. Taxonomy of educational objectives: The classification of educational goals. Handbook 1: Cognitive domain. Handbook 2: Affective domain. *Educational Goals' Handbook Cognitive Domain*, 16 (15): 58-60.

BOAR B H, 2011. The art of strategic planning for information technology: Crafting strategy for the 90s. 中国农业科学（英文版）, 10 (5): 121-125.

BOISSEVAIN J, 1974. *Friends of friends*. Oxford: Basil Black-well.

BONTIS N, 1996. There's a price on your head: Managing intellectual capital strategically. *Business Quarterly*, 60 (4): 40-47.

BONTIS N, 1997. *Intellectual capital questionnaire*. Hamilton Canada Institute for Intellectual Capital Research.

BONTIS N, 1998. Intellectual capital: An exploratory study that develops measures and models. *Management Decision*, 36 (2): 63-76.

BONTIS N, 2001. Assessing knowledge assets: A review of the models used to measure intellectual capital. *International Journal of Management Reviews*, 3 (1): 41-60.

BONTIS N, 2001. Managing organizational knowledge by diagnosing intellectual capital: Framing and advancing the state of the field. *International Journal of Technology Management*, 18 (5-8): 13-56.

BONTIS N, 2002. *National Intellectual Capital Index: A United Nations initiative for the Arab region*. Presented at 5th World Congress on Intellectual Capital Readings. Elsevier Butterworth Heinemann KMCI Press, Boston.

BONTIS N, DRAGONETTI N C, JACOBSEN K, et al., 1999. The knowledge toolbox: A review of the tools available to measure and manage intangible resources. *European Management Journal*, 17 (4): 391-402.

BONTIS N, KEOW W C C, RICHARDSON S, 2000. Intellectual capital and business performance in Malaysian industry. *Journal of Intellectual Capital*, 1 (1): 85-100.

BORMAN W C, MOTOWIDLO S J, 1993. *Expanding the criterion domain to include elements of contextual performance//*N SCHMITT, W C BORMAN. Personnel Selection in Organizations: 71-98.

BORZILLO S, 2009. Top management sponsorship to guide communities of practice. *Journal of Knowledge Management*, 13 (13): 60-72.

BORZILLO S, SCHMITT A, ANTINO M, 2012. Communities of practice: Keeping the company agile. *Journal of Business Strategy*, 33 (6): 22-30.

BOULTON R E S, LIBERT B D, SAMEK S M, 2000. A business model for the new economy. *Journal of Business Strategy*, 21 (21): 29-35.

BOURDIEU B, PIERRE, 1986. *The forms of capital//*JOHN G. RICHARDSON, Theory and research for the sociology of education, 2015: 241-258.

BOURDIEU P, 1977. *Outline of a theory of practice*. Cambridge, England: Cambridge University Press.

BOWLEY M, 2014. *An outline of the science of political economy//* NASSAU W SENIOR. Leadership Excellence Essentials.

BROEKEL T, BOSCHMA R, 2012. Knowledge networks in the Dutch aviation industry: The proximity paradox. *Journal of Economic Geography*, 12 (2): 409-433.

BROOKING A, 1996. *Intellectual capital: Core asset for the third millennium enterprise.* Cengage Learning Emea.

BROWN T F, 1997. *Consumer demand and the social construction of industry.* Program in Comparative and International Development, Johns Hopkins University.

BRUNER J S, 1990. *Acts of meaning.* Cambridge, MA: Harvard University Press.

BUENOE, SALMADOR M P, ÓSCAR RODRÍGUEZ, 2004. The role of social capital in today's economy: Empirical evidence and proposal of a new model of intellectual capital. *Journal of Intellectual Capital*, 5 (4): 556-574.

BURT B R, 1992. Structural holes: The social structure of competition. *Economic Journal*, 40 (2): 909-910.

BURT R S, 1992. *Structural holes: The social structure of competition.* Cambridge MA: Harvard University Press.

BURT R S, 1993. *Structural holes: the social structure of competition//* Explorations in Economic Sociology: 7060-7066.

BURT R S, 2001. Attachment, decay, and social network. *Journal of Organizational Behavior*, 22 (6): 619-643.

BYRNE B J, 2010, DAVIS G. *Participation and the NSW policy process//* A Discussion Paper for the Cabinet Office New South Wales. New South Wales Cabinet Office.

CABRITA M D R, 2009. Intellectual capital: A phenomenon of interrelationships. *International Journal of Business Systems Research*, 3 (2): 229-256.

CADDY I, 2000. Intellectual assets and liabilities. *Journal of Intellectual Capital*, 2 (1): 129-146.

CAMPBELL J P, CAMPBELL J P, 1990. *Modeling the performance prediction problem in industrial and organizational psychology//* DUNNETTE M D, HOUGH L M. Organizational Psychology. Consulting Psychologists.

Carrión I F C, 2016. *Knowledge management processes and organizational learning and unlearning*: *Three works on their relationship and influence on value and performance*. Universidad De Sevilla.

CASTILLAPOLO F, GALLARDOVÁZQUEZ D, 2016. The main topics of research on disclosures of intangible assets: A critical review. *Accounting Auditing, Accountability Journal*, 29 (2): 323-356.

CEGARRA J G AND DEWHURST F W, 2006. Linking shared organizational context and relational capital through unlearning: An initial empirical investigation in SMEs. *The Learning Organization*, 13 (1): 49-62.

CEGARRA-NAVARRO J G, SÁNCHEZ-POLO M T, 2008. Linking the individual forgetting context with customer capital from a seller's perspective. *Journal of the Operational Research Society*, 59 (12): 1614-1623.

CHACKO G K, 1988. *Technology management: Applications to corporate markets and military missions*. Praeger.

CHATTERJEE S, 1998. Another look at the jackknife: Further examples of generalized bootstrap. *Statistics Probability Letters*, 40 (4): 307-319.

CHEN M, HUANG M & CHENG Y, 2009. Measuring knowledge management performance using a competitive perspective: An empirical study. *Expert Systems with Applications*, (36): 8449-8459.

CHIOU W B, LEE C C, 2013. Enactment of one - to - many communication may induce self-focused attention that leads to diminished perspective taking: The case of Facebook. *Judgment & Decision Making*, 8 (3): 372-380.

CHOO C W, BONTIS N, 2002. *The strategic management of intellectual capital and organizational knowledge*. London: Oxford University Press.

CHU P Y, LIN Y L, HSIUNG H H, et al. , 2006. Intellectual capital: An empirical study of ITRI. *Technological Forecasting*, 73 (7): 886-902.

CLAVERCORTÉS E, MOLINAMANCHÓN H, ÚBEDAGARCÍA M, 1930. Intellectual capital in family firms: Human capital identification and measurement. *Journal of Intellectual Capital*, 16 (1): 199-223.

COHEN D, 1998. Toward a knowledge context. *California Management Review*, 40 (3): 22-38.

COHEN J F, OLSEN K, 2015. Knowledge management capabilities and firm performance: A test of universalistic, contingency and complementarity perspectives. *Expert Systems with Applications*, 42 (3): 1178-1188.

COHEN W M & LEVINTHAL D A, 1990. Absorptive capacity: A new perspective on learning and innovation. *Administrative Science Quarterly*, 35: 128-152.

COLEMAN J S, 1988. Social capital in the creation of human capital. *The American Journal of Sociology*, 94 (1): 95-120.

COLEMAN J S, 1988. Social capital in the creation of human capital. *American Journal of Sociology*, 94 (1): 95-120.

COLEMAN J S, 1990. *Foundations of Social Theory*// Foundations of Social Theory. Belknap Press of Harvard University Press: 19-25.

COLEMAN J S, 2016. The Vision of Foundations of Social Theory. *Analyse & Kritik*, 14 (2): 117-128.

COMTE A. *System of positive polity: Volume 1*. Nabu Press, 2010.

CONTRACTOR N S, STANLEY WASSERMAN, FAUST K, 2006. Testing multitheoretical, multilevel hypotheses about organizational networks: An analytic framework and empirical example. *Academy of Management Review*, 31 (3): 681-703.

CORNES M, 2011. The challenge of managing change: What can we do differently to ensure personalisation? *Journal of Integrated Care*, 19 (2): 22-29.

CROSS R, CUMMINGS J N, 2004. Tie and network correlates of individual performance in knowledge-intensive work. *Academy of Management Journal*, 47 (6): 928-937.

CROSS R, PARKER A, PRUSAK L, et al., 2001. Knowing what we know: Supporting knowledge creation and sharing in social networks. *Organizational Dynamics*, 30 (2): 100-120.

DAUM J H, 2005. Intangible Assets-Based Enterprise Management-A Practical Approach. *Proceedings of Pma Ic Symposium Stern School of Business*. http://www.iioe.de/fileadmin/files/publications/ PMA _ ICSymp 2005_ paper_ JDaum. pdf.

D'AVENI R A & KESNER I, 1993. Top managerial prestige, power and tender offer response: A study of elite social networks and target firm cooperation during takeovers. *Organization Science*, 4: 123-151.

DAVENPORT T H, 1998. Successful knowledge management projects. *Sloan Management Review*, 2 (2): 43-57.

DAVENPORT T H, PRUSAK L. *Working knowledge*. Harvard Business Press, 2000.

DAVENPORT THOMAS H, 1994. Saving its soul: Human centered information management. *Harvard Business Review*, 72 (2): 119-131.

DAVIS B G, 2016. Our invisible college. *ACS Cent. Sci*, 2 (2): 55-56.

DAY G S, DEIGHTON J, NARAYANDAS D, et al., 2013. Invited Commentaries on "Evolving to a New Dominant Logic for Marketing". *Journal of Marketing*, 68 (1): 18-27.

DEKKER D, KRACKHARDT D, SNIJDERS T A B, 2007. Sensitivity of MRQAP tests to collinearity and autocorrelation conditions. *Psychometrika*, 72 (4): 563-581.

DENISON E F, 1962. *The sources of economic growth in the United States and the alternatives before us*. Committee for Economic Development.

DUFFY J, 2000. Measuring customer capital. *Strategy & Leadership*, 28 (5): 10-15.

DUHON BRYANT, 1998. It's all in our heads. *Inform*, 9, 12 (8): 8-13.

DURKHEIM E, 1951. *Suicide: A study in sociology*. New York: Free Press.

DZINKOWSKI R, 2000. The measurement and management of intellectual capital: An introduction. *Management Accounting*, 78 (2): 32-35.

EDVINSSON L, 1997. Developing intellectual capital at Skandia. *Long Range Planning*, 30 (3): 366-373.

EDVINSSON L, MALONE M S, 1997. Intellectual capital. *Sloan Management Review*, 1 (6): 15-26.

EDVINSSON L, MALONE M S, 1997. *Intellectual capital: Realizing your company's true value by finding its hidden brainpower*. New York: Harper

Collins Publishers.

EDVINSSON L, MICHAEL S. MALONE, 1997. *Intellectual capital: Realizing your company's true value by finding its hidden brainpower*. New York: Harper Collins Publishers.

EDVINSSON L, SULLIVAN P H, 1996. Developing a model for managing intellectual capital. *European Management Journal*, 14 (4): 356-364.

EFRON B, ROBERT T, 1993. *An introduction to the bootstrap*. New York: Chapman & Hall Ltd.

EFRON BRADLEY, 1979. Bootstrap methods: Another look at the Jackknife. *The Annals of Statistics*, 7 (1): 1-26.

ELLISON N B, VITAK J, GRAY R, et al., 2014. Cultivating social resources on social network sites: Facebook relationship maintenance behaviors and their role in social capital processes. *Journal of Computer-Mediated Communication*, 19 (4): 855-870.

EL-MASRI, et al., 2015. *The impact of IS-business alignment practices on organizational choice of is-business alignment strategies*//The 19th Pacific Asia Conference on Information Systems (PACIS 2015), Singapore, 2015 (6).

FABRIGAR L R, WEGENER D T, MacCallum R C, et al., 1999. Evaluating the use of Exploratory Factor Analysis in psychological research. *Psychological Methods*, 14, 4: 272-299.

FEARON C, MCLAUGHLIN H, TAN Y E, 2012. Using student group work in higher education to emulate professional communities of practice. *Education & Training*, 54 (54): 114-125.

FISHER I, 1906. *The nature of capital and income*. 2009 reprint. Martino Fine Books.

FREEMAN R E, 1984. *Strategic management: A stakeholder approach*. Cambridge University Press.

FRUIN W M, 1997. *Knowledge works: Managing intellectual capital at Toshiba*. New York: Oxford University Press.

FRY A, CHANDLER L, 2009. Can communities of practice make a meaningful contribution to sustainable service improvement in health and social care? *International Journal of Integrated Care*, 17 (2): 41-48.

FURLAN A, GRANDINETTI R, 2016. Spinoffs and their endowments: Beyond knowledge inheritance theory. *Journal of Intellectual Capital*, 17 (3): 570-589.

GEE L K, JONES J J, BURKE M, 2016. Social networks and labor markets: How strong ties relate to job finding on facebook's social network. *Journal of Labor Economics*, 1: 1-44.

GETTIER E L, 1963. Is justified true belief knowledge? *Analysis*, 23 (6): 121-123.

GHOLIPOUR R, JANDAGHI G, ALI S, et al., 2010. Explanation of knowledge management enabler as a latent variable: a case study of SMES in Iran. *African Journal of Business Management*, 4 (9): 1863-1872.

GIANPAOLO I, DOMENICO L, 2016. Value creation and sustainability in knowledge-based strategies. *Journal of Intellectual Capital*, 17 (3): 457-470.

GOEBEL V, 2015. Estimating a measure of intellectual capital value to test its determinants. *Journal of Intellectual Capital*, 16 (1): 101-120.

GOLDSMITH A H, VEUM J R, WILLIAM D, 1997. The impact of psychological and human capital on wages. *Social Science Electronic Publishing*, 35 (4): 815-829.

GRANATO T M, AIELLOVAISBERG T M. Interactive narratives in the investigation of the collective imaginary about motherhood. *Estudos De Psicologia (Campinas)*, 2016, 33 (1): 25-35.

GRANOVETTER M S, 1973. The strength of weak ties. *Social Science Electronic Publishing*, 78 (2): 1360-1380.

GRANOVETTER M, 1985. Economic action and social structure: The problem of embeddedness. *American Journal of Sociology*, 91 (3): 481-510.

GRANOVETTER M, 1988. *The sociological and economic approaches to labor market analysis*. Industries, Firms, and Jobs. Springer US.

GRIMALDI M, BATTAGELLO F M, CRICELLI L, 2015. A rational approach to identify and cluster intangible assets: A relational perspective of the strategic capital. *Journal of Intellectual Capital*, 16 (4): 809-834.

GUECHTOULI W, ROUCHIER J, ORILLARD M, 2013. Structuring knowledge transfer from experts to newcomers. *Journal of Knowledge Management*, 17 (17): 47-68 (22).

HALL B P, 1986. *The Genesis Effect*: *Personal and Organizational Transformations*. New York: Paulisst Press.

HALL B P, 1994. *Values shift*: *understanding human and organizational development*. Reckport, M. D. : Twin Lights Publishers.

HANSEN M, 1996. *Using the wisdom of others*: *Searching for and transferring knowledge*. Presentation at the London Business School.

HARRISON S H Sr, 2000. Profiting from intellectual capital: Learning from leading companies. *Journal of Intellectual Capital*, 1 (1): 33-46.

HARRISON S, SULLIVAN P, 2000. Profiting from Intellectual Capital: Learning from Leading Companies. *Industrial, Commercial Training*, 32 (4): 139-148.

HAYES A F, 2013. Introduction to mediation, moderation, and conditional process analysis: A regression – based approach. *Journal of Educational Measurement*, 51 (3): 335-337.

HAYES A F, PREACHER K J, 2014. Statistical mediation analysis with a multicategorical independent variable. *British Journal of Mathematical & Statistical Psychology*, 67 (3): 451-470.

HEDBERG B, 1981. *How organizations learn and unlearn*// In P C Nystrom & W H Starbuck (Eds.), Handbook of organizational design, 1 (1): 3-27. Oxford, England: Ox-ford University Press.

HEDBERG B, 1981. *How Organizations Learn and Unlearn*// Nystrom P C, Starbuck W H, 1981. Organizational Design. New York: Oxford University Press.

HOEKMAN J, FRENKEN K, VAN OORT F, 2009. The geography of collaborative knowledge production in Europe. *The Annals of Regional Science*, 43 (3): 721-738.

HOLT K, 1988. The Role of the User in Product Innovation. *Technovation*, 7 (7): 249-258.

HOUSSEM EDDINE C O, HOSSAIN D M, 2015. The determinants of intellectual capital disclosure: A Meta-analysis review. *Journal of Asia Business Studies*, 9 (3): 232-250.

HOWELLS J, SCHOLDERER J, 2015. Forget unlearning? How an empirically unwarranted concept from psychology was imported to flourish in management and organization studies. *Management Learning*, 30 (11): 1-37.

Hua Ye, 2012. Learning Ownership Regulations in China through Networks: A Framework on Its Role in Flexibility and Post-entry Mode Change. *International Journal of Business Administration*, 3 (1): 41-53.

HUBERT LAWRENCE J, 1987. *Assignment methods in combinatorial data analysis//* Textbooks and Monographs. New York and Basel: Marcel Dekker, INC.

HUDSON W, 1993. *Intellectual capital: how to build it, enhance it, use it*. New York: John Wiley.

INKINEN H, 2015. Review of empirical research on intellectual capital and firm performance. *Journal of Intellectual Capital*, 16 (3): 518-565.

IRENE Y H F, RONGBIN W B L, 2016. Intellectual capital-based innovation planning: Empirical studies using wink model. *Journal of Intellectual Capital*, 17 (3): 553-569.

ISABEL P P, NATALIA M C, VÍCTOR M P, 2016. *Social capital, knowledge integration and ambidexterity of project-based teams in R&D organizations*. Universidad de Valladolid Conference Paper.

IULIIA N, PETR P, MARINA Z, EDUARDO T, 2015. Look for people, not for alpha: Mutual funds success and managers intellectual capital. *Measuring Business Excellence*, 19 (4): 57-71.

JACOBS J, 1965. The death and life of great American cities. London: Penguin Books.

JANET C N W, ALTON Y K CHUA, 2016. The communication of intellectual capital: The whys and whats. *Journal of Intellectual Capital*, 17 (3): 414-438.

JASHAPARA A, 2007. Moving beyond tacit and explicit distinctions: A realist theory of organizational knowledge. *Journal of Information Science*, 33 (6): 752-766.

JOSÉ V, MANUEL C B, JOÃO R, 2016. Individual intellectual capital versus collective intellectual capital in a Meta - organization. *Journal of Intellectual Capital*, 17 (2): 279-297.

JUAN-GABRIEL C, DAVID C, 2016. Linking unlearning with work-life balance: An initial empirical investigation into SMEs. *Journal of Small Business Management*, 54 (1): 373-391.

KAPLAN R S & NORTON D P, 1996. The balanced score card: Translating strategy into action. Harvard Business School Press.

KAPLAN R S, NORTON D P, 1996. *The balanced scorecard: Translating strategy into action*. Boston, Massachusetts: Harvard Business School Press.

KARIM S, KAUL A, 2015. Structural recombination and innovation: Unlocking intraorganizational knowledge synergy through structural change. *Organization Science*, 26 (2): 439-455.

KNIGHT D J, 1999. Performance measures for increasing intellectual capital. *Strategy*, *Leadership*, 27 (2): 22-25.

KNIGHT R V, 1995. Knowledge - based Development: Policy and Planning Implications for Cities. *Urban Studies*, 32 (2): 225-260.

KOENIG MICHAEL E D, 2012. What is KM? Knowledge management explained. www.kmworld.com, 5.

KRACKHARDT D, 1987. QAP partialling as a test of spuriousness. *Social Networks*, 9: 171-186.

KRACKHARDT D, 1988. Predicting with networks: Nonparametric multiple regression analyses of dyadic data. *Social Networks*, 10: 359-382.

KRACKHARDT D, 1992. *The strength of strong ties: the importance of philos in networks and organizations//* Nohria N, Eccles R G. Networks and Organizations. Cambridge: Harvard Business School Press.

KRACKHARDT D, HANSON J R, 1993. Informal networks and organizational crises: an experimental simulation. *Social Psychology Quarterly*, 51: 123-140.

KUHN T S, 2010. *The structure of scientific revolutions*. Chicago: University of Chicago Press.

LEAVITT H J, 1951. Some effects of certain communication patterns on group performance. *Journal of Abnormal Psychology*, 46 (1): 38-50.

LIAO Y, PHAN P H, 2016. Internal capabilities, external structural holes network positions, and knowledge creation. *Journal of Technology Transfer*, 41 (5): 1148-1167.

LIN B N, 2010. *Social resources and instrumental action//* Social Structure and Network Analysis.

LINDERMAN A, PESUT D, DISCH J, 2015. Sense making and knowledge transfer: Capturing the knowledge and wisdom of nursing leaders. *Journal of Professional Nursing*, 31 (4): 290-297.

LOEHLIN J C, 1992. Guttman on factor analysis and group differences: A comment. *Multivariate Behavioral Research*, 27 (2): 235-237.

LÓPEZ-BLANCO R, NORTES-MÉNDEZ R, ROBLES-MOLINA J, et al., 2016. Evaluation of different cleanup sorbents for multiresidue pesticide analysis in fatty vegetable matrices by liquid chromatography tandem mass spectrometry. *Journal of Chromatography A*, 6 (22): 89-104.

LOURY G C, 1977. *A dynamic theory of racial income differences//* Wallace P A & LaMonde A M, 1977. Women, minorities and employment discrimination: 153-186. Lexington, MA: Lexington Books.

LOURY G, 1987. Why should we care about group inequality? *Social Philosophy & Policy*, 5: 249-271.

LUCAS, ROBERT E Jr., 2002. *Lectures on economic growth*. Cambridge, Massachusetts: Harvard University Press.

LUO JAR-DER, 2004. *The impacts of social network structure on organizational social capital: a comparison across the Taiwan strait//* International Association for Chinese Management Research Inaugural Conference, Beijing, 6: 19-22.

LUTHANS F, 2002. The need for and meaning of positive organizational behavior. *Journal of Organizational Behavior*, 23 (23): 695-706.

LUTHANS F, CHURCH A H, 2002. Positive organizational behavior: Developing and managing psychological strengths. *Academy of Management Executive*, 16 (1): 57-72.

MACKINNON D P, 2008. *Introduction to statistical mediation analysis*.

Mahwah, NJ: Erlbaum.

MANTEL NATHAN, 1967. The detection of disease clustering and a generalized regression approech. *Cancer Research*, 27: 209-220.

MARZO G, SCARPINO E, 2016. Exploring intellectual capital management in SMEs: An in-depth Italian case study. *Journal of Intellectual Capital*, 17 (1): 27-51.

MCINERNEY CLAIRE M, Koenig Michael E D, 2011. *Knowledge management (KM) processes in organizations: Theoretical foundations and practice*. Morgan and Claypool.

MCMILLAN C J, 2016. On docility: A research note on Herbert Simon's social learning theory. *Journal of Management History*, 22 (1): 91-114.

MEHRIZI M H R, LASHKARBOLOUKI M, 2016. Unlearning troubled business models: From realization to marginalization. *Long Range Planning*, 49, 6 (3): 298-323.

MINCER JACOB, 1974. *Schooling, experience and earnings*. New York: Columbia University Press.

MISLAN A, SAHIBI M S, JAMALUDDIN A, et al., 2016. The arts of knowledge transfer in virtual organization: Tacit knowledge. *International Journal of Computer Science and Network Security*, 16, 4 (4): 49-55.

MISLOVE A, MARCON M, GUMMADI K P, et al., 2007. *Measurement and analysis of online social networks*//Conference: Proceedings of the 7th ACM SIGCOMM Conference on Internet Measurement, 2007, San Diego, California, USA.

MOHAMMAD W H, et al., 2016. Developing the main knowledge management process via social media in the IT organizations: A Conceptual Perspective. *International Journal of Business Administration*, 7 (5): 49-64.

MONAVVARIAN A, ASGARI N, AKHAVAN P, et al, 2013. Developing social capital for facilitating knowledge management practices.*International Journal of Social Economics*, 40 (9): 826-844.

MONGE P R & CONTRACTOR N S, 2001. *Emergence of communication networks*// Jablin F M & Putnam L L, 2001. New handbook of organizational communication: 440-502. Thousand Oaks, CA: Sage.

MORAN P, GHOSHAL S, 1996. *Value creation by firms*. In J B Keys & L N Dosier (Eds.), Academy of Management, Best Paper Proceedings: 41-45.

MORENO J L, 1934. *Who shall survive?* Washington D C: Nervous and Mental Disease Publishing Company.

NAHAPIET J & GHOSHAL S, 1997. Social capital, intellectual capital and the creation of value in firms. *Academy of Management Annual Meeting Proceedings*, (3): 35-39.

NAHAPIET J, GHOSHAL S, 1998. Social capital, intellectual capital, and the organizational advantage. *Academy of Management Review*, 23 (2): 242-266.

NEELAM S, SUBHASH A, MAHESH J, et al., 2015. Integrated reporting in south Africa: Some initial evidence. *Sustainability Accounting, Management and Policy Journal*, 6 (3), 397-424.

NEELY A, GREGORY M, PLATTS K, 2005. Performance measurement system design: A literature review and research agenda. *International Journal of Operations, Production Management*, 25 (12): 1228-1263.

NICLAS ERHARDT, CARLOS MARTIN-RIOS, 2016. *Knowledge Management systems in sports: The role of organizational structure, tacit and explicit knowledge*. Journal of Information & Knowledge Management, 1.

NOHRIA N, 1992. *Information and search in the creation of new business ventures*// Nohria N & Eccles R G, 1992. Networks and organizations: Structure, form and action: 240-261. Boston: Harvard Business School Press.

NOHRIA N, 1992. *Is a network perspective a useful way of studying organizations?* // In N. Nohria & R G Eccles (Eds.), Networks and organizations: Structure, form, and action: 1-22. Boston: Harvard Business School Press.

Nohria N, 2012. What business schools can learn from the medical profession. *Harvard Business Review*, 90 (1-2): 20-20.

NONAKA I, TAKEUCHI H, 1996. The knowledge-creating company: How Japanese companies create the dynamics of innovation. *Journal of International Business Studies*, 29 (4): 5651-61.

NORTH D C, 1990. *Institutions, institutional change and economic per-*

formance. Cambridge, England: Cambridge University Press.

O'REILLY C A III, 2003. Organizational behavior: Where we've been, where we're going. *Annual Review of Psychology*, 42: 427-458.

ORR J, 1990. *Sharing knowledge, celebrating identity: Community memory in a service culture//* In D Middleton & D Edwards (Eds.), Collective remembering: 169-189. London: Sage.

PASHER E, 1999. *The Intellectual Capital of the State of Israel//* Pasher E, Shachar S, 2005. Intellectual Capital for Communities. Israel, Herzlia Pituach: Kal Press.

PÉREZ M M, UÑO A, SAPARITO P, GOPALAKRISHNAN S, 2016. Small and Medium Enterprise's Entrepreneurial versus market orientation and the creation of tacit knowledge. *Social Science Electronic Publishing*, 54 (1): 262-278.

PETER C, MARTIN Q, 2016. Intellectual capital and business performance: An exploratory study of the impact of cloud-based accounting and finance infrastructure. *Journal of Intellectual Capital*, 17 (2): 255-278.

PETRASH G. Dow's journey to a knowledge value management culture. *European Management Journal*, 1996, 14: 365-373.

PEYMAN A, FARNOOSH K, 2016. Case study of a structural model to explore the effects of knowledge sharing on intellectual capital. *VINE Journal of Information and Knowledge Management Systems*, 46 (3): 1570-1589.

PFATTHEICHER S, KELLER J, 2015. The watching eyes phenomenon: The role of a sense of being seen and public self-awareness. *European Journal of Social Psychology*, 45 (5): 560-566.

PIERLUIGI C, INGE W, 2016. Intangibles disclosure in management commentary regulation in Germany and Italy: A semantic approach. *Journal of Intellectual Capital*, 17 (1): 103-119.

POLANYI M, 1946. *Science, faith, and society*. Oxford University Press.

POLANYI M, 1962. *Personal knowledge: towards a post - critical philosophy*. Chicago: The University of Chicago Press.

POLANYI M, 1966. The logic of tacit inference. *Philosophy*, 41 (155): 1-18.

POLANYI M, 1974. *Scientific thought and social reality*. New York: International Universities Press.

POLANYI M, Grene M G, 1969. *Knowing and being: Essays*. University of Chicago Press, 1969.

PORTES A P, 1998. Social capital: Its origins and application in modern sociology. *Annual Review of Sociology*, 24: 1-24.

POWELL W W, 1990. Neither market nor hierarchy: Network forms of organization. *Research in Organizational Behavior*, 12: 295-336.

PRAHALAD C K, HAMEL G, 1993. The core competence of the corporation. *Harvard Business Review*, 68 (3): 275-292.

PRUSAK LARRY, 1999. Where did Knowledge Management come from? *Knowledge Directions*, 1 (1): 90-96.

PRUSAK LAURENCE, 2001. Where did knowledge management come from? *IBM Systems Journal*, 40 (4): 1002-1007.

PULIC A. VAIC™ an accounting tool for IC management. *International Journal of Technology Management*, 2000, 20 (5).

PUTNAM R D, 1993. *The prosperous community: Social capital and public life*. American Prospect, 13: 35-42.

PUTNAM R D, 1995. The prosperous community: Social capital. *Journal of Democracy*, 6: 65-78.

PUTNAM R D, 1997. The prosperous community: Social capital and public life. *American Prospect*, 13 (13): 35-42.

PUTNAM R D, 2014. *Turning in, turning out: The strange disappearance of//* Social Capital in America. PS: Political Science & Politics: 90-99.

PUTNAM R D, LEONARDI R, NONETTI R Y, 1994. *Making democracy work: Civic traditions in modern Italy*. Princeton University Press.

QIANYU W, UMESH S, HOWARD D, 2016. Intellectual capital disclosure by Chinese and Indian information technology companies: A comparative analysis. *Journal of Intellectual Capital*, 17 (3): 507-529.

RAMOS-RODRIGUEZ A R, MEDINA-GARRIDO J A, LORENZO-GOMEZ J D, et al., 2010. What you know or who you know? The role of intellectual and social capital in opportunity recognition. *International Small Business*

Journal, 28 (6): 566-582.

ROBERTS J, GERTNER D, CHARLES D, 2011. University – industry collaboration: A CoPs approach to KTPs. *Journal of Knowledge Management*, 15 (4): 625-647.

ROMER P, 1986. Increasing returns and long-run growth. *Journal of Political Economy*, 94: 1002-1037.

ROMER P, 1987. Growth based on increasing returns due to specialization. *American Economic Review*, 77 (2): 56-62.

ROMER P, 1990. Endogenous technological change. *Journal of Political Economy*, 98 (5): S71-S102.

ROOS G, ROOS J, 1997. Measuring your company's intellectual performance. *Long Range Planning*, 30 (3): 413-426.

ROOS J, EDVINSSON L, ROOS G, 1997. *Intellectual capital: navigating the new business landscape//* Intellectual Capital: Navigating in the New Business Landscape. New York University Press: 85-88.

ROOS J, ROOS G, NICOLA C D, et al. 1998. *Intellectual capital: Navigating in the new business landscape.* New York: New York University Press.

SALONIUS H, KÄPYLÄ J, 2013. Exploring the requirements of regional knowledge-based management. *Journal of Knowledge Management*, 17 (4): 583-597.

SARVARY M, 1999. Knowledge management and competition in the consulting industry. *California Management Review*, 41 (2): 95-107.

SCAFARTO V, RICCI F, SCAFARTO F, 2016. Intellectual Capital and firm performance in the global agribusiness industry: The moderating role of human capital. *Journal of Intellectual Capital*, 17 (3): 530-552.

SCHUMPETER J A, 1912. *The theory of economic development.* Harvard University Press, Cambridge, MA.

SCHUMPETER J A, 1934. The theory of economic development: An inquiry into profits, capital, credit, interest, and the business cycle. *Social Science Electronic Publishing*, 25 (1): 90-91.

SEASHORE S E, YUCHTMAN E, 1967. Factorial analysis of organizational performance. *Administrative Science Quarterly*, 12 (3): 377-395.

SECUNDO G, DUMAY J, SCHIUMA G, et al., 2016. Managing intellectual capital through a collective intelligence approach: An integrated framework for universities. *Journal of Intellectual Capital*, 17 (2): 298-319.

SEIBERT S E, LIDEN R C, 2001. A social capital theory of career success. *Academy of Management Journal*, 44 (2): 219-237.

SELIGMAN M E P, CSIKSZENTMIHALYI M, 2014. *Positive psychology: An introduction*// Flow and the Foundations of Positive Psychology. Springer Netherlands: 5-14.

SELNES F, SALLIS J, 2003. Promoting relationship learning. *Journal of Marketing*, 67 (7): 80-95.

SENGE P M, 1990. *The fifth discipline: The art & practice of the learning organization.* New York, NY: Doubleday Currency.

SETHI R, SMITH D C, Park C W, 2001. Cross-functional product development teams, creativity, and the innovativeness of new consumer products. *Journal of Marketing Research*, 38 (1): 73-85.

SHARABATI A A, JAWAD S N, BONTIS N, 2010. Intellectual capital and business performance in the pharmaceutical sector of Jordan. *Management Decision*, 48 (1): 105-131.

D, PAIBOON K, SITTICHAI K, 2016. Knowledge transfer in B-O-R-N Model to enhance computer learners' learning outcomes in knowledge and cognitive skills. *The Learning Organization*, 23 (2/3): 170-183.

SINGH B, RAO M K, 2016. Effect of intellectual capital on dynamic capabilities. *Journal of Organizational Change Management*, 29 (2): 129-149.

SMEDLUND A, 2008. The knowledge system of a firm: social capital for explicit, tacit and potential knowledge. *Journal of Knowledge Management*, 12 (1): 63-77.

SOSA M, GARGIULO M, ROWLES C, 2015. Can Informal Communication Networks Disrupt Coordination in New Product Development Projects? *Organization Science*, 26 (4): 1059-1078.

STEPHEN P BORGATTI, et al., 2009. Network analysis in the social sciences. *Science*, 323: 892-895.

STEVENS J, 2003. Applied multivariate statistics for the social sciences. *Journal of Educational Statistics*, 57 (100): 68-69.

STEWART T A, Kaufman D C, 1995. How a little company won big by betting on brainpower. *Fortune*, 132 (5): 121.

STEWART T A, 1991. Brainpower: How intellectual capital is becoming America's most valuable asset. *Fortune*, 6 (3): 40-56.

STEWART T A, 1997. Brain power. *Fortune*, 123 (11): 54-69.

STEWART T A, 1997. *Intellectual capital: The new wealth of organizations*. Doubleday / Currency.

STEWART T A, LOSEE S, 1994. Your company's most valuable asset: Intellectual capital. *Fortune*, 130 (7): 68-73.

SUKHDEV S, JASVINDER S, MAHESH J, et al., 2016. Measuring intellectual capital performance of Indian banks: A public and private sector comparison. *Managerial Finance*, 42 (7): 635-655.

SULLIVAN P H. *Value driven intellectual capital: how to convert intangible corporate assets into market value*. John Wiley, 2000.

SVEIBY E, AUSTRALIAN C, 1998. Intellectual capital: Thinking ahead. *Acs. ucalgary. ca*, 68 (5): 18-21.

SVEIBY K E, 1997. *The new organizational wealth: Managing and measuring knowledge-based assets*. Berrett-Koehler Publishers.

SZULANSKI G, 1996. Exploring internal stickiness: Impediments to the transfer of best practice within the firm. *Strategic Management Journal*, 17 (S2): 27-44.

SZULANSKI G, 1996. Exploring stickiness: Impediments to the transfer of best practice within the firm. *Strategic Management Journal*, 17: 27-43.

TABACHNICK B G & FIDELL L S, 2013. *Using multivariate statistics*. Boston: Pearson.

TEECE D J, 2000. Strategies for managing knowledge assets: The role of firm structure and industrial context. *Long Range Planning*, 33 (1): 35-54.

TEECE D J, PISANO G, SHUEN A, 1997. Dynamic capabilities and strategic management. *Strategic Management Journal*, 18 (7): 509-533.

TICHY N M, 1981. *Networks in organizations*// Paul N, William S. Organizational design, remodeling organizations and their environments. UK: Oxford University Press, 2: 225-249.

TIMMERMAN P, 2015. Contractualism and the Significance of Perspective-Taking. *Ethical Theory & Moral Practice*, 18 (5): 909-925.

TSAI W, 2001. Knowledge Transfer in intraorganizational networks: Effects of network position and absorptive capacity on business unit innovation and performance. *Academy of Management Journal*, 44 (5): 996-1004.

TSAI W, GHOSHAL S, 1998. Social capital and value creation: The role of intrafirm networks. *Academy of Management Journal*, 41 (4): 464-476.

ULRICH D, 1997. *Human resource champions: The next agenda for adding value and delivering results*. Boston: Harvard Business School Press.

ULRICH D, 1998. A new mandate for human resources. *Harvard Business Review*, 1-2: 124-134.

ULRICH D, 1998. Intellectual capital = competence x commitment. *Sloan Management Review*, 39 (6): 15-26.

Ulrich D, 2000. *The Next Agenda for Adding Value and Delivering Results*. Beijing: Xinhua Press.

VAN BUREN M E, 1999. A yardstick for knowledge management. *Training & Development*, 53 (5): 71-78.

VAN SCOTTER J R, MOTOWIDLO S J, 1996. Interpersonal facilitation and job dedication as separate facets of contextual performance. *Journal of Applied Psychology*, 81 (5): 525-531.

VIEDMA J M, 2013. *ICBS Intellectual Capital Benchmarking System: A practical methodology for successful strategy formulation in the knowledge economy*. Proceedings of the European Conference on Intellectual Capital.

WALTER A, RITTER T, GEMÜNDEN H G, 2001. Value creation in buyer-seller relationships: Theoretical considerations and empirical results from a supplier's perspective. *Industrial Marketing Management*, 30 (4): 365-377.

WEISS D S, LEGRAND C, 2015. Innovative intelligence: The art and practice of leading sustainable innovation in your organization. *Milbank Quarterly*, 93 (4): 826-66.

WENGER E, 1998. *Communities of practice: learning, meaning, and identity*. Cambridge University Press.

WIIG KARL M, 1993. *Knowledge Management Foundations*: *Thinking about Thinking*: *How People and Organizations Create*. Texas: Schema Press.

WIIG KARL M, 1997. Integrating intellectual capital knowledge management. *Long Range Planning*, 30 (3): 399-405.

WIIG KARL M, 1997. Knowledge management: Where did it come from and where will it go? *Expert Systems with Applications*, 13 (1): 1-14.

WIIG KARL M, 2003. Knowledge management: An introduction and perspective. *Journal of Knowledge Management*, 1 (1): 6-14.

中文文献

［德］杜能：《孤立国同农业和国民经济的关系》，商务印书馆 1986 年版。

［德］弗里德里希·李斯特：《政治经济学的国民体系》，华夏出版社 2009 年版。

［法］阿莫德·波尔弗、［瑞典］雷夫·艾得文森：《国家、地区和城市的知识资本》，北京大学出版社 2005 年版。

［法］阿莫德·波尔弗：《无形资产建模：交易模式和社团模式》//［法］阿莫德·波尔弗、［瑞典］雷夫·艾得文森：《国家、地区和城市的知识资本》，北京大学出版社 2005 年版。

［法］费尔南·布罗代尔：《15 至 18 世纪的物质文明、经济和资本主义》，三联书店 1993 年版。

［法］弗朗斯瓦·魁奈：《魁奈〈经济表〉及著作选》，华夏出版社 2006 年版。

［法］萨伊：《政治经济学概论》，商务印书馆 1963 年版。

［古希腊］柏拉图：《斐多》，三联书店 2011 年版。

［古希腊］色诺芬：《回忆苏格拉底》，商务印书馆 1984 年版。

［韩］孔柄淏：《十年立业：成功人生的十年法则》，电子工业出版社 2006 年版。

［加］尼克·邦提斯：《国家知识资本指数：阿拉伯国家标杆》//［法］阿莫德·波尔弗、［瑞典］雷夫·艾得文森：《国家、地区和城市的知识资本》，北京大学出版社 2007 年版。

［美］阿尔弗雷德·马歇尔：《经济学原理》，北京联合出版公司

2015年版。

［美］阿尔文·托夫勒：《权力的转移》，中信出版社2006年版。

［美］艾尔·巴比：《社会研究方法》，华夏出版社2006年版。

［美］彼得·德鲁克等：《知识管理》，中国人民大学出版社1999年版。

［美］彼得·德鲁克：《创新与企业家精神》，机械工业出版社2012年版。

［美］彼得·德鲁克：《后资本主义社会》，东方出版社2009年版。

［美］布莱恩·豪：《文化和价值观管理：发展和度量智力资本的情境》//帕特里克·沙利文：《智力资本管理：企业价值萃取的核心能力》，知识产权出版社2006年版。

［美］达文波特、普鲁萨克：《营运知识：工商企业的知识管理》，江西教育出版社1999年版。

［美］菲利普·劳塞尔等：《第三代研发：使研发成为真正的获得工具》，机械工业出版社2004年版。

［美］弗朗西斯·福山：《历史的终结与最后的人》，广西师范大学出版社2014年版。

［美］弗朗西斯·福山：《危机与未来：福山中国演讲录》，中央编译出版社2012年版。

［美］弗朗西斯·福山：《信任——社会美德与创造经济繁荣》，海南出版社2001年版。

［美］弗雷德·路桑斯等：《心理资本：打造人的竞争优势》，中国轻工业出版社2011年版。

［美］加里·贝克尔：《人力资本：特别是关于教育的理论与经验分析》，北京大学出版社1987年版。

［美］肯尼思·加尔布雷斯：《丰裕社会》，上海人民出版社1965年版。

［美］兰德尔·霍尔库姆：《奥地利学派的大师们》，清华大学出版社2015年版。

［美］雷夫·爱德文森：《斯堪的亚公司的智力资本管理》//帕特里克·沙利文：《智力资本管理：企业价值萃取的核心能力》，知识产权出版社2006年版。

［美］林顿·弗里曼：《社会网络分析发展史：一项科学社会学的研究》，中国人民大学出版社 2008 年版。

［美］林南：《社会资本：关于社会结构与行动的理论》，上海人民出版社 2006 年版。

［美］罗伯特·普特南：《使民主政治运作起来》，江西人民出版社 2001 年版。

［美］罗伯特·索洛：《资本理论及其收益率》，商务印书馆 1992 年版。

［美］罗里·莫里森、保罗·杰姆瑞德：《艾利丹尼森公司的智力资产管理》//帕特里克·沙利文：《智力资本管理：企业价值萃取的核心能力》，知识产权出版社 2006 年版。

［美］马尔科姆·格拉德威尔：《异类：不一样的成功启示录》，中信出版社 2014 年版。

［美］马克·格兰诺维特：《镶嵌：社会网络与经济行动》，社会科学文献出版社 2007 年版。

［美］马汀·奇达夫、蔡文彬：《社会网络与组织》，中国人民大学出版社 2007 年版。

［美］帕特里克·沙利文：《智力资本管理：企业价值萃取的核心能力》，知识产权出版社 2006 年版。

［美］皮埃尔·布迪厄、罗克·华康德：《实践与反思——反思社会学导引》，中央编译出版社 1998 年版。

［美］皮埃尔·布尔迪厄：《文化资本与社会炼金术》，上海人民出版社 1997 年版。

［美］切斯特·巴纳德：《经理的职能》，机械工业出版社 2013 年版。

［美］托马斯·斯图尔特：《"软"资产：从知识到智力资本》，辽宁教育出版社 2003 年版。

［美］卡普兰、诺顿：《平衡计分卡：化战略为行动》，广州经济出版社 2013 年版。

［瑞典］康莱德小组、斯威比：《知识型企业的分析与评价》，海洋出版社 2002 年版。

［美］温迪·布克威次、鲁思·威廉斯：《知识管理》，中国人民大学出版社 2003 年版。

［美］西奥多·舒尔茨：《人力资本投资》// 西奥多·W. 舒尔茨：《论人力资本投资》，北京经济学院出版社 1990 年版。

［美］雅各布·明塞尔：《人力资本研究》，中国经济出版社 2001 年版。

［美］约翰·斯科特：《社会网络分析法》，重庆大学出版社 2007 年版。

［美］约瑟夫·熊彼特：《经济发展理论》，华夏出版社 2015 年版。

［美］詹姆斯·科尔曼：《社会理论的基础》，社会科学文献出版社 2008 年版。

［美］杰伊·巴尼、［新西兰］德文·克拉克：《资源基础理论：创建并保持竞争优势》，格致出版社、上海三联书店、上海人民出版社 2011 年版。

［日］马克·弗鲁因：《知识工厂：东芝公司智力资本管理》，华夏出版社 1997 年版。

［日］野中郁次郎、德冈晃一郎：《日产，这样赢得世界》，中国人民大学出版社 2010 年版。

［日］野中郁次郎、绀野登：《知识经营的魅力：知识管理与当今时代》，中信出版社 2012 年版。

［日］竹内弘高、野中郁次郎：《知识创造的螺旋：知识管理理论与案例研究》，知识产权出版社 2006 年版。

［瑞典］卡尔·斯威比：《知识探戈：管理与测量知识资本的艺术》，海洋出版社 2007 年版。

［瑞典］雷夫·艾得文森：《国家、地区和城市的知识资本》，北京大学出版社 2005 年版。

［瑞士］让·皮亚杰：《智力心理学》，商务印书馆 2015 年版。

［西班牙］约斯·马蒂：《城市知识资本基准系统：一个度量和管理城市知识资本的方法和框架》// ［法］阿莫德·波尔弗、［瑞典］雷夫·艾得文森：《国家、地区和城市的知识资本》，北京大学出版社 2007 年版。

［英］安妮·布鲁金：《智力资本：应用与管理》，东北财经大学出版社 2003 年版。

［英］马克斯·博伊斯特：《知识资产：在信息经济中赢得竞争优

势》，上海世纪出版集团 2005 年版。

［英］迈克尔·波兰尼：《个人知识：迈向后批判哲学》，贵州人民出版社 2000 年版。

［英］托马斯·孟：《英国得自对外贸易的财富》，华夏出版社 2013 年版。

［英］伊丽莎白·拉蒙德：《论英国本土的公共福利》，商务印书馆 2011 年版。

毕可佳、胡海青、张道宏：《在孵企业创业导向对孵化网络协调绩效影响研究——社会资本的调节效应》，《科技进步与对策》2016 年第 10 期。

曹廷求、刘海明：《信用担保网络的负面效应：传导机制与制度诱因》，《金融研究》2016 年第 1 期。

陈乘风、许培源：《社会资本对技术创新与经济增长的影响——基于中国的经验证据》，《山西财经大学学报》2015 年第 10 期。

陈栋：《温岭一老板每天鞠躬迎员工》，《钱江晚报》2016 年 1 月 6 日第 11 版。

陈莞、张佳瑶：《技术多元化对企业创新绩效的影响——高管团队社会资本的调节作用》，《技术经济》2016 年第 3 期。

陈建斌、郭彦丽、徐凯波：《基于资本增值的知识协同效益评价研究》，《科学学与科学技术管理》2014 年第 5 期。

陈明星：《员工知识分享对知识资本及组织绩效的影响研究——基于计划行为理论视角、以酒店连锁企业为例》，硕士学位论文，东南大学，2007 年。

陈荣德：《组织内社会网络的形成与影响：社会资本观点》，博士学位论文，台湾国立中山大学，2004 年。

陈圣来：《我们为什么需要工匠精神》，《文汇报》2016 年 4 月 1 日第 5 版。

成思危：《成思危谈知识资本和知识经济》，《今日中国论坛》2009 年第 10 期。

邓超、张立军、吴晓丽：《师徒制培养模式促进学习型组织打造的探讨》，《现代面粉工业》2016 年第 3 期。

邓婉君、魏法杰：《面向中小企业战略计划的基于知识资本的 SWOT

模型》，中国管理科学学术年会，2008年。

邓晓芒：《古罗马哲学讲演录》，世界图书出版公司2007年版。

董小英、胡燕妮、施明等：《知识管理推动创新：国际研究视角与本土实践》，《知识管理论坛》2016年第1期。

杜江、宋跃刚：《知识资本、OFDI逆向技术溢出与企业技术创新——基于全球价值链视角》，《科技管理研究》2015年第21期。

方健雯、赵增耀：《集群情境下企业创新投入的影响因素研究——基于苏州制造业数据的实证分析》，《预测》2012年第1期。

方杰、温忠麟、张敏强等：《基于结构方程模型的多层中介效应分析》，《心理科学进展》2014年第3期。

方杰、张敏强、邱政：《中介效应的检验方法和效果量测量：回顾与展望》，《心理发展与教育》2012年第1期。

方子立、王新阁：《师徒制带教流程构建》，《科技信息》2012年第15期。

盖梯尔：《有理由的真信念就是知识吗?》，《哲学译丛》1988年第4期。

戈锦文、范明、肖璐：《社会资本对农民合作社创新绩效的作用机理研究——吸收能力作为中介变量》，《农业技术经济》2016年第1期。

郭北溟：《师徒制，老传统能否走出新路子?》，《劳动午报》2013年12月3日第7版。

郭俊华：《知识资本竞争优势的特性分析》，《软科学》2004年第18期。

郭彦丽、高书丽、陈建斌：《文化创意型团队知识协同绩效影响因素研究》，《科技与经济》2016年第2期。

郭毅、朱熹：《企业家的社会资本——对企业家研究深化》，《外国经济与管理》2002年第24期。

何杰锋：《打造新型师徒型人才链》，《广西日报》2015年8月9日第14版。

何水儿、张华、耿丽君：《社会网络与个体特征对隐性知识共享的影响》，《科技管理研究》2013年第24期。

侯杰泰、温忠麟、成子娟：《结构方程模型及其应用》，教育科学出版社2006年版。

侯楠、杨皎平、戴万亮：《团队异质性、外部社会资本对团队成员创新绩效影响的跨层次研究》，《管理学报》2016 年第 13 期。

胡保亮：《关系嵌入与创新绩效关系：网络位置的调节作用》，《科技管理研究》2012 年第 32 期。

黄华新、邱辉：《知识管理与隐喻认知》，《科学学研究》2014 年第 32 期。

姜汝祥：《差距：中国一流企业离世界一流企业有多远》，机械工业出版社 2003 年版。

蒋慧杰、李丽红、梁晓琴：《知识共享促进知识资本放大的机理分析——基于项目组织》，《北京理工大学学报》（社会科学版）2010 年第 12 期。

蒋勤峰：《苏南地区创新型企业社会资本与创业绩效关系研究》，《科研管理》2016 年第 37（S1）期。

焦少飞、张宏涛、张炜：《企业社会资本投资及其对企业技术创新的影响：一个述评》，《科技管理研究》2010 年第 30 期。

金桂根、张悟移：《基于知识共享的供应链智力资本提升研究》，《开发研究》2016 年第 2 期。

金水英、吴应宇：《知识资本对高技术企业发展能力的贡献——来自我国高技术上市公司的证据》，《科学学与科学技术管理》2008 年第 29 期。

荆宁宁、陈探骊、吴茹：《基于知识的质量管理系统的要素研究》，《科技管理研究》2015 年第 35 期。

康萍、张茜：《绿色供应链协同对企业创新绩效影响研究》，《企业改革与管理》2016 年第 9 期。

［美］克里斯·沙利文：《澳拜客牛排店的生意经》，《商业评论》2007 年第 12 期。

乐承毅、徐福缘、顾新建等：《复杂产品系统中跨组织知识超网络模型研究》，《科研管理》2013 年第 34 期。

雷凤：《严师高徒培训有道》，《中国石油石化》2008 年第 3 期。

李华晶：《间接型学术创业与大学创业教育的契合研究——以美国百森商学院为例》，《科学学与科学技术管理》2016 年第 1 期。

李辉、吴晓云：《海外社会资本向创新绩效的转化机制研究——以中国跨国公司为例》，《财贸研究》2015年第6期。

李惠斌：《社会资本与社会发展》，社会科学文献出版社2000年版。

李金勇、胡伟清：《知识资本对劳动密集型产业企业绩效的影响研究——基于对2009年工业类上市公司的分析》，《科技管理研究》2011年第31期。

李静：《师徒功能对员工创新行为的影响》，硕士学位论文，西南财经大学，2014年。

李丽红、尹贻林、孙春玲等：《基于知识资本视角的知识共享绩效测度》，《情报科学》2008年第10期。

李玲娟、霍国庆、张晓东：《科技型中小企业知识资本运营实证研究》，《科技进步与对策》2012年第29期。

李敏：《同事关系对个体工作绩效的影响：基于中国情境的实证研究》，《苏州大学学报》（哲学社会科学版）2016年第2期。

李南、王晓蓉：《企业师徒制隐性知识转移的影响因素研究》，《软科学》2013年第27期。

李珊珊：《基于R软件的bootstrap方法》，《电脑编程技巧与维护》2016年第4期。

李巍、许晖：《企业家特质、能力升级与国际新创企业成长》，《管理学报》2016年第5期。

李晓杰：《组织忘记对企业持续成长影响的实证研究》，硕士学位论文，大连理工大学，2012年。

李忆、马莉、袁志会等：《差错管理气氛对双元创新的影响——知识转化的中介作用》，《现代管理科学》2013年第8期。

李盈：《社会资本、情绪智力对销售人员工作绩效的影响》，硕士学位论文，浙江理工大学，2011年。

李宇、周晓雪、张福珍：《产业集群社会资本对集群企业创新绩效影响的实证研究》，《产业经济研究》2016年第3期。

李喻：《降低知识型员工流失率的对策：非正式组织的视角》，《经营管理者》2014年第32期。

李远东：《组织遗忘、突破式创新与组织绩效研究——基于冗余资源的调节作用》，《软科学》2016年第6期。

李振华、赵敏如、王佳硕：《社会资本对区域科技孵化网络创新产出影响——基于多中心治理视角》，《科学学研究》2016年第34期。

李梓涵昕、朱桂龙：《忘却学习对突破性创新的影响——基于关系型社会资本与冗余资源的调节作用》，《科学学与科学技术管理》2016年第6期。

廖开际、郑超然、熊会会：《基于知识资本增量的大型企业员工知识资本度量和分析》，《科技管理研究》2011年第31期。

林筠、郭敏：《知识流与技术能力：探索和利用性学习的中介作用》，《科研管理》2016年第6期。

林岩：《基于专利数据的知识计量研究评述》，《科技管理研究》2008年第28期。

刘军：《社会网络分析导论》，社会科学文献出版社2004年版。

刘楼：《组织内社会网络、中心性与工作绩效》，中山大学出版社2008年版。

刘亭立、石倩倩、杨松令：《大股东关系经济后果实证研究——基于公司绩效和盈余质量的评价视角》，《数理统计与管理》2016年第2期。

刘星星：《社会资本对企业创新绩效的影响研究》，《现代经济信息》2016年第6期。

刘学元、刘璇、赵先德：《社会资本、知识获取与创新绩效：基于供应链视角》，《科技进步与对策》2016年第4期。

卢艳秋、赵英鑫、崔月慧等：《组织忘记与创新绩效：战略柔性的中介作用》，《科研管理》2014年第3期。

罗家德：《社会网分析讲义》，社会科学文献出版社2010年版。

梅小安：《企业知识资本与资本嫁接集成的条件与契合点分析》，《科技管理研究》2007年第27期。

牟格格、宋洪峰、毛宇飞：《心理资本、社会资本对工作绩效的影响及组织支持感的调节作用》，《人力资源管理》2016年第5期。

潘楚林、田虹：《经济新常态下绿色智力资本怎样成为企业的竞争优势》，《上海财经大学学报》2016年第2期。

戚啸艳、胡汉辉、崔捷：《基于过程的知识资本管理模式研究》，《科研管理》2007年第28期。

戚啸艳、于海燕：《员工知识分享对组织知识资本及组织绩效的影响》，《统计与决策》2008年第12期。

阮文奇、李勇泉：《高星级酒店中层管理者社会网络对创造力的影响研究——知识共享的中介效应》，《四川理工学院学报》（社会科学版）2016年第2期。

申亚楠、郭春明：《企业持续技术创新能力形成机制研究——基于万华化学的案例分析》，《经济问题》2016年第4期。

沈琼、赵静：《企业师徒制的内涵研究》，《科技视界》2013年第30期。

施筱勇：《创新驱动经济体的三大特征及其政策启示》，《中国软科学》2015年第2期。

石春生、何培旭、刘微微：《基于动态能力的知识资本与组织绩效关系研究》，《科技进步与对策》2011年第28期。

石恒贵、陈小知：《建设新型师徒关系的项目团队：探讨小型会计师事务所人才培养机制》，《经济研究导刊》2016年第7期。

宋文娟：《社会资本、组织创新能力互动下的组织绩效优化》，《统计与决策》2016年第6期。

孙国强、吉迎东、张宝建等：《网络结构、网络权力与合作行为——基于世界旅游小姐大赛支持网络的微观证据》，《南开管理评论》2016年第19期。

孙翰：《智力资本与新三板企业绩效关系之探究》，硕士学位论文，江西财经大学，2013年。

孙羡：《智力资本驱动中小企业成长的有效性探讨》，《经济纵横》2012年第9期。

孙秀明、孙遇春：《工作疏离感对知识共享的影响研究——以中国人传统性为调节变量》，《同济大学学报》（社会科学版）2015年第2期。

孙亚文、贺雯、罗俊龙：《随迁儿童元刻板印象威胁对工作记忆的影响：群际焦虑的中介作用》，《心理学报》2015年第11期。

孙艳军：《基于智力资本的企业价值评估研究》，硕士学位论文，中南大学，2013年。

谭咏梅：《信息—知识—智能转换理论在自然语言处理中的应用研究》，博士后论文，北京邮电大学，2007年。

汤超颖、黄冬玲：《知识网络与创造力的国内外研究综述》，《科学学与科学技术管理》2016年第37期。

汤易兵、王黎萤、姜艳：《知识管理和战略配置一致性与中小企业绩效关系研究——基于浙江的实证》，《科技管理研究》2014年第19期。

汤中彬、张扬、乔长蛟：《人际情报网络隐性知识共享影响因素分析及网络模式构建》，《情报科学》2015年第9期。

田雨晴、赵驰：《科技型中小企业成长路径研究——一个理论分析框架的提出》，《科技进步与对策》2011年第28期。

屠兴勇、杨百寅：《基于知识视角的组织研究文献综述》，《科学学与科学技术管理》2013年第34期。

屠兴勇：《知识视角的组织：概念、边界及研究主题》，《科学学研究》2012年第9期。

万颖莹、孟冉、李洁等：《情绪聚焦应对在压力源和情绪衰竭间的中介作用》，《心理研究》2011年第5期。

汪子嵩：《希腊哲学史》，人民出版社1988年版。

王春、李环：《基于产业集群类型的知识战略分析》，《科学管理研究》2015年第3期。

王雷、王圣君：《外部社会资本、吸收能力与新产品绩效的关系——基于中国长三角地区企业样本的实证分析》，《技术经济》2015年第34期。

王丽平、赵飞跃：《组织忘记、关系学习、企业开放度与商业模式创新》，《科研管理》2016年第3期。

王龙、贾远琨、史林静等：《解码"工匠精神"：也许还要有点"偏执"》，《新华网》2016年4月24日第4版。

王兴成：《企业知识资本管理与知识库建设》，《科学学研究》2000年第18期。

王众托：《大力发展系统集成创新加速自主创新步伐》，《管理工程学报》2010年第24（S1）期。

卫武、韩翼：《各主体层次知识资本化模式：多重案例研究》，《科研管理》2012年第33期。

温忠麟、侯杰泰、[英]马什赫伯特：《结构方程模型检验：拟合指数与卡方准则》，《心理学报》2004年第36期。

温忠麟、叶宝娟：《中介效应分析：方法和模型发展》，《心理科学进展》2014年第22期。

温忠麟、张雷、侯杰泰等:《中介效应检验程序及其应用》,《心理学报》2004 年第 36 期。

邬爱其、方仙成:《国外创新搜寻模式研究述评》,《科学学与科学技术管理》2012 年第 33 期。

吴明隆:《结构方程模型》,重庆大学出版社 2009 年版。

吴念博:《传统文化与企业管理的碰撞》,《商业评论》2016 年第 3 期。

吴伟伟、刘业鑫、高鹏斌等:《技术管理对产品创新的影响——社会资本的二阶段调节机制》,《科学学与科学技术管理》2016 年第 5 期。

吴晓云、李辉:《我国区域创新产出的影响因素研究——基于 ICT 的视角》,《科学学与科学技术管理》2013 年第 10 期。

席运江、党延忠、廖开际:《组织知识系统的知识超网络模型及应用》,《管理科学学报》2009 年第 12 期。

肖冬平:《基于社会网络视角的知识网络研究》,人民出版社 2011 年版。

忻榕、赖杰华:《知识型企业的管理典范》,《商业评论》2013 年第 6 期。

邢小强、葛沪飞、仝允桓:《社会嵌入与 BOP 网络演化:一个纵向案例研究》,《管理世界》2015 年第 10 期。

徐超、池仁勇:《多维企业家社会资本、企业吸收能力与企业绩效研究》,《科技进步与对策》2016 年第 10 期。

薛明慧、樊一阳、张星:《基于知识资本的技术创业企业成长机理研究》,《科技进步与对策》2011 年第 28 期。

薛永基、芦雪瞵:《社会资本影响林区农户创业绩效的实证研究——知识溢出的中介效应》,《农业技术经济》2015 年第 12 期。

[美] 亚力克·福奇、陈劲:《工匠精神》,《当代劳模》2014 年第 16 期。

燕继荣:《投资社会资本——政治发展的一种新维度》,北京大学出版社 2006 年版。

杨飞飞:《社会网络、知识共享和企业技术创新的关系研究》,《中国集体经济》2015 年第 19 期。

杨倩、陈晓静:《个体智力资本对员工工作绩效的影响研究》,《西安工业大学学报》2016年第36期。

杨瑞刚、段旭亮:《知识共享在形意拳组织学习及效能方面的影响》,《管理观察》2015年第12期。

杨学义:《人在,手艺在,古建在》,《工人日报》2016年5月23日第5版。

杨雪冬、李惠斌:《社会资本:对一种新解释范式的探索》,《马克思主义与现实》1999年第3期。

杨扬:《企业家社会资本、企业创新能力与企业绩效》,《黑龙江社会科学》2015年第6期。

叶新东、叶红群:《基于教师群体的社会网络中心性与知识资本相关性研究》,全国计算机辅助教育学会年会,2010年。

余德成:《质量管理人性面系统因素对工作绩效之影响》,博士学位论文,国立中山大学企业管理学系,1996年。

禹海慧:《社会网络、知识资本与企业创新能力的关系研究》,《湖南社会科学》2015年第2期。

喻登科、周荣、涂国平:《嵌入社会心理的知识网络结构、行为与绩效关系仿真》,《科技进步与对策》2016年第33期。

袁盈盈、张化尧:《制造型企业技术能力构建的案例分析》,《科技管理研究》2015年第13期。

翟学伟:《从社会资本向"关系"的转化——中国中小企业成长的个案研究》,《开放时代》2009年第6期。

翟学伟:《中国人际关系的特质——本土的概念及其模式》,《社会学研究》1993年第4期。

詹湘东、王保林:《知识生态与都市圈创新系统研究——基于文献的述评》,《科学学研究》2014年第32期。

张炳发、万威武:《企业知识资本投资与知识资本对企业绩效影响的实证研究》,《中国软科学》2006年第7期。

张华伦、孙毅:《国有企业知识资本的DIC评估模型研究》,《科技进步与对策》2006年第23期。

张连增、段白鸽:《基于已决赔款与已报案赔款相关性的随机性准备金进展法》,《管理评论》2013年第25期。

张萌萌、吕鲲、李建华等:《社会网络信息对创业绩效影响的实证研究》,《情报科学》2016 年第 3 期。

张其仔:《新经济社会学》,中国社会科学出版社 2001 年版。

张银、李燕萍:《农民人力资本、农民学习及其绩效实证研究》,《管理世界》2010 年第 2 期。

张兆霞:《员工培训模式研究——阿里巴巴的案例分析》,《人才资源开发》2015 年第 18 期。

赵剑影、于宛尼、赵昂等:《师傅如父》,《工人日报》2015 年 6 月 21 日第 1 版。

赵延东、罗家德:《如何测量社会资本:一个经验研究综述》,《国外社会科学》2005 年第 2 期。

赵英鑫:《组织忘记、组织再学习对企业创新能力的影响研究》,博士学位论文,吉林大学,2014 年。

郑健壮、靳雨涵、潘羊伊:《师徒企业联系强度与知识传导——以兰溪纺织业集群为例》,《情报理论与实践》2016 年第 5 期。

郑少红、姚忠智、石羡:《理事长社会资本对合作社经营绩效影响的实证分析》,《发展研究》2015 年第 11 期。

钟榴、郑建国:《基于社会资本的企业绿色创新绩效实证研究》,《技术经济与管理研究》2016 年第 4 期。

周荣、涂国平、喻登科:《高校上市公司知识资本现状及其对公司发展的作用关系研究》,《经济体制改革》2014 年第 1 期。

朱瑜:《广东地区企业组织气氛因素结构及其与绩效关系研究》,博士学位论文,暨南大学,2004 年。

邹国庆、董振林:《管理者社会资本与创新绩效:制度环境的调节作用》,《理论探讨》2015 年第 6 期。

邹平:《"师带徒",老传统的新传承——湖北电力公司重建传统师徒关系》,《湖北电业》2007 年第 4 期。

致　谢

有人说，一个企业要想做大做强，应立足于四个方面：一是要像学校一样，富有文化和创造力；二是要像家庭一样，具有关怀和凝聚力；三是要像军队一样，具备拼搏精神和执行力；四是要像宗教一样，拥有信仰和生命力。而能让一个企业做到这四点的，唯一的载体就是员工，员工是人，不是雇员，不是获取利润的工具，要给员工以最高的尊严和尊重，才能焕发员工的热情、责任感、忠诚度、潜能和创造力。"让凡人做非凡之事。"这是2002年伟大的管理先知德鲁克先生以92岁高龄在《哈佛商业评论》上发出的呼声！作为一项研究课题，本书至此已画上了一个句号，但对员工知识资本的理论和实践探讨，才只是刚刚开始。本书能得以顺利完成，与众多人的帮助和支持是分不开的。借此机会，我要感谢以下的一些个人和单位。

"随风潜入夜，润物细无声。"师恩难忘，终生感激：

于桂兰，吉林大学商学院，教授，本人的博士后合作导师

郑子杰，香港大学中国管理学院，教授，本人的博士主论文导师

邝婉桦，澳门城市大学金融学院，副院长、副教授，本人的博士副论文导师

王天春，东北财经大学工商管理学院，副教授，本人的硕士论文导师

"受人滴水之恩，当以涌泉相报。"知遇之恩，铭记肺腑：

杨海东，吉林省长春市九台区第三十一中学，书记、副校长

顾兆云，大连万星贸易有限公司，董事长兼总经理

陆廷秀，中电电气集团有限公司，董事长兼总经理

王学思，北京师范大学珠海分校，特许经营学院，党总支书记、院长

竺培南，宁波海曙区财政局，局长（原）

李书进，宁波财经学院，财富管理学院，党委书记、教授

刘莉，宁波财经学院，财富管理学院，院长、教授

安学斌，云南师范大学，副校长、二级教授

王仕铭，民建云南红河州委，专职副主委（原）

"授人玫瑰，手留余香。"特别鸣谢问卷支持：

陈晶雪，锦州银行哈尔滨分行信贷管理部，总经理助理

陈静宇，天津一汽丰田汽车有限公司，公司办公室公共关系课，课长

王新辉，云南红都服装有限公司，董事长

郭威，武汉瑞莱保能源技术有限公司，副总经理

孙良涛，云南蒙自科柏瑞电子商务公司，总经理、副教授

石中艳，长春市宽化经天纬地化工有限公司，会计

李雅倩，华夏书苑出版社，业务经理

杨刚，厦门天马微电子有限公司人力资源部

王金华，云南省德宏州政协，副秘书长

杨绍艳，民建云南大理州委，秘书长

黄薇霖，云南红河州政协，副秘书长

段丽华，宁波财经学院，地方服务与合作处，处长、副研究员（原）

朱付勇，湖南省张家界日报社，记者

徐伟，江苏久事房地产开发有限公司，营销总监

殷萍，苏州三星家电有限公司，出口物流专员

刘广旭，江苏中恒宠物用品股份有限公司，工程部电气工程师

……

"一滴水只有放进大海里才永远不会干涸。"衷心感谢所有项目组成员：

田志勇，红河学院，党委副书记、教授

余来文，江西师范大学商学院，教授

王剑芳，红河学院商学院，副教授

马孟丽，红河学院商学院，副教授

马祥凯，红河学院商学院，讲师

孙飞燕，红河学院商学院，讲师

本书得以尽快出版还要感谢中国社会科学出版社的所有工作人员，还有给予工作支持的王红晓副处长等红河学院科技处的所有老师，红河学院商学院的所有领导及所有同仁；我的朋友、同学：北京师范大学珠海分校

物流管理学院副教授陈利民博士，惠州学院经济管理学院高级会计师熊明良博士后，吉林省长春市九台区团结派出所民警莫显跃，吉林省农安县小城子乡中心小学校长王秀标……

最后的感谢留给我的亲人：感谢生育之恩的父母，养育之恩的哥嫂，手足眷顾之情的姐姐、姐夫，相濡以沫的妻子王兰凤女士，以及现在四平市玉琨国学实验学校七年二班读书的女儿孙宏济。

对于不能在此一一提及的单位和个人，本人致以深深的歉意！

孙立新

完书于 2016 年 10 月 16 日

修改于 2019 年 6 月 28 日

滇南蒙自红竺园陋室